U0664855

劳模风范

Demeanour of model workers

爱岗敬业　争创一流　艰苦奋斗
勇于创新　淡泊名利　甘于奉献

天津市宝坻区总工会　编

天津社会科学院出版社

图书在版编目（ＣＩＰ）数据

劳模风范 / 天津市宝坻区总工会编. -- 天津 ：天
津社会科学院出版社，2022.10
　　ISBN 978-7-5563-0831-6

　　Ⅰ. ①劳… Ⅱ. ①天… Ⅲ. ①劳动模范－先进事迹－
天津－现代 Ⅳ. ①K820.821

中国版本图书馆 CIP 数据核字(2022)第 114432 号

劳模风范
LAOMO FENGFAN
责任编辑：吴　琼
责任校对：王　丽
装帧设计：刘　健
出版发行：天津社会科学院出版社
地　　址：天津市南开区迎水道 7 号
邮　　编：300191
电　　话：（022）23360165
印　　刷：北京盛通印刷股份有限公司
开　　本：787×1092　　1/16
印　　张：27.75
字　　数：468 千字
版　　次：2022 年 10 月第 1 版　　2022 年 10 月第 1 次印刷
定　　价：98.00 元

版权所有　翻印必究

本书编委会

主　　编：王素艳　刘玉玲

副主编：孙雅梅　吴庆娟　张亚彬

　　　　丁秋婷　冯志国　宋金亮　张素营

　　　　郭　杰　黄连成　康会臣

编　　委：王　庆　师英政　刘　莉　李晓伟

　　　　刘　方　钱　坤

前　言

等闲识得东风面，万紫千红总是春。经过几个月的组稿、润色，《劳模风范》一书终于和读者见面了。

这里汇集了2名全国劳动模范、15名天津市劳动模范和7名抗击新冠肺炎疫情天津市劳动模范的优秀事迹。他们大多来自基层一线，从事着极其普通的职业——教师、医生、警察、企业员工、村街干部……他们朴实无华，务实敬业；他们干一行、爱一行、专一行、精一行，在平凡的岗位上做出不平凡的成绩，为我区的经济发展和社会进步做出了突出贡献。尤其是2020年初，面对突如其来的新冠肺炎疫情，他们响应党的号召，积极投身疫情防控，在全区抗疫斗争的伟大实践中留下了深刻的印记。

习近平总书记指出，幸福是奋斗出来的。当前，宝坻已经站在"两个一百年"奋斗目标交汇的关键节点。面对新时代赋予的历史重任，以劳模精神影响和带动全社会，激励广大劳动者勤于创造、勇于奋斗，为全面建设社会主义现代化新宝坻做出更大的贡献，是我们工会人的责任和使命！

劳模精神弥足珍贵，伟大事业催人奋进。爱岗敬业、争创一流、艰苦奋斗、勇于创新、淡泊名利、甘于奉献的劳模精神，是新时代的最强音。我们将带您走进这些劳模的世界，聆听他们的故事、感知他们的美德、汲取他们的力量，激发我们干事创业的激情，实现我们心中的伟大梦想！

天津市宝坻区总工会

2022 年 10 月

目　录

全国劳动模范　高接枝

书写"智能制造"精彩人生

　　高接枝，江西省上饶市鄱阳县人。2004 年毕业于广西桂林电子科技大学机械设计制造及自动化专业。现任上工富怡智能制造（天津）有限公司总工程师、中国缝制协会科技委员、全国专业标准化技术委员会委员。曾获全国劳动模范、天津市劳动模范、高级工程师等荣誉称号。

　　2005 年 10 月，高接枝加入富怡旗下的深圳深奥电脑机械有限公司，2006 年底随公司搬迁至天津宝坻，2018 年公司更名为上工富怡智能制造（天津）有限公司。至今，高接枝在专业领域获得荣誉无数。在期刊《纺织科学研究》发表《类齿轮齿条运动副应用设计》等论文；获得 8 项实用新型专利、1 项发明专利；主持开发富怡全自动模板缝制系统，荣获天津市中小企业专精特新产品、CISMA2013 优秀新产品一等奖，纺织之光科学技术二等奖；经多位高级专家、

1

院士的科技成果鉴定，确定产品处于国际领先水平并进行了科技成果登记；负责的"电脑激光切割绣花一体机"项目通过天津市科技成果鉴定并获得宝坻区生产力促进中心奖励；2014 年被天津市录入缝制机械方面的专家库；2015 年 8 月 4 日，高接枝登上央视舞台，在 CCTV-10《我爱发明》栏目组专门推出的"飞针走线"单元中展示了自己发明的由电脑控制的自动缝纫机，该设备操作简单、速度快，能完美替代传统缝纫机；2015 年 11 月，荣获全国纺织青年"科技创新领军人才"称号；2016 年，获得中国缝制协会行业"十二五"创新大奖的创新英才荣誉，同年荣获"中国纺织行业人才建设突出贡献人物"称号；2017 年，以项目第一责任人身份组织研究的"汽车全景天窗遮阳帘智能化成套设备"荣获中国轻工业联合会科学技术进步奖一等奖。

高接枝在其带领的技术团队发明出来的第四代缝纫机前合影留念

上工富怡从创建之日起，定位就是智能制造高精尖，目标是取代进口、比肩德日，往最好的方向发展。在柔性材料领域里，上工富怡致力于"裁剪＋缝制"加工工艺。目前，上工富怡已拥有软件、电脑、电控、机械、激光、智能六大核心技术；在医疗防护纺织品的自动化设备生产方面，集研发、生产和销售于一体，已经实现了设计电脑化、生产自动化、管理智能化"三化"目标。

高接枝的专业是机械设计制造及其自动化。2006 年初至今，高接枝怀着制造报国的梦想，在上工富怡这个充满创新活力和追求卓越的团队中，从普通研发人员做到总工程师，先后主持研制了多项自动生产设备。2012 年，高接枝研制的 4G 缝纫机（就是缝制羽绒服之类服装的自动化机器）实现了对德国和日本同类产品的超越；2015 年，高接枝组织研制的汽车全景自动天窗机占到全球市场份额的 60% 以上。一位来自德国的同行曾经这样向国内汇报："我们在中国有一个可怕的竞争对手，它叫上工富怡。"

下面讲述的是高接枝在上工富怡坚韧不拔、与同事们齐心协力抗击新冠肺炎疫情、狠抓科研生产的故事。

做生意也是做公益

2019 年末，在辞旧迎新之际，一场突如其来的新冠肺炎疫情来袭。这是中华人民共和国成立以来发生的传播速度最快、感染范围最广的一次重大突发公共卫生事件。

疫情之下，公司管理层清醒地意识到，疫情之后，防护用品比如防护服、口罩等一定会出现滞销，但生产防护用品的企业一定会大量增加，也许各地会用政府支持的方式来建设和管理相关企业，以备下次疫情来袭。高接枝个人也认为防护用品生产已上升到了国家战略储备层面。

2020 年 2 月 10 日，公司李总经理在 QQ 群中说："现在口罩短缺，新闻消息说好多地方都在做口罩。近日有人问我：'你们厂能不能做口罩？'我说我们还没有做口罩生产线的经验，也没有准备。可是，我们是做柔性材料生产设备的，我们为什么不去做呢？"这天，公司开了一个腾讯会议，决定做口罩生产线，而且是包括平面、折叠、柳叶、罩杯、鸭嘴五型皆具的全系列口罩自动生产线。会议决定长期做，至少半年，定在 2020 年 8 月结束。为了统一认识，李总经理特别讲："新冠肺炎疫情是人类共同面临的危机，我们生产出一流的全自动口罩生产线，就是为全人类守望相助、共克时艰做贡献。从这个角度讲，我们在搞生产的同时，又是在做公益。所以，我们的第一个行动口号就是：做生意也是做公益！让我们从今天行动起来，为全球口罩不再短缺而奋斗！"

担起最艰巨的责任

真正的英雄总是国有难、召必至、至必成。高接枝这样说："做生意是我们的本职，做公益是我们的情怀，作为管理层成员的总工程师，必须挺直脊梁，负重前行。可是，时间紧迫，留给我们的只有半年时间。"

2020 年 3 月 11 日，制造平面口罩机大战拉开了序幕。担任攻坚任务的是原先做汽车全景自动窗帘的班底。他们先做一个 3D 示意图，测一下市场回应，结果一出就是千万级的单子。为满足市场需求，公司把原计划的 90 天开发周期压缩至 60 天，并且只能成功，不能失败。

按一般步骤，要先搞出研发机，再批量生产。可是，200 台订单的零部件如超声波、花辊、汽缸、减速器等一天一个价，涨速飞快。之所以研发机与批量生产同步进行，全是因为市场这只手推着企业跑，高接枝和他的同事们只能自加压力，别无选择。

开始几台研发机暴露出来工艺缺陷，鼻梁条、耳带焊接等部分有问题。但时间紧迫，一时又没有好的办法，大家的情绪非常低落。不过，按时间要求，2020 年 3 月底，公司还是把第一台口罩机发给客户并派两位技术员随机调试。还有一台发往临近客户，高接枝和部门主管一块交机。高接枝知道调试

高接枝与第一条下线的平面口罩机及主要科研成员合影留念

正常需要时间，推倒重来也不现实，不由得陷入了疲惫的应急状态。忽然听到李总经理的《国歌》声，高接枝明白，李总经理这是不愿再给大家加压，以此鼓劲。此刻，高接枝冷静下来，告诉自己："你肩上挑的是沉甸甸的责任，必须拿出办法！"对鼻梁条，他尝试现场下料，效果还不错，李总经理也支持这种方式。于是，高接枝连夜赶回到家中画图，从凌晨 2 点工作到 5 点，早 7 点又赶回车间让师傅们手工打造零件。零件安装上去后，机器可以正常工作了，这给大家带来信心。接下来，耳带焊接的零件也是用这种方式解决。

时间来到 4 月底，公司把生产环节拿走，让高接枝只管技术，为的是让高接枝轻装上阵。高接枝知道，一切言语都是多余的。他带领联合攻关团队，采用口述、手绘、制图等"组合拳"改动完善了数十种零部件，终于打通了样机障碍。5 月初试机的时候，大家目不转睛地盯着机器看。10 分钟，连续工作 10 分钟，打片合格率 100%。"我们成功了！"掌声响起来，喜悦的泪水淌下来。

展现最可靠的情怀

2020 年 9 月 8 日，在全国抗击新冠肺炎疫情表彰大会上，习近平总书记把伟大的抗疫精神表述为"生命至上、举国同心、舍生忘死、尊重科学、命运与共"。高接枝想，命运与共就是在守望相助、共克时艰的全球抗"疫"中，充分展示祖国"讲信义、重情义、扬正义、守道义"的大国形象。上工富怡的客户遍布全球，公司把做公益的意识转化为"讲信义、重情义、扬正义、守道义"的具体行动，就是维护祖国的大国形象，就是自觉地把企业纳入了构建人类命运共同体的行列。

6 月 5 日下午 4 时，外贸跟单部小孙在 QQ 群中说："土耳其客户 12 台机器里，有 6 台是旧焊盘。他们虽然有 6 台是新焊盘，但焊出的耳带短，所以还是要 6 台旧焊盘机器，因为旧焊盘焊出来的耳带比较长，符合他们的需求。"小孙还发送正在安装的两台机号，等外贸部李经理批示。旧焊盘？客户要旧焊盘是为了什么呢？一定是客户搞错了。欧盟口罩和防护服生产厂商集中在土耳其，土耳其地跨亚欧，对中方企业提供的相关设备及服务质量具有评价优劣的话语权，影响不可小觑。他们有需求，企业一定要支持。想到此，高接枝马上告诉小孙："我们有升级版的 XL210 和 XXL220 两种零件，建议他们还是用新的好。"

小孙似乎还在拘泥于土耳其客户的原意，又放上图片说："这个是 4 月份发的新焊盘，与旧的相比耳带短。"高接枝告诉她："4 月份在这个焊盘之后，我们又有了优化升级的零件，稳定性要好得多。"高接枝要小孙拍些对比图片发出去。

之后，小孙按要求拍到了对比图片，很快发给了土耳其客户。获得最新信息后，企业决定 12 台机器都用新焊盘，要货是 48 个 XL、48 个 XXL。数日后，当客户弃旧换新，进入稳定生产状态时，发来反馈："OK！China 富怡！"上工富怡之名来自英语 Richpeace，意思就是幸福平安。

救别人也是救自己

唯物辩证法是马克思主义的精髓，有了它，人类就能处理好人与人、人与社会、社会与社会之间的关系。

在 2020 年 2 月初，公司就响亮地提出"救别人也是救自己"的辩证口号。随着口号化为行动，公司的全自动口罩生产线遍布全球 50 多个国家和地区，全负荷运转起来的话，每天可为全球产出至少 3000 万只口罩。与此同时，公司的绩效逆势上扬，成倍增长。

研制最精良的机器

在全球疫情的严峻考验面前，能更早、更多、更精良地为全球提供口罩机，就是企业对国家、对全人类创造的最大价值。同时，在这个经济全球化的时代，企业不能再靠薄利多销立足。唯有产品创新、品牌打造、细分领域、精品研制等多管齐下，才能保持"中国制造，世界工厂"的地位。

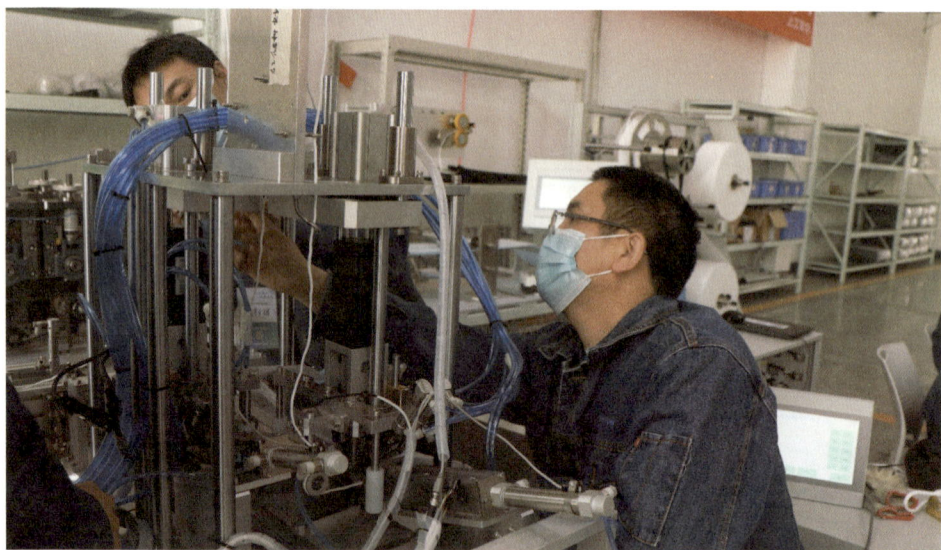

高接枝在调试第一条口罩机

依托自身实力，上工富怡迅速转产，由先前的"穿、住、行"拓展为"穿、住、行、医"。在"医"这个领域，上工富怡的终极目标仍然是"高精尖"。

完成了平面口罩机的攻关之后，2020 年 5 月 7 日，高接枝就转入了折叠口罩机的攻关中。虽然问题棘手，但比较明朗，主要是对折、套切和材料跑位三点。高接枝先用数日了解症结，然后百余天一直在车间，高接枝觉得前辈们"有问题，下车间"的经验是对的。为早日攻下折叠机，5月19日，公司召开部门负责人会议，成立"技术攻关领导组"，由高接枝任指挥，计划10天的时间完成。攻关团队由101所、103所、109所的5员"战将"组成。高接枝想：富怡一路走来，有汽车项目的积淀，有平面口罩机的实战，有这样一支心无旁骛、本领高强的战队，一定能抵达诱人的未至之境！

那天，大家围着折叠机这个"难产的孩子"会诊，把注意力集中到对称度问题上。跑位造成罩面不对称，是材料问题还是零件问题？经观察分析，大家发现是零件问题。很快，高接枝于当天出图，交机械分厂制作。果然，当次日装上这个新的对折器时，罩面完全呈轴对称性，效果相当理想。

对套切刀的工艺处理，团队现场做了几个零件，功能是不让布料掉下来，且能控制。团队又做了套切刀的EVA泡沫保护，让机器上的口罩材料能够均匀地往前走。5月25日，折叠口罩生产线经过试运行，稳定性和可靠性各项指标相当理想，团队成员兴冲冲向公司报喜："折叠口罩机攻下来了！"大家击掌以庆，有的同事还难抑激动，转身拭泪。

折叠口罩机是一台怎样的机器呢？同类企业的机器都需要人工介入，这台机器是多功能、全自动的，近10米的生产线只需1人操作。它从进料开始，可以自动完成压花、上棉条呼吸阀、焊接头带、喷印移印直到包装等一系列工艺。一位来自美国的采购员惊叹而真诚地说："我们终于在天津找到了最棒的口罩机！"

赶超最先进的制造

三十年前，缝纫设备以高科技的身份从国外引入中国并快速成为国人不可缺少的"三大件"之一。几十年当中，中国缝纫机人一直在不断地努力学习它、研究它、掌握它，但因为起步晚，理论研究短缺，导致在过去的二十年里，中国缝纫机还处在较为低端的学习仿制的过程中。国外同行的傲视，让许多中国企业天生就矮人一截。有的企业也经常自嘲："咱们出身贫寒，容易让人瞧不起。"痛定思痛，唯有努力、发奋图强才有可能扭转这个低人三分的局面。

身为搞技术的高接枝，天生不愿意看别人的脸色，虽然嘴上佩服人家技术强、水平高，但心里就是不服气，凭什么中国企业就比别人弱？总有一天，中国企业要笑到最后！

2011 年的一次客户需求提醒了高接枝，同时也给了他们一次超越国外缝纫技术和工艺的机会。

羽绒服和棉服的轻薄化、多样化和个性化的需求要求市场上有一款特殊的自动化设备，这样才有可能批量地、高质量地满足生产需求。传统的缝纫机靠人工根本满足不了这么复杂的缝纫工艺需求。机会摆在面前，如果高接枝他们能把握机会，就会实现弯道超车。虽然在传统的缝纫设备上竞争不过国外同行，但是让缝纫机实现高度自动化、模块化，让多轴运动实现复杂的高等曲线是可以的，这种自动化要是实现了，将会彻底地颠覆传统缝纫机，让传统的缝纫机成为现代缝纫单元的部件供应商是完全可能的。

高接枝在调试第一台全自动模板缝纫机

机会来了，富怡认准方向，调整公司的研发中心，做第四代缝纫机的号角于 2012 年正式吹响。身为自动化专业的理工男，作为富怡的总工程师的高接枝责无旁贷，接过公司的 4G 缝纫机研发大队的战旗，组织队伍，正式踏上了漫长的缝制自动化的道路。经过了几年的潜心研究，团队终于在 2014 年推出了富怡自动缝制系统，在团队的共同努力之下，收获了缝制专用模板 CAD、模板激光切割机和自动缝纫机等系列产品，虽然初期使用还存在一些不足，但足以让服装领域为之称赞，也让缝纫设备领域为之羡慕。有些杂志称富怡是一匹黑马，也有的称富怡是"搅局者"，因为他们打破了中国乃至世界缝纫机领域一直由国外主导开发创新的历史，也打破了缝纫机传统的思维束缚。第四代缝纫机的研究开发成功，让世界认识了富怡，让世界知道了中国在缝纫自动化创新上的动力和决心，也让国外同行知道了中国自动化缝纫单元已经超越了传统缝纫机，让他们明白，原来缝纫机还可以"这样做"。

不夸张地说，今天以富怡为代表的现代缝纫，已经影响了整个缝制设备行业，在此基础上，勤劳智慧的中国缝纫机人不断地进行自动化探寻，步子迈得越来越大，成果越来越多，进步越来越快。

2020年2月7日，公司领导通知："新冠肺炎疫情来势汹汹，中国疫情严重，口罩作为一个能有效阻隔疫情传播的防护用品，出现了严重短缺，我们有责任、有义务为全国抗疫做应有的贡献，报效祖国、报效社会，研发高性能的口罩自动化生产线。"接到通知后，高接枝脑海里面出现了短暂的空白，然后就是一连串的自问：口罩虽然是柔性材料，可是之前没有做过口罩相关的设备，没有一点实际应用经验，如何在短期内完成这个任务？技术路线是什么？核心技术和核心工艺在哪个环节？设备技术指标如何定？风险如何控制？核心零部件从哪里采购？

任重道远，从零开始。不容多想，高接枝从老家江西带着妻子和孩子们驱车1400千米赶到天津宝坻，投入到口罩系列生产线的研发准备工作中。

首先，学习。学习口罩的生产标准，学习口罩的结构，学习口罩的材料。同时高接枝上网查阅相关的资料和视频。其次，组织队伍。研发四大系列口罩生产线，研制队伍的组建非常关键，队伍里技术人员的配备和结构也非常讲究，要做好各种情况发生的人员备用方案。再次，技术路线。是购买图纸？还是全新自主研发？购买图纸可能省去了研发时间，感觉上是能快速地生产出样机，快速地出成果，但是最大的问题是非自主研发出来的设备可能存在安装调试工艺技术吃不透而导致周期非常长的问题，同时若再次修改设计，技术攻坚具有风险。自主研发对技术人员要求比较高，得在短时间内吃透口罩加工工艺，吃透自动化口罩生产线的关键技术，不过关键技术都掌握在自己手上，日后的升级改进就非常快速，但是样机不能一次成功的风险非常之大。经过反复的讨论，团队最终选择完全自主研发。技术路线确定了，研发人员克服疫情的影响，克服交通管制的重重困难，或在线设计或封闭在公司宿舍内进行设计。

平面口罩、折叠口罩、罩杯口罩、柳叶口罩系列自动化生产线齐头并进。因为是企业行为，风险全部由企业自己承担，不允许失误，这个任务一旦失败，企业将会承受巨大的经济损失不说，还会错失"抗疫"的最佳时机。作为研发带头人，高接枝深感压力巨大，成则利民利企，败则企业元气大伤，几十年的心血可能付之东流。高接枝没想过失败，技术团队在设计的同时，高接枝主要负责查缺补漏，设想各种不利的因素及备用的应对方案。

短短三个月的时间，他攻克了很多技术难题，比如说平面口罩轻薄材料折边难、高速分片稳定性差、高速耳带焊接效果差；折叠口罩的对折对称度、套切准确性差；罩杯口罩的转序稳定性低、套切精度和可靠性差；柳叶口罩的分序可靠性差等。短时间内设计团队不断地否定、修正设计方案，过程坎坷、曲折而艰辛。是永不放弃的富怡精神支撑着每个技术人员走向成功，汗水、泪水交织在一起，他们成功了，他们成功地完成了公司和社会交给他们的任务，而公司也实现了创新发展的跳跃。

用新技术攻关

新冠肺炎疫情暴发初期，以往生活中可有可无的口罩竟出现"一罩难求"的局面，上工富怡公司还曾高价买过口罩。口罩短缺，生产口罩的自动化设备就更不用说了。为让全球口罩不再短缺，公司很快展开了四大口罩机攻坚战，罩杯口罩机是攻坚战之一。

高接枝带队，参战的单位有104所、106所、111所，团队决定分类突破，先做成一台样机，再内部验收，以调动大家的创造热情。

实战中，罩杯成型变形的问题是第一个技术难题。在找准问题后，团队为设备增加了一些零部件，并变通解决。结果罩杯转序总是出问题。这个转序动作的完成是靠吸附力，做成一个像小碗那样的构件，但这个构件抓不牢，同时变形亦不能到位。那该如何抓牢呢？团队成员急中生智，用3D技术打印出一个转序吸盘，装上去之后果然解决了问题。最后是预成型技术，经重新设计安装，也达到了预期。

哪里有难题，哪里就是新时代制造者贡献才智的舞台。经过团队的奋力攻坚，首台罩杯口罩自动生产线宣告研制成功，并实现了如期交付。

这条罩杯生产线功能非常齐全，从成型到上鼻梁条、上头戴呼吸阀到转印，全都在自动流水线上实现。当客户用上崭新的机器时发来贺信，盛赞上工富怡是"值得信赖的制造商"，而高接枝也被同事们亲切地称为富怡品牌的"定海神针"。

讲道义也是塑形象

抗击新冠肺炎疫情是一场明与暗的斗争，是一场大与微的博弈，是一场生与死的较量。中国是最早进入紧急"抗疫"状态的国家，从中央到地方，从城市到农村，从政府到企业，从街道到民居，大敌当前，中华民族上下一心，表现出了前所未有的团结和担当。人们自愿隔离、减少外出、不聚集、不聚餐……在特效药物和疫苗研制出来之前，最原始但也是最有效的阻断病毒传播途径的方式就是戴口罩。中国十几亿人口整齐划一地、有组织地、科学地、精准地取得抗击疫情的胜利，这是人类史上的奇迹。

2020 年 1 月，全球口罩和防疫物资告急。每日急剧增加的患者考验着中国医疗卫生系统的应急能力，各种防疫防护物资出现了前所未有的短缺，口罩、防护服、额温枪、酒精、消毒液成为国家管控物资。虽然很多海外爱国人士通过不同的途径从国外市场收购各种物资，但依然是杯水车薪，因为缺口实在太大。此时人们还处于居家隔离状态，暂时对防护物品的需求不大，市场上的这些物品优先供应必要的户外工作者及医院。但是接下来的复工、复产及复学的防护类口罩的缺口巨大。在这种情况下，政府组织鼓励有相关能力的企业加大防护物品的生产，以应对后续的需求。

2 月初，高接枝接到通知，公司紧急研发生产各种口罩（平面口罩、折叠口罩、罩杯口罩、柳叶型口罩）的自动化生产线。从立项到出样机，到产品下线交付投入生产，上工富怡全体参战人员坚韧不拔、齐心协力、互帮互助、不辱使命，摒弃个人得失，用短短 3 个月的时间给社会交出了满意的答卷。

从 4 月份开始，国外疫情开始严重，各国对口罩的需求也在急剧增加。上工富怡接到的来自世界各地的企业、政府口罩生产线的订单也越来越多，已经超过往年其他产品订单量的几倍。口罩生产线是一条专业性非常强的自动化生产线，对安装调试及交机的工程师的水平要求近乎苛刻，加上疫情期间根本无法安排技术人员出国给客户安装调试设备，所以设备运到客户企业并使其能够在短期内实现稳定生产、发挥其应有的作用，已经成为上工富怡的首要责任。

为了很好地解决这类问题，上工富怡改变服务策略，多种手段并用。24 小时技术工程师分成两班，通过在线演示、视频互动、电话指导、服务现场样机、一对一指导的方式帮助海外客户安装调试并使用各类自动化口罩生产线，非常时期探索出一种非常好的工作方法。

8月28日，全国疫情得到基本控制，各地开始恢复正常的生活生产模式，但是防疫工作并没有松懈，出门戴口罩已经成为习惯。然而中国以外的不少国家疫情越来越严重，虽然各国政府都在努力控制，但是受一些因素的影响，效果并不理想。

此时，上工富怡接到了来自美国的一家国际公司的头戴式折叠口罩生产线的订单。订单要求9月底前交付全部生产线，20条生产线全部空运到墨西哥安装调试使用。经过企业与客户方中国籍员工的共同努力，订单设备如期运到墨西哥。

这批设备是美国新标准出台后的头戴式折叠口罩生产线，再加上自动贴海绵条功能，新功能增加很多，设备复杂程度高，现场安装调试难度非常大，所以企业做好了充分心理准备，加强了在线服务工程师的力量、手段和水平。可是现场安装调试结果还是达不到出厂的状态，客户虽然表示技术人员水平差异导致在线指导效果大打折扣，但是设备不能有效地服务于客户、服务于大众，这是非常现实的问题。所有的在线服务人员与客户技术工程师经过1个月的努力，虽然部分设备已经投入生产，但是离出厂状态相差甚远。客户与企业的在线服务工程师的耐心双双降低，开始出现了"设备设计有问题""出厂验收造假"的声音，给商务谈判带来巨大的压力。

让设备在短期内达到出厂状态，光靠在线指导客户现场工程师来实现，这似乎已经成了不可能实现的目标。可是，在国内对疫情管控非常严格和墨西哥当地疫情严重的双重因素下，安排中国技术工程师上门服务的难度和风险可想而知。客服人员明确表态："这个时期我们家人不同意我们冒险出国，不管公司给我们多少报酬，我们也不能出去。"这无疑斩断了派遣工程师出国服务的路。但是，客户还是没有放弃请中国派遣工程师的努力，不断地给企业方施加压力，这种压力不是单纯的生意上压力，而是一种责任担当和信守道义上的压力。上工富怡不能不顾及客户的诉求，不能不负责任地结束主客关系。上工富怡是有国际情怀和国际形象的。只要有一线的可能，上工富怡都会付出百分之百的努力。

上工富怡创始人李先生曾经说过，"特殊时期若需要派员工赴外出差，必须领导先出去"。高接枝身为上工富怡的总工程师，这个时候他有责任、有义务带队出征墨西哥。这个特殊时期，高接枝不出去，是无法安排公司其他员工去海外工作。高接枝拿起电话主动向总经理请缨："我带队去墨西哥！我们去解决客户安装调试的问题，让客户购买的设备达到出厂的状态。"

海外疫情严重，此时让高接枝带领团队出征墨西哥非常危险；非常时期出去并不容易，而回国更是困难重重。

挂断电话，高接枝突然问自己："这样做是不是有点冲动？"虽然高接枝表态带队去墨西哥，但是有谁能够与高接枝一起组队同行？如何保证完成任务？如何保证高接枝带出去的队伍安全回到中国？

那天晚上高接枝失眠了，高接枝考虑了很多，因为在这之前客服部门做过一项调查，调查显示没有一个人愿意在这个时期冒着被感染的风险出国，中国的疫情是可控制的，但据墨西哥卫生部的消息，墨西哥的疫情不仅可能在秋冬季继续蔓延，而且还恐怕会持续到 2021 年 4 月。

第二天早上，高接枝上班的第一件事是"招兵买马"，组建此次出征的团队。在前一天晚上高接枝在心目中虽然已经圈定了几个人员，但并不确定他们是否愿意同行。高接枝把公司电控总工程师李帅和工艺工程师骆红星叫到办公室。

找他们两个出于以下几点考虑：一是此次队伍一定是技术全面、能独立解决问题的队伍，因为中国与墨西哥时差 14 小时，不能因为技术问题而拖延突发问题解决的及时性；二是大家都是十几年的老员工，对公司具有深厚的感情，动员成功的概率高；其三，大家都是部门的领导，思想觉悟会高一些，动员成功的概率也会高一些。他们来到高接枝办公室之前，高接枝还在想如何开始这个话题、如何能让大家接受这个出差的任务、他们会不会拒绝等。

然而，高接枝的这些担心都是多余的。高接枝开门见山地说："我们需要去墨西哥出差，你们能否克服困难与我同行？"他们两个人异口同声地回答："没有问题！"回答让高接枝感动了。虽然大家都是不假思索地同意一起出征墨西哥，但是高接枝还是让他们回去征求家人的同意，高接枝等他们的电话回复。动员会就这么简单地结束了，而且很快两位就电话回复确认可以接受公司这次派遣任务。

高接枝把结果汇报给公司总经理。很快，他们出征的消息就被公司同事知道了。大家都对他们的行为予以充分地肯定和认可，关怀的声音也越来越多，有的提醒他们准备好各种防护用品，有的提醒他们需要备好各种药品等。

队伍组建好了，接下来就要系统性地处理好此次出征的所有细节，比如：出国前的各种检疫要求、检疫证明，墨西哥签证，机票，转机机场的检验证，防疫物资的准备，急用药物的准备等。

平时墨西哥的签证办理就比较难，疫情期间是难上加难。好在这家美国公司通过各种关系联系上了墨西哥驻华大使馆，签证办理得非常顺利，资料提交后没有几天时间就约到了面签时间。疫情期间办理出国事务的人员非常少，高接枝三个人当天上午10点面签，下午3点左右就拿到了签证，签证有效期六个月。

机票是客户购买，中国到墨西哥没有直飞航班，都是转机。高接枝他们三个人虽然海外出差不算少，因为英文水平一般，所以单独出去的频次不多。中途转机对他们来说也是一个不小的挑战。往常转机到墨西哥的机票不难买，疫情期间，不是每天都有机票，加上机票由客户购买，去程与回程的机票时间都不好匹配，而且特殊时期机票价格非常高。所以一时间买不到合适机票，一直到12月4日左右，才买到了12月7日从北京起飞中转阿姆斯特丹再到墨西哥城的机票，回程由墨西哥城中转伊斯坦布尔到广州，一个人往返机票价格为人民币12万元。

在购买机票的同时，他们也采购各种药品和防护物资（平面口罩、罩杯口罩、防护服、一次性手套、湿纸巾、酒精棉片等），整整打包了一箱，足够他们在墨西哥使用。各项准备工作做好，带上48小时内做的核酸检测阴性证明，他们踏上了行程。

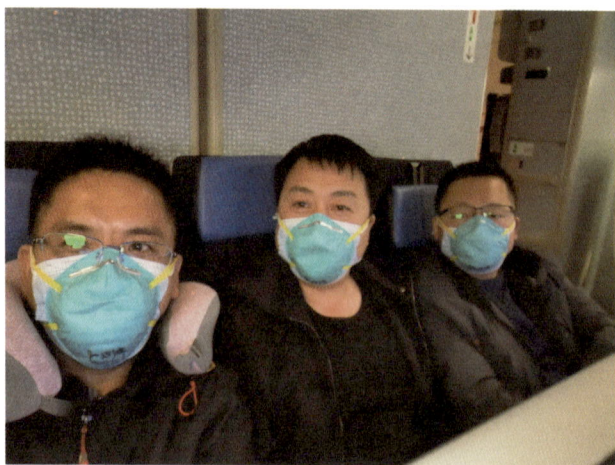

2020年底高接枝率团队远赴墨西哥支援抗疫飞机上合影

他们从北京大兴国际机场乘坐的是过境的荷兰皇家国际航空公司的飞机，经过各种检查后，他们登上了飞机，座位在最后一排，此时已经是北京时间凌晨三点多了。

飞机满座，大家都全副武装，口罩、防护服、护目镜等齐上阵。出发前各路关心的同事和家人都叮嘱过高接枝，飞机上是非常容易被传染的场所，一定要做好防护。高接枝他们不敢怠慢，一旦被感染，后续的行程和任务就无法完成。他们特别小心，穿戴好了罩杯口罩、护目镜、一次性医用手套。因为

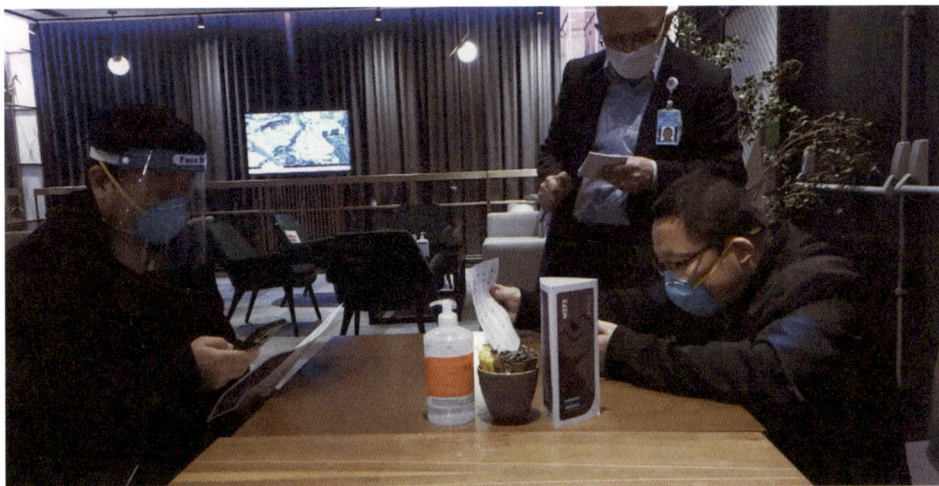

2020 年底高接枝赴墨西哥支援抗疫机场用餐

一晚上没有睡觉，飞机平稳飞行后不久，他们就进入了梦乡。

当他们醒来时，飞机已经抵达荷兰阿姆斯特丹机场。此时已经是当地时间早上七点左右了。转机手续办理得还算顺利，很快他们就到达了下一程阿姆斯特丹到墨西哥城的飞机登机口，因为这趟飞机起飞时间是下午两点半，所以他们有足够的时间。为了应对英语的挑战，高接枝购买了一个翻译神器，语言障碍就小多了。

因为国外疫情非常严重，所以高接枝他们在阿姆斯特丹的机场转机也是非常小心、全程防护，不敢有任何放松。经过共计约 42 小时的长途飞行，他们到达了墨西哥城。

他们在墨西哥入境时遇到了一些小麻烦。通过各种指引，他们很快就到达了入境审查口，工作人员经过简单地询问后，把他们带到了一个小房间，房间里大约还有十几个其他国家的旅客。这种情况还是第一次碰到，高接枝他们不知道接下来会发生什么事情。工作人员把高接枝他们的机票、护照等相关资料一并交给了移民局设在机场的办公室，并给高接枝他们发了一张表填写，接下来就是等待。小房间内被警告不允许使用手机。虽然是第一次遇到这种情况，

再加上语言沟通方面也不是很通畅,但是他们也不担心会发生其他不好的事情,无非就是等待。此时已经是晚上九点多了。高接枝偷偷地通过手机把相关情况发给中国的工作微信群里。他们每到一个地点都要汇报相关的安全情况,好让同事和家人放心。当在墨西哥出入境遇到这种情况,又没有在行程推演时考虑到这种情况的发生,所以当他们几个小时都没有通报入关成功的消息时,中国同事和家人就开始担心起来,大家打电话询问,可是他们又不允许使用电话,所以偷偷地发了一条报平安的信息,同时也大概描述了一下现场的情况。

大约过了两个多小时,其他国家的旅客陆续都离开了小屋,就剩下高接枝他们三个人。移民局的办公门打开,工作人员让高接枝他们挨个进入办公室进行询问,问话的内容大概就是来墨西哥做什么、大概逗留多长时间、居住在什么地方、有多少人之类的。高接枝通过随身携带的翻译器,告诉工作人员:"我们是来贵国协助生产口罩,最终目的地是墨西卡利,我们一行共三个人。"得知他们是来帮助墨西哥生产口罩后,工作人员点点头表示肯定,同时给高接枝竖起了大拇指。

三个人询问结束后大概又等了30分钟,工作人员把证件都归还给高接枝他们,并给他们一张入境卡,让他们离开了小屋,他们这才算是真正踏进了墨西哥的国门了。

到达行李转盘时发现,只剩下高接枝他们三个人的行李了,他们拿上行李快步地走向出口,发现当地的员工马汀正在等候他们。按照行程计划,他们今晚需要在墨西哥希尔顿酒店住一宿,第二天上午从墨西哥城出发到墨西卡利。因为入境花的时间太长,所以高接枝他们草草地在机场餐厅吃了一些汉堡和薯条就休息了。

墨西卡利是墨西哥的一个边境小城,位于墨西哥的西北部,与美国加利福尼亚州接壤,小城有80万左右人口,没有高楼,都是一层到两层的房子,这是因为墨西卡利是建在沙漠上的一个小镇,土质松散、地震频发,所以不宜建高楼。隔着边境墙能发现美国与墨西哥的巨大差异,墙那边的美国,一片绿油油的农作物,给人以现代化农业的感受,但是墙的这边尘土飞扬,完全是处在靠天吃饭的农耕时代。

客户接他们的车早早就在墨西卡利的小机场等候,迎接他们的是客户联络负责人大卫,翻译陈老师、她的学生陈四凤。简单寒暄后,高接枝他们坐上了专车，其他接机人员自行开车到酒店。一路上公路两边的沙土和坐落在沙土上面的矮房子，让高接枝觉得挺新鲜的，还期待看到大仙人掌。20 分钟左右，他们到达酒店门口，此时已经是当地时间 2020 年 12 月 8 日中午十二点了。

办理完入住手续，他们很快在酒店大堂与客户开了一个简短的工作计划会议，参加会议的有翻译老师、客户大卫、高接枝三人和三位当地工程师（马汀、海腾、埃里克斯）。会议通报了高接枝他们此行的三个目的：让设备达到出厂状态，培训客户工程师，培训当地工程师。同时确定当天下午三点左右，高接枝他们自驾汽车到客户工厂先了解目前设备情况，并制定出近几天的工作任务和工作目标。

会议结束后，高接枝他们回到房间进行了简单的洗漱，整理了箱包里面的生活用品和设备需要用的零件。在酒店的餐厅用餐后稍做休息，下午 3 点他们出发，大约十分钟的车程，到达客户的工厂。客户工厂对他们做了简单的安全须知培训后，还进行了核酸检测，全部人员检测为阴性。在客户的引导下，高接枝他们到达了设备安装调试现场，让高接枝惊讶的是，20 条长约 13 米的生产线，整齐地摆放在客

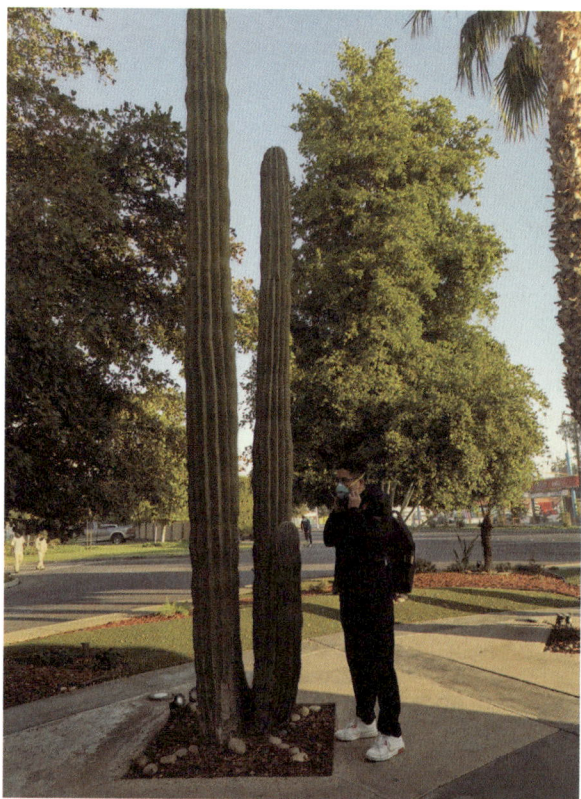

2020 年高接枝赴墨西哥支援抗疫酒店等车

户工厂，并且全部都做了安全防护，很有阵势。

不过仔细察看每台机器状态，他们发现，虽然客户把设备都装起来了，通了电气并且大多数设备都已经开始运转生产，但是生产出来的废品太多，合格率不到 30%。原本好端端的设备因为"带病"运行，加速了零部件磨损，碰撞损坏。

最后客户把高接枝他们带到 20 号机器旁边，告诉他们这台设备只是安装起来，没有动过，是第一台要恢复调整到出厂状态的设备。高接枝突然明白了，这是一道考题，看他们用多长时间能让设备达到出厂状态。

经过简单的确认，高接枝告诉客户："今天是 8 号，我们不准备上机器工作，从明天开始工作，用 3 天时间将设备恢复到出厂状态。请你们帮我们把相关的工具准备好，把缺失的零部件找到，把安全防护系统关闭掉。我们明天早上 8 点开始恢复工作。"

接下来，客户把高接枝他们带到一个现场办公室，告诉他们："这间办公室是你们的专用办公室，我们的工人不会进入这间办公室，你们在这吃饭、休息。"交代好以后，已经是晚上 7 点左右，高接枝他们和翻译陈老师一起到达酒店，陈老师帮他们在日本餐厅点了一些可口的食物就回去了。餐厅服务员把高接枝他们点的乌冬面送到酒店房间，因为时差和旅途太累的缘故，高接枝他们用完餐就早早地休息了。

因为劳累，高接枝他们一觉睡到天亮，洗漱完毕后到餐厅用早餐。早餐厅是酒店里的餐厅，一家相当地道的墨西哥餐厅。高接枝三人经过门口的消毒、测温、登记后进入餐厅，在当地同事的帮助下把食物端上桌。早餐经过高接枝他们的搭配已经很接近中国风味了，味道还不错，他们弄了两个大卷饼和一碗当地的牛杂汤，吃完后出发到客户工厂。经过防疫检测和登记后，快步地到达客户专门给高接枝他们准备的休息室，客户非常有心，给高接枝他们准备了热水、饼干、点心。

按照计划，客户把工具给高接枝他们准备好了，只是安全系统还没有解除，这样影响了高接枝他们检查调试。不解除安全防护系统，高接枝他们只要一打开安全防护门，机器就会切断供气和所有电机使能，不能点动设备进行分步检查操作，达不到调试状态。根据客户相关负责人介绍，机器安全防护是他们请外面的公司做的，需要等供应商上班然后再在线处理。因为时间关系，高接枝当机立断，安排当地工程师把安全防护全部拆除。因为这个设备客户没有进行调整，所以零部件的位置都是正确的，只是压花超声波不能工作，而更换超声波控制箱没有作用后，只能更换超声波振子，更换超声波振子难度比较大，不是万不得已是不会去更换的。

更换完成后，高接枝他们对其他部件做了详细地检查，确认没有问题，机器联动也没有问题。所以第一天在更换超声波振子和模具之后，他们便完成了工作计划。

第二天和第三天，他们微调设备各个运动部件的位置和状态，为实现3天达到出厂状态奠定了基础。时间很快到了晚上8点左右，高接枝他们收拾现场设备后离开客户工厂回到酒店，酒店服务员把晚餐送到了他们房间。

时间很快就到了12月11日上午，客户过来询问高接枝他们的进度。此时，设备已经达到出厂状态，高接枝他们熟练地操作设备演示给客户看，压花效果、海绵条贴的效果、头带焊接效果都非常好，套切损伤头带问题也很低。看得出对方非常满意，经过效果确认后，让客户自己接手设备运行生产。

第一个任务圆满完成，客户提问："为什么你们能快速地把设备恢复到这么好的状态，关键在哪里？"给客户简单地解释和说明技术要点后，客户表示接受，并诚恳地说："设备没有问题，是我们安装调试水平不到位，使用不熟练。"

高接枝在人民大会堂接受表彰后留影

接下来，高接枝他们每天都要列出问题清单，不完成不收工。墨西哥方人员不仅佩服他们的技术，也为他们的实干精神所打动，与他们配合得相当默契，并加快了工作进度，提前完成了任务。

当高接枝他们在墨西哥机场通关时，李总经理开玩笑说："你们准备写一篇《墨西哥历险记》吧，故事会很精彩。"高接枝想说的是："在国际商贸舞台上，我们上工富怡在讲道义的同时，也树立了良好的形象。"

2020年9月8日起，高接枝和他的上工富怡开启了第四个发展规划，确定在工业物联网布局发力，用到5G通信技术、云计算平台、大数据处理以及人工智能等。高接枝作为总工，决心牢记习近平总书记的殷切期望，大力弘扬"爱岗敬业、争创一流、艰苦奋斗、勇于创新、甘于奉献"的劳模精神，在上工富怡这个尊重劳动、尊重知识、尊重人才、尊重创造的团队中继续追梦，书写出属于祖国、属于人民的精彩人生。

全国劳动模范　林桂娥

带领乡亲共同致富的领头雁

　　林桂娥，58 岁，天津市宝坻区林亭口镇石碑村人，现任天津市宝坻区旭亮家禽养殖专业合作社理事长，区政协委员。林桂娥先后荣获市级三八红旗手、全国双学双比女能手、市级劳动模范、全国劳动模范等称号，所经营的养殖基地被评为天津市巾帼现代农业科技示范基地，天津市畜禽养殖标准化示范场。

　　利落短发，笑容亲切，话语朴实，这是全国劳动模范、天津市宝坻区旭亮家禽养殖专业合作社理事长林桂娥给人的第一印象。就是这样一位质朴的农村女模范，从种地到养殖蛋鸡、肉鸡，一路走来，始终扎根农村不断奋斗，时刻记挂乡亲们的所想所盼，竭力带领村民增收致富，让乡亲们的日子越过越有奔头。她说："作为劳模，要真心实意地为乡亲着想，为邻里解决点困难和问题，在自己的事业上起好领头示范作用，不带领乡亲共同致富，那不是我的性格。"

林桂娥说到做到，多年来，她用自己一颗赤诚的心，谱写着农民企业家的爱民之歌。

"跌倒了，不爬起来，那不是我的性格"

林桂娥是土生土长的石碑村人，她对这片土地有着深深的情感和眷恋。成年的林桂娥毅然决定留在家乡务农，与本村青年王焕光相爱结婚。夫妻二人起早贪黑，面朝黄土背朝天地辛勤耕作，可是一年到头，收获的小麦、玉米等粮食卖出的钱款，仅仅够一家糊口，日子过得紧巴巴的。遇到年节，想给家里老小弄点肉吃都是奢望。

夫妻二人盘算着，种粮食作物省工但收入低，种经济作物费工收入却高，那就多种点经济作物吧。说干就干，二人索性把二肚子、张网子两块地上未成熟的玉米砍掉，尝试着栽点大葱。有人看不惯，他们俩只当耳旁风，并没理会，把村边园子栽上大蒜、朝天椒，年底小有收益。这样几年坚持下来，他们逐渐改善了家庭经济状况。

1986年，为创家业，在林桂娥的支持下，王焕光带领本村八九个青年到本县方庄子镇张会庄做皮鞋。后来，他们自己购买扎鞋帮子的缝纫机器、鞋楦等工具，在自家制皮鞋。林桂娥则操持家务、带女儿、做饭、照顾老人，挤时间下地干活。夫妻二人共同打拼，家庭收入有所改观。这激励着不满足现状的林桂娥，她有了更高的创业目标。

早些年，林亭口镇石碑村的村民几乎家家养鸡，除了自家食用，多余的还可以出售，林桂娥也一样。年复一年，夫妇二人商量着响应党振兴乡村的号召，把家业做大。想来想去，最终还是聚焦在养殖上。自己的家乡石碑村地处京津唐三角中心地带，紧靠九园公路，邻近京沈、津蓟高速，交通便利，为周边城市供应农产品，这就是独特的区位优势。想到这些，夫妻俩觉得这里面有难得的商机，无论如何要抓住。结合自身优势，林桂娥决心先从养鸡开始。

桂娥率先把自己的想法告诉了母亲，得到了赞许和支持。林桂娥的母亲周绍芹是闻名十里八村的劳动能手，曾带着女婿王焕光在自家土炕上搭架子，养600只雏鸡。这次听到女儿、女婿想创业，她很高兴，把自家防震棚腾出来，院子周围挂上网子，封闭好，让女儿散养鸡。林桂娥和王焕光利用树枝和苇帘，在防震棚里搭起两层平台，用于蛋鸡养殖。他们忙活了几天，土法上马、自力更生，总算迈出艰难的第一步，一个简易的散养鸡场诞生了。林桂娥和王焕光轮换管理，按时喂食饮水，养鸡场不声不响地运转起来了。不久，母鸡产蛋了，二人特别高兴。可几个月下来，一盘算，鸡产蛋率并不高。有经验的乡亲告诉他们，那是院子太小，鸡养不开。

为此，林桂娥调整思路，开始尝试着在自家厢房笼养蛋鸡。她一次购进500只鸡蛋，鸡笼10组。夫妇二人花了七八天时间，总算把鸡笼架好，蛋鸡进笼。起初，蛋鸡进食排便比较正常。没多久，个别蛋鸡出现打蔫、羽毛蓬松、头卷缩、食欲减退、便血等症状。这让林桂娥慌了神，一时摸不着头脑。夫妇赶紧请教有经验的蛋鸡养殖户，才知道蛋鸡便血是得了球虫病。球虫病是鸡常见且危害十分严重的寄生虫病，是由一种或多种球虫引起的急性流行性寄生虫病。它造成的经济损失是惊人的。这种病是受湿潮所致，打青霉素可以有效治疗。尽管林桂娥赶紧给病鸡打了青霉素针，可还是有大量蛋鸡死亡，损失不小，让人心痛。

辛勤劳作付之东流，养鸡走了弯路，但挫折并没有吓倒林桂娥。她坚定地说："跌倒了，不爬起来，那不是我的性格。做事就得坚持，只要坚持，一切都会好起来的。"在养鸡最难的时候，她也没有放弃，没有怨天尤人，而是从自身找原因。她意识到自己养鸡有疏忽大意、技术不过关、防疫工作不到位的问题，恰好，当时县里要举办一场养殖管理技术培训的消息传到了她的耳朵里，林桂娥二话没说，就把养殖场里的事情一交代，自己参加了为期一个月的养殖管理技术培训。经过这次学习，她学到了不少知识。从这之后，林桂娥一听说有养殖培训，她都会去参加。她知道只有不断学习才能进步。林桂娥还多次去正大集团等大型养殖公司参观，学习经验，又多次请技术人员到自己家指导。通过虚心学习，结合实践，严格按照规程养殖，她终于摸出了门道，掌握了基本的饲养技术。虽然如此，她觉得，技术人员不可能时时刻刻在自己身边指导，打铁还需自身硬，要掌握更多的专业技能，还要向书本学习。于是，她到书店购买了关于养鸡和鸡病防治等方面的书籍，如《现代实用养鸡技术大全》《禽病分析》《鸡病防治实用手册》《养鸡新技术与鸡病防治》等，自学养鸡知识，还将死鸡开膛检验，在鸡房里一待就是一整天，逐步掌握了鸡的生活习性、病理常识，熟练掌握了鸡的防疫、消毒、滴鼻、点眼治疗方法，总结了一套自己的养鸡诀窍，即抓好引种、饲料、饲养管理、疫病防治、消毒净化等"重点"。

再加上平时多注意观察，问题早发现，早处置，饲养蛋鸡的风险便会大大降低。

凭着这股子不放弃的干劲，林桂娥起早贪黑，摸爬滚打，认真钻研养殖管理技术，养鸡场逐渐走上了正轨，林桂娥产生了扩大饲养规模的想法。1989年，正赶上县商业局鸡场对外出租，林桂娥和王焕光考虑：这个鸡场离家近，只有几里地，两栋鸡房，每栋13间，宽敞方便，便将其承租下来。夫妻俩索性搬到鸡场住，养鸡规模从500只逐渐扩大到了4000只。

当时，林桂娥家庭负担很重。一家七口人，夫妇二人、婆婆、两个小姑子、两个孩子。孩子全由婆婆带着，林桂娥不忍心。她常说："作为儿媳，不照顾好、孝敬好婆婆，那不是我的性格。"她鸡场家里两头跑。每天天不亮，林桂娥和王焕光就起床，运饲料、喂鸡、上水、清粪、捡蛋、开窗关窗、通风保温，忙这忙那，一直忙到傍晚。每到做饭的时候，林桂娥才离开鸡房。每天下午或傍晚，桂娥返回家里，看看老人，带带孩子，帮助洗衣服、做饭、缝补，忙得不亦乐乎。大姐看在眼里，心疼地劝道："快回来吧！也挣不了多少钱。"林桂娥不为所动，坚持始终，尽管累点，可心里还是甜滋滋的。

从不满足的林桂娥不断扩大业务范围，她驱车十余里，到宝坻党校鸡场购买青年鸡、雏鸡。从紧挨着商业局鸡场的宝坻良种场租雏鸡房育雏鸡，不但降低蛋鸡养殖成本，还可以出售青年鸡扩大收入。与此同时，林桂娥为养殖户提供养鸡技术、防疫等一条龙服务，很快打开了新局面。

凡事并非总是如预想的那样一帆风顺。随着养殖规模的扩大，新的问题不断出现。新购进的雏鸡，饲养一段时间后，不少站立不稳、两腿前后伸展，呈"劈叉"姿势。有的精神委顿、食欲减退、羽毛松乱、鸡冠苍白、皱缩；有的鸡冠呈黑紫色，黄白色或黄绿色下痢，迅速消瘦、脱水、昏迷、最后死亡。眼看着欢蹦乱跳的雏鸡一批批倒下，林桂娥夫妇急得团团转。咨询专家，得知这是马立克氏病，马立克氏病是无法治疗的，是危害养鸡业健康发展的三大主要疫病（马立克氏病、鸡新城疫及鸡传染性法氏囊病）之一，会引起鸡群较高的发病率和病死率。原因是卖方鸡场雏鸡防疫不到位。桂娥找鸡场去讨说法，卖方左拦右遮，推脱责任，最后不了了之。吃一堑长一智，后来再购进雏鸡，林桂娥多是从晓明、华育等防疫有保证的大厂购进。凡是没有防疫保证的雏鸡，小厂子的雏鸡都不敢再接收。

创业的道路是曲折而艰辛的，除了技术问题之外，资金严重短缺也成了林桂娥面临的最大难题。家里积蓄有限，创业前期已经花了一部分钱在理论知识、技术学习和外出考察上，想扩建鸡场启动资金已经明显不足。幸运的是，2001年，国家颁布加快发展养殖小区优惠政策，包括鸡的养殖。林桂娥申请政策支持，租了本村养鸡用地28亩，争取养殖业小额担保贷款10万元。林桂娥拿出自己养鸡积累的30多万元，从亲朋好友处又筹得几万元，全都投入到了建设新养殖小区上。经过半年努力，林桂娥建成了自己的养殖小区，并挂上了天津市宝坻区旭亮家禽养殖场的牌子。养殖场用红砖垒墙，简易石棉瓦封顶，设有育雏房1栋，育成房1栋，蛋鸡房6栋，每栋房13间，总长59米，宽9.4米，高2.3米，存栏鸡3万只，包括蛋鸡2万多只，肉鸡8000多只，实现了养鸡事业历史性飞跃。

经过坚持不懈的奋斗，林桂娥用短短三年，科技化、专业化、规模化的养殖凸显优势，养鸡收入逐年增加，林桂娥不仅还清了所有贷款、借款，而且还略有盈余。

2014年，林桂娥再投资90万元，翻建鸡房4栋。每排鸡笼4层，塔式排列，实现养鸡养殖半自动化。机械自动喂鸡，自动清粪，人工捡蛋。

林桂娥从未停下前进的脚步。夫妇盘算，存栏蛋鸡10万只，一天需要鸡饲料两万多斤，一年下来几百万斤，花费巨大，不利于事业发展。于是，在2015年，他们投资40万元，建房20间，添置饲料加工机组一套，包括十几米高的加工机和振动筛，建成储藏150吨的玉米饲料仓一个，建立了自己的饲料厂。夫妇二人请专家解决鸡饲料配方难题，自制饲料与外购饲料差价每斤在8分钱左右，扣除人工费用和机械折旧费用，一天节约资金一千多元。

天有不测风云，2016年11月24日，正值林桂娥的养鸡场风生水起之际，遭遇了一场意想不到的火灾。当

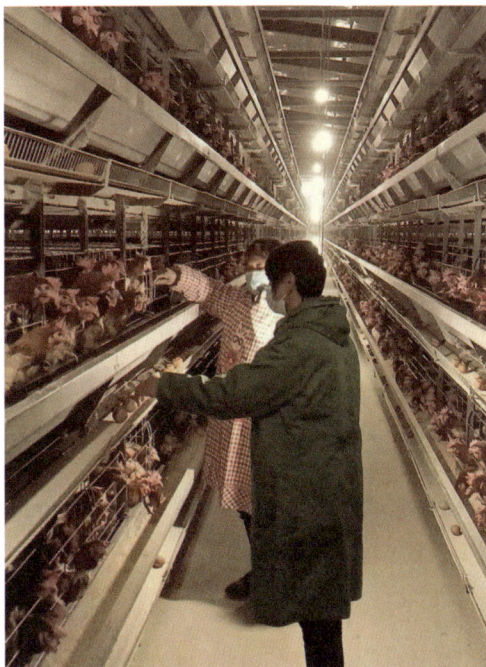

林桂娥深入合作社农户养殖场现场指导

日夜间，鸡场最北面一排生活管理用房，因厨房炉子倒地，引燃周围的木屑起火，大火瞬间蹿上屋顶，火光冲天，啪啪作响。万幸的是，林桂娥夫妇被惊醒，及时把老母亲、孩子抢救出来，安全脱险。不幸的是，转眼间，大火吞噬了7间房子，里边的家具、衣物、粮食和销售鸡蛋收到的部分现金，无一幸免。消防队赶到时，7间房子夷为平地，家具、衣物、粮食已成灰烬，损失几十万元。区慈善协会、区妇联闻讯送来了善款、衣服，帮助林桂娥夫妇渡过难关。至今，提起往事他们仍感谢不尽。

一时的困难并没能阻止林桂娥发展养鸡事业的雄心。夫妇二人清理废墟，收拾残局，安抚家人，继续打拼。2018 年，林桂娥紧跟时代发展步伐，投资140 多万元，翻建鸡房 4 栋，红砖垒墙，水泥抹面，灰色彩钢封顶。每栋鸡房高、宽十几米，一百多米长。远远望去，一排排鸡房像一条条灰色静卧待飞的巨龙，煞是雄伟。鸡房里边并排摆放 6 组鸡笼，每组鸡笼高五层，每层鸡笼在上，下边是鸡粪传送带，鸡笼一侧是食槽、水槽，实现了喂料、饮水、捡蛋、清粪、通风、控温全部自动化。至此，鸡场半自动化、自动化养鸡数量各占一半，共 10 万余只，每年育雏鸡 5 万只。比较起来，全人工养殖，一人每天最多饲养3000 只；半自动化养殖，人均最多饲养 1.2 万只；而全自动化养殖，人均最多饲养 2.5 万只，效率大大提高。不仅空间利用率高，而且减少了对鸡的人为干扰，提高了鸡群自身免疫力和健康水平，给鸡的生长创造了一个良好的环境。从此，鸡场发展步入黄金阶段。

饲养规模扩大了，产蛋量增加，销路又成了问题。于是林桂娥开始跑市场，从周边超市到旅游风景区，再到学校、企事业单位食堂，逐渐拓展销路。随着旭亮家禽养殖场知名度的提高，吸引了国内大型蛋品加工厂的注意，如：生产蛋黄粉、蛋清液的天津太阳食品有限公司、北辰开发区食品有限公司等企业主动上门洽谈合作，以略高于市场价包销了场内所产鸡蛋，解决了蛋的销路问题。

随着鸡场的发展，进场养鸡的工人达到 9 名。作为场主，如何处理与员工的关系？经过思考，林桂娥制定了鸡场员工招聘规定、管理制度，操作规范，并提出明确要求。比如：消毒要到位，不留死角；鸡蛋不要脏、不要破，脏的要擦干净，破的甩出来。日常培训员工，林桂娥反复耐心操作示范。她对待员工像对待亲人一样，见面打招呼，说话带微笑；用带温度的语言跟违反操作规程的员工解释、沟通，实行尊重、平等、善意的人性化管理，调动员工积极性；

多站在员工角度处理问题，每月及时发放员工工资，从不拖欠。不管哪一位员工请假、休假，林桂娥都妥善安排，往往是自己上岗顶班。这样人性化的管理赢得了员工的真心，大家把鸡场当成自己家一样，精心饲养，保证了鸡场高效运行。

鸡场员工李大姐称赞说："我们林总平易近人，说话和蔼可亲，像我们的亲大姐一样。上班期间，我们哪有点不舒服，她都问这问那，让我们歇一歇，她替我们干。我们都被她的人格魅力感动着，她是一位难得的暖心掌舵人。林总衣着简朴，穿着和员工一样的工作服，大家站在一起，很难把当家人认出来。有时候，外来从未谋面的客户，站在她对面，竟询问林总在哪。小商小贩在林总面前找林总的笑话时有发生。"从这些评价中足见林桂娥的朴实。

在人们的传统印象中，养鸡场是个臭气熏天、污水横流的场所。然而，在天津市宝坻区林亭口镇石碑村南侧的旭亮家禽养殖专业合作社，人们看到的却是另一番景象。一排排鸡舍错落有致、干净整洁，场内绿化、粪污处理及其现代化鸡场养殖设备、设施尽收眼底。

粪污中含有的氮、磷、病原体等污染物，不仅污染地表水，还会渗入地下污染地下水源，导致水体的含氧量减少，使水体逐渐发黑发臭，而且污染之后难以治理和恢复。粪污也会造成空气污染，养殖产生粪污、死鸡等废弃物发酵，会产生对空气有害的污染物质，污染养殖场周围的空气。为了杜绝污染，林桂娥决定采用科学合理的方式处理粪污。养殖场采用机械刮粪的方式清粪，鸡粪经过发酵加工生成鸡粪有机肥。鸡粪是一种含有丰富的氮、磷、钾的优质有机肥料，对植物的生长非常有利。经过发酵加工生成的鸡粪有机肥，所含的活性有益菌种可有效帮助植物抵抗病虫害，提高农作物的品质，进一步增强作物抗寒、抗冻能力，为农作物的生长带来很多好处。同时鸡粪还可以作为树木生长的基肥。从多年实践中发现，用发酵后的混合鸡粪生产的肥料来做堆肥不仅肥效持久，还可以节省化肥的使用量，减少成本，使土壤疏松不板结。正因为鸡粪用途广泛，林桂娥才大力宣传，每年将处理过的鸡粪部分出售，部分送给本村乡亲，扩大养鸡效益。

"自己富裕了，不带领乡亲共同致富，那不是我的性格"

  石碑村地势平坦，早些年村民以种植业为主，靠天吃饭。而林桂娥养鸡致富后，没有忘记自己当初的艰辛，没有忘记带领乡亲共同致富的初衷。如何能让村民增收致富，过上好日子，是林桂娥一直琢磨的事。她常说："自己富裕了，不带领乡亲共同致富，那不是我的性格。自己富了不算富，大家都富才算富。"作为妇女带头人，林桂娥的目标是要带领更多乡亲共同致富。因此，她把学习到的养殖技术应用于实际操作中，在发展自己养殖业的同时，积极带动周边更多的乡亲参与到养殖业中来，传授自身的养殖知识和经验，让乡亲们掌握自力更生的技能，自主经营，促进增收，力争把养鸡发展成为当地一个特色产业。在她的带动和影响下，周边及本村的村民很多都加入了养鸡的行列中。

  细心的林桂娥发现宝坻区及周边地区蛋鸡、肉鸡养殖普遍存在着一个问题：以传统养殖为主、规模小、技术含量低、生产性能不高、经济效益差、产品缺乏市场竞争力，小生产与大市场需求严重不协调、不匹配。经过反复思考，林桂娥又萌生了发展规模化养殖、提升经营管理层级的想法，那就是成立养殖专业合作社，做第一个"吃螃蟹"的人。这是她酝酿多年想为村民们做的一件实事，终于在 2007 年顺利实现。在家人的支持下，她注册资金 580 万元，成立了天津市宝坻区旭亮家禽养殖专业合作社。合作社统一经营、统一管理、统一销售，合作社的建成可以让蛋鸡养殖发展更高效，能够形成规模效益。但在合作社成立之初，并非所有村民都能认识到这一点。有的农户固守老观念，不愿意参与，抱着观望的心态。林桂娥没有气馁，她走街串巷，跟他们唠嗑，讲国家政策，聊农村经济发展方向。渐渐地，大家的观念终于转变了、思路打开了，陆续有人加入合作社。林桂娥靠着农村人特有的勤劳朴实，不懈努力、苦心经营，合作社养殖规模逐渐扩大，年收益也越来越多，农户参与的积极性也进一步提高。合作社为农村养殖业提供了良好的示范，林桂娥也成为远近闻名的农村创业致富的带头人。

  合作社社员队伍逐渐壮大。合作社按照"自愿、有偿、合法"的原则，依法选举产生了理事会、监事会和社员代表大会，建立和完善了各项规章制度，林桂娥出任理事会理事长一职。合作社以"养殖—供销—管理—销售"一条龙的生产经营模式，整合零散家禽养殖户共同抵御市场风险，带动周边农户致富。旭亮家禽养殖专业合作社作为养殖基地，吸收农户加盟，由农户出资入股，合作社进行统一养殖、供料、管理、销售，年底按比例给农户分红，引领效果越来越明显。

经过多年的建设，合作社已达到"五有"标准，即有制度，有完善的"三会"和财务分配制度；有场所，合作社拥有固定的办公用房及相应的办公设施；有服务，对社员实行统一标准、品牌、包装、收购、运输、销售等服务，肉鸡及鸡蛋产品主要销往北京、河北、山东等地，产品进入了宝坻、宁河各大超市，产品供不应求；有品牌，合作社拥有以天津市宝坻区旭亮家禽养殖专业合作

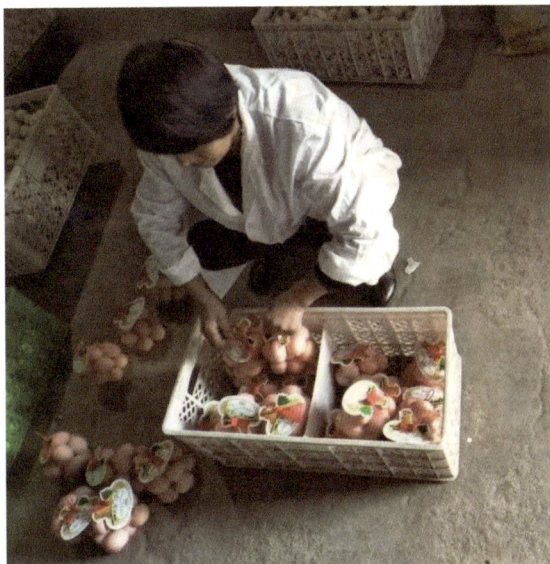

林桂娥对养殖场产销的绿色健康蛋进行抽查检验

社注册的具有商业价值的"绿溢香"商标品牌；有渠道，合作社在发展直销、经销、代销的基础上，多次参加各类农产品展销会，提高了合作社品牌的知名度，增加了"绿溢香"产品美誉度，培养了一大批忠实的消费群体。

合作社自成立以来，按照"民办、民管、民监督"的原则，对全体养殖户实行五个"统一"，即：统一技术指导，合作社聘请专业的养殖技术顾问，定期到各户进行现场技术指导，每年对社员提供3至4期技术培训；统一品牌，统一使用"绿溢香"牌商标；统一饲料采购，针对全体社员养鸡所需各种饲料及防病药物，合作社统一采购，分户发放；统一鸡苗采购发放，合作社统一订购优质鸡苗，分发给社员饲养；统一鸡蛋和鸡的收购及销售，合作社有专职人员负责与销售商联系，由销售商统一收购并销售社员符合标准的鸡和鸡蛋，销往北京、天津等地，彻底解决了养殖户销售难题。

合作社设有社员代表大会、理事会和监事会，下设养殖基地、财务部、办公室等组织机构。在健全合作社章程的基础上制定了理事会、监事会工作制度、

财务管理制度、合作社管理制度、合作收购销售管理办法。合作社对内实行民主管理，严格实行一人一票制，使每位社员都享有平等的权利。

为了合作社的发展，林桂娥没少费心血。新入社的社员没有资金，林桂娥帮着他们申请贷款，做担保人；遇到特别困难的，她干脆直接垫付。没有技术，她亲自指导，甚至自己花钱请专家到各养殖场巡回讲座。几年下来，林桂娥组织开展科技讲座 110 场次，现场指导 500 多次。合作社现蛋鸡存栏百万只，肉鸡存栏 60 万只，年销售额 8000 万左右。合作社累计销售肉鸡 1.5 亿只，鸡蛋 1200 万公斤，带动农户创收 1.48 亿元，合作社社员发展到 185 户，户均年收入 80 万元，近千人依托合作社走上富裕路。天津市宝坻区旭亮家禽养殖专业合作社被评为"天津市示范合作社"。

林桂娥主动担认本村的养鸡技术顾问，为村民免费提供技术指导。本村一个姐妹看到林桂娥养鸡致富了，也想通过养鸡赚钱，于是很快就建成了鸡舍，但是干起来却出现了许多问题。由于她缺乏科学的养鸡知识，只凭传统饲养方法喂养，一味地喂料饮水。她说："想不到这些小家伙还真难伺候，吃多了撑坏，吃少了饿死，室温低了不行，室温高了也不行，往往是打开窗户着了凉，关着窗户又受了热。再就是雏啄，进料前还和平共处，进料后就相互啄羽、啄翅、啄肛，轻者伤残，重者死亡。常常出现头天晚上还好好的，第二天早上就不明不白地死去一片的事。"这让她非常着急，就像人陷进泥潭里一样，有劲使不出来。她向林桂娥求助，林桂娥马上赶到她的鸡舍，跟她讲："安排鸡群是有讲究的，密度过大，鸡群拥挤，采食不均；密度过小，不利于保温，成活率下降。"林桂娥向她推荐了几本养鸡的书籍，并定期到她家做指导。后来她的鸡越养越好，而且赚到了可观的利润。

曾经有一次，由于鸡苗涨价，社员周小芳原本计划用于支付鸡苗和儿子大学学费的钱不够用了。林桂娥听说此事，找到她，说："孩子交学费可不能耽误，进鸡苗还差多少钱？"她说："还差 1 万块钱，跟孵化场联系过了，如果退订或者少进鸡苗，都要赔违约金。"林桂娥当场给她转了 1 万块钱，让她先用，有钱了再还。周小芳如期进了鸡苗，并且养得特别用心，不仅还了钱，还赚到了家里的生活费和儿子第二年的学费。

林桂娥发挥技术精湛的优势，热情服务广大养殖户，成了远近闻名的能人、热心人。大家有事都愿意找她，有时她一天接到的求助电话就达上百个。对每个求助电话，她都认真处理，能自己前往的尽力前往解决。一次，在一个风雪交加的夜晚，距离林桂娥家十几千米的李大爷给她打来电话，情绪激动地说："小林，你快来吧，三个小时，我的鸡死了好几百只。"林桂娥在电话里安慰李大爷，让他不要着急。放下电话，林桂娥骑上电动车就出发了。天黑加上路滑，一路上林桂娥摔了两次跤。李大爷见她满身是泥，脸上还有伤口，心疼地说："小林，这是路滑摔的吧？实在对不起，要不是鸡死的太多，问题严重，我也不会这么着急叫你来。"林桂娥笑着说了句没事，就钻进鸡棚查看情况。她捡出几只死鸡解剖，发现鸡得了喉炎，喉炎传染力很强，所以才会发生大面积死亡现象。她让李大爷和老伴把未传染的鸡和已传染的鸡分开隔离，紧急接种，并密集消毒，防止继续传染。她则去就近的兽医站买来预防和治疗的药物给鸡服用。整整忙了一晚上，到了第二天上午10点，鸡死亡的速度明显下降，她才松了一口气。类似的事情何止一两次？但林桂娥从来没有抱怨过，更没有拒绝过。

有一天，林桂娥的亲戚，本村村民张长为找到她。张长为说："表姐，请你帮忙给我想想出路。"林桂娥爽快回答："行！"林桂娥帮助表弟分析自身情况，最终选择帮助他养殖肉鸡。张长为先在南在沽、恒辛庄包棚养殖，一次购进肉鸡7000只。林桂娥协助表弟搞好肉鸡防疫，配送饲料，45天回收肉鸡，全程服务，确保张长为首战告捷。之后，张长为转战黄庄、八里庄包棚。连续多年，张长为每年养殖肉鸡6批，一批2万只左右，一般年收入20多万元，不仅供养两个孩子上大学、成家、赡养老人，一家人还过上了小康生活。提到林桂娥，张长为有说不尽的感激。

期间有一次，他发现个别肉鸡不明不白地死亡，挺发愁，赶紧找到林桂娥求助。林桂娥撂下自家的活，马上给找技术人员。一查，诊断为法氏囊病（IBD）。该病又称甘波罗病，是传染性法氏囊病毒引起的一种急性、高度传染性疾病。由于该病发病突然、病程短、病死率高，且可引起鸡体免疫抑制，因此是鸡的主要杀手。经过紧急组织给鸡打针，该病得到了有效治疗。多年来，一提到林桂娥，张长为总是动情地说："表姐是好人啊。这么多年，有她的帮助，我养鸡心里有底，一路顺风！"

林桂娥始终不忘带领乡亲共同致富的初衷，谁有困难她都帮。她常年收购肉鸡的某禽类屠宰场因经营不善倒闭，欠社员鸡款38万元，她自掏腰包，一分不差补齐。大钟庄镇尹庄子养鸡户尹有榜前后购进林桂娥的饲料2万多斤，价值3万多元。不料，尹有榜身患癌症住院，家中只有他的妻子和一个正上大学的儿子。他这一病等于家庭断了顶梁柱，生活陷入困顿。他的妻子给林桂娥打电话，呜咽着说："嫂子，有榜得了大病，住院了，饲料款暂时还不了了。"林桂娥赶忙劝解："大妹子，别急，有病慢慢治，饲料款以后再说。"不料，不久尹有榜病情恶化，去世了。他的妻子再通电话时，林桂娥安慰她说："饲料款不要了，孩子还要上大学呢。"短短数语，表现了一位农民企业家博大的爱民情怀。

旭亮家禽养殖专业合作社的建设主要在四个方面取得了显著成效。一是解决了鸡和鸡蛋销售的难题。实行了统一收购和统一销售后，解决了在高温或者疫病流行等特殊时期卖不上好价钱的难题。二是提高了养殖效益。合作社成立以来，社员养殖量明显增大，养殖效益得到了保证。三是提高了市场竞争力。合作社注重品牌效应，注册商标"绿溢香"后有效提高了抵御市场风险的能力，增加了市场占有率。四是促进了蛋鸡、肉鸡产业的稳步发展。合作社坚持"五统一"的集约化经营模式，解决了社员的后顾之忧，许多农民敢于投资养殖业，或扩大规模，从而推动了蛋鸡、肉鸡产业跃上新台阶。

合作社的发展并非总是艳阳天。有一年因受禽流感疫情影响，全年仅八九月份出现一定的利润空间，其余时间均处于亏损期。在此背景下，部分养殖户因无法承受亏损而退出，一些养殖企业也暂时放弃了扩建的想法。在总供给减少的形势下，合作社理事会、社员代表大会一致同意通过改建鸡舍、引进自动化设备来降低日后的生产成本，实现了规模化、集约化养殖，增加了肉鸡、蛋鸡的存栏量、蛋鸡的产蛋量，保障鸡蛋市场在出现供不应求时及时弥补空缺，从而获得较高利润。在大家的共同努力下，合作社顺利度过了禽流感的特殊时期。

"守着自家灶台，不开阔眼界，那不是我的性格"

谈及不断更新观念，站得更高，看得更远，不断进取，林桂娥的回答是："守着自家灶台，不开阔眼界，那不是我的性格。"

近几年来，林桂娥先后参加了市、区的妇女培训班学习，学到了更先进的养殖技术，了解到更前沿的市场信息，认识了更多的养殖技术专家，大大开阔了自己的眼界，增长了知识，更新了自己的养殖观念。她认识到发展农业产业不是简单的饲养家禽，而是要靠科技养殖，于是她寻找各类销售信息，逐步扩大产品销售范围，把养鸡产业发展成为能带动当地经济发展的产业，促进乡亲增收致富。特别是参加了经纪人培训班学习后，她改变了多年传统养殖和普通养殖的观念，大胆地走科学养殖、品牌养殖的路子。她积极参加各类农产品展销会，扩大知名度，吸引大公司合作，想尽办法为社员增收。在市场低迷时期，她带领社员广开销路，与劝宝超市对接，送货到各个小区的商店，减少中间环节。随着市场竞争的加剧，林桂娥意识到，普通鸡蛋市场会越来越少，鸡蛋批发这种单一的销售模式已经不具备优势，要想引领市场必须创新。经过走访调查，她发现礼品盒装的特种鸡蛋走俏市场，成为人们走亲访友、看望病人必备的礼品，且供不应求。由于本地没有特种鸡的养殖，林桂娥先后到河北、河南、山东、辽宁、吉林、湖北等地考察特种鸡品种，了解养殖效益，最终选择了适合本地气候的品种，并将新品种鸡苗引进刚刚竣工的标准化蛋鸡鸡房精心饲养。经过一年多的养殖摸索，她不断开发蛋品销售渠道，特种鸡养殖随即宣告成功，并扩大了规模。合作社注册了自有品牌"绿溢香"，顺利通过农业农村部农产品质量监督检验测试中心检测，鸡蛋达到了无公害鲜禽蛋的标准。这个品牌一经问世，迅速占领各大超市及农贸市场，受到消费者的一致好评。

与此同时，合作社发展绿壳蛋鸡养殖。目前已达到万余只。林桂娥上网查了大量的资料，了解到绿壳鸡蛋属于高维生素、高微量元素、高氨基酸、低胆固醇、低脂肪的理想天然保健食品，营养价值比普通鸡蛋高，不但能增强人体的免疫功能、降低血压、软化血管，还可以改善婴幼儿发育不良引起的厌食症，为孕妇和病人补充营养，是极好的营养滋补食品，甚至被营养学家誉为"鸡蛋中的人参"。因此，她广泛宣传普及绿壳蛋的营养知识，提高消费者的品位，拓展了绿壳蛋的销路。

"不奔走呼吁，不为家乡父老服务，那不是我的性格"

作为区政协委员，林桂娥深感责任重大。几年来，她经常深入群众之中，调查研究，倾听村民呼声，代表村民提出为村里修公路、改厕、污水处理、搞好环境卫生等多项提案。2021年初，林桂娥与吴红霞委员联手，提出关于支持种养殖业发展，提高市场竞争力的建议，区农业农村委积极回应。近年来，全区累计建设完成规模化畜禽养殖场粪污治理工程 439 个、新型养殖小区粪污治理工程 20 个，改善了养殖场环境质量，达到了养殖废弃物资源化利用的目的；建成集中式堆肥处理站 10 个，有效解决了规模以下养殖户粪污治理难问题；建设商品有机肥厂 2 个、打造完成 44 个种养循环示范场，加快推进了全区畜牧业种养结合绿色发展。这些成绩，少不了林桂娥等委员奔走呼吁的功劳。

提到林桂娥，本村村民老李激动地说："桂娥心眼好，热心肠，乐于帮助别人排忧解难。我家儿子儿媳闹矛盾，分手了，多亏她苦口婆心地调和，才破镜重圆，成全了本已破碎的家庭。""村里大事小情，红白喜事，林桂娥多忙，也是有求必应。特别是白事，深更半夜发生，她随叫随到，从未缺席。有时，她困得坐着都睡着了也从未叫一声苦。她从不图便宜，一心帮着大伙儿办事。我们二人做司仪执客是搭档，十几年配合得很好。啥事她不争不抢，总是挑重担子，白事行奠礼司仪一站就是几个小时，这苦差事桂娥总是抢着干。让人敬佩。"村民张桂芹介绍说。

2020 年初，面对突如其来的新冠肺炎疫情，她积极响应党中央号召，积极投身疫情防控中。疫情暴发时期，为村粘贴疫情防控标语，挨家挨户发放宣传材料。村村封路，村民待在家中不出门，生活物资匮乏，她每天凌晨 3 点多钟安置好鸡场，早上 6 点钟装好鸡蛋车，8 点前送往各村卡口，保证村民在早饭时能吃上新鲜的鸡蛋，为大家提升身体免疫力助力。有的村距离合作社十几千

林桂娥为疫情一线工作人员捐赠鸡蛋

米,来不及用三轮车送,林桂娥就让自己儿子把其他事情往后推,先把鸡蛋送到。她先后向一线医务人员、志愿者捐赠8000余斤鸡蛋、方便面、牛奶、消毒液等物资,为疫情防控助力。春节前夕,她还为全村每户村民每人送去一份礼品。平时,村里谁得了大病,林桂娥夫妇也带上礼品,登门看望,表达自己的关心。

林桂娥在疫情防控卡点执勤

"不教孩子为人处世,不放开手脚,那不是我的性格"

提及如何培养教育孩子,林桂娥认为就是要对孩子多鼓励多夸奖,不要打击孩子的创造性和积极性,让孩子喜欢上学习,爱上生活,从而培养孩子积极乐观的生活态度。"不教孩子为人处世,不放开手脚,那不是我的性格。"这话可以说是林桂娥的经验之谈。她育有两个孩子。大女儿叫王彩瑞,1985年出生。作为一个慈母,林桂娥特别疼爱彩瑞,挤时间多陪伴女儿,时刻注意亲子关系的培养。女儿到了学龄,林桂娥教育她如何为人处世。比如尊老爱幼,见到老人要问候,和同学伙伴团结,待人文明礼貌宽容,别事事计较;听老师的话,好好学习……彩瑞天生聪明伶俐,懂事好学,不用家人操心。到八九岁,周六日或放长假时,林桂娥就经常带她到地里拔草、栽葱,干点力所能及的农活。再大点,彩瑞学会了做饭,洗衣。在家里,她总是伏案刻苦学习,挤时间帮奶奶做家务。彩瑞好学上进，顺利考上区重点初中、高中，并以优异成绩完成大学学业。

毕业后，彩瑞并没有像其他同学那样，进企业找份工作。看到母亲踏踏实实为乡亲们办实事，她也想为乡亲们做点什么。于是，2009年她考了公益岗，在本镇的劳动保障服务中心工作，恰逢城乡居民养老和医疗保险政策实施第一年。全镇很多符合参保政策的人来咨询、办理参保手续，而且大部分是60岁左右的老年人，有时候一遍两遍根本解释不清楚，但她从来没有不耐烦过，耐心地解释，直到对方听明白、理解了。因为工作量大，工作人员有限，彩瑞经常加班加点，自愿放弃周末休息，只为能在规定时间内帮助所有想参保的人能够顺利参保。公益岗的工资是天津市最低工资标准，彩瑞说："我就是想像妈妈那样多为乡亲们办点事，我做的这些跟妈妈比起来算不了什么。"虽然工作很忙，彩瑞回到家还会认真学习。

2010年，彩瑞通过考试成为一名大学生村官，协助村主任工作。她承担起了村里所有需要用电脑进行的工作，帮助协调解决邻里纠纷。她刚到村里就赶上了分地，这可是村里的一件大事。就在分地工作进行中，有一户村民提出了异议："为什么别人分到这块地的时候还补了一小块，我分到就不补了？"这时村主任没有过多解释，只是说这次就这么定的。这户村民一听就火了，和村委会成员吵了起来。彩瑞没有经历过这事，对村里情况也不太了解，一时插不上话。分地的事被搁置了，村主任因为这事撂下一句气话："爱分不分，我也不干了。"彩瑞听到慌了神，村主任不干了，这可怎么办？回到家，彩瑞躲进自己房间。林桂娥猜出了女儿有心事，关心地问："发生什么事了？"彩瑞跟她说了白天发生的事，说："妈，村里的事怎么这么复杂，太难了。"林桂娥一听，说："是挺复杂的，不过你了解过村委会做出这个决定的原因吗？为什么分地分不下去村主任就不想干了？"彩瑞说："没有了解过。"桂娥说："你都不了解情况，怎么会不难？"彩瑞听了觉得是这么回事。第二天她先后找到村主任、村委、支部书记了解情况，原来以前那块地前面是一条小河沟，种不了庄稼，跟别人家比，少了一块，所以得从别的地方补，今年河沟填平了，跟别人家一样，而且在分另一块地的时候可以优先选择，所以就不存在补地的问题了。村主任和这户以前就有矛盾，这次分地这户人家以为是村主任公报私仇，村主任以为对方是故意找事，一气之下就说不干了。彩瑞得知真相，一方面和另一个村委一起找到这户人家里，说明情况进行调解。村民明白之后也就不再阻挠分地了，同时也觉得妨碍分地不对；另一方面，彩瑞和支部书记一起给村主任做工作，就这样，矛盾化解了。彩瑞通过这件事也明白了为什么母亲能把鸡养得那么好，还越做越大，很多人跟她一起干。母亲做事从来不轻易下结论，都是了解清楚事情的来龙去脉，发现问题，解决问题，不到最后不放弃，所以才没有被困难打倒。

2012年，彩瑞考入了事业单位，在进入新单位前，她始终没有忘记自己村干部的身份，坚持站好最后一班岗，直至换届选举结束，她才回家休息，准备到新单位报到。虽然进入新单位，但她的工作还是每天要与乡亲接触，无论遇到对方情绪多激动，她都笑脸相迎，礼貌接待，从不刁难人。她和妈妈一样能

林桂娥带头张贴条幅宣传疫苗接种

早一分钟办，绝不推迟一秒，来办事的人都夸她是好闺女。

林桂娥的儿子叫王俊亮，比姐姐小两岁，活泼好动，性格和姐姐彩瑞并不完全相同。在学习上，俊亮因为不大感兴趣，所以不主动，成绩不理想。为此，林桂娥夫妇没少操心。哄他，夸他，挤时间和他一起学习，但成效甚微。到上初一，一天，他跟父母说不上学了。林桂娥夫妇吃了一惊，小小年纪离开学校怎么行？夫妇二人很着急，林桂娥嘴上长了火燎泡。林桂娥就和俊亮谈心、讲道理，讲知识的重要，国家义务教育的规定，同村同龄伙伴的范例，彩瑞姐姐的榜样，

可说破了嘴皮子也不管事，俊亮执意要离开学校，自己要求去喂鸡。这让林桂娥夫妇二人很为难，小孩子能喂鸡？二人反复思考掂量，决定将计就计，索性就答应他，并让他下鸡房清粪，看他干得了还是干不了。林桂娥绷着脸，跟俊亮交代："想喂鸡，好，这栋鸡房就归你管了！先从清粪开始。"谁知，第二天，俊亮清粪，小推车倒了，不会扶。林桂娥假装没看见，也不管。俊亮虽说是干了一天，可并没有清出多少鸡粪，早就躲一边，撂挑子不干了。第三天一大早，俊亮就找到林桂娥，央求她说："妈妈，给我找校长说说，我还是回学校上学吧，光脚清鸡粪的活又累又臭，小推车我也推不好，实在受不了！"林桂娥说，"可以，但你上学能坚持下来吗？""妈妈，您放心吧，我不会再打退堂鼓了。"

历经挫折教育之后，俊亮终于又回到了课堂。初中毕业后考上中专，学习畜牧专业，2005年顺利毕业。毕业后，林桂娥把儿子留在鸡场，带着他从头开始学养鸡。俊亮回忆说："一开始我不会养鸡，也不知道怎么管理，经过母亲的耐心指导，放手大胆让我尝试，购原料、销鸡蛋、组织生产，都让我独立承担，独立实施。我一步一步逐渐掌握了养鸡技术、管理方法。从小母亲就教我做人要诚实守信，我管理鸡场也像母亲那样，恪守诺言，尊敬员工。因此，道路越走越宽广。2015年我自己也成立了朝辉养殖有限公司。老话说得好，不当家不知柴米贵。当自己管理企业，才知道父母的不容易。2020年，母亲被评为全国劳动模范，作为劳动模范的儿子，我深知母亲的艰辛。"

"不唱二人转，不互相尊重、支持，那不是我的性格"

一个成功女人的背后，一定有一个默默支持她的男人。生活中，林桂娥夫妇二人平等协商，各尽所能，唱响家庭合作交响曲。林桂娥常说："不唱二人转，不互相尊重、支持，那不是我的性格。"

林桂娥夫妇二人分工明确，配合默契。林桂娥主内，主要负责鸡场的日常管理。王焕光主外，侧重外联。鸡场大事共同商量，日常事务分工各自完成。平时，碰到林桂娥外出开会、参加培训、指导防疫、送饲料，丈夫王焕光就开车接送。进入盛夏，夜间值班巡视，夫妇二人一人负责半宿，真正是起五更，睡半夜。平时，检查调整好鸡场电机旋转方向，一旦遇到暴雨停电，王焕光首先奔向供电房，拉下供电闸，再返回到发电机房。林桂娥一手拿手电筒对着发电机照亮，一手合上发电线路开关，身子顶着门，以防被暴风刮开，王焕光则启动发电机发电。二人配合默契。现在，尽管他们都已进入花甲之年，这项重要工作仍在继续坚持。他们深知：盛夏鸡房一旦停电，10个鸡房的排风扇不转，温度快速上升，10万只鸡顷刻就会闷死，整个鸡场损失不可估量。

凡鸡场的员工无人不知，林桂娥的每一天都是那么忙碌的一天：凌晨五点，天刚蒙蒙亮，林桂娥起床，洗漱完毕，便到每一个鸡房检查，看看员工出勤情况，联系没有到岗的员工，了解原委，及时妥善处理。6点，工人完成清粪、捡蛋的工作。林桂娥回到厨房，开始做饭，打扫庭院。然后，照顾百岁高龄的老婆婆吃饭。大家吃罢，林桂娥收拾、洗刷碗筷。8点左右，她出现在库房，给前来购买鸡蛋的客户过秤，结账。8点半，在鸡房前召集全体员工开会，讲讲注意事项：如聚精会神，安全操作；轻拿轻放，降低捡蛋破碎率；每天勤打扫，保持鸡房清洁；多观察、检查，早发现问题隐患，早报告、早处理等。散会十多分钟后，林桂娥返回库房。在库房外，只要她看到有工人干活，或者推着大车鸡蛋比较吃力时，她都会赶紧跑过去，帮着推车。上午11点，她还要再巡视

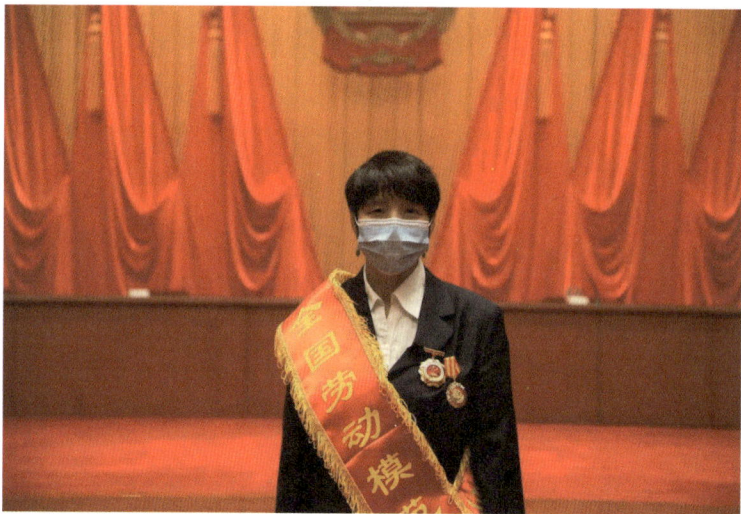

林桂娥在全国劳动模范和先进工作者表彰大会现场

鸡房，看看料线有没有出料，温度是不是正常。接着就是做午饭，饭后，继续接待客户、巡视鸡房。晚饭后，丈夫王焕光接班，前半夜巡视，后半夜林桂娥值班，还要巡视一两次。如此日复一日，年复一年，20多个春秋，无论酷暑严寒，

总少不了夫妇二人坚毅、匆忙的身影。可以毫不夸张地说，收获的每一个鸡蛋、销售的每一只肉鸡，无不饱含着林桂娥夫妇二人滴滴心血和辛勤的汗水。

2021 年，步入新的一年，林桂娥有新的打算，她对未来充满新期待。乘着中央"十四五"规划和 2035 远景规划实施的东风，她要继续推进养殖粪污资源化利用试验、鸡粪高温发酵、有机肥还田 ；探索雏鸡、肉鸡、蛋鸡养殖防疫新方法、新途径，为乡亲从事肉、蛋鸡养殖筑牢安全防线 ；深入村民之中，搞好调查研究，多办好事、实事 ；不断给儿子俊亮压担子，让他在市场经济大潮中尽情自由搏击，尽快撑起养鸡场这片蓝天，把天津市宝坻区旭亮家禽养殖专业合作社、朝辉养殖有限公司这两块牌子擦得更亮，带领更多的乡亲致富奔小康！

天津市劳动模范 崔洪亮

中华厨艺一新星

经过 23 年的磨炼，天津市宝坻区长城实业有限公司职工崔洪亮从一个普通的择菜工成长为"中华名厨"。2020 年，他荣获"天津市劳动模范"荣誉称号。面对荣誉，已届不惑之年的崔洪亮抚今追昔，深情地说："是'第二故乡'宝坻这片热土培育了我，长城实业有限公司是我人生奋斗和进取的'根'。"

宝坻"寻梦"

1998 年早春时节，春寒料峭，乍暖还寒。初中毕业、年仅 18 岁的崔洪亮，依依惜别父母，怀揣着母亲给他的一百块钱，从家乡山东省德州市庆云县坐上开往天津的长途客运汽车，在天津公交客运站转乘到远离天津市区 90 千米的宝坻县（今天津市宝坻区）的公交客车。崔洪亮只身来到陌生的宝坻，投奔在长城实业有限公司烤鸭店做厨师的姨表兄宋明德，想在这里寻找一份差事，通过自食其力，开始自己的新生活。

年纪轻轻，人生地不熟，远离家乡，外出打工，崔洪亮心里没有底。但是，这个山东小伙子有自己的打算，他决心在宝坻闯一闯，找到适合自己生存的一片天地。当时，崔洪亮的家境并不好，父亲因为做生意经营不善，亏损严重，银行贷款还不上，债务一时难以偿还。就在崔洪亮离开家乡到宝坻的那年春节，全家人经历了前所未有的"年关"，父亲躲债不敢回家，母亲以泪洗面。崔洪亮是长子，下面还有两个弟弟和一个妹妹要读书，家庭遭遇这样的变故，让一家人不知所措。崔洪亮上学时，成绩一直优秀，上初中时本来有着"考高中，将来考大学"的想法，可是在初中最后那个学年，家里的经济状况每况愈下，父母已经无力供他上学，崔洪亮也感到，自己作为长子，不能为了上学拖累家里，不如早日离开学校，到社会上打拼，挣些钱贴补家用，为陷入困境的父母解忧。就这样，崔洪亮完成初中学业，便打消考高中的念头，收拾书包，依依不舍地离开校园。

初中毕业后，崔洪亮本想在家乡打工，可是一直没有找到适合自己干的差事，正在犹豫徘徊之际，崔洪亮想到了在天津宝坻工作的姨表兄。他了解到，姨表兄所在的宝坻是天津市一个名气较大的县，而且距离首都北京也不远，离河北省唐山市也很近，是一个地理位置优越的地方，而且姨表兄所在的长城烤鸭店在宝坻名气不小，姨表兄在这里做厨师，也很受重视。他突发奇想：为啥不到天津宝坻闯一闯？况且，在宝坻长城烤鸭店工作的姨表兄可以做自己的投奔人和引线人。就这样，崔洪亮打定了到宝坻寻找打工机会的主意。崔洪亮身体单薄、性格内向，刚走出校门，还从未出过远门。因此当他选择到宝坻闯闯的时候，父母是不同意的。崔洪亮最终说服了父母。他抱着"试试看"的心理，带着父母的千叮咛万嘱咐，带着对家乡的无限眷恋，独身一人踏上前往天津宝坻的客车。

按崔洪亮的话说，当时他心里七上八下，不知道在宝坻能不能落住脚。如今，他风趣地说："23年前，自己来到陌生的宝坻，这是来寻梦啊！"那个"梦"，对一个农村青年来说，就是"打工梦"，也是"挣钱梦"。而宝坻作为崔洪亮的寻梦地，成就了他的梦想，崔洪亮在"第二故乡"走出了一条闪光的路。

艰苦磨炼

23 年前的那个早春，崔洪亮经过近一天的长途颠簸，终于来到了他的寻梦地——天津宝坻。从宝坻公交客运站下了车，第一次踏上宝坻土地的崔洪亮，心中滋味难以言表。当时，宝坻正在实施城区环境综合整治，城区的整体环境和形象正在好转，但这里毕竟是传统的县城，看到宝坻汽车站附近的境况，联想到宝坻是直辖市的郊县，崔洪亮觉得宝坻与自己想象中的样子有较大的出入。可是人已经到了宝坻，已经踏上了这片土地，绝不能改变主意，更不能打退堂鼓。他按照姨表兄信中给他提供的长城烤鸭店的地址，一边打听，一边前行。好在长城烤鸭店离宝坻汽车客运站很近，步行十几分钟就到了，他也见到了正在后厨忙碌的姨表兄。

一个初中生，没有任何工作经验，能在这里干什么呢？一开始，崔洪亮感到很迷茫。好在长城烤鸭店经过 7 年多的发展，已经成为宝坻一家知名饭店，而且处在扩大经营的当口，正是用人之际。经过姨表兄介绍，长城烤鸭店经理刘维觉得崔洪亮这个小青年有股子闯劲，他从几百里开外的山东庆云来到宝坻，独身一人走进长城烤鸭店，冲这一点，就不简单。刘维决定留下崔洪亮。

初来乍到，崔洪亮的第一个岗位就是"学徒"，"学徒工"成为他的名号。好在有姨表兄的点拨和照应，崔洪亮的第一步算迈了出去。师傅领进门，修行靠个人。吃饭是人的本能，可是做饭，特别是把饭做好，很不容易。作为学徒工，他按照姨表兄的嘱咐，从最基础的差事做起，先从苦活、累活干起，边干边学。就这样，崔洪亮当起了长城烤鸭店后厨的勤杂工。不光要搬运食材、学择菜、洗菜、切菜，还要刷盘洗碗、倒脏水、擦地板、清洗灶台……每天忙来忙去，周而复始。他既勤快又细心，厨师们很快喜欢上这个肯吃苦、爱干活、不怕累、不怕脏的小伙子。

崔洪亮是个有心人，他一边默默地干着后厨的杂务，一边留心厨师们的煎炒烹炸，细细琢磨着厨艺，心想：要是有一天，自己也能成为一个厨师该有多好啊！他暗下决心，既要偷着学艺，也要虚心向厨师们求教，了解烧菜做饭的门道。特别是他的姨表兄是厨师中的骨干，他以姨表兄为师，在姨表兄空闲时，就向他问这问那，不厌其烦地讨教厨艺。姨表兄对别人态度都极其和蔼，对自己带来的表弟更是悉心指导。表兄耐心解答小表弟提出的问题，恨不得在最短的时间内把他领进厨师的门。崔洪亮感到自己不懂的东西很多，学做厨师没有急于求成，而是兢兢业业地干好自己的杂务，在干好杂务的同时悄悄学习厨艺。尽管后厨杂务琐碎、苦累，但是他干起来总是勤勤恳恳、精益求精，生怕有疏漏和闪失，给厨师带来麻烦。就这样，崔洪亮在后厨干杂务整整干了五年，从18岁干起，五年春秋、五年寒暑、五年磨炼、五年坚持。2003年，23岁的崔洪亮终于迎来了"上灶"掌勺的机会。

潜心学艺

常言道，机遇总是留给有准备的人。崔洪亮这个山东小伙子来到宝坻，走进"长城"，经过五年后厨"杂务"的磨炼，终于获得了走上新岗位的机会。此时，长城实业有限公司也已经跻身宝坻知名服务型企业行列。这家公司扩大经营规模，顾客量明显增加，厨师队伍需要扩大，培养和选用厨艺新人纳入"长城"新发展规划。一向任劳任怨、勤奋实干的崔洪亮被厨师们相中。厨师们认为，崔洪亮是个可塑之才，他做事认真，干一行爱一行，为人诚恳，虚心好学，有钻研劲儿。经过几年的探索，崔洪亮也悟出了厨艺的一些门道。厨师们认为，再让他干杂务就有点屈才了，他应该"上灶"了。于是烤鸭店几位资深厨师联合举荐崔洪亮当厨师。早就盼着这一天到来的崔洪亮，由于性格内向，并没有急于表白自己心中的这个愿望。公司决定给予他厨师的岗位后，他非常高兴，暗下决心：一定要潜心学艺，苦练基本功，把厨师的过硬本领学到手，并且发挥好，为企业发展多做贡献！

就这样，崔洪亮成为长城烤鸭店的一名新厨师，也是当时年龄最小的一位厨师。从此，崔洪亮身穿厨师服，头戴厨师帽，站到灶台前，成为锅碗瓢勺"交响曲"的"演奏者"，在煎炒烹炸中锤炼厨艺。在长城烤鸭店厨师团队中，崔洪亮被编为三号，人称"三号厨师"。

崔洪亮当厨师，从最初级学起。他时时处处向老厨师们学习，在干中摸索，在摸索中提高厨艺。崔洪亮感到，要想把高超精湛的厨艺学到手，没有捷径可走，只有勤学苦练、虚心好学，才能获得成功。崔洪亮把提升厨艺作为自己的职业追求。

恰在此时，长城实业有限公司发展兴旺，非常需要技艺精湛的人才做支撑。崔洪亮感恩"长城"的培养，更希望自己的厨艺多有长进，能够为企业又好又快发展助一臂之力。崔洪亮把苦练厨艺基本功与促进企业发展紧紧联系在一起，他觉得自己的成长和进步绝不是个人的事，而是要融入企业的创新发展之中，在促进企业发展中彰显自己的价值，发挥更大的作用，这样才更有意义。在勤学苦练、刻苦追求上进中，这个山东小伙子成为"长城"厨师队伍中的一名业务骨干。无论是熬鱼还是炒菜，崔洪亮都熟练地掌握了基本功，他烹制的菜肴色、香、味俱佳，深受顾客好评。

烤鸭是长城烤鸭店的传统名菜，也是立店兴店的招牌菜。"到'长城'，吃烤鸭"，成为顾客光顾长城烤鸭店消费的首选。为了让"长城"烤鸭的牌子更亮，年轻的崔洪亮大胆尝试"果木烤鸭"，通过到天津一家老字号烤鸭店学习和取经，他对烤鸭的木炭、火候、技巧等进行改良，经过反复试验，用桃木、枣木等果木烤制的肉鸭取得成功，烤鸭口味上了一个新档次，顾客称赞不已，长城烤鸭店的"果木烤鸭"销量大大增加，崔洪亮也成为长城烤鸭店推出"果木烤鸭"第一人。"果木烤鸭"的成功给崔洪亮深刻的启发，他感到，做餐饮业不能墨守成规，当厨师要善于求新创新，这样才能引领食味新风尚。

创出"名小吃"

如果说"果木烤鸭"的成功让初出茅庐的崔洪亮增强了厨艺创新的信心和底气，那么推出蒜香饸饹、香葱油饼等名小吃则让崔洪亮在长城实业有限公司餐饮经营中的食品结构创新中迈出了更加坚实的一步，这一步成为"长城"餐饮业创新发展的更大亮点。

随着自己厨艺不断长进，崔洪亮成为长城实业有限公司的名厨师，还成为这家公司餐饮部的厨师领班人。崔洪亮认为，当一名称职的厨师，不光要追求厨艺高，还要摸索餐饮消费的规律，引领餐饮消费的时尚，要在打造食品特色和优化食品结构上多下功夫、多求实效，这样才能赢得更多的顾客特别是回头客。崔洪亮明白，做餐饮眼睛只盯着"高大上"不行，还要考虑食品的平民化，贴近大众的口味，以经济、实惠、好吃的特点，满足顾客需求。

崔洪亮来到宝坻，在"长城"磨炼多年，对宝坻风土民情的了解逐渐加深，对"第二故乡"的食味食俗也有了较多的把握。他感到宝坻本土的一些食材如果进行创新性利用，就会开发出更加适合人们口味的食品，在宝坻推出新的风味小吃，就会使宝坻餐饮业在继承中创新，在创新中发展。

情怀孕育胸怀，思路决定出路。经过在餐饮业多年打磨，让崔洪亮感到，依托"长城"，创出"名小吃"很有必要，宝坻也具备这样的资源和条件。崔洪亮在食材、调料采购和食品制作过程中发现，宝坻餐饮文化特色鲜明，宝坻风味小吃名不虚传，历史上多个特色名吃都是宝坻人创造的，采用的食材、调味品等都是宝坻自产。他从宝坻民间手艺人加工的杂豆面饹馇和宝坻特产"六瓣红"大蒜中受到启发，尝试制作"蒜香饹馇"这种即可做菜又可调汤的食材。经过他的手，"蒜香饹馇"一跃变成了备受青睐的菜品。受宝坻"五叶齐"大葱启发，他觉得制作香葱油饼也会独具特色。就这样，在崔洪亮策划、设计、创意下，经过多次试验，终于制作出色、香、味俱佳的具有宝坻乡土风味特色的"蒜香饹馇""香葱油饼"。"蒜香饹馇"以精致杂豆、小米面为主原料，配之以宝坻"六瓣红"大蒜为调料精华，汤醇味厚、蒜香浓郁、质感滑韧、特色突出；"香葱油饼"精选宝坻大葱为主料，经过传统卷馅方式，做出的成品色泽金黄、层次丰富、外酥香、里细软、葱香味浓郁。这两道"长城"的特色食品被端上餐桌，深受食客热捧，成为继"果木烤鸭"之后，"长城"餐饮部推出的两道小吃名品。

蒜香饹馇和香葱油饼的名气不胫而走，许多光顾"长城"的顾客把品尝这两道物美价廉、口味极佳的名小吃作为口福之享，别有一番情调。然而，为了把这两道名小吃研制成功，崔洪亮和他的厨师工友们付出了许多心血和汗水。

令人欣喜的是，崔洪亮牵头研究和制作的蒜香饹馇、香葱油饼在 2006 年被中国烹饪协会评定为"中华名小吃"。从此，"长城"餐饮业有了获得国字名号的知名特色小吃。锐意创新、辛苦付出，赢得可喜成果，崔洪亮追求餐饮业卓越业绩的信心和底气更足了。

厨艺美名扬

宝剑锋从磨砺出，梅花香自苦寒来。成功的喜悦给崔洪亮攀登厨艺新高峰带来自信。但是在成绩面前，崔洪亮没有自我陶醉，他认识到艺无封顶，学无止境，在厨艺领域跋涉和攀登不能有歇歇脚、喘口气的念头。他立足"长城"，根植宝坻、放眼天津、面向全国，向中华厨艺的更高目标发起冲刺。

随着长城实业有限公司餐饮业知名度的不断提高和市场竞争力的持续增强，这家公司把培养"名厨"作为实施人才兴企策略的一项重要举措，公司总经理刘维明确提出，"长城"不光要有"中华名小吃"，更要有"中华名厨"。他鼓励厨师们放宽视野，增强自信，大胆追求厨艺创新、创造卓越厨艺、敢于在全国厨艺界竞争、在全国厨艺大赛中拿大奖，向"中华金厨奖"发起挑战。这种鼓励人才发展的新理念和人才兴企新策略，深深打动了崔洪亮。

崔洪亮感到，刘维总经理是自己的"伯乐"，也是自己成才的引路人，自己不能满足已有的成绩，要敢做驰骋的"千里马"，要从"长城"起步，把自己所掌握的精湛厨艺向天津、向全国展示，争做一个"中华名厨"，为促进餐饮事业发展贡献力量。这成了崔洪亮为之奋斗和追求的新目标。在公

崔洪亮在厨房烹饪中

司的激励和自身的努力下，崔洪亮这匹"千里马"向更加广阔的新天地奔驰了。

2015年金秋时节，美丽的广州城迎来第25届中国厨师节，崔洪亮作为天津厨师代表之一，乘坐飞机抵达羊城，怀着无比激动的心情，抱着和同行切磋技艺的目的，参加了全国厨艺界规格最高、规模最大的盛会。这次广州之行，崔洪亮受到中国烹饪协会的表彰，夺得"中华金厨奖"，并入围"中国最美厨师"。

当登上领奖台、胸前佩戴奖章那一刻，崔洪亮热血沸腾。这个曾经最普通不过的打工仔、择菜工，一路走来、一路探索，用心血和汗水成就了自己的梦想。

"中华金厨"称号不仅仅是全国餐饮界一项十分耀眼的荣誉，更是崔洪亮十几年如一日潜心学艺、刻苦钻研、创新创优的生动写照。

崔洪亮，这个中华厨艺新星在名厨汇集的广州大开眼界，在参加烹饪技艺大比武中展示了高超厨艺。这届厨艺节以"弘扬中华餐饮文化，推动餐饮业升级"为主旨，汇聚和展示了中华厨艺精华，给崔洪亮以深深的感染和启发。在这里，崔洪亮见识了厨艺大比武中那些来自祖国各地的名厨们鬼斧神工般的刀工技术、烹调技术，还有面点制作、冷菜拼盘、蔬果雕刻等精彩项目；现场观摩了中华厨艺绝技争霸赛设立的刀工、手拉活海参、面塑、拉面、食雕、糖艺、垫绸布切肉丝、提花包以及其他类等项目展示。崔洪亮被深深触动，感受到中华厨艺博大精深、异彩纷呈，不仅技艺精湛高超，而且历史文化底蕴深厚，他开阔了眼界，大长见识，越发感到只有虚心向名厨同行学习、不断充实自己、全面提升厨艺水平，才能守住"中华金厨"这一荣誉称号。

2015年初冬时节，崔洪亮获得了到北京参加澳大利亚野生鲍鱼菜品创新设计大赛的机会。这次大赛比拼中，崔洪亮以自己娴熟的技艺和别出心裁的创意，亮出他现场精心制作的参赛作品——"西柠菠萝鲍"和"铁杆山药烧排骨鲍"并获奖，受到评委和观众好评。这次大赛，使他感受到中外厨艺文化融合的魅力，并且认识到从国外优秀厨艺中汲取营养，同样有利于自己厨艺的长进和创新。

2016年初夏时节，天津市食文化研究会举办时令野菜食品荟萃展，并进行厨艺比武，崔洪亮又一次抓住机会，在这次厨艺比武中亮出自己的厨艺绝活。他现场制作的竹荪荠菜鱼丸和鸡茸苦菜养生粥引人注目，关注度高，分别跻身本次展览的"最受欢迎的野菜菜肴"和"最受欢迎的野菜美食"奖项行列，成为广受好评的佳品美食。

2018年春天，天津市烹饪协会举行烹饪技能大赛，崔洪亮再展高超技艺，并荣获"天津市烹饪大师"和"天津市金牌厨师"称号。

崔洪亮走出"长城"、走出宝坻，在天津、在全国，在更高层次和级别的厨艺大赛中施展才华，亮出自己拿手的厨艺和菜品，崭露敢于争先的胆识和精神，印证了这样一个道理："事在人为，路在脚下，功夫不负有心人，有志者事竟成。"

传播美食文化

　　二十多年的厨艺生涯中，崔洪亮悟出的道理很多，其中一条就是厨艺虽说是厨师自己的手艺，但是要把精湛的厨艺奉献给社会，让更多的人分享，为传播和普及美食文化尽责出力。近几年来，成为"中华名厨"的崔洪亮，经常参与宝坻以及天津有关部门和单位组织的餐饮主题公益活动，把自己掌握的精湛厨艺奉献给广大群众。

　　2015 年，新年刚过，应天津电视台邀请，崔洪亮做客《食全食美》栏目。作为主讲嘉宾，他现场详细讲解制作精美菜品的过程，尤其把宝坻特别是"长城"的特色菜品嘎鱼辣酱、芽菜溜饹馇和中华名小吃"香葱油饼"等呈现给观众，宝坻"美食"走进"天视"，"长城"菜品引人关注，崔洪亮娴熟和精湛的厨艺给观众留下深刻印象。

　　2018 年以来，崔洪亮积极参加宝坻区总工会组织开展的传授和培训厨艺志愿服务活动。他走进"职工大讲堂"，给职工朋友传授家常菜品烹饪技艺，还把他亲手制作的精美可口的家常菜品展示给职工朋友，人们品尝后，赞不绝口。他还手把手地向参加培训的职工学员传授厨艺，已累计培训职工 100 多人次，极大地促进了中华美食文化在宝坻职工群众中的普及。

　　崔洪亮还参与宝坻乡村旅游餐饮业的厨艺指导、培训等工作，为农民群众发展乡村旅游业贡献力量。几年来，宝坻乡村旅游业方兴未艾，以"农家乐"为主体的乡村餐饮和住宿发展起来。为"农家乐"培养厨师，提高乡村美食厨艺，成为当务之急。崔洪亮发挥自己的特长，参与到培养乡村旅游"农家乐"的厨师活动中来。2018 年"五一"前夕，全区乡村旅游"农家乐"餐饮大赛在潮白河畔黄庄镇小辛码头村举行，崔洪亮应邀担任本次大赛的评委，他不仅现场点评，还进行厨艺示范，参加比赛的农民厨师受益匪浅。

不断为自己"充电"

　　荣获"中华名厨"称号，多次到餐饮业重要场合传经送宝，崔洪亮成为业内名人。面对同行羡慕的目光和顾客的赞扬声，崔洪亮没有骄傲。他首先想到，自己生在农家，由于家境不好而放弃上高中的机会，自己文化程度不高，是宝坻、长城实业有限公司培养了自己，是中华厨艺文化滋养了自己，尽管自己有了一定的成绩，也在业内获得了较高的荣誉，但是绝不能骄傲和忘本，不能失去自己的本色，自加压力，不断给自己"充电"，不断提高厨艺水平，才能有更大的进步。

基于这样的认识，崔洪亮立足"长城"，眼睛向外看，决心通过给自己"充电"，把更优秀的厨艺学到手，从而掌握更加过硬的专业本领，更好地服务餐饮业。长城实业有限公司的掌门人、刘维总经理对崔洪亮学艺"充电"也给予热情的支持，为他提供许多外出学习、考察、培训、参赛的机会。

近几年来，崔洪亮先后到天津水晶宫大酒店、河北石家庄市亚洲渔港、山东省青岛市鑫复盛大酒店等国内知名餐饮经营单位学习、参观和培训。他还来到古城南京知名度很高的喜事汇大酒店学习和考察餐饮文化，对夫子庙一带的江南风味小吃产生了浓厚兴趣。他细心观摩，揣摩那里小吃的风味和特色以及经营特点，从中吸收有益的东西。他还来到改革开放的前沿城市深圳考察饮食文化，被那里带有鲜明时代气息的饮食文化吸引，再次感受到饮食文明在中华大地上展现的魅力和神韵。他还多次参加天津市烹饪协会举办的高级厨师培训班，每次培训他都是听讲最认真、实际演练和操作最积极的学员。他十分珍惜培训机会，充分利用培训时间，把培训作为充实自己、提高厨艺的实践保障。

崔洪亮还订阅《中国烹饪》《东方美食·烹饪艺术家》等餐饮专业杂志，从名家名厨撰写的专业文章、中国著名菜系和菜谱以及餐饮历史文化著述中汲取营养，深化对中华厨艺的了解和领悟，从而增长智慧和技艺。他还挤时间抓好文化知识学习，弥补自己因为学历低而存在的文化不足，努力做学习型、知识型的新厨师。

做良心饭菜

作为名厨和长城实业有限公司餐饮部的行政总厨，崔洪亮越来越感到，当一名优秀的厨师，光有过硬的厨艺是不行的，还要有职业道德修养。他时时处处以身作则，把注重食品安全、做良心饭菜作为职业操守和最根本追求，让顾客吃到安全放心、货真价实的可口饭菜。他严把食品材料进货关，注重从源头和基础抓起，预防不合格的食品材料采购进店。他制定食材检验、取样、留样、追踪制度，把好每一个环节，落实各道工序责任，做到环环紧扣、有据可循，确保食材安全，消除食品安全隐患，为顾客提供高质量美食。

在饭菜制作过程中，崔洪亮特别强调讲卫生、重安全，严格质量标准、规范操作流程，一丝不苟、严谨有序，既让饭菜好吃，更让顾客吃得放心和顺心。他带头学习和宣讲食品质量安全法规，并且把依法保障食品安全的理念传导给长城实业有限公司餐饮部全体工作人员，促进全员增强食品安全意识和行动自觉性。"长城"餐饮业建立健全了一整套食品安全保障体系。

做良心饭菜，赢得更多顾客，特别是回头客。"长城"餐饮业越来越红火，不光是包桌、宴会，还有自助餐以及散客用餐都保持旺盛发展势头。崔洪亮带领的厨师团队还多次承揽区内外大型活动的人员集体集中用餐工作。2017年8月，第十三届全运会在天津举行，宝坻作为分赛区，迎来全国各地的羽毛球、柔道比赛项目的运动员、教练员、裁判员。长城实业有限公司餐饮部承担了全运会宝坻分赛区的餐饮服务，并出色完成任务；2018年夏末秋初，来自港澳台的十几支大学生龙舟代表队在潮白河宝坻城区段水域举办大型龙舟赛，参赛队员以及相关工作人员的食宿由长城实业有限公司承担，可口的饭菜和热情的服务给参赛队员和相关工作人员留下美好印象；2020年金秋时节，天津市中国农民丰收节在宝坻区八门城镇举行，长城实业有限公司餐饮部承担了丰收节开幕式人员的午餐服务工作，一次性供应盒饭600多份，崔洪亮带领餐饮部工作人员精心制作饭菜，崔洪亮还亲自驾车，把盒饭直接送到开幕式现场，让人们吃到"长城"美食。像这样的例子还有很多，每一次供餐服务，崔洪亮都认真对待、细致入微，时刻绷紧食品安全这根弦，以优质的服务让服务对象满意，擦亮了"长城"餐饮服务的品牌。

带出优秀团队

崔洪亮作为长城实业有限公司的行政总厨，深知带好厨师队伍的重要性。带出一支优秀的厨师团队，成为他履职尽责的重要一环。

崔洪亮觉得，一个人的能量再大，也不过是一个人的力量，只有凝聚团队的能量，才会集聚更多的力量，共同托起事业的发展。长城实业有限公司是一家大规模服务型企业，也是一家知名度很高的复合型民营企业，餐饮业在公司中占有举足轻重的位置，餐厨人员100多名，其中骨干厨师达20多人，这些餐厨人员来自五湖四海，既有来自天津本市的，还有来自河北、河南、山东、湖北、甘肃、内蒙古、辽宁、黑龙江等国内多个地区的厨师，他们操着南腔北调，走进"长城"，组成一个规模较大的团队。

带好这个团队并不是一件容易的事情。崔洪亮感到责任重、压力大。但是，他把自己的责任和压力转化为加强管理、带好队伍的动力。他一方面建立健全规章制度，坚持用制度管人管事；另一方面像对待兄弟姐妹一样关心照顾餐厨人员，与大家打成一片，用一颗真诚的心引领和带动同事们，营造"比学赶帮超"和团结互助的和谐气氛。大家合作共事，一起进步，就像一家人一样，为了"长城"餐饮业的创新发展发光发热。

身为津门"金牌厨师"和"中华名厨"，崔洪亮从来不摆"大厨"的架子，不光重活、累活抢着干，而且热心传授厨艺，把自己的拿手技艺毫不保留地传授给同事们，并亲自示范，言传身教，起到传帮带作用，带领大家一起提高厨艺，齐心协力做好"长城"的餐饮业。崔洪亮每次外出培训、参赛、考察回来，他都把自己看到、学到、感悟到的新厨艺、新理念及时讲给同事们听，和同事们一起研究如何借鉴先进经验，做优做强"长城"餐饮业。

在崔洪亮的启发和带动下，长城实业有限公司的厨师团队进步很快，成为一个团结、敬业、实干、活跃的集体。他们开发出口味佳、认可率高、"长城"特色鲜明的优新菜品和面食100多道，其中"蒜香饹馇""香葱油饼""特色黄瓜墩""芽菜溜饹馇""窝头小河虾""嘎鱼辣酱"成为顾客来"长城"必点的菜品。与此同时，崔洪亮带领"长城"餐饮团队向餐饮服务标准化、规范化、优质化迈进。长城实业有限公司餐饮部因此被天津市烹饪学会评为2014—2017年度餐饮先进企业；2019年荣获天津市餐饮名店称号，并获得天津市烹饪协会和天津电视台联合授予的"天津招牌老味道最佳口味奖"。

抗疫逆行挑重担

2020年早春时节，突如其来的新冠肺炎疫情给人们带来前所未有的严峻考验，处于京、津、唐交界的宝坻也成为抗"疫"斗争的主战场之一。作为区内骨干服务型企业,长城实业有限公司在严峻考验面前积极响应党和政府的号召,动员和组织员工投入抗"疫"斗争中,特别是把为抗"疫"一线工作人员提供优质安全的餐饮服务作为非常时期的主要任务。

作为长城实业有限公司餐饮部行政总厨,崔洪亮当仁不让主动请缨,到抗"疫"斗争一线去,投入餐饮服务工作。在抗击疫情关键时刻,他一马当先、勇挑重担,带领"长城"餐饮部的员工们按照公司的总体部署和安排,为防治疫情期间住宿在长城实业有限公司所属长城宾馆的客人们提供一日三餐。

在抗"疫"斗争的节骨眼上,宝坻区的最大超市——劝宝超市投入紧张有序的生活日用品销售服务中。为了保障员工食宿安全,劝宝超市把长城宾馆定为100多名一线员工的食宿地。崔洪亮意识到,照顾好劝宝超市员工,既是为了保障抗疫期间超市员工的食宿安全,实际上也是为了打赢宝坻疫情阻击战、保障群众生活日用品供应提供有力支持,可以说肩负双重责任,责任重大,任务艰巨而又光荣。崔洪亮克服困难,把餐饮服务的触角及时周到地延伸到劝宝超市员工中间,以一流的服务赢得劝宝超市员工好评。

与此同时,崔洪亮带领"长城"厨师团队,承担了宝坻区中医院一线医护人员一日三餐的配送任务。为了保障餐饮服务及时、高效和安全,崔洪亮冲锋在前,亲自驾车为宝坻中医院一线医护人员送餐。他不畏风险,驾驶"长城"送餐车上门送餐、热情服务,充分展示了"中华名厨"在特殊时期的担当与风采。

2020年7月,长城实业有限公司召开年中工作推动会议,崔洪亮因为抗"疫"贡献突出,被公司授予"抗疫先锋队·最美长城人"荣誉称号。公司总经理刘维带头为崔洪亮鼓掌,同事们向这位身边的抗"疫"逆行者投去敬佩的目光。

沉甸甸的奖章

从18岁到天津宝坻"寻梦",从一个打工仔、一个普通的后厨择菜工成为"中华名厨",并在2020和2021年分别荣获天津市劳动模范荣誉称号和全国"五一劳动奖章",崔洪亮在平凡的岗位上走出一条不同寻常的奋斗之路。

沉甸甸、金灿灿的奖章,挂在崔洪亮胸前。这位来自山东庆云的小伙子在"第二故乡"天津宝坻,在长城实业有限公司闯出一片天地,实现了自己的人生价值。抚摸沉甸甸的奖章,崔洪亮思绪万千,感慨颇多,他想到自己二十多年的

2020 年被评为天津市劳动模范

打拼经历，想到长城实业有限公司给他成长和成才的机遇和平台，想到宝坻这片热土给予他的滋养，想到中华优秀餐饮文化对他潜移默化的感召和影响，更想到自己作为一个普通劳动者在改革开放的大潮中和创新发展的新时代拼搏进取，党和政府给予自己崇高的荣誉，这是何等的光荣……他的思绪像打开闸门的潮水，奔流不息，波澜起伏，久久不能平静。

面对荣誉和奖章，崔洪亮感到，今后的路还很长，要珍惜荣誉、再接再厉，要保持本色、再立新功。崔洪亮多次深情地说："荣誉和奖章，寄托着党和政府对我的关怀和厚爱，这也是我向'第二故乡'宝坻的父老乡亲们一份回馈，我要时刻牢记'长城'对我的培养之恩，永远记住宝坻给我的无私大爱，我要立足'长城'，不断提高厨艺水平，以更加辛勤的工作和更加优异的业绩，更好地回报'第二故乡'，为促进餐饮业健康发展做出新的贡献！"

天津市劳动模范　丁玉玲

妇儿健康的守护人

丁玉玲，女，1973 年 9 月 13 日出生，宝坻区妇女儿童保健和计划生育服务中心儿保科护士长。儿保科是全区 100 多家托幼机构和 31 家基层卫生院儿童保健技术的指导中心。在这个岗位上，丁玉玲一干就是 28 年。从穿上白大褂的第一天开始，28 年来，她扎根护理事业，坚守为人民服务的初心，坚守救死扶伤的崇高理想，矢志不渝，为救死扶伤的崇高理想默默奉献着。

2018 年 8 月，丁玉玲以宝坻区儿童保健专业第一名的成绩，被推荐参加市级的"岗位练兵 技术比武"竞赛。2018 年 9 月，她在天津市卫生计生行业第五届"岗位练兵 技术比武"竞赛活动中荣获妇幼保健专业儿童保健甲组一等奖并取得"技术能手"称号；同年荣获"宝坻区三八红旗手""宝坻区五一劳动奖章""天津市五一劳动奖章"的荣誉称号；2020 年荣获"天津市劳动模范"荣誉称号。

苦练专业本领 做一名合格的白衣天使

"健康所系，性命相托"是丁玉玲始终牢记的神圣使命。

1973 年，丁玉玲出生在宝坻县（现宝坻区）新开口镇一个普普通通的农民家庭。她家对面就是村里的卫生室。丁玉玲从小体弱，经常发烧感冒、打针吃药。虽然当时的医疗条件很简陋，但在丁玉玲小小的心里，却非常羡慕医生的工作。她梦想有一天自己也能穿上那身白大褂，做一名行走乡间、受人尊敬的医生。为此，丁玉玲学习非常刻苦，从小学到初中，她的学习成绩一直名列前茅。1989 年，初中毕业的丁玉玲考取了天津市武清卫生学校护士专业。接到录取通知书，她别提多高兴了，自己终于有机会实现儿时的梦想了！几个同学的议论却让她感到了深深的自卑。有的同学说："哎呀！你学习那么好，去学什么护士呀？我听说，护士在医院里就是给人打针吃药的。你还不如去上高中呢，你学习那么棒，将来肯定能考个好大学，比干护士可强多了！"但是，丁玉玲并没有被困难吓倒，而是下定决心：别人越是瞧不起我，瞧不起我的专业，我越是要把它学好、学精，越是要做出一番成绩来给大家看看。于是，当有人以为自己考上了中专，毕业后的工作国家包分配，将来就是端上了铁饭碗而放松学习的时候，在武清卫校的校园里，丁玉玲把时间都用在了学习上。下课了，同学们有的织毛衣、有的看小说，她却成了图书馆里的常客，如饥似渴地遨游在知识的海洋里。

1992 年，19 岁的丁玉玲从卫校毕业，被分配到宝坻县（现宝坻区）大口屯医院。1995 年，她被调入原宝坻县妇幼保健院（现宝坻区妇产医院）。2016 年因为机构改革，她的人事关系直接合并到宝坻区妇女儿童保健和计划生育服务中心。不论在哪个单位、哪个科室，丁玉玲始终爱岗敬业，干一行、爱一行、专一行。工作期间，丁玉玲刻苦自学，通过高自考和成人高考获得了专科和本科学历，又先后考取了中级和副高级职称资格。高自考期间，没有辅导老师，她就把课本翻来覆去地看，白天上班，晚上到家还要看书到深夜一两点。通过成人高考，丁玉玲考上了天津医科大学的业余专升本，上课地点在宝坻职工卫生学校，授课老师都是天津医科大学从市里派来的优秀教师，很多都是在临床工作的资深教师。原先自学怎么也弄不懂、只能死记硬背的知识终于有了答疑解惑的人，这让丁玉玲非常珍惜这次的学习机会。成年人要忙工作又要忙家庭，家里家外琐事繁多，根本没有充裕的时间去上课。好多人上这种在职的专升本平时很少去上课，全指望期末考试前突击一下，混个文凭。丁玉玲却紧紧抓住了这次提升自己的好机会。她歇班时只要卫校有课，她一定去教室认真听讲，赶上她值班时有课，她就利用中午下班后的时间去听课，一直听到下午1:30，匆匆吃口饭再接着去上班（因为老师为了早点儿上完课，都是中午连着上课不休息）。多亏工作单位和教室只有一墙之隔，这似乎也是在为好学上进的丁玉玲创造有利条件。三年的老师带教学习，让丁玉玲的专业理论水平得到了极大提升，为以后的工作、各种竞赛以及职称晋升打下了坚实基础。丁玉玲参加副高级职称评审考试时正赶上单位要搬迁到新址。连续一个多月，丁玉玲都没时间歇班，经常加班加点，回到家累得动也不想动。但丁玉玲知道，不把课本看个三四遍根本不可能通过考试。她一边工作，一边自学，每晚临睡前看书、听网课，考试前两天更是学了两个通宵，终于顺利通过了副高评审考试。不经历风雨怎么见彩虹，没有付出、哪有成功，这世上没有不劳而获的成绩，只有别人看不见的汗水和努力。

无私奉献 行走在夜间的天使

有人说，护士是行走在夜间的天使。她（他）们在夜深人静、医生休息、家属疲惫的时刻，认真坚守着自己的岗位，随时巡视着病房，第一时间发现患者的突发情况，及时对病人采取必要的处置，随时守护着病人的生命。丁玉玲就是这样一位守护病人健康的白衣天使。

丁玉玲刚参加工作时，有一天她值夜班时，突然来了一位有机磷农药中毒的女性。这位女性与家里人闹矛盾，一时想不开，就把家里的半瓶有机磷农药喝了。喝完后这名女性产生了严重的胃灼热、腹痛、频繁呕吐等中毒反应，她后悔了，赶紧告诉丈夫自己喝农药了，快找车去医院。家里人都吓傻了，农村人都知道这种药很快就会要人命。家里人手忙脚乱，把病人送到了大口屯医院。当时科里正是丁玉玲和一名大夫值夜班。病人刚一进入抢救室，丁玉玲就闻到了有机磷中毒特有的臭大蒜味。她急忙和家属把病人沾染了农药的衣物脱掉，防止农药通过皮肤再次吸收中毒，又赶紧调试好洗胃机，立即对患者下胃管洗胃。

插胃管时病人一直呕吐不止，她顾不得去擦病人吐到自己身上的呕吐物，只想着早一分钟洗胃，就能早一分钟挽救病人的生命。同时她又抓紧时间为病人开通了静脉通路，按医嘱给病人静脉输入有机磷农药的解毒剂解磷定和阿托品。直到病人安定下来，她才去换了身上的脏衣服。整个晚上，她和值班大夫一起，每隔 10 分钟为病人静脉推注一次阿托品。病人折腾了一夜，医生护士也忙碌了一夜，直到天亮，病人的情况才稳定下来，她这才长长舒了一口气。忽然丁玉玲发现自己的左眼有点模糊，揉了揉还是模糊，她以为自己一夜没睡累着了。交了班洗完脸，一照镜子，她突然发现自己的左眼瞳孔和右眼的瞳孔不一样大，左眼瞳孔明显增大了。她吓了一大跳，想起上卫校时老师说过，双侧瞳孔不等大要么是脑部有病变，要么就是视神经出了问题。这可把丁玉玲吓坏了，她还这么年轻，怎么会得这么严重的病啊，这可怎么办？她急忙跑去找科里的大夫，大夫看了看她的瞳孔，发现确实有点不等大，可是看着她行走自如，思路清晰，面色红润，不像生病的样子啊。于是大夫提醒她是不是用了什么散大瞳孔的药，丁玉玲仔细一想，原来抢救病人静脉推注阿托品之前要先把注射器里的空气排干净，否则空气进入静脉会造成空气栓塞。有一次她排气时不小心把注射器里的阿托品溅到了左眼里一点儿。阿托品这个药有很强的散大瞳孔的作用，即便只有一点儿溅入眼睛里，也会造成瞳孔扩大，瞳孔扩大后就会让人视力模糊。找到了原因，才知道是虚惊一场。但是丁玉玲却不敢骑车回家了，她担心骑车时视线模糊会发生事故。她回到单身宿舍，累得倒头就睡，过了好几天，左眼的瞳孔才恢复了正常。

　　1995 年夏天，丁玉玲调到原宝坻县妇幼保健院（现宝坻区妇产医院），在妇产科从事护理工作。妇产科是个又忙又累、风险极高的科室，工作关乎大人孩子两条命。夜间催产素分泌旺盛，所以夜间分娩的产妇要比白天多很多，但夜里值班的医生和护士又很少，只有一名医生、一名护士和一名产房的助产士，所以值夜班时非常紧张忙碌。有一次值夜班，一名家属忽然跑到护士站，说他老婆羊水破了。丁玉玲急忙一边通知产房里的值班医生，一边拿起听筒去给这位产妇听胎心。因为产妇破羊水的同时，胎心可能发生极大变化，医护人员必须立即查看产妇的羊水颜色是否清亮，胎心是否正常，以此判断胎儿是否有子宫内缺氧的情况，对胎头高浮或是臀位的产妇，还要查看胎儿脐带是否顺着羊水冲下来，造成胎儿脐带脱垂。脐带是供给胎儿血液和氧气的唯一通路，如果脐带脱垂，脐带就会受到压迫，那么供给胎儿血液、氧气的唯一通路就会中断，几分钟后就会造成胎儿死亡。刚进入那位产妇的病房，丁玉玲立即嘱咐产妇马上朝左侧躺好，臀部下垫上枕头和小垫子，保持臀部抬高，千万不要下地活动，丁玉玲听取胎心，在正常范围。她一边详细嘱咐破羊水后的注意事项，一边检查是否有脐带脱垂。正说着，产妇突然说："哎呀，刚才好像真有东西掉出来了，是不是脐带呀？"丁玉玲仔细一看，真是脐带脱出来了！当时产妇尚未临产，没有马上分娩的可能，只有紧急剖宫产才可能挽救胎儿的生命。丁玉玲急忙一边喊值班医生，通知手术室紧急手术，一边以最快的速度做好备皮、导尿等术前准备。随着一声响亮的婴儿啼哭声，她和家属紧张的心终于放到了肚子里，孩子得救了！家属激动得非要送红包、送锦旗，都被丁玉玲婉言谢绝了。家属一个劲地说："多亏了你们，要是晚个几分钟，孩子就没命了，真是太谢谢你们了！"

一名合格的护士，就是要做到嘴勤、手勤、腿勤，还要有爱心、耐心和细心，发现情况必须第一时间来到病人身边，及时观察瞬息变化的产程，才能第一时间保证大人孩子的生命健康和安全。丁玉玲是这样想的，也是这样做的。

在一般人印象里，甚至一些影视剧里，生孩子都是一件疼得死去活来的事。但长期从事产科工作的前辈会时常提醒："千万小心那些二胎三胎的产妇，她们经常肚子不疼，很快就把孩子生了。遇到二胎三胎的产妇，千万别大意喽。"一天夜里，丁玉玲值夜班，新入院一名准备生二胎的产妇。值班医生检查该产妇子宫口刚刚开了一横指，离分娩还差得远，并且宫缩也不是很强，就没有让她进入产房待产，而是按常规安置在病房里，给产妇做上了电子胎心监护。丁玉玲安置好产妇后就在护士站的中央电子胎心监护站，通过电脑远程监护该产妇的胎心。刚刚监护了十几分钟，丁玉玲在中央电子胎心监护站的电脑上忽然发现这个产妇的宫缩越来越强，每两三分钟就有一次强宫缩，照这样推测，这位产妇应该很快就要分娩了。丁玉玲急忙跑到产妇床边，询问她的情况。产妇还笑着说："就是有点儿疼，比生老大时疼得差得远呢，哪有那么快就生了。"丁玉玲还是不放心，非要带她去检查室让医生检查一下才放心。医生检查后说："真的要生了，马上送进产房。"结果，产妇半小时后就分娩了。自始至终，从开始宫缩直到孩子出生，这位产妇都没觉得肚子有多疼。丁玉玲连连庆幸，家属也吓出了一身冷汗，幸亏发现及时，这要是生在产房外头，大人孩子都有出血和感染的风险，大人孩子还要打破伤风，还要使用抗生素预防感染，后果不堪设想啊！

护士的工作就是这样平凡琐碎，但丁玉玲从未因日复一日的平凡重复而放弃对工作的热情和耐心。深夜里，产妇和孩子从产房回到病房，她第一时间来到产妇和孩子身边，嘱咐注意事项，观察产妇生命体征和出血情况，把新生的宝宝抱在怀里，耐心指导家属和产妇如何喂养。常年的夜班生活让丁玉玲养成了手机从不离身、24 小时开机的习惯。认识她的孕妇经常半夜给她打电话，说自己要生了，托她帮忙照顾。哪怕不是她值班的深夜，丁玉玲也会及时赶到医院来到产妇身边。因为她知道，即使帮不上什么忙，只要自己人到了，产妇就会觉得心里踏实，就会减少对分娩疼痛的恐惧，而情绪稳定就是顺利分娩的一大保障。

变的是岗位 不变的是对妇儿健康的坚守

2009 年，丁玉玲被调到了儿保科。从临床科室来到保健科室，不用上夜班了，但她为患者服务的热情却一点儿也没有减少。她所在的儿保科是全区 3 家有产科的医院、31 家基层卫生院、140 多家托幼机构儿童保健技术的指导中心，再加上科室自身承担的全区适龄儿童先天性疾病筛查工作，业务非常繁忙。

到儿保科以后，丁玉玲一开始负责出生 3—7 天的新生儿听力筛查和足跟血采集工作。听力筛查有专用的仪器，这是一个无创无痛的筛查，家长很容易接受。但足跟血采集要用针刺宝宝的足跟部，将足跟部的血液滴在专用的滤纸片上，且每个孩子要采集 4 个血斑，每个血斑直径大于 8 毫米。刚出生三天的宝宝还很娇弱，足跟是人体的循环末梢，血量并不丰富，要同时采 4 个血斑很有难度。采血时宝宝一哭，家长非常心疼，有的家长也跟着掉眼泪，甚至不让采了。所以足跟血的采集不但血量要采够，还要迅速采血，减少孩子哭闹和痛苦。为更好更快地完成工作，丁玉玲查看了大量的医学文献和资料，又上网查找足跟血采集的视频，勤学苦练，终于很快掌握了足跟血的采集技术。每次采血之前她会做好详细的宣教，嘱咐家长采血前要充分哺乳，防止宝宝因空腹造成循环血量减少，血液不容易采够。采血前孩子的足跟部要注意保暖，进行足跟部按摩以增加循环血量。她还提前叮嘱家长带好奶瓶或安慰奶嘴，便于安慰宝宝，采血时宝宝嘴里含着奶嘴，有时还来不及哭出来就采完了，这大大提高了采血速度，减轻了家长的心理负担。

2016 年，随着"二孩"政策的放开，妇产医院的分娩量大幅上升，儿保科承担的新生儿听力筛查、采足血工作量大大增加，有时一上午就有二十多个新生儿进行筛查，丁玉玲经常忙到午饭时才做完。下午还要抽时间接诊脑瘫、孤独症患儿的筛查工作。由于时间紧张，丁玉玲经常在下午下班以后才去产科病房把上午做的听力筛查报告单装订入病历。虽然经常加班加点，但她却毫无怨言。因为她深深懂得，在产妇和家属的心中，自己身上的这件白大衣，承载着他们全家的期望。他们盼着从筛查人员说："您

丁玉玲对辖区三家有产科的医院足跟血采集人员进行培训考核

的宝宝筛查全都通过了，您的宝宝非常健康。"所以，丁玉玲不但认真细致筛查，对待听力筛查未通过的儿童家长，每次她都会耐心地做好安慰沟通和转诊工作。她会耐心解释，听力筛查不通过不代表孩子听力一定有问题，大部分原因是耳道内的羊水或胎脂还没完全吸收，或耳道还没发育好。过一段时间，宝宝的耳道发育完善了，耳道内的羊水和胎脂完全吸收了，再复查时大部分宝宝都是正常的。即使真有问题，经过早期干预、早期治疗也可以使孩子过上正常健康的生活。丁玉玲耐心的解释充分缓解了家长紧张焦虑的情绪。

深入基层 保障学龄前儿童身心健康

2016 年底，丁玉玲通过竞聘，走上了儿保科护士长的岗位。角色的转变给她带来了巨大的压力。每年春季，儿保科都要分成两班人马，一班人马留在科室负责日常工作，一班人马下乡到全区 140 多家幼儿园为小朋友定期体检。下乡为幼儿园儿童体检工作要持续到每年 7 月初放暑假。紧接着就是全区 1000 多名托幼教师和 4000 多名秋季入园儿童的集中体检，一直持续到 9 月 1 日幼儿园开学。2017 年开始，作为科室的中层管理者，丁玉玲都要和科主任一起，跟教育局和每个幼儿园联系，统计好每个幼儿园小朋友和教职工体检人数，根据人数制订全区 140 多家幼儿园的教职工和小朋友的体检时间安排，做好参与体检科室如化验室、收费处的沟通协调等琐碎工作。

2017 年春天，丁玉玲第一次带队下乡到全区各幼儿园，为小朋友定期进行健康体检。原先下乡都是在别人的带领下，丁玉玲只需服从分配听指挥，完成体检项目就行了。可是带队的人既要给小朋友做体检，又要提前与幼儿园沟通协调，指导幼儿园的卫生保健工作，体检结束收取体检费，还要保障下乡同事

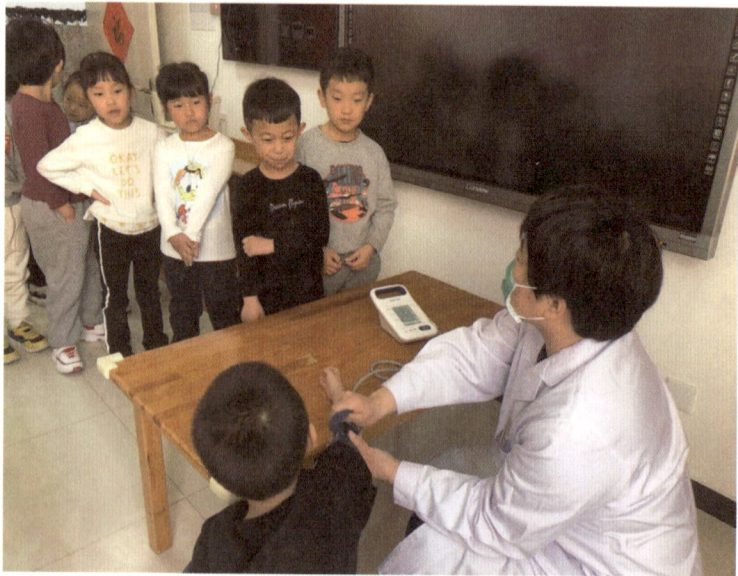

丁玉玲下乡到幼儿园为大班儿童测量血压

的食品卫生和出行安全，就像个大管家一样。为保证小朋友早上一入园就开始体检，下午放学前结束体检，丁玉玲他们每天早上七点就集合出发了。如果到大唐、黄庄等偏远乡镇的幼儿园，出发时间比这还要早。中午没时间回家，他们只能在幼儿园附近找一个小饭店吃点工作餐，饭后在车上打个盹儿就又开始下午的体检工作。没下过乡的人只看到了他们每天下午不到五点就回到单位，没事就直接回家了，别人还要等到五点半才能下班，都挺羡慕。有时下乡回来，其他科室的同事还开玩笑："今天又上哪儿旅游去了呀？这是刚下飞机吗？"可是只有长期下乡的人明白，下乡一两天还觉着新鲜，一两个星期还凑合，但一连三个多月下乡，就让人非常疲惫。每天早上去得早，中午没地方休息，没法儿睡午觉，吃喝又没家里的饭菜可口，大家下乡回来都非常困倦，到家吃点东西就再也不愿活动了，体质弱的同事一下乡就累得感冒、发烧。别人下乡回来就直接回家了，可丁玉玲作为带队人，下乡回来还要联系过几天要体检的幼儿园保健医生，询问是否准备好体检房间，嘱咐大班的小朋友空腹等注意事项，还要从网上查看保健医生是否已在妇幼信息系统上给小朋友建档、绑体检项目条码，有时下乡回来还要参加全院的科主任、护士长交班会。所以下乡的三个多月里，丁玉玲很少回来就能直接回家休息。最让丁玉玲着急的是她以前从未参加过托幼工作培训，下乡时遇到很多托幼机构卫生保健的问题都不知道怎么办，这更让她吃不下、睡不着。所以不管白天下乡多忙多累，晚上回家她都要认真学习托幼机构卫生保健知识，经常忙到晚上十一点多。为方便交流学习，她加入了幼儿园保健医生的 QQ 群和微信群。她的手机 24 小时开机，即使在休息时间，哪怕已经晚上十点多了，只要有人来电话咨询，只要群里有保健医老师提问，她都会及时回复。遇到自己拿不准的问题，她就及时向书本、向市妇儿中心的老师请教。

托幼机构卫生保健工作是促进学龄前儿童身心健康、预防和减少疾病发生的重要内容。那么多小朋友每天一起吃、一起睡、一起玩，小孩子的卫生意识不强，卫生保健工作如果抓不好，对孩子的身心健康是极大的隐患。通过下乡查体，丁玉玲发现托幼机构的卫生保健人员大部分没有医学专业背景，特别是民办幼儿园为追求经济效益，几乎都没有专职的保健医生，很多民办园的保健医生刚培训完就跳槽走了，新接手的保健医生又没有经过卫生保健知识培训，卫生保健工作根本不受重视。于是丁玉玲不但自己认真学习国家卫生部、教育部联合下发的《托儿所幼儿园卫生保健管理办法》《托儿所幼儿园卫生保健工作规范》《天津市托儿所幼儿园卫生保健管理实施细则及消毒卫生规范》，还要把这些规范和文件转发到群里，指导保健医生认真学习。到各幼儿园体检的同时丁玉玲对其卫生保健工作进行监督指导，发现问题及时反馈，提出改进措施，对这些问题进行汇总，在年底的托幼机构卫生保健工作培训中重点培训考核，极大提高了宝坻区托幼机构卫生保健工作水平。

功夫不负有心人，到下乡结束时，丁玉玲已经熟悉了托幼机构卫生保健工作，开始得心应手了。最后在大家的通力协作下，短短三个多月，共为全区 140 多家幼儿园，14000 多名在园儿童进行了健康体检，圆满完成了任务。

力拔头筹 技术比武创佳绩

2018 年 7 月初，正是全区 1000 多名托幼教师集中体检的日子。体检地点在当时的老妇幼医院旧门诊楼一楼。平时大家都是早上七点五十上班，为防止老师们早上空腹等待体检时间过长，儿保科把体检开始时间定在了早上七点。科室每天安排三个人早上七点到一楼签到登记处，负责接待预约体检的老师们，给他们签到、发放体检表，讲解体检流程，体检结束把体检表收上来。科室人员轮流值早七点的班，但即使丁玉玲不该值早七点的班，每天七点她都会准时出现在一楼的签到登记处，负责签到、维持秩序、进行导诊、处理突发状况。7 月的天气非常炎热，老门诊楼的楼道又没有空调，老师们围着登记处签到时，异常闷热，经常大汗淋漓。但丁玉玲从来不急不躁，耐心做好接待工作。天气炎热，工作紧张造成她右眼球结膜下急性充血，眼睛红得像只兔子，这个眼病不痛不肿，就是眼红得吓人，她上了几天眼药也没见好转。同事们都劝她："你快去大医院看看吧，千万别是眼底出血呀！眼底出血也不痛不肿，要是耽误了会造成视网膜水肿，严重的会造成视网膜剥离和脱落，视网膜脱落了那可就麻烦了。"丁玉玲就去天津眼科医院查了眼底，确实是急性球结膜下充血加上慢性结膜炎、右眼睑结石。医生给她上点儿麻药取出了结石，用纱布敷上了眼睛，嘱咐她一天后去掉纱布，上几天药再去复诊。而她只买了点眼药，在家休息了几天就又上班了。

眼睛刚刚好转，丁玉玲就接到了参加市级"岗位练兵 技术比武"竞赛的任务。她爱人担心她的眼病复发，就劝她看书悠着点儿。丁玉玲却说："那可不行，这可是代表咱整个宝坻去比赛，要是考砸了，丢的不光是自己的脸和单位的脸，那可是全宝坻的脸。"于是她只要一有时间就捧起书本，刻苦备战。

在备战竞赛的日子里，儿保科不但要负责全区 1000 多名托幼教师和 4000 多名入园儿童集中体检，还负责平时全区适龄儿童先心病、白内障、髋关节筛查工作，科里每个人都忙得团团转。8 月酷暑，体检人员集中，一个孩子至少两个家长陪同体检，光维持秩序就需要两三个人。为保障体检流程顺畅高效，

丁玉玲和科主任一起加班加点，对各个流程提前做好预案。从全区 140 多家幼儿园查体儿童人数的统计，到体检日期的预约安排，从参与查体科室的沟通协调，到查体不合格的解释宣教和复查，她和科主任一起，进行了详尽的部署。大部分孩子一看见穿白大褂的医

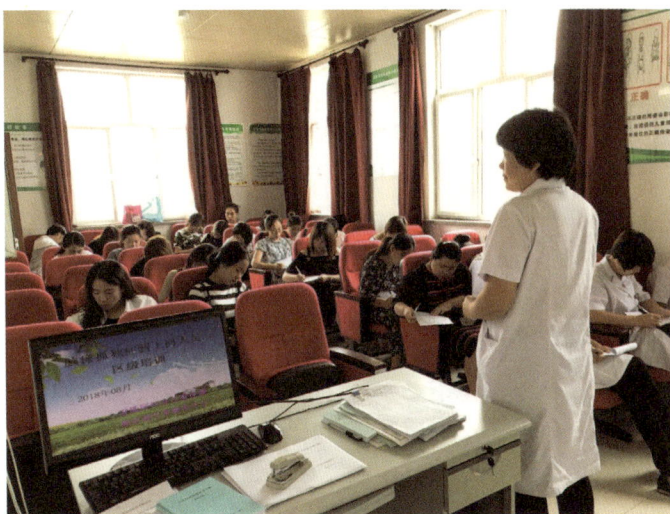

丁玉玲为基层卫生院脑瘫、孤独症筛查新上岗人员进行培训

生护士就哭闹，根本不配合体检，特别是扎手指验血，更是哭得厉害，家长哄半天才能安静下来。体检时孩子的哭闹声真是此起彼伏、不绝于耳。这可是考验医生护士耐心的时刻。大家每天早来晚走，从维持秩序、填表登记、身高体重测量，到化验和体格检查，每一步大家都耐心、细致、周到地服务。丁玉玲更是哪里忙碌就到哪里去。有时体检儿童太多，她就拿起扩音器，负责喊名字、发放化验结果。一天下来，她连口水都没空喝，嗓子喊哑了，就买点金嗓子喉片含上接着喊。就这样在一个多月的时间里，她和大家一起共为全区 4000 多名入园儿童、1000 多名幼儿教师进行了集中体检，赢得了老师和家长的一致好评。

2018 年 8 月底，全区入园儿童集中体检还没结束，丁玉玲又接到了全区儿童脑瘫、孤独症筛查新上岗人员区级培训的任务，培训结束要带领报名的 29 名

学员参加市级考核。当时丁玉玲备战的"岗位练兵 技术比武"已经进入了冲刺阶段。本来白天在单位没时间看书,丁玉玲就下班回家看,每天晚上都要看到十一二点。这下子打乱了她的学习计划,她只好改成白天忙工作,晚上回家准备培训的课件和资料。为保证大家通过市级考核,丁玉玲利用休息时间把培训资料进行了扫描、排版、校对,再把电子版资料发到群里方便大家随时学习,纸质版打印下来人手一份。第一次培训了两天,临近市级考核又集中培训了三天,特别是筛查操作部分进行了一对一的培训。"一分耕耘、一分收获",在9月

参加市级"岗位练兵 技术比武"表彰大会

初的市级考核中,29名学员全都一次性通过,为宝坻区的儿童保健事业培养了后备力量。

"宝剑锋从磨砺出,梅花香自苦寒来。"经过刻苦备战,2018年9月12日,丁玉玲一举夺得了市级儿童保健专业"岗位练兵 技术比武"竞赛的第一名,荣获天津市妇幼保健专业儿童保健甲组一等奖,并取得"技术能手"称号。

幸福是奋斗出来的,机遇也总是青睐有准备的人。正因为多年坚持不懈地努力,她才有机会赢得了这样的成绩,为宝坻区儿童保健事业增添了光彩。

疫情之下 以坚守显担当

2020年春节,面对新冠肺炎疫情,丁玉玲始终牢记"健康所系、性命相托"的神圣使命,不惧危险,坚定地履行着自己的职责。从防护物资的支领、保管和发放,预检分诊的组织管理与值守,科室人员疫情防护知识的培训,到疫情期间儿保工作的市级联络、全区基层卫生院儿保工作的指导,再到宝坻区"万人入户大排查",到处都有她忙碌而坚定的身影。

面对武汉市严峻的疫情,她第一时间向领导递交了请战书,时刻准备着奔

赴武汉。然而，当宝坻人以为疫情还在遥远的武汉时，新冠肺炎已经像幽灵一样悄无声息地潜入了宝坻。2020 年 1 月 31 日，宝坻区出现了第一例确诊病例，随后与宝坻百货大楼相关病例先后出现，这让所有人感觉到形势的严峻。宝坻百货大楼成为新冠肺炎聚集性发病地，宝坻区成为高风险地区。宝坻区每个人都深切地感受到疫情离自己如此之近，每个人心里都十分忐忑，谁也不知道接下来会发生什么，接下来会面对什么样的困境。一时间口罩被抢光，酒精、消毒水买不到，84 消毒液每人限购 1 瓶。宝坻整个区域开始封闭式管理，各行各业所有群众居家隔离，但全区的医务人员在这危难时刻逆行出征。

小区封闭，除了有证明的抗"疫"人员，其他群众一概不允许出行。丁玉玲到单位和小区居委会分别开了证明、盖了公章，证明自己是抗"疫"的医护人员。疫情暴发初期，医院的防疫物资同样紧缺，在没有防护服、隔离衣、护目镜，只能穿两层白大褂代替隔离衣、一个口罩戴好几天的情况下，她不畏风险、不畏严寒，坚守在预检分诊处、坚守在医院大门外，严格进行流行病史询问，指导就诊人员扫"津门战疫码"、出示健康码，对有疫情的小区人员查验出行证明，坚决把好医院安全的第一道关口。

后来丁玉玲终于分配到一件一次性隔离衣，预检分诊处也有了两个厚重的防护面屏。但隔离衣一个月才发一套，她就每天脱下来用紫外线消消毒，转天再接着穿。特别是戴了几天医用乳胶手套后，她发现自己的双手长满了小水泡，过几天小水泡开始发痒、溃烂，原来她对乳胶手套过敏了。她就在乳胶手套里面戴一层薄膜手套，依然坚守在预检分诊处。她每天穿上厚棉衣、隔离服，戴上防护面屏在医院大门外进行流行病史询问。为防止漏掉来自有确诊病例小区人员，丁玉玲每天都要认真查看宝坻区有哪些乡镇、哪个村、哪个小区出现了确诊病例，这些地方来的人员要格外注意，筛查时不但要扫"津门战疫码"、出示健康码，还要查验村委会或小区盖章的出入证明，有出入证明的人员才可以进入中心筛查，这样才能有效防止疫情的传播。

2020 年的春天格外寒冷。为防止人员聚集，丁玉玲要随时提醒大家保持 1 米距离。她在医院大门外一站就是一天。当时春寒料峭，还下了一场雪，有时冻得她直流清鼻涕，甚至鼻涕都流到了下巴上、脖子里，她不敢、也没时间摘下口罩去擦一擦。不敢摘口罩是怕暴露，没时间是怕筛查人员在门外等得着急。为防止进入中心的筛查人员过多造成聚集，丁玉玲就提前写好顺序号发给等在

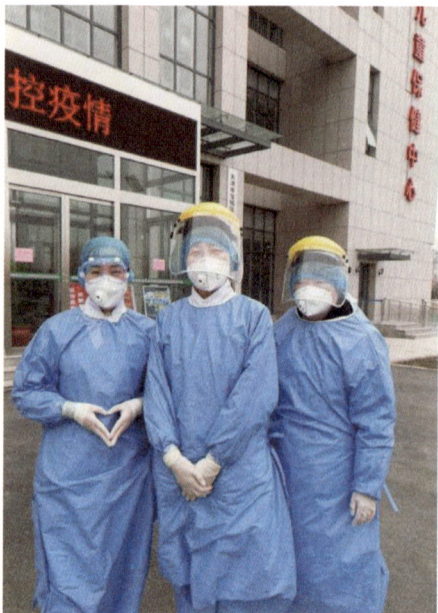

坚守预检分诊处（右一为丁玉玲）

外面的人员，大家按号排队，错时进入。为防止外面等待的家长、儿童受冻、着急，丁玉玲就让领了号的家长、儿童先去自家的车上等候，等到号了丁玉玲再去车位上通知家长。有好几次到号了，丁玉玲怎么也喊不到人，她就在车位一边走一边喊，甚至走好几圈，才发现一辆车里有人。就这样，丁玉玲在大门外共对1300多人进行了第一遍的流行病史询问。为单位零疫情、零感染做出了巨大贡献。

预检分诊处的工作，苦点、累点，丁玉玲都不怕，怕就怕患者不理解。有一次，一名孕妇来做筛查，她居住的小区存在确诊病例，可是她却没有携带盖着小区居委会公章的出入证明。尽管丁玉玲耐心进行了解释，家属仍然情绪非常激动，大声嚷嚷着："我们可是冒着生命危险才出来做筛查的，你就不能通融一下吗？你知道我们出来一趟多不容易吗？再说我们一个孕妇，大门不出二门不迈，上哪去接触确诊病例去呀？"丁玉玲急忙对这位孕妇及家属好言相劝，建议他们给小区的居委会打电话询问一下，现在回去居委会开出入证明需要多长时间，会不会耽误筛查。最后在协调下，她们开来了出入证明，顺利做了筛查。

有一次，丁玉玲白天在寒风中站了一天，当晚又值了一晚行政夜班，转天白天她又坚守在了大门外。体力透支再加上生理期，厚重的防护面屏压得她整个脸都肿了起来，双眼皮变成了单眼皮，整个脸肿得像发面馒头。单位领导发现吓了一大跳，急忙劝她去验血检查一下，是不是肝、肾功能出了问题。她自己却说："没啥大事，可能就是更年期，这几天每天早上起来脸都有点儿肿，上午活动活动，下午就不肿了。"在大家劝说下，丁玉玲还是去验了血，原来是缺铁性贫血，铁蛋白较低造成的。她就一边吃补铁药，一边坚守在预检分诊，没有向领导提出任何照顾的要求。

直面危险 参加"万人大排查"

2020 年 2 月 11 日，正是宝坻区疫情最严峻的时刻，晚上十点，丁玉玲接到领导通知，要她通知全科同事参加第二天的"万人大排查"，需要入户为去过宝坻百货大楼的人员与家属测量体温。丁玉玲立即在群里发通知，安排大家第二天早上六点到单位领取防护物品，集合后一起去朝霞街道办公室，群里不回复的人员她又挨个打电话通知。放下电话，丁玉玲一晚上没睡好，既担心明天迟到，又担心自己带领这 13 名战友与去过百货大楼的人直接接触，需要保证大家的安全。大家心里都明白，去过百货大楼的人员当中还在不时地出现确诊病例，谁也说不准明天会不会遇到发热病人，会不会遇到疑似病例。2 月 12 日，天还没亮，丁玉玲带领中心的 13 名医务人员准时到达朝霞街道办。在街道办领导的分配下，每 3 人分成一组，每组有区直机关干部 1 人、医务人员 1 人、当地村支书 1 人，各组包片行动，深入到朝霞街道的福心家园、状元城、开元新居等小区，入户为去过百货大楼的人员与家属测量体温，进行流行病学调查。由于防护物资紧缺，他们当时的防护装备只有一个帽子、一个口罩、一副乳胶手套和一个白大褂，既没有防护服和隔离衣，也没有护目镜和防护面屏。虽然丁玉玲知道有的小区里出现了确诊病例，但她丝毫没有退缩，带领大家第一时间投入筛查工作。

丁玉玲所在的三人小组负责大约 30 多家的流行病学调查和体温测量任务。第一家的女主人去过百货大楼购物。丁玉玲给她用红外额温枪测温，结果显示体温在正常范围，但她本人叙述这几天每天晚上自己在家测温都是 37.3℃，并伴有头晕的症状。这让大家提高了警惕。丁玉玲又用玻璃体温计给她复测了两次体温，还是正常范围。但是丁玉玲没有疏忽大意，请示了领导，又给区疫情防控指挥部和区疾病预防控制中心打电话咨询，请示遇到这种情况怎么办。区疫情防控指挥部和疾病预防控制中心对这位女性进行了详细的电话登记，同时嘱咐丁玉玲他们三人自己要做好严格的消毒措施，区疫情防控指挥部很快就会进行处理。丁玉玲三人按照嘱咐认真做了消毒措施，每个人心里都盼着早点知道结果，盼着这位女士千万不要是确诊病例。后来，他们三人又对这位女士打电话追访，得知她已经被专用救护车转运至区人民医院发热门诊，经过鉴别，

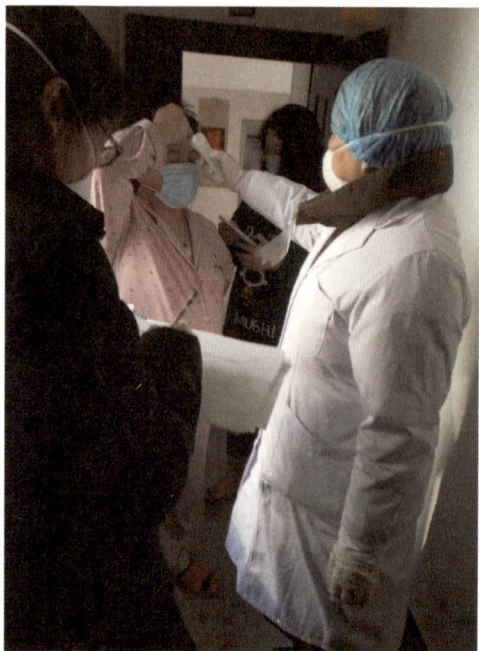

丁玉玲在"万人大排查"中为去过百货大楼人员测量体温

她不是新冠肺炎患者，大家终于放心了。就这样，丁玉玲他们三人冒着严寒，一丝不苟、挨家挨户地排查，从早上七点一直忙到下午两点多，直到圆满完成任务才顾得上吃口饭。回到家里，丁玉玲急忙把鞋子脱在门外进行消毒，洗了澡，又把身上所有的衣物都洗了，以防止新冠肺炎的传播。直到晚上六点多丁玉玲才收拾完，她累得瘫倒在床上。虽然这一天又冷、又累、又饿、又有风险，但丁玉玲心里却很坚定，因为她知道，自己又为战胜疫情贡献了一分力量。

防控疫情不松懈 坚守岗位不空缺

面对疫情，丁玉玲一直坚守"工作不能乱、服务不能断"的原则，在做好预检分诊和"万人大排查"工作的同时，积极做好与市级儿保工作的联络，对基层 31 家卫生院儿保工作加强质控和技术指导，与辖区有产科的 3 家医院积极配合，对全区 140 多家托幼机构利用微信群进行疫情防控知识宣传和指导。在宝坻区疫情仍然非常严峻的 3 月中旬，在全面做好疫情防控的前提下，丁玉玲带领部门全体人员全面恢复了儿保科承担的全区儿童先天性疾病筛查工作。大家加紧追赶，很快因疫情积压的未筛查儿童全部筛查，确保了宝坻区 2020 年儿童保健工作各项业务全部达标。

宝坻区儿童保健各项业务全面恢复后，一直实施电话预约服务。筛查时，严格执行"一人一诊一室"，错时检查，分散就诊，减少陪同人员，杜绝了交叉感染，保质保量完成儿童先天性疾病筛查工作。为防止人员聚集，筛查时只能一名家长带一名儿童进入医院。很多家长不理解，因为原来筛查时，一个孩子筛查，爸爸妈妈、爷爷奶奶全家出动，医院随便进。虽然电话预约时，已经和家长说好了，只能进来一个家长，可有的爷爷奶奶还是担心妈妈自己抱不好孩子，孩子哭闹哄不好孩子。每到这种时候，丁玉玲都要耐心做好解释，告诉家长进入医院后有工作人员帮助孩子妈妈办理筛查事项，请其他家长放心，耐心等待。

2020 年 2 月中旬的一天上午，丁玉玲突然接到了市妇儿中心新生儿疾病筛查中心的电话。原来有几个在宝坻辖区居住的新生儿，他们的足跟血结果显示42 种遗传代谢病筛查结果可疑，需要去市里复查。宝坻正处于疫情封闭管理时期，没有疫情的时候，初筛结果可疑的孩子一般出生二十来天，市里就会通知他们去市妇儿中心复采足跟血进行复查，如果真有遗传代谢病，越早治疗对孩子越好。可是因为疫情，市里希望宝坻妇儿中心能把这几个孩子的足跟血复采一遍，然后把采好的滤纸血片送到市里去化验。接到电话后的当天下午，丁玉玲就给这几个孩子家长打电话追访，预约来宝坻妇儿中心复采血的时间。这时她发现有一个孩子居住的小区有确诊病例。面对风险，丁玉玲没有退缩，因为孩子的复查刻不容缓。她在进行详细流行病史询问的同时，把这个孩子的复采时间安排在最后，等其他孩子都复采完再给这个孩子复采，并且在时间安排上严格做到错时复采，一人一诊，每个孩子复采完严格消毒通风，有效防止了疫情传播风险。

热心公益 主动作为回馈社会

工作之余，丁玉玲一直积极投身各种社会公益活动。2009 年 4 月，在宝坻区总工会组织的"我为宝坻发展献一计"征文活动中，丁玉玲撰写的《农村居家养老服务体系建设的构想》，荣获优秀奖。

2012 年 8 月，在"书香园之夏 新时代 新文化"宝坻区第五届文艺展演"天使之歌"暑期晚会上，丁玉玲原创主编、参加演出的小品《李白戒酒》，在宝坻影剧院上演。该小品以大家喜闻乐见的形式宣传了优生优育知识，赢得了较高评价。

2020 年 6 月 2 日，天津市小学低年级和公办幼儿园即将迎来疫情后的开学，那么如何做好开学后的疫情防控，减少疾病传播，保护好孩子的身体健康，又

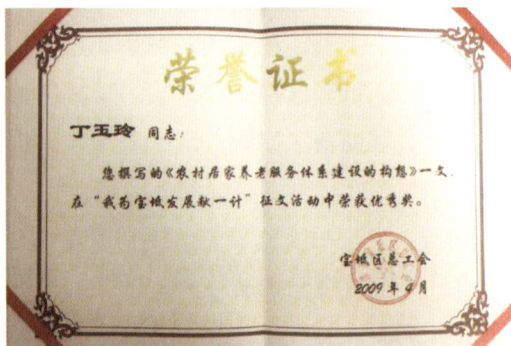

在"我为宝坻发展献一计"征文活动中荣获优秀奖

是摆在面前的一大难题。为此，各级政府和各区教委都非常重视，专门通知必须做好 6 月 2 日开园前的核验工作。为此，天津市妇儿中心于 5 月 22 日对托幼机构新冠肺炎疫情防控工作进行了专门培训。丁玉玲参加完市里的培训，又与宝坻区疾病预防控制中心的同志一起对开园前的核验方案进行了认真细致的学习。最后，丁玉玲所在的核验小组在区教委领导带领下，对城区的绿景、钰鑫和华苑三家幼儿园认真进行了开园前核验，为各幼儿园开园后的零感染提供了坚强保障。同时，丁玉玲利用微信群和 QQ 群对辖区 140 多家托幼机构进行儿童疫情防控知识宣传和指导，指导托幼机构做好疫情防控及开园前各项准备。

在逸城雅园社区为准备复学的儿童和家长讲解新冠肺炎疫情防控知识

为进一步宣传开园后的疫情防控知识，2020 年 5 月 30 日，丁玉玲利用周六休息的时间，在宝坻区逸城雅园社区多功能室为准备复学的儿童和家长上了一堂别开生面的复学卫生保健趣味课，向大家介绍了国家最新发布的托幼机构疫情防控技术方案，耐心教孩子们"七步洗手法"，现场指导大家口罩的正确佩戴方法。课后与家长和孩子进行现场互动，对大家提出的问题进行了针对性解答，有效缓解了家长对开学后疫情防控问题的担忧。

砥砺前行 幸福是奋斗出来的

参加工作以来，丁玉玲在业务上精益求精，多次在职业技能大赛和"岗位练兵 技术比武"竞赛活动中创造佳绩。

2013年11月，丁玉玲在宝坻区妇产医院第三届职业技能大赛中，荣获"婴儿抚触"项目组比赛一等奖。

2018年9月，丁玉玲以宝坻区"岗位练兵 技术比武"竞赛儿童保健专业第一名的成绩，被推荐参加了市级"岗位练兵 技术比武"竞赛，荣获天津市卫生计生行业第五届"岗位练兵 技术比武"竞赛妇幼保健专业儿童保健甲组一等奖，并获得技术能手称号。

丁玉玲先后被评选为2018年度"宝坻区三八红旗手""宝坻区五一劳动奖章""天津市五一劳动奖章"、2020年"天津市劳动模范"荣誉称号。

一日是劳模，终身是模范。在天津市劳动模范和模范集体表彰大会的现场，丁玉玲聆听李鸿忠书记的殷殷嘱托，聆听全国劳模代表讲述自己的先进事迹，这让她心潮澎湃。劳动模范既是荣誉又是责任，在今后的工作生活中，她一定会充分发挥劳动精神，充分发挥劳模精神，做创优争先的时代楷模。

每一位奋斗者都是自己幸福生活的创造者，也是他人美好生活的守护者。2020年，广大医务人员以白衣为甲，逆行出征，用血肉之躯筑起阻击疫情的钢铁长城；各条战线的抗"疫"人员迎难而上，保江河安澜、护群众平安。习近平总书记曾经说过："平凡铸就伟大，英雄来自人民。每个人都了不起！"正是千千万万个普通人的奋斗拼搏，才使祖国赢得了这场疫情阻击战，才守得这山河无恙，国泰民安！

疫情期间，身边无数中国共产党员身先士卒、鞠躬尽瘁，一个个党员先锋队、一个个党员示范岗坚守在战"疫"前线，新时代中国共产党人在极不寻常的2020年，谱写了极不寻常的辉煌。他们的一言一行时刻激励着丁玉玲前行，他们的高风亮节深深吸引着丁玉玲向他们看齐。2020年3月，丁玉玲在抗"疫"

的关键时刻向党组织递交了入党申请书，决心用自己的实际行动践行"生命至上，人民至上"的崇高理念，决心用自己的实际行动接受党组织的考验。相信，在今后的工作中，丁玉玲一定会再接再厉，用自己的专业坚守，守护妇儿的身心健康。

天津市劳动模范 董卫国

行者无疆乐教研

2018年7月6日下午，天津市耀华中学嘉诚报告厅座无虚席，全市四百多名高中语文骨干教师正在接受新教材培训。正在为老师们讲课的是一位身材高大、脸庞白皙的中年教师，他高屋建瓴的见解，深入浅出的分析，妙语连珠的讲述，赢得了阵阵掌声。他就是天津市劳动模范、正高级教师，宝坻区教研室高中语文教研员董卫国。

做教师：衣带渐宽终不悔，为伊消得人憔悴

1989年7月大学毕业后，董卫国被分配到了家乡的一所国办高中——中登高中。这是他熟悉的中学，与他初中母校中登初中仅一路之隔。中登高中是全

县规模最小、发展最弱的高中，因为被村庄包围，交通十分不便。

履新披甲 不辱使命

由于条件艰苦，很多老师都不愿在这里任教。

董卫国报到时，老校长就用商量的口吻说："董老师，咱们学校缺少语文教师，你能不能把高二年级三个班的语文课都承担下来？我知道对新老师来说，教两个班主科很累……"

董卫国有些为难，以自己的实际情况，跨过高一直接教高二语文课，身体累是其次，能否带好学生是最大的问题。老校长一直用期待的眼神看着他，董卫国真不忍心拒绝。

接下任务容易，做起来难。每周15堂语文课，已经远远超过了国家教委规定的课时数，属于超负荷的脑力和体力劳动。开学后，他白天除给三个班讲课外，批改三个班的作业、作文，还要盯早自习，辅导晚自习。晚自习结束回到家已是夜里十点多，他还要备课到深夜。老母亲看在眼里，疼在心头，一遍一遍催他早休息。精疲力竭的董卫国何尝不想早休息，可是，白天没时间备课，课备不好，第二天上课就不能令自己满意，这怎么对得起家乡的父老和心爱的学生？

上几天课后，他发现学生的语文基础较差。经过了解，原来是高一年级的时候语文老师身体不好，经常请病假，一年只上了两个月的课，绝大部分语文课都是学生自己学的，致使学生对语文失去了兴趣，基础知识不扎实，写作文更是一个大难题。了解情况后，他根据学生的实际情况，制定出相应的教学方案。课堂上，他通过唤醒文字的灵性，让学生倾听文字背后的生命，获得体验的共鸣，扩展情感的深度，进而激发学生学习的兴趣。董卫国随文讲解语法知识，夯实学生基础知识，读写结合，促发学生想象力、感悟力。

教学的过程就是一个雕琢的过程。通过一年师生共同努力，学生们对学语文的兴趣浓厚了，高二的成绩列在全区期末统考第三名。老校长乐得合不拢嘴，学生们的学习劲头更足了，董卫国的业务能力得到校领导班子的高度认可。第二年，学校安排他带高三两个毕业班。压力就是动力，他凭着对教育事业的执着和强烈的责任心，开始了艰难的跋涉。一年中，他整合了全套高中语文教材的知识，并将其系统化、网络化。同时努力钻研教学大纲，把握高考动态，研究教学方法，虚心向老教师请教，努力提高四十五分钟课堂的教学质量，精讲多练，注重启发。这一年，他用热情和干劲弥补了经验的不足，用爱心和真情激发了学生的学习热情，学生的听说读写能力都有大幅度的提高，高考语文成绩平均分位居全县前茅。再战告捷，董卫国被学校任命为语文学科组长，之后连续六年任教毕业班，六年的高考成绩均位居全县前列。

在教学中，他大胆尝试作文教学。他以自己研究的市级课题"高中主体性作文教学"为抓手，开始了作文教学的改革。他让学生参与到命题与评改中来，充分发挥学生的主观能动性。通过师生互动命题，激发学生写作兴趣，鼓励学生写真话、抒真情；鼓励学生大胆为文、张扬个性、创新求异。同时让学生在教师的指导下互评作文，这样，学生的写作能力和修改能力都有了大幅度的提高。他撰写的论文《主体性作文教学初探》荣获国家二等奖。在各级各类的作文竞赛中，董卫国指导的学生均榜上有名。在全国第九届、第十届中学生作文竞赛中，他指导的两名学生分别荣获国家二等奖；在第十一届中学生作文竞赛中，他指导的学生荣获国家三等奖；在第五届"桃李杯"中学生作文竞赛中，他指导的学生荣获国家二等奖。他因此多次获得作文育才奖或指导教师奖。

在教学实践中，董卫国体会到语文教师是"一本书"，为了不让学生很快读完，就要不断地增加页码；为了不让学生读乏，就要不断地增添情趣。他认为，一位教师内心充满真善美，脸上挂满微笑，就会快乐自己、快乐他人。快乐自己是自善自美、快乐他人是至善至美。逐渐地，他也形成了自己的教学特色：以亲近人、传道立人为理念；以民主个性、教学相长为思想；以感知美、体验美、创造美为过程；以随机创新为技巧；以微笑为艺术，动之以情，晓之以理，授之以知，启之以思，示之以例，导之以法。

内涵的东西是传统，是文化不能变；技巧的东西是形式、是手段、可创新。于是他立足"一堂课"，尽量彰显语文的魅力。他尝试着大胆取舍、重组教材内容，

高考阅卷

尝试着引进新颖的教学形式。他推行过"读写创模式""情感教育模式"。由于他敢于尝试,很快便成长为深受学生喜爱而且又有一定特色的语文老师。他的授课水平和专业能力也得到了宝坻教研室语文教研员的高度认可。在全县高中语文教师暑期培训中,他多次被聘为主讲教师。在一年一度的中考阅卷中,宝坻教研室连续五年安排他担任作文组组长。在 2000 年宝坻县(现宝坻区)首届名师评选中,他通过层层选拔,以优异成绩进入仅有两人入围的总决赛。

随着与外界交流的增加、眼界的开阔,他开始有意识地反思自己的教学行为。有了思考,有了想法,就有了写的念头。1997 年他撰写的论文《不可忽视新教材中的"方块"》发表在《中学语文报》上,这使他很受鼓舞。于是在 1997—2001 年的五年,他先后在《语文报》《中学生写作报》《天津教育报》《高中生阅读》《语文教学之友》《中学语文报》等报刊上发表文章 30 多篇。

有匪君子 切磋琢磨

中登高中执教 12 年,董卫国送出一批又一批优秀学生。2001 年 8 月,他被调到了大口屯高中。此时的大口屯高中正在进行"三位一体"的教学改革,领会"三位一体"的要义后,他欣喜地发现这正是自己苦苦追求的改革思想,他全身心地投入其中,在课堂教学中努力实践学校倡导的"教材、方法、能力"三位一体教学模式,以教材为依托,注重思维方法、解题方法的传授,并用这种方法解决教材和现实中的问题,从而形成一种解决问题的能力。多年来,他一直坚持"读、思、悟"的教学思路,重视诵读教学,培养学生语感;强化思维训练,培养学生多角度思维能力;引导学生感悟,鼓励学生创新求异;优化教学过程,创设教学情境,激发学生

董卫国对宝坻区高中语文教师进行新课标、新教材的培训

学习兴趣；设计启发性问题，激活学生的思维，培养学生的探究意识；实现民主教学，确立学生主体地位，营造宽松和谐的教学氛围，让学生畅所欲言，发表真知灼见，使学生寓学于乐，学在乐中……

在董卫国的努力下，全区高一、高二的统考、高考，他教的学生语文成绩均居全区前列。教学之余，他还多次参加国家级、市级教辅类书籍的编写工作。2001年，他参编了伊道恩先生主编的《课后回马枪》；2002年，参编荣德基主编的《点拨高一语文》；2003年，参编伊道恩主编的《新课标语文读本》，同年还参编了荣德基主编的《点拨高二语文》；2006年主编了《典中点高二语文》。

在2007年3月天津市第六届双优课区级遴选中，他在笔试、说课、答辩和讲课四项综合评比中取得了高中组第一名的好成绩，并代表宝坻区参加天津市双优课的评比。对此他感到自豪、责任和压力。在备战天津双优课初赛的三个月里，他认真学习新课程标准，广泛阅读各种语文教学刊物，及时掌握最新教研教改信息；观看名师的教学视频，研究名师教学艺术，学习名师导入技巧、对话技巧和应变能力；提升对各类文章的解读能力，提高教学设计的原创能力；每天练习新媒体技术的使用。2007年6月，他顺利通过天津市双优课初赛计算机考试和说课答辩，以优异的成绩晋级双优课复赛。为复赛备战，他精心设计每一节课，从课堂导入、背景铺垫、文意品析、深化理解、课堂小结、课后作业都用心研究，了解学生的已有知识和需求，谨慎引用课外资料；每篇课文都认真写详案，理清教学思路。上完第一个班的课之后及时反思，修改教案，在第二个班实践，然后写反思，以备下次授课再进行实践，以不断提升质量。

董卫国坚持理论实践相结合。语文教学中，教师不仅要关注课堂的预设和生成精心设计教学环节，更要关注学生已有的知识和能力，关注学生的困惑和所求，关注学习的体验和过程。阅读时，他让学生自在出入古今，在理性的光辉下，产生情感的认同，获得生命的启迪；写作时，他让学生既要有丰富的知识，澎湃的情感，更要有对社会和人生理性的审视、思考和批判。面对自然，他让学生学会联想，寻找它的深刻寓意；面对社会，他让学生从一个常识联系到另一个常识，用敏锐的观察、严谨的逻辑思维，感受人生哲思。备战是完善的过程，更是提高的过程，经过艰辛备战，他的授课水平明显提高。2007年10月，市双优课复赛的讲台上，他的教学设计巧妙，挖掘文本有深度，课堂上他妙语连珠，与学生对话充分，赢得评委和与会教师的好评，一举拿下市二等奖的好成绩。

对此他虽感到有些遗憾，但对于涉农区县的选手来说，这已是很理想的成绩了。

董卫国不仅深爱教研工作，他爱学生更甚、管学生更严。他说，一切教研最终的落脚点都是为了学生。在一线他有十二年做班主任工作的经验。他严格自律，每天五点起床，亲点本班学生跑操人数，和学生一起跑操；午自习、晚自习他都在教室，监督学生，随时了解学生的心理状态。晚上学校铃响熄灯后，他必到宿舍楼检查，听到学生的鼾声，他才放心。他热爱班主任工作，讲究工作艺术，研究学生心理，研究管理方法。他以法治班，制订量化细则，建立学生量化评估制度，奖罚有据，并做好月总结；他以情理班，把奉献自己无私的爱，用真情感化那些顽劣的学生，帮助困难的同学树立自信心，点燃他们心中的火炬。在他的帮助下，一个个学困生的潜力被挖掘出来，取得了理想的成绩。多年来，他所带的班级班风正、学风浓、纪律好，得到学校、社会和学生的认可。他所带的班集体多次被评为优秀班集体，他本人被评为优秀班主任。

做教研员：千淘万漉虽辛苦，吹尽黄沙始到金

2009年8月，董卫国被调到宝坻区教育教学研究室任高中语文教研员。从那天起，他下定决心：一年合格，三年优秀。他深知教研员的责任重大，"研究、指导、服务"是教研员的职责。课改的推行赋予了教研员更强的专业引领作用。

初心赤诚 矢志不渝

打铁尚需自身硬。董卫国在教研员的岗位上再次启程。他制定读书进修计划，重新学习教育学、心理学，对语文学科的课程与教学理论按学科研究生培养的读书路径进行学习。多年来，他购置专业书和专业杂志，制订了严格的阅读量和写作量计划。他如饥似渴地钻进中外教育名著里"淘金"，朱光潜的《谈美书简》、吕叔湘的《语文常谈》、杜威的《民主与教育》、苏霍姆林斯基的《给教师的建议》，悉数熟读。

"向深夜进军"是他的口号。熟读、自我教研，打造教研品牌，形成可复制、可操作的经验，是教研员的职责。他经常反问自己："我教研的兴奋点在哪里？为了眼前的教研，我在读什么书？对于有效教研，我有方法吗？我的教研对教育教学有指导作用吗？我有自己的教研成果吗？我有远期的教研方向吗？"

为了回答以上六个问题，他勤思考、勤动笔，随时记录自己的感悟，发表

在博客，与同行分享交流，不断提高自己。同时，他还善于抓住一切提高自身业务素养的机会，他多次参加全国级教研员研修班培训，参加全国性专业学术年会和各种教学比赛会议，向名师学习。

作为一名党员，他严以律己、率先垂范。同事们笑他是"五加二""白加黑"。他以"老老实实做人，兢兢业业做事"为信条，文章、课题、发言、教研活动追求"大三实""小三实"，即从"实际出发、实事求是、讲究实效"和"扎实、朴实、真实"。他讲课做报告实在，可操作性强，让广大师生都能得到实实在在的收获。教研员是专业领域的无冕

全国中小学新时代名师专业成长发展研修班培训

之王，也拥有着一定的话语权。在他担任语文教师的评课、基本功大赛、论文评选等工作的评委时，均能公正评判。为此一些朋友劝他："你这么较真，有必要吗？"对于这样善意的提醒，他只能无奈地一笑。董卫国以人格获得了信赖，以学术涵养得到了普遍认可，在全市语文教研员队伍和教师中树立了良好的形象。

2013 年，在天津市第三期"未来教育家奠基工程"学员遴选中，他以优异成绩入围天津市第三期"未来教育家奠基工程"。培训一年后，教科院对学员进行综合评价，他凭借第 11 名的好成绩顺利分入 A 班重点培养，并获得了赴澳大利亚研修学习的机会，成为全市赴澳大利亚的 23 名学员之一。"未来教育家奠基工程"的三年学习与培训，他收获颇丰，既有集中培训的观念更新，又有教学实践的成果品尝；既有自主研修的丰实，又有同学之间沟通与交流的喜悦；既有国内和国外考察的视野开阔，又有"教育家论坛"上全国各地先进教育思想的融合与碰撞；既有课题论文的圆满完成，又有教学主张的成熟。"未来教育家奠基工程"使他的教育观念产生了三次飞跃。

第一次飞跃让他跳出语文教学，转向语文教育。二十年的讲台、四年的教研员经历，董卫国积累了丰富的语文教学经验。但他的眼睛更多地聚焦于狭义的、初级层面的学科教学，每天研究教学技巧和方法、考试、高考命题规律，揣摩命题方向，探讨高考复习策略与方法，在语文教学的小天地里打转转。通过集中培训，他领略了教育专家的风采，他们前瞻而科学的教育思想引发了他的思想风暴。自己坚持多年的只能算"语文教学"，而不是"语文教育"。痛定思痛，他开始转型，开始关注学科发展，关注学科教学与育人并重，关注核心素养，关注教学、德育并重，从主要关注教法延伸到重视学法。

第二次飞跃使他跳出语文教育，转向整体教育。2013年10月，"未来教育家奠基工程"第三期学员赴南京江宁中学和金陵中学进行学访，学校领导的经验介绍、随堂听课、课后座谈、参观学校校园建设，深深地启发了他的思路。通过考察，近距离、多角度地感受到先进教学思想和科学规范的管理制度的重要性，使他真正跳出了语文教育转向关注整体教育，启发他从宏观角度分析课程改革，从整体教育的大视角下反观语文教育。

第三次飞跃使他跳出国内教育，转向国外教育。2014年11月，他赴澳大利亚悉尼和墨尔本考察，聆听了当地教育专家报告和讲座，实地参观六所类型、特色不同的学校，深入了解了澳大利亚的教育体系、课程设置、学校管理和师资培训等内容，他亲身感受到澳大利亚办学理念、师资配备、课程设置、教学方法、多元化高考制度的"多元化""个性化""人性化"的教育思想。这引发了他对国外教育的浓厚兴趣。回国后，他如饥似渴研究各国的教育体制、教育理念和教育方法，研究慕课、微课、翻转课堂。随着研究的深入，他清醒地认识到适合国情的教育才是最好的教育，只有将西方先进教育理念和教育方法合理融入中国传统教育精华，才能有最好的教育。这为他更好地开展教研工作奠定了坚实的基础。

殚精竭虑 致力"脱贫"

董卫国刚当教研员时，宝坻区高中语文学科是弱势学科，高考成绩低于同类区县很多。为了实现学科"脱贫"，他下定决心，创新教研方式、实施改革，并做了细致规划，分步推进。

第一，尝试"语文双线自主活动教学"模式，大力推进高中语文教学。针对语文教学"少慢差费"的教学现状，他深入研究语文教学的发展史，研究新课程推进中存在的问题后，根据农村学校的具体情况，创建了"语文双线自主活动教学"模式。双线自主活动教学是以双线课程结构和自主活动教学过程为主要途径，在改变课程结构呈现方式的同时也改变教与学的呈现方式，实现教学活动最大化的新型的语文教育模式。双线为教材教学线和实践教学线，双线是结构，自主是灵魂，活动是载体。自主活动教学过程以学生的语言活动实践为主线，突出学习方法的指导，教学生学会学习、教学生学会思考、教会学生学会操作。2009 年 10 月，他开始在宝坻一中和大口屯高中进行"语文双线自主活动教学"的试验，课堂面貌明显改善，学生听说读写能力明显增强，在高考中均取得优异成绩。两所学校"语文双线自主活动教学"的子课题均已结题。2013 年，他在总结了两所学校成功经验的基础上，在全区推广"语文双线自主活动教学"，高考语文成绩位于天津农村地区前列。

第二，推动作文教学改革，尝试开展生活化作文实验。宝坻区大部分学校的作文教学基本处于无序、无招的状态。在应试教育思想的驱使下，学生作文出现了胡编乱造、虚情假意、抄袭范文等异化现象，写作与生活越走越远。为此，他认真研究写作规律，研究学生的写作心理，研究"生活化作文"，探索写作理论与生活实际的真正结合，寻找沟通生活与写作的良好途径，构建师生互动的、自主的、生活化的作文教学模式。他提出了"作文教学指导生活化、作文教学手段生活化、作文教学模式生活化、作文评改生活化"的主张，创建了生活化作文的五种教学模式：即以思导写模式、以说促写模式、以读促写模式、评写结合模式、以听助写模式。他利用下乡听课的机会向各校老师宣传生活化作文，并以宝坻一中为试点校，大力推进生活化作文。生活化作文是在学生观察生活、体验感悟、书写情感、交流评价、完善提高的作文过程中，通过师生、学生之间，以及师生与所有学习资源之间多元互动的方式，激发学生写作动机，完善作文评价方式，促进"双主体"效能的发挥，提高师生生命质量。同时在作文形式上进行创新，整合现代时尚元素来激发学生写作兴趣。他通过多元化的整合和开发来促进作文教学，做到读写结合、听写结合、看写结合、讲写结合、导写评写结合。"生活化作文"教学的研究与实践，转变了参研的教师传统的作文教学观念，老师们普遍认识到，作文教学应追求作文教学目的的回归，追求作文教学价值的回归，关注学生的终身发展，启发学生为生活而写作。在这样的作文观引领下，实验学校的作文教学面貌得到很大改观，彻底改变了以前

与澳大利亚高中校长合影

作文教学脱离生活、人文分离的状态，学生对生活的认识和感悟能力增强了，提升了生活质量和精神境界，人格得到进一步的完善，语文综合素质全面提升。宝坻区高中生在各类省级以上作文刊物上发表作品四十多篇；在第十三届"《语文报》杯"全国中学生作文大赛中成绩优异。宝坻一中有 65 名同学全国作文大赛上获得省级以上奖项，其中有 8 名同学分别获得国家级特等奖和一、二等奖。宝坻一中被评为全国"作文教学先进校"，在语文核心刊物《语文教学通讯》上做了专题报道。

第三，创新主题教研活动，构建合作对话性评课平台。教师渴望通过教研提升业务水平、改进教学，但是又不太积极参加教研活动。为了让教研走出低效的窘境，董卫国开展了主题教研活动，尝试复现追问式评课方法，收到了较好的教研效果。

他以问题为导向，确定公开课的主题，由授课老师自由选课，同时公开教研网络平台，明确要求教师们知晓研究什么、怎么研究、目标和课题是什么，需要做好的准备和注意事项等，确保教师在听课前准备，听课中有重点、听课后评议的核心更突出、更具实效。

他还对评课环节进行改革，构建合作对话性评课平台。他尝试"复现追问式"评课方法，一改形式单一、缺少沟通、对话与合作的传统模式，收到了良好的效果。公开课后，如果不及时总结归纳反思，还没有完全内化的教学理论会很快"烟消云散"，更别提付诸实践。为此，每次公开课评议的尾声他都提出这样的要求：把本次公开课的感悟与体会写出来，可以发表在自己的博客上，也可发到学科公共邮箱里，择其优者展示在学科教研网页上或推荐给相关杂志，以促进教师们研究思考的积极性。

第四，创新教师培养方式，结出丰硕的果实。在全区启动青年教师培养工程的背景下，董卫国认真分析青年教师的优势与不足，制定培训计划和方案，建立青年教师成长档案，做到"因材培养"。

他组织开展丰富多彩的培训活动，有讲座式、互动式、参与式、交流式、渐进式、在线式、延续式培训的模式，全方位、有针对性地培训青年教师。他引领青年教师走内涵发展之路。一是开展通识性的全员培训，让青年教师了解教育科研就在自己身边，认清开展教育科研的必要性和重要性，梳理开展教育科研的内容、过程、方法与步骤；二是开展学科性的专题培训，引领青年教师以教育理论为依据，用科学、求真的态度认识教育现象、提炼教育经验、探索教育规律，有目的、有计划地以教育科研指导教育教学工作，提升理论水平，使教育科研真正做到源于实践、用于实践。

他建立了青年教师考核机制，通过三个方面促进教师迅速成长。一是过程性考核。主要考查青年教师的出勤、学习态度和作业情况，每次培训结束后由各个辅导教师对青年教师的上述情况进行批改和记录。二是书面考核。由他亲自命题，内容涵盖教育理论、课程标准、学科知识、教学技能几个板块，综合考察青年教师的学习水平和实践能力。三是成果考核。主要体现在青年教师的培训过程中的获奖情况，包括课堂教学展示、论文、课件、各项学科专项大赛获奖情况，论坛活动和课题研究等内容。

此外，他高度重视激活教师职业热忱，强化教师卓越情怀。在下校调研中，他发现很多语文教师存在职业倦怠情况。他看在心里、痛在心头。他开始深入接触教师，发现很多青年教师内心深处有发展的渴望。他一方面利用各种机会对青年教师的点滴进步给予表扬；另一方面建立教师成长档案，采取跟踪机制、激励机制，通过开展多种形式的教研活动为教师搭建成长的舞台。经过他努力，教师的职业热忱被激发出来，教学质量明显提高。他在教研活动中多次讲："师德的最高境界是以高品质的职业与专业引领，影响学生、服务学生；优秀教师要有强烈的卓越情怀，教师要具备自信、执着、乐学、善思的优秀品质，要有科研意识和创新精神，走特色化、个性化之路。"经过几年努力，青年教师从观念、意识、信心、能力和情感上都有了质的飞跃，教学水平有了明显的提高，一些青年教师在全国市区的各种比赛中取得了优异的成绩。

2013年，王卜庄高中褚文会老师在中小学"学科德育精品课程"评选活动中荣获国家级、市级两个一等奖。

2013 年，宝坻四中曹英男老师在"全国首届和谐杯'七说说课'大赛"中荣获国家一等奖。

2013 年，郑秀静老师在"《语文报》杯"全国教学设计大赛中荣获国家一等奖，唐淑杰和齐彦青二位老师荣获国家二等奖。

2014 年，宝坻四中曹英男老师在第三届全国高中语文教师教学基本功大赛中荣获国家一等奖。

2016 年，宝坻九中董海燕老师所授课《汉家寨》在"一师一优课，一课一名师"活动中荣获教育部优课称号。

2016 年，宝坻一中郑晶晶老师在第五届全国高中语文教师教学基本功大赛中荣获国家一等奖。

2016 年，宝坻一中郑晶晶老师在天津市第六届"感恩伟大祖国，增进民族团结"演讲比赛中荣获市级一等奖。

宝坻区青年教师培养工程讲座

2016 年，宝坻一中顾晓静老师所授课《苏幕遮》在"一师一优课，一课一名师"活动中荣获教育部优课；宝坻四中吕广云老师所授课《学会描写》荣获教育部优课。

2016 年，宝坻九中董海燕老师所授课《汉家寨》在全国中小学"学科德育精品课程"评选中荣获教育部精品课。

2017 年，宝坻一中张青山老师在全市整本书阅读展示活动中，做了题为《整本书阅读——曹操专题》的展示课。

2017 年，在天津市第九届"双优课"评选中宝坻区高中语文学科取得了全市第一的好成绩。董海燕老师荣获市级一等奖，于秀艳、魏新颖老师分别荣获市级二等奖。

面对老师们一张张获奖证书，董卫国最懂其中的甘苦。

第五，发挥语文学科育人功能，引领教师既教书又育人。语文学科是人文学科，承载着育人功能。语文课要发挥育人功能，但要做到润物无声，口号一样地大讲思想品德，不如把课文中隐含的固有育人内容挖掘出来，与知识传授、能力培养无缝对接，潜移默化地渗入学生心中，通过展示课让教师学会德育渗透、浸润的方法。通过他的引领与指导，全区语文教师的课堂德育渗透、浸润能力明显增强。在两届全国德育精品课程评选中，他指导的褚文会和董海燕老师分别荣获天津市德育精品课市级一等奖，被评为教育部德育精品课。宝坻电视台还为董海燕老师的德育精品课拍摄了专题片。

第六，指导高考复习，做好服务工作。以前宝坻区高中语文学科是弱势学科，为了实现学科"脱贫"，他潜心研究语文教学规律，带领老师研究高考、课标，组织研讨课，做学术报告，组织课堂观察、同课异构、以写促读等专题活动。他利用"宝坻区高中语文微信群"和公共邮箱随时分享教学指导意见和复习资料，按照时间节点给予及时的指导，解答教师们在教学中的困惑。2017 年，宝坻区成绩位居农村五区之首，高于全市平均分近 2 分，实现了学科"脱贫"。众所周知，语文学科是大学科，成绩提升难、见效慢，在学科"脱贫"路上，董卫国付出的艰辛和汗水有目共睹。

第七，以科研促教研，论文、课题双丰收。语文教师的教学要走向精微和深远，还需要下苦功。为此，董卫国积极引导语文教师撰写论文，开展课题研究。他以身作则，撰写论文《"过程和方法"教学目标在阅读教学中的达成》和《高中作文教学低效原因分析及对策思考》均荣获国家一等奖；先后有三十余篇教学论文在《中学语文教学》《语文教学通讯》《天津教育》《教育家》等国家级、省市级期刊上发表并获市级二等奖以上奖励。

他做科研推动课改目的不仅是提高自己的科研能力，更主要是引导更多的语文教师投入课题研究，提高教师专业水平和质量。他主持或参与的 11 项国家、市级课题均已顺利结题，还有一项国家规划课题和市级重点课题正在研究中。他指导的 12 项区级课题，取得了多项科研成果。课题"宝坻区中学教师队伍建设的调查与研究"荣获 2016 年天津市优秀教研成果奖。2018 年 3 月，课题"新课程背景下农村中学教师队伍建设的调查研究"荣获天津市第六届基础教育教学成果奖。还有两项课题成果在《天津教育》发表。

第八，关注教师专业发展，倡导语文教师读书。教师的专业发展离不开读书。董卫国利用暑假语文教师培训的机会，向所有老师发出读书倡议，举办语文教师读书大赛和读后感展评活动。这大大提高了语文教师读书兴趣，促进了专业发展。在第四、第五届全国语文教师读书竞赛活动中，有五名教师荣获"全国百杰"奖，四名教师荣获全国一等奖，五名教师荣获全国二等奖，九名教师获全国三等奖，十三名教师获市级二等奖。

第九，参与天津语文学科建设，引领语文学科发展。作为天津市教研室语文核心组成员、新教材"精品课程"市级评审专家和教育部"一师一优课"部级评审专家，他参与了《天津市普通高中语文学科教学指导意见》的编写工作，多次参与课标研讨、课程培训，主持区新课程培训；五次主编天津市辅教材《高中语文质量监测》，参编《现代化语文论丛》；两次参加中考命题、审题工作，三次参加高考阅卷工作；多次做新课程、新课标、新教材、新考试的市级讲座；参与了教育部教材局的新教材试教试用工作；两次被聘为天津市春季、秋季"精品课程"市级评审专家。他对整本书阅读教学的研究与探索得到市教研室的高度认可，并在宝坻一中召开了全市整本书阅读研讨会，张青山老师做了展示课，董卫国做了专题讲座。在实施新课程三年里，他先后做了多次有关整本书阅读的市级讲座，引领全市整本书阅读教学的发展。

令全市老师最难忘的是 2019 年 11 月 15 日那次天津市高中语文精品教研活动。作为精品教研活动的总策划、总导演和直接参与者，董卫国精心组织了这次精品教研，为全市语文老师开拓了道路，做出了示范。

2019 年 8 月，全市高一学生开始使用新教材，第四单元"家乡文化生活"隶属于"当代文化参与任务群"，是"当代文化参与"最基础、最重要、最核心的学习内容。这一单元是学生走向社会，走向实践、践行"知行合一"的重要单元。这个单元是亮点，也是难点。一线教师们不知如何操作。董卫国也知道"家乡文化生活"第一次出现在高中教材中，弄不好就会上虚，甚至滑过。他要求工作室做出示范。工作室成员葛翠改面带难色地说："这个单元太难了，网上、报刊上没有任何资料可供参考，教学参考书也只是提供了一个宏观指导，单元教学设计和九节课的设计都得需要原创，挑战性太强。如成功了还可以，如果失败了，咱们的一切努力都付之东流，得不偿失呀。"葛老师的意见得到大多数人的认可。董卫国提出："研究挑战性最强的内容价值才会最大。要敢为人先，积极实施。"他还鼓励大家："成功了是我们共同祈盼的；不成功，咱们为全区乃至全市提供教训，责任在我。只要大家充分发挥聪明才智，集思广益，再大的困难我们也能克服，我有信心取得成功。"在他的鼓励下，大家打消了顾虑。

此时正值各区争创 2019 年天津市市级精品教研活动之时，董卫国名师工作室联合宝坻一中语文组进行了 "'当代文化参与任务群'——家乡文化生活" 的申报，并对申报内容做了精心设计，答辩、主旨讲座和展示活动前的集体备课和课堂展示课筹备，他都精心策划，事必

未来教育家奠基工程培训

躬亲。名师工作室的老师们白天要上课，董卫国就牺牲晚上的休息时间，到宝坻一中指导集体教研，经常忙到深夜。作为精品活动的总策划、总导演和直接参与者，从申报、答辩到全市展示活动，他呕心沥血。展示活动得到天津市教研室副主任龙祖胜和高中语文教研员刘克强的高度评价，得到全市教师的普遍好评。活动后，他趁热打铁进行总结，论文《"当代文化参与"任务群教学需厘清的问题及实践操作》发表在中学语文核心刊物《语文教学通讯》上，后被人大《复印报刊资料》全文转载在《高中语文教与学》（2021 年第一期）上。人大《复印报刊资料》是中国人民大学主办的国家一级核心期刊，在国内社会科学领域具有极高的权威性。教学论文能被人大《复印报刊资料》全文转载，是一个老师一生的荣耀。

2019 年 11 月 20 日到 23 日，第五届中国教育创新成果公益博览会（以下简称"教博会"）在珠海会展中心举行。董卫国和工作室成员葛翠改带着他们的创新成果"高中古典诗词鉴赏拓展课程"参展，并荣获第五届中国教育创新成果奖。

做领衔名师：鸳鸯绣出从君看，愿将金针度与人

董卫国名师工作室是宝坻区教育局批准的首批高中语文工作室，成立于 2018 年。一直以来，董卫国名师工作室坚持立德树人根本任务，秉承"让语文

教学与生活联姻，走生活化之路"的宗旨，着力探索语文教学的内涵式发展道路，加速英才孵化，让教研之花满园馨香。校以人兴、教以人立，名师工作室的核心是名师。身为"董卫国名师工作室"主持人，董卫国勤恳耕耘，锐意进取，以饱满的工作热情、扎实的工作作风承担着指导和服务教学的重任，为工作室的成长发展不断增添亮色。

工作室成立后，董卫国认真分析每个成员的优势与不足，在掌握成员的教育教学基本情况下，制定个性化的培训方案，深入学员的教学实际，营造良好的成长氛围。同时，他积极发挥引领作用，组织课堂观察、同课异构、以写促读等区级专题活动，梳理、反思和整理教育日志，凝练教育教学思想、策略和方法，提升教育教学能力。

科学的规划管理，已经成为工作室日常运作的必要基础。在人才培育过程中，工作室整合多方面教育资源，统筹兼顾，建立起完备的管理体制，实现启智育人的常态化、精细化、多样化，逐步发展为名师的摇篮、教研的基地、交流的平台、辐射的中心。

首先，坚持书香熏陶，营造良好氛围。读书不仅是教育生涯的奠基石，还是工作室成员的必修课。因此，工作室规定并推荐学习篇目，利用信息群交流读书心得，推荐优秀书籍，探讨阅读疑问；组织读书沙龙，每位成员推介各自心仪的书籍，谈出自己的收获和体会，在互动与碰撞中聚焦观点、深刻思想、共同提升。

其次，坚持定期访谈，实现个性发展。为了能够做到因材施导，他定期访谈成员，采取一对一的评价和会诊，开展即时性点评和指点。个别访谈一般采用"现场诊断"的形式，通过梳理成长轨迹，提出困难和困惑；领衔名师结合成员的发展规划进行评点，对其发展轨迹和问题进行分析和点拨，对其今后的工作进行指导。

再次，坚持资源共享，加强辐射传播。21世纪是信息化的时代，董卫国工作室跟紧时代潮流，改变单一的信息理念传递模式，开拓交流平台，实施多点互动、共建共享，促使教师在研修中思考、讨论解决问题。通过开拓创新，工作室创新性地开展混合式的研修，将线上学习与线下实践相结合、集中面授与网络研修相结合、专业引领与团队协作相结合，建立持续长效的网络学习型团队，实现线下实体工作室和线上网络工作室相连接。在这过程中，工作室通过上传资源和在线互动逐渐拓宽平台，使之发展为工作室研究的动态工作站、成果辐射源和资源生成站，以此推动宝坻区的高中语文教师队伍建设。

董卫国深知教研工作的重要性，组织成员开展教研，探索课堂教学方式，不断完善教育才能、实现专业成长。

一是同课异构，主题研修。工作室把围绕主题的课例研修作为成员提高教育教学水平的主要手段，在同课异构过程中，每个小组都采用了"前测访谈—备课—上课观课—后测评估—会议研讨—调整备课—再上课观课"的循环过程。这种课例研修形式，使成员得到真正的历练，大大促进了教师的专业成长。

二是专题研讨，助推成长。董卫国工作室围绕培养目标，定期开展系列专题研讨活动。目前，已经开展包括课堂教学类专题、学术论文研讨专题、课题研讨专题等多种类型的研讨活动，同时，成员在专题研究的过程中，可以有效培植教育科研精神，培养发现"问题"的能力，掌握教育科研的方法，为专业提升注入动能。

三是课题研究，丰富内涵。课题研究是全面提高教师业务素养的另一个重要抓手。工作室申报的课题"高中语文学习任务群的实践与研究"被中国教育学会立项为国家级规划课题。每位成员不仅参与共同的课题研究，还在探索个人的教育教学研究专题。目前，工作室的9名成员均主持或参与过市区级课题的研究。其中工作室邢红梅老师、郝亚男老师的研究均已顺利结题。

董卫国名师工作室与宝坻一中联合举办天津市精品教研活动

天道酬勤，在董卫国的指导与帮助下，工作室成员取得了骄人的成绩。葛翠改、郝亚男、王丽红、张艳、刘占东等老师均在专业领域做出了突出成绩。

做支教教师：青山一道同风雨，明月何曾是两乡

2020年7月19日，董卫国看到援甘教师的报名通知。他想，作为一名教研员，应该把自己对语文教学的所思、所感、所获与甘肃永登的教师分享，为西部的教育事业尽一点绵薄之力。在争取家人同意后，他主动请缨援甘。为了完成好援甘指导、培训教师的重任，他和已援甘归来的老师了解永登的教育教学情况、师资情况、两地的教育差别和永登教育亟待解决的问题，利用假期的时间准备好教师培训讲稿、PPT和教学资料，出征甘肃永登。

"凡事预则立，不预则废。"投入工作后，他根据当地实际情况，分析两地的教育教学差别，根据教研室领导的要求、一线教师的需求制定了详细工作计划和培训方案。一个月的支教，他克服身体的不适，深入永登一中、二中、六中、西铁中学、连铝学校等学校，开展了一系列教研活动。每天上午听上三节课，下午评课指导并为语文组全体教师讲座指导。在听课观摩中，他发现永登各校的教师的基本功较扎实、备课充分，对文本挖掘较深入，讲解分析透彻，有强烈的事业心、责任感，有敬业精神和拼搏精神，肯于付出。特别是大山深处的三所高中教师的奉献精神着实令他感动。同时他也发现了诸多问题，"满堂灌"现象依然存在，学生的主观能动性没有得到充分发挥，学生学得被动，教学设计缺少对学生活动的设计，缺少情境创设和任务设计意识，给学生阅读思考的时间极少，致使课堂思维含量低下，学生的思维受到束缚等。当地教师尤其不善于使用多媒体，甚至有几个老师根本没有用多媒体。主要原因是新理念接受不足或者不知如何实施新理念。在与老师交流中，董卫国发现教师对语文新课标不熟悉等问题。由于永登教研活动匮乏，只教不研现象普遍存在。针对诸多问题，他除了在每个高中校都开展讲座活动及评课指导外，还先后开展了学区和全县五次讲座培训，让新课程、新课标走进每个教师的心中。虽然每天讲得口干舌燥，累得精疲力竭，但当他看到自己的工作得到老师们的认可，自己的研究所得能够得到推广应用，内心感到无比满足与幸福。董卫国的艰辛付出得到永登教育局领导、各校学校领导和老师的一致好评。

短短的一个月，他和永登的领导、老师建立了深厚的友谊。一直到现在，永登很多一线老师通过微信向他请教教学中的问题，他都耐心地一一回复。董

卫国与永登教研室火主任的微信中写道："虽然宝坻、永登两地千里之遥，山川阻隔，但网络媒体使我们近在咫尺，我愿通过现代媒体继续为永登的教育尽自己的绵薄之力。支教一月，情存一生。"

二十年教学情，十年教研路，董卫国奋斗着、幸福着、拼搏着、快乐着。不问收获，只求耕耘。今天，正高级教师、天津市劳动模范、天津市学科骨干教师、天津市"未来教育家奠基工程"学员、教育部"一师一优课、一课一名师"部级评审专家、天津市精品课程市级评审专家、天津市教育学会中学语文专业委员会理事、宝坻区委人才办联系专家、"董卫国名师工作室"主持人的董卫国老师，已经获全国语文教改贡献奖、全国语文教改先进个人荣誉称号，多次荣获国家级、市级指导教师奖。多次荣获"五一劳动奖章""教工先锋岗"先进个人、优秀共产党员、优秀思想政治工作者等荣誉称号，并先后被市教研室聘为天津市教研室语文核心组成员、农村五区教研组长、天津市新课改教学指导意见编写组成员、天津市"千名计划"和天津市"国培计划"指导教师。为此《天津教育》《教师教育》《天津教育报》等报刊和宝坻电视台、"宝坻教育公众号"先后对董卫国的事迹做了专题报道。

成绩永远属于过去。作为天津市劳动模范、教研之路上的一位行者，董卫国老师怀抱教育梦想，沿着自己的研究方向发奋努力。他要引领全区语文教师"向青草更青处漫溯"，为国家培养更多的人才，助力实现教育事业的"十四五"和2035年远景规划，为新时代宝坻教育高质量发展做出更大的贡献！

董卫国在甘肃永登讲座

天津市劳动模范　董永忠

以爱拓荒　永葆忠诚

　　时代的变迁可以从一人一事、一花一木的变化中彰显，新时代新农村的巨变，从天津市宝坻区一个小村子的发展中可见一斑。如果说这个小村子的过去是一位贫困交加的老者，那么今天的小村子就是一位玉树临风的青年。入村的大路平坦笔直，路两旁是肥美的稻田、鱼塘；村头一方湿地公园里，亭台楼榭，曲岸回廊；纵横的街道，随处可见的景观树万般婀娜，好一片世外桃源！

　　然而，就在十几年前，人们听闻小村的名字，都会发出声声叹息。

　　小村子叫赵家湾，最早人们更习惯叫它"赵湾儿"，省略一个"家"字，图个省事，而更多的是掩盖不住的轻视。"穷赵湾儿"的帽子像是长在小村子的头上，若干年不曾改变。

　　2003 年，国家开始高度重视农业发展，党的十八大、十九大，从推动城乡

赵家湾湿地公园

一体化建设，到乡村振兴战略的实施，国家下大力量治理农村，发展乡村建设，一系列的大政方针让小村子发生了巨变。在这变革中，有识之士以忠诚担当为剑，以智慧勤奋为斧，力斩农村千百年来遗留的贫困根，为新时代发展助力，取得了骄人的业绩。乘着这政策的"东风"，"穷赵湾儿"也发生了惊人的变化。

赵家湾村位于天津市宝坻区牛家牌镇最东端，毗邻京津新城。目前全村共136户、444人，村"两委"干部5人、支部党员20人，女党员3人，研究生以上学历2人。全村耕地面积2253亩，鱼池180亩，村集体年收入28万元左右。2019年数据显示，村民人均收入2.5万元，2020年，村民人均收入增至3.6万元……

这些数据平淡无奇，而村民们却感受到了翻天覆地的变革。赵家湾村经历了什么？要了解赵家湾村的历程，必先走近一个人——董永忠。

初生牛犊　放眼世界

董永忠，1969年出生在赵家湾村。当时，家里已经有两男一女，全家人没有过多的惊喜，反而有了隐忧，罪魁祸首无非是一个"穷"字。和大多数农村孩子一样，董永忠读完初中，就可以为家庭出力了。村里人均五亩地，联产承包责任制后，家里分到二十多亩责任田，这也意味着董永忠将如父母一样，过上"朝带露作、夕荷锄归"的日子。

　　董永忠继承了父辈的勤勉，却没有继承父辈的循规蹈矩。面朝黄土背朝天的日子不是他想要的生活。很快，董永忠进了牛家牌乡大发地毯厂，成了一名汽车司机。生平第一份职业，让他看到了外面世界的繁华。跑客户的时候，董永忠被一次次震撼着，他唏嘘的同时，也开始如饥似渴地学习别人的为人处世之道、创业之道、先进理念、知识和技能。董永忠出自大洼，对自己的要求并不"洼"。同龄人在打牌、喝酒的时候，他却找来中国共产党党史等资料开始学习。1999 年，董永忠光荣加入中国共产党。宣誓那天，站在鲜红的党旗下，他将永远忠于党、忠于人民的誓言刻在心底。

　　入党后，董永忠更加关注社会的发展变革，关注民众的诉求。通过几年参加党组织的学习，经过反复认真的思考，他不仅对自己的人生有了大致的规划，也对农村的发展有了新的想法。

青年董永忠

　　外面的世界已经发展到令人嫉妒的程度了，而自己的小村子还是外甥打灯笼——照舅（旧）。人家为什么可以"楼上楼下电灯电话，村里村外风景如画"？赵家湾为什么只能看"大街小巷泥水坑洼，屋前屋后听蛤蟆"？

　　有了这个想法，"不安分"的董永忠决定改行。那一刻，他不知道自己正在创造奇迹……

笃定初心 未雨绸缪

　　迫切要改变现状的人，是不会等机会送上门的。董永忠要参加村支部书记的竞选。让他没想到的是，自己竟然高居支持票总数第一。这意味什么？是信任，更是沉甸甸的责任！

一定要干出个样子！

董永忠召集新一届村"两委"班子成员，开了多次"垦荒"会，议题只有一个：想办法让群众多赚钱！

经济是基础，没有经济发展，其余就是海市蜃楼。董永忠总结可行的增收方法有：第一，利用现有资源增收；第二，整合资源增收；第三，发挥优势增收。赵家湾村土地多，但是，由于全村整体地势低洼，十年九涝，减产歉收几乎是常态。要通过现有土地增收，治水是根本问题。

"上善若水"，这水到了赵家湾村就成了患。千百年来，赵家湾村的水患成了人们心头的痛。要治水，谈何容易？村域内外根本找不到更洼的地，水往哪儿排？困难没有吓退董永忠，他骑着自行车直奔牛家牌乡政府，汇报基本情况以及村"两委"的规划，然后又马不停蹄找到水利局，申请技术支持。经过专业人员的实地调研，董永忠的意见被批准了，赵家湾的村南村北将各修建一座水闸，保证灌溉用水和排涝。

批文下来，村"两委"班子成员行动起来。董永忠除了吃饭睡觉之外都在施工现场。基础水利建设的重要性和责任让他不敢离开。施工中，董永忠发现一个问题：一旦水闸外面水位高于村里水位，而村域内也同时发生内涝，怎么办？

水闸做不到的事儿那就靠自己。内涝和域外水位均居高不下的解决方案就是人工排水。董永忠筹集资金购买了两台大功率抽水机，以备不时之需。

水闸建好后的第一个春季，赵家湾几千亩土地上的庄稼长势喜人。到了夏季，雨水充沛，董永忠之前预料的事情发生了，大闸外河道水位居高不下，单靠扬水站排水速度太慢，两座

村头水闸

水闸基本起不到排涝作用。他连夜组织安装水泵抽水排涝。一厘米，两厘米，眼看着要发黄的庄稼根部露出了水面，董永忠踏实了。

治理了"水围城"之后，赵家湾的土路将小村变成了一座"泥围城"。一场小雨都能让外面的人进不来，里面的人出不去，群众的粮食棉花收下来如果运不出村，这能不糟心吗？

超前谋划 敢为人先

要想富，先修路。董永忠要修路，钱从哪里来？

他再一次骑着自行车找到了乡政府。修路，怎么可能那么容易呀？董永忠拿出了他和村"两委"班子研究的设想，经过多次汇报沟通，他的执着打动了上级部门，赵家湾村修路计划获批。虽然只是一条不足千米的砖铺路，却承担着通联外面世界的重大使命。路修好了，赵家湾紧闭若干年的大门打开了，这不仅为群众办了一件大好事儿，也增强了所有人干事创业的信心。

那年，在棉花大量采收的季节，周围村子还陷在泥塘里的时候，赵家湾村一条红砖路引来了众多商贩。一个个车轮吱吱呀呀滚过砖铺路，拖出一道道痕迹，红色的砖、黄色的土、绿色的草，交织在一起，远远看去，如一条斑斓的彩带，一头连接着丰收，一头连接着幸福。

商贩们收走了农产品，留下了一片"嘎嘎嘎"点钞声。这景象拨动了董永忠敏感的神经，商贩？

深秋，董永忠站在村头，看着几千亩土地上晒出金灿灿、红彤彤、白花花的丰收成果，在心底盘算开了，这样杂七杂八的大田作物，再

董永忠（右一）带领村民修路

丰产能换几个钱？要想富，只有种植经济作物。他的想法很快提上了例会的桌面。致富，谁会反对？全票通过。第二年，董永忠带领村"两委"班子动员村民大面积播种棉花。村民习惯了杂种杂收，担心单一种植会歉收。鸡蛋放在一个篮子里，风险太大。

董永忠和"两委"班子成员商议后，决定成立青北棉花种植合作社，乡政府大力支持他们的想法，派出技术人员大力支持。董永忠为村民"淘"来了性价比最高的农资，又联系棉花收购企业，彻底打通了棉花销售渠道。村民们看到有保障，纷纷加入了合作社。这一年的秋天，赵家湾几千亩土地上，堆起厚厚的"白云"，那景象宛若仙境。四百多位村民脸上史无前例地乐开了花。年终结算，人均收入大幅增加。

修建水闸治水、铺路、转种经济作物的举措显出了成效，董永忠却不满足，要发展，就要先做好自己，才能吸引更多的资源，"没有梧桐树，怎么引来金凤凰"？雷厉风行的董永忠马上将自己的想法提上村"两委"会，治理村居环境开始实施了。

"什么？柴草垛不让放门口了？你们男人站着说话不腰疼，我们一天三顿做饭，要跑到村外抱柴？"这次，连董永忠的爱人都有意见了。

不能让问题过夜，董永忠跑到了大队部，打开广播。

"乡亲们，我想问问大家伙儿，过年过节咱们每家每户打扫卫生是为了啥？还不是要给亲友一个整洁的好印象？咱们自己家里乱七八糟，外人能高看咱们吗？屋里屋外干净，咱自己也显得精神，精神面貌好了，所有的正能量也会聚拢来。咱们把柴草垛搬到村外，每次运进来两三天做饭的用量，放在院内犄角旮旯儿，不耽误啥事儿，还能除去火灾隐患。"

青北棉花种植合作社

苦口婆心的一番话，通过广播传开来。

"哪家的里里外外不是女人们打扫？风一来，刮得哪儿都是乱草叶子，还不是得咱们女人自己去收拾？"女人们自问自答，解开了心结。

就这样，若干

董永忠（右一）和村民谈心

年来在门口堆放柴草的历史被改写了。赵家湾村清理街巷的工作早于生态村建设工作足有四五年，董永忠的超前发展理念赢得了各级领导的高度认可。

抢抓机遇 迎难而上

农村，要致富，人居环境、法治建设、文明建设要全面发展，这才是新时代新农村该有的样子。经过几年的实践，董永忠掌握了发展的规律，他要解放思想，放开手脚，为赵家湾村跨越式发展再画新蓝图。

2012 年，生态村升级改造拉开了帷幕，董永忠第一时间申请生态村提升项目。为此，董永忠提前做足了功课，将数据在脑子里重新捋了两遍，还带上了重要资料。

"建设生态村项目竞争很激烈呀！"农委领导笑着说。董永忠理解，自己没有发展思路、没有干劲儿，政府的项目不会随便给自己的。严格把关，是政府职责所在。

"领导，您说的竞争我心里有数，我可以给您比较一下。您看，我们村从 2004、2005 年就开始将村内的柴草垛、粪堆指定地点堆放了。我们村民的素质也高，这么多年没有不文明行为，更没有违法乱纪现象……"

董永忠如数家珍，展示村建设的亮点。申请项目同时，村老年日料中心也在紧锣密鼓建设中。董永忠一如既往地盯工地。施工队很怕他在场，因为，在他笑呵呵地和大家一起聊天间隙，会时不时蹦出一句："这块砖不平了，那条线不直了，这儿缺了一角儿……"

"好家伙，你们赵家湾村的钱可真难挣啊！"这话，和董永忠合作过的施工队都说过。

组织部调研组的领导来实地调研，刚好看到董永忠挑施工队的毛病，领导将董永忠"吹毛求疵"的严谨作风看在眼里，记在心上。后来在一次交谈中，那位领导说："项目交给董永忠，踏实！"

那次调研结束后，生态村项目一锤定音，落户赵家湾村。好消息传来，赵家湾村沸腾了，有政策支持，无疑是为赵家湾村的发展按下了快进键。

话好说，事儿难做。落实好部署规划才是"硬核"。董永忠有信心，有镇和区里各级领导的大力支持，有坚强的"两委"班子，有群众的理解，就没有攻克不了的难题。争取到方方面面的支持的前提是"打铁还需自身硬"。董永忠严格自律，率先垂范。他经常说，群众的眼睛是雪亮的，只要干部有任何"小动作"，群众都一清二楚。作为党员干部，党性修养必须过硬。

在生态村的建设中，修路是重头戏，按照规划村里要修3.5公里的路面，达到水泥路要经过每一家每一户门口的标准，这样也就和每家每户产生了密切的联系。张家的门口路面修高了，担心水出不去；李家的门口路面修低了，担心存水了，这些都成了村民议论担忧的话题。于是，很多村民提出这样那样的要求。

"施工方设计是有科学根据的，可以说是非常严谨的，大家不必有任何顾虑。"董永忠解释着。

"那些数据真的那么准吗？"村民疑惑地问。

董永忠拍着胸脯说："您拿尺去量，如果路不居中，不平，我来承担责任！"

其实，对这些问题，董

董永忠（右三）奔波在修路现场

"厕所革命"董永忠（右二）和工人一起干

永忠事先都考虑到了，他在签订协议之前，就已经向施工方提出了相关要求。施工开始后，董永忠紧盯工程质量，查细节，就是要做到心中有数。

村民们没想到，董书记底气这么足。

真的不用量。董永忠天天在现场，他要求平、直，不光为了好看，更为了省料。少花钱多办事儿，省下一车灰，多修一尺路，老百姓就多走几步干净路。

2020 年 10 月，各村厕所改造工程多数没有完成，赵家湾村也刚到尾声，上级部门要来检查，电话打到董永忠的手机上，他回答："欢迎领导检查工作，您放心，我们接得住！"

"接得住"的底气从何而来？董永忠自己知道，来自日日夜夜的盯守，来自从未降温的工作热情，来自稳扎稳打、精益求精的工作作风，来自村"两委"精诚团结的钢铁队伍。

勇于担当 攻坚克难

想干事儿的人总会遇到困难，没有困难，哪来的发展？没有困难，要干部何用？

2019 年，乡村治理示范村项目开始了。"两委"班子成员分工明确，村委会委员田宝和孙志国盯人居环境整治，支委董永存跟自来水改造和污水管网改造，田大姐负责日常工作，董书记负责"急难险重"问题的处理。

工作总会有难题，事实的确也让董永忠少见地头大了一次。生态村提升工作第一步就是拆除私建的猪圈厕所。农村人习惯了的"吃喝拉撒干"一体化。自 20 世纪六七十年代，每家每年要上交国家一头猪，这是当时的政策。改革开放后，家庭养殖曾经富了一大批农户。最近几年，很多年轻人到外面打工、经商，全民养猪养鸡致富时代基本终结了，村里遗留了大量的闲置猪圈和鸡房。拆除这些建筑，等于动了农户的固定资产，很难得到理解。

在改革进程中，牺牲小我，成全大我，是不可避免的。董永忠和村"两委"成员沟通后，决定由党员分户包干。

"你们挑吧，你们不愿意去入户的，留给我。"

董永忠笑着说。虽然是笑话，也没有人会拈轻怕重，却是他这个书记拿出的态度："拆改工作，必须如期完成！"

董永忠感觉到了一股无形的阻力。这在之前的工作中是从未有过的。

上会！村"两委"会上，董永忠说出了自己的想法："全体党员带头承担做亲属的思想工作，从我做起。"董永忠说到做到，他带着被轰出来的心理准备，走进了亲戚家里。从家常话聊到未来的发展，从柴米油盐聊到思想层面，董永忠绝口不提拆猪圈的事儿。亲戚忍不住了，说："我们家的猪圈比过去咱们住的房子还结实，说拆就拆，真是心疼。"

"您的心情我理解，您说的也是事实，毕竟补助很少。可是，咱们要往长远看，现在国家大力发展农村，是为咱们谋福利，这是国家建设农村规划中的一项。未来，农村会发展得跟城市一样漂亮。现在，国家建设需要我们付出，我们没理由不支持。咱们村规划整齐了，就会吸引更多的人跟咱们合作。您看之前咱

村居环境治理董永忠（左一）在现场

们修了路，咱们的农作物能够及时卖出去，还能卖个好价钱，不是大好事儿吗？咱们村最近几年人均收入提高了一大截，都要归功于党和国家的好政策，更要归功于全体村民的大力配合。"

循序渐进，步步为营，从情理入手，以政策做支撑，落脚到美好的远景，董永忠抽丝剥茧，有理有据，终于打动了明事理的亲戚。万事开头难，党员干部带头打破了僵局。很快，全村一百多户总动员，速度之快，让董永忠再一次感受到了群众的力量。接下来的工作势如破竹。没多久，董永忠的广播又开播了，他号召村民将玉米粮仓搭到自家院子里。因为，玉米从收下来到风干、脱粒、出售，需要一定的时间，有很多农户的玉米要到来年四五月才卖掉。前后半年的时间，随处可见的玉米仓严重影响村容村貌。广播播发通知后，董永忠做好了再入户做思想工作的准备，可是，这一年的秋后，整个赵家湾村大街小巷干净整洁，没有一家门外有玉米仓。

爱民如亲 鱼水情深

乡愁是情感的归宿，董永忠对小村和村民怀有深厚的感情，他常说："村民们非常可爱！为村民们服好务，我义不容辞！"

董永忠不止一次含着泪重复这句话。

为了节约有限的资金，将每一分钱花到刀刃上，只要有工程，董永忠和村"两委"成员就会不分昼夜地盯在施工现场。为了节约一块砖，董永忠曾经和施工队工人争执。在需要半块砖时，只要有半块的，董永忠坚决不让工人再打整块砖，宁可自己过去帮忙拿。为此施工队员很有意见，耽误工期谁负责？董永忠不急不火，笑脸相对，宗旨只有一个，不能浪费。建设资金取之于民，用之于民，任何人没有权利浪费。为了省钱，董永忠修路要求基础要平整，路面要笔直，宽窄要相等。否则，基础不平整，上面水泥薄厚不均，薄的地方怕不够坚固，厚的地方会浪费砂浆。

水泥路面需要养护，这期间最怕下雨。也许是天公在考验赵家湾村民和董永忠，村内修路的时候，一段路面才铺好，西北方向冷风阵阵，阴云密布。

"马上苫盖塑料布，不能浇坏了路面。"

董永忠一句话，四位村"两委"成员马上就位和工人一起苫盖薄膜。可几个人的力量远远不够，危急关头，一个个熟悉的身影奔来。村东头、西头、南头、北头的人们不断聚来。一时间，水泥路两边全是人，大家通力协作，很快，灰色的水泥路变成了一条白色长龙。

刚刚苫盖好路面，倾盆大雨从天而降，泼在了现场所有人的身上。董永忠满脸是水。此时此刻，也只有他自己最清楚，那水的一半是眼泪。

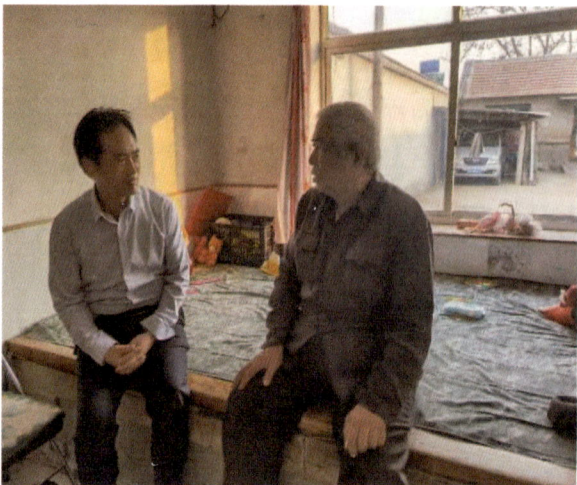

董永忠（左一）和老人谈心

感恩，董永忠感恩父老乡亲的大力支持和无私奉献。在那一刻，他也深深体会到了"我为人人、人人为我"是一种用心付出后才能理解的情怀。

就在昨天，一位老人还关照他："永忠，你都晒黑了，快找个地方歇会儿，凉快凉快吧！"

此刻，借着这夏天的暴雨，董永忠任职村书记以来第一次痛痛快快地宣泄了情感。六七年了，摸爬滚打在田间地头，他从不喊累；熬夜研究发展规划，他从不言苦；出村入户，找项目，做村民思想工作，他从不怕难；扶贫济困，他更是付出了很多精力和财力。能得到群众信任和支持，是每一名干部的夙愿，能得到群众的心，是从政者的大幸！董永忠在这一刻体会到了担当职责带来的幸福。他告诫自己，迈出去的步子必须要稳，群众才是最值得披荆斩棘为之奋斗的人！

公心执政　精益求精

农村改造，旱厕改革势在必行。以前，农村的厕所很简单，挖个坑，用红砖砌上围墙就行了。新农村和环境保护要求所有旱厕要全部改成水冲厕所，污水通过地下排水管网集中进行无害化处理。

2019年，赵家湾村开始污水管网改造，就在各项工作顺利进行期间，一位村民强烈要求停工。正在其他施工点监工的董永忠闻讯赶到，他仔细查看了现场，发现污水管网要通过一条胡同，由于这里地势较洼，要挖到距地面以下两米的深度。胡同道路又窄，管道沟槽距离村民家房屋很近，再加上两米纵深，村民担心影响房子的稳固。董永忠认为村民提出的意见是合理的。有了董书记的认可，情绪激动的村民火气明显小了。董永忠马上召开现场会，和施工队协商，最后，董永忠提出方案：挖掘机挖出一小段沟槽，就马上铺设管道，马上回填，压实，避免大面积裸露沟槽可能对村民房屋地基产生的影响。

有了不影响工期的方案，施工方和村民很快同意了。董永忠说："赵家湾村村民为了支持全村的工作，付出了很多。所以，村民不满意的事，坚决不做。"

董永忠还有一个标准：自己不满意的事儿，坚决不放过。

2013年，赵家湾村要在村北修一条公路，接通宝白线。施工方从城里拉渣土，每天干到夜里两三点，董永忠就深夜盯在现场统计渣土数量。

时值夏季，赵家湾村不仅水多、蛤蟆多，蚊子更多，这是一条紧密相关的生态食物链。修路那几天，董永忠"闯"进了这条食物链，他调侃自己"献"了好多血。施工队员笑他抠门，不舍得花钱雇人。董永忠心里清楚，渣土垫好了基础，上面的路面才能达到平整。这么关键的质量把关环节，怎能随便交给别人呢？

有人说董永忠是"事儿妈"，董永忠一笑，继续盯守工地。赵家湾村一位出租司机曾经讲过一件事。修路那年，有一天他深夜从城里跑车回来，远远地看到村头新修的路上有一个黑影，吓了一跳。他想，这深更半夜的，一准没啥好事儿！他打开远光灯，慢慢靠近黑影，最后才看出是董永忠。

"书记，大半夜不睡觉，你这是干什么呢？"

公路上限宽的水泥墩子是新铸的，水泥的凝固需要一段时间。下午，筑好水泥墩子，工人下班了。董永忠计算过时间，要在午夜左右"擀"最合适。半夜花钱雇人干这点儿活，不值得。晚饭后，董永忠带了铁抹子，盯到时间自己"擀"。"擀"完的水泥面是光滑平整的，好看又耐用。出租司机说："这活儿不干真不影响啥！"董书记说："抹光了自己看着也舒服。"

自己这一关不严，怎么能奢求别人满意呢？

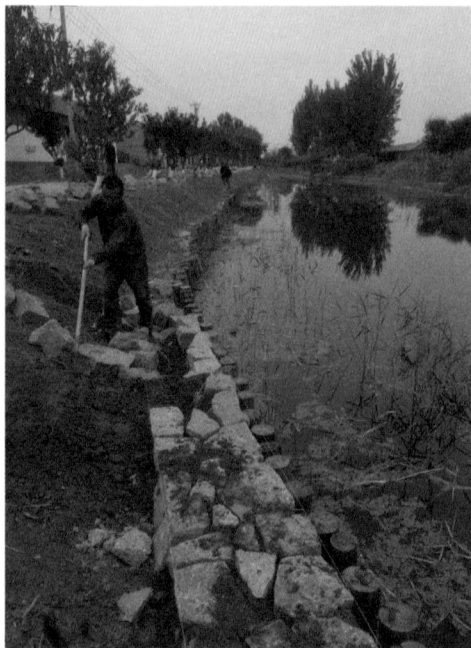
坑塘治理

撸起袖子加油干

修路情结在董永忠心里强势占位。

2019 年 3 月的一天中午，气温已经显得火辣，村西头，董永忠正和七八位村民一起在挖掘机的轰鸣声中搬运石头。之前受条件所限修的路太窄了，车辆双向通行很不方便。董永忠带着几名村民，自己加宽路面。1.2 公里的穿村公路从 4 米加宽到 6 米，五一前必须完工。劳力少，工期紧，董永忠决定加班加点也要在"五一"前交付使用。

村内两个相连的 20 亩坑塘破烂不堪。2019 年，赵家湾村"两委"决议，因地制宜，将坑塘打造成集娱乐休闲观光于一体的景区。

在众多工作中，董永忠最重视的是基础农业。自 2003 年董永忠担任村党支部书记以来，该村的农业发展迈出三大步，完成了村内土地流转，实现了水稻、莲藕规模化种植。

2015 年，赵家湾村成为宝坻区首批特色旅游村，启动了占地面积 4400 亩的田园综合体项目，由绿色生态种植、智慧绿色农业、现代化农业实验、商旅综合开发、美丽乡村观光旅游等五个功能区组成。绿色生态种植基地占地 3800 亩，采用种、养循环农业生产模式，有机垃圾处理技术，面向全国输送六瓣红大蒜、五叶齐大葱、天鹰椒、优质水稻、卫青萝卜等绿色有机农产品。项目建成后，赵家湾村村民享受收益 5% 的份额。以垂钓、划船、采摘和生态莲藕、生态米为特色的旅游产业，吸引了大量京津冀游客。谁说农产品不能有大作为？这些数据就是佐证。

2017 年 12 月 1 日，时任农业农村部科技教育司副司长江文胜一行来到赵

董永忠（右一）陪同农业农村部领导（中）和时任镇党委书记的杨立东（左）调研

家湾村，开展乡村振兴战略专题调研，并将赵家湾村作为基层联系村进行长期考察。这意味着本村农业发展进入了史无前例的新阶段。部领导参观村容村貌后入户查看村民实际生活情况，和村民聊天，领导们的调研涉及生产、收入、医疗、养老、业余生活等方方面面，村民实事求是的回答令领导一行频频点头。

乡村振兴战略是习近平新时代中国特色社会主义思想指引下的新篇章，是新时代"三农"工作的根本遵循，产业兴旺、生态宜居、治理有效、乡风文明、生活富裕，加快推进农业农村现代化是农村工作的总要求。农业农村部领导强调，贯彻落实乡村振兴战略，结合当地实际，要坚持以农业为基础，坚持以农民为中心，坚持以绿色为导向，坚持以改革为动力开展工作。

听了领导的意见，董永忠异常兴奋，自己苦思冥想的发展问题，领导都作了指示，自己没想到的，领导也为赵家湾村指明了前进方向，有这么具体的指导意见，接下来要做的就是继续"撸起袖子加油干"！

率先垂范 扶危济困

幸福是什么？赵家湾村民的幸福是腰包鼓了，环境美了，老人孩子可以托管了。董永忠的幸福就是全村村民幸福，再有，那就是有事儿干！董永忠是远近闻名的"管得宽"。

"村民遇到难处，不找我找谁？他们选我，我就是为他们办事儿的。"

"董永忠起五更睡半夜的时候数不过来，我早习惯了，只是担心他的身体。"

董永忠的爱人孙焕俊无奈地"抱怨"是有缘由的。董永忠的电话本上收录了所有村民的电话号码，他的电话也在全体村民的通讯录上安了家。

　　"董书记的电话我们随时可以打！"村民们都有这样的自信，这话五保户田宏感受最深。

　　田宏20岁出头就患上了类风湿，后来发展成了强直性脊柱炎。2015年5月的一个阴雨天，田宏意外滑倒造成腰椎骨折，可能再也站不起来了。在田宏漫漫求医路上，一直是董永忠负责找车接送他去医院。在书记的带动下，全村人自发动员起来照顾田宏。在新时代，社会上不乏团结互助、扶危济困的故事。但是，五年、十年如一日，不计任何报酬照顾毫无血缘关系的人，没有朴素价值观的人，是绝对做不到的。

　　"书记为大伙儿办事儿，不是一样不计个人得失嘛！全村四百口人，一百多户人家，哪个人没有得到过书记的帮助？用人、用车一个电话，解决纠纷矛盾、交通事故，一句话的事儿！就是暖气改造这么重要的工程，不也是董书记家暖气最后热的吗？"

　　村民说的都是事实。前年，村里一位老人脑血栓，是董永忠拆借来手术费，为老人做了手术。后来，全村人为老人捐款，一位曾经和患病老人有过"过节"的人也捐了钱。这件事让董永忠很受感动，村民的素质大幅度提升，悬挂在村口的村规民约，已经深入人心。

　　榜样的力量是无穷的，这也是董永忠深信不疑的"道"。为此，董永忠始终发挥着党员先锋模范带头作用。2015年，赵家湾村被确定为宝坻区第一批旅游村，按照规划，要发展农家院。可村民们怕投了钱却没有游客来。这次董永忠又朝着自己下手了，他鼓励妻子第一个带头建农家院。看到村书记带头，村民也积极行动起来。

　　那段时间，湿地公园和农家院建设同步进行。一天，奔波在工地上的董永忠突然感觉腹部一阵绞痛，恶心呕吐接踵而来。大家将他送到医院，诊断结果为胆结石。他悄悄和医生说："输点液让我回家吧，还好多事儿呢。"

　　"你知道感染的风险吗？马上手术！"

　　医生果断拒绝了董永忠的恳求。

　　术后第二天一早，董永忠悄悄回到村委开会。妻子孙焕俊急了，跑到村委会想拉丈夫回医院修养。怎奈，董永忠不急不火，就是不回。孙焕俊也拿这个"拼命三郎"没有办法。

　　那一年，六家农家院收入都达到了六七万元，种藕大户汪章兵也创收了。

农家院以藕做主要食材的就不下七八道菜。董永忠建议汪章兵将藕做深加工，打造为特色农产品品牌。

董永忠做的每件事没有私、没有弊。他说："群众的心就是最精准的温度计，他们不仅能看到干部的心底，更能准确测量出干部为群众所付出的毫厘温度。"

使命在肩 不容懈怠

"中国共产党人的初心和使命，就是为中国人民谋幸福，为中华民族谋复兴。"作为党员，董永忠时刻走在为群众谋福利的路上，他的努力也得到了政府和各界的认可。

2016 年，赵家湾村荣获"天津市美丽宜居村庄"荣誉称号，三个家庭户成为示范庭院。2017 年，赵家湾村被评为"全国生态文化村""全国文明村"。今天赵家湾村已经是赫赫有名的全国乡村旅游重点村、全国生态文化村、全国文明村镇、全国乡村治理示范村。"穷赵湾儿"已经脱胎换骨。赵家湾村也已经成为人人向往的农村生活典范。

2019 年，赵家湾村村委会改造升级，选址在村北头，与湿地公园遥相呼应，主体建筑上下三层，总面积一千平方米，是全区首屈一指的党群服务中心。做工程，赵家湾村"两委"班子已经熟悉到信手拈来的程度，但是，他们依然多次开会研究讨论，请建筑公司，研讨设计方案，同样慎之又慎。

经过无数个昼夜的奋斗，村委会办公大楼拔地而起。党建办公室、会议室、电教室、舞蹈课堂、国学绘画课堂、音乐课堂、图书超市、副食超市、志愿者之家，董永忠将自己能想到项目一一建起来。老人有活动场所，让孩子们有学习场所，让党员和青年们有成长的平台，农副产品有展示专区，让爱读书的人有书读……总之，他要让赵家湾村民幸福指数越来越高。

村集体获得的荣誉

村委会大楼施工中 董永忠（中）在现场监工

2020 年，天津市新时代文明实践站唯一试点单位落户赵家湾村，通过打造新时代文明实践站推进新时代精神文明建设。迄今为止，已建有实践站主阵地及老年日间照料中心、文明主题公园、2 条主题文化街等 4 个阵地，还有邻里互助、手工技能、"非遗"传承等 3 个实践点。通过开展志愿服务、乡风文明等系列实践活动，为全市精神文明建设提供可复制经验。赵家湾村爱心集体获得天津市真情人物集体奖，董永忠也被评为"真情天津"2019 年度人物和"赵家湾村好乡亲"称号。

赵家湾村利用区位和水资源丰富的优势，依托原有水稻、莲藕、水产禽畜等种养殖产业，发展生态立体农业，打造特色农产品品牌，吸引游客休闲观光和农事体验。据统计，从 2019 年开始，赵家湾村动用人员 800 余人次，挖掘机、垃圾清运车 100 余辆次，完成 40 处点位整治，其中拆除猪圈 26 户，治理坑塘 11 亩，发放干湿垃圾桶 150 个，累计投入资金 24 万余元。完成了自来水、污水网管建设，修建了 1200 余米柏油路面，实现了生态林寨、花园村庄的华丽蜕变。

十几年来，赵家湾村经历了无数考验，董永忠经历了一场场考试，在为本村捧回无数桂冠的同时，他也得到了各级政府的高度认可。

董永忠参加第十三届全国运动会宝坻区火炬传递活动

在这里辑录董永忠近几年获得的部分荣誉：

2012 年获宝坻区"创先争优优秀共产党员"称号。

2013、2014 年连续获宝坻区"优秀共产党员"称号。

2015 年获宝坻区"争当密切联

系群众的模范为群众办实事好事的表率"称号。

2016 年获天津市"优秀共产党员"称号。

2017 年，董永忠入选成为第十三届全国运动会宝坻区 20 名火炬手之一。

2019 年获天津市"十佳村党组织书记"称号。

赵家湾村新时代文明实践站

2020 年获天津市"市级劳动模范"称号。入选宝坻区第四届、第五届区人民代表大会代表；中国共产党天津市第十一次代表大会代表。

所有的成绩源于孜孜不倦的学习。董永忠从没有停止过充实自己，2018 年 8 月，他参加了宝坻区第一期村"两委"主要干部培训班；同年参加中组部、农业农村部实用人才带头人和大学生村官示范培训班，天津市新一届村党组织书记兼村委会主任培训班；2019 年，参加了宝坻区村党组织书记、村委会主任培训班。业余时间的董永忠总是主动学习，关注国内外时事新闻，遇到不懂的问题，他也绝不会放过，查资料、看社评，直到弄懂为止，这是董永忠最可贵的品质。

"一个人浑身是铁能捻几颗钉？没有上级领导的关怀，没有班子成员的通力协助，没有全村父老乡亲的支持，不会有我今天的成绩。"2018 年"一肩挑"换届选举，董永忠得票率 99.6%。

这就是董永忠对成绩的态度，是他最朴素的价值观，也是一位有着二十多年党龄老党员的党性修养。

打造品牌 躬行践履

基层党支部必须发挥战斗堡垒作用，打造一个品牌党支部，远远比一个人

董永忠（左一）在领奖台上

的影响力大很多。

董永忠带领支部班子认真贯彻上级党委决策部署，强化组织"轴心"作用，发展壮大集体经济，推进村庄治理，培育乡风文明，为建设产业兴旺、生态宜居、乡风文明、治理有效、生活富裕的社会主义新农村奋斗。支部紧紧围绕"小组联人、党员联户、岗位联事"的工作思路和"六有"工作模式，精诚团结，持续加强思想政治学习，加强组织建设、作风建设，注重入党积极分子培养，鼓励党员发挥先锋模范作用，不断增强党的基层组织的凝聚力和战斗力。

村级重大事项决策，按照民主协商制度和"六步决策法"执行，设立专门的党务、村务、财务公开栏；健全村监督组织机构、完善制度、科学运行。在创新党员联系群众制度方面，依照本村实际，制定实施了"小组联人、党员联户、岗位联事"的制度，把各项事务交由党员领办，彰显党员先进性。村党支部定期考核党员职责的落实情况，评选优秀，树立榜样，大力宣传，增强党员荣誉感。实施党员联系群众制度以来，支部共有20名党员共履责各类事项120多件。按照村庄建设"六化六有"标准，赵家湾村实现了村庄绿化、中心广场、桥体栏杆、坑塘水渠、农居门楼墙头、打造湿地公园、种植8000余株景观树，全村道路实现硬化。

如今赵家湾村围绕现有基础，依托高标综合场所，打造功能设施完善、党员群众爱来的"红色阵地"，依托新时代文明实践站开展"我们的节日""七彩公益课堂""重阳敬老"等公益活动，评选表彰"优秀村民""文明标兵户""好儿媳"等优秀典范，形成"榜样带动、典型引路"的方法推动形成了尊老爱幼、明礼诚信、互帮互助的道德氛围。

发展特色支柱产业是村"两委"班子的一项重要工作。村内建起农家院后，游客们可以垂钓、划船、采摘，可以买到生态莲藕、生态米等农产品。手蹴球编制、玻璃珠制作等特色手工业，增加了旅游附加值，第一产业与第三产业融合的良好发展趋势已经初见成效。

2019年，村内组建十支志愿服务队伍，借助实践站建设，助推良好村风，开展了暑期培训、义务植树、义务理发等一系列文明志愿服务，深受广大村民的喜爱，赵家湾村已经形成出入相友、守望相助，疾病相扶持的良好村风，同时形成了一套较成熟的文明实践工作机制。

很多人好奇，赵家湾村党支部是怎么做到的？赵家湾村党支部成员均为十几年连任，正是有了坚强的组织领导，才会有无往不胜的战绩。

2020年，新型冠状病毒肺炎疫情袭来。赵家湾村党支部闻令而动，积极部署落实各项防控措施。那段时间，董永忠一天也没休息过，说得最多的话是："有事儿给我打电话！"

"疫情就是命令，防控就是责任。"疫情防控，排查是基础，管控重点人群是关键。赵家湾村成立村级网格队伍，董永忠担任总网格长。宝坻区出现了典型聚集性传染，去过百货大楼的人就是管控重点。他反复和村民确认行动轨迹，核准人员信息，最终锁定16人去过百货大楼，46名密接人员。董永忠详细询问他们的身体状况和生活需求，除了做好生活保障问题，董永忠还多次进行心理疏导，缓解他们的心理压力。

董永忠（前 左一）陪同区委书记殷向杰（前 中）调研

赵家湾村北靠宝白公路，西与邻村相通，南与临镇相连，东侧与新城高铁施工现场紧邻，封闭管理工作难度较大。通过多方协调科学筹划，全村仅留北口为入村出入口，全体党员组成志愿岗，"两委"成员24小时值守，给赵家湾村加上了一层严实的"保险罩"。

疫情防控，宣传发动是有效手段。董永忠化身村庄广播员，除了播放各类宣传音频，自己每天喊广播，"硬核"劝阻村民，杜绝聚集，请大家待在家中，配合工作，坚决打赢疫情防控阻击战。

疫情防控，不能阻断人心。随着疫情防控战线不断拉长，村民们的常备药和副食品"告急"。董永忠联系蔬菜大棚，安排专人定点定线路采买，确保村民吃上新鲜蔬菜。他还积极采买口罩、消毒水等防疫物资，组织党员捐款，共募集了9700元防控善款，他自己也捐出1000元。

大灾面前，群众最需要的良药是理解、支持和提供保障。

宝坻疫情升级后，有人问："为什么非得你忙前忙后，你不怕传染吗？"董永忠说："我是一名党员，是村党支部书记，这个时候是党和群众最需要我的时候，我不会退缩！"

董永忠为村民送菜（左一位董永忠）

在全民抗"疫"的努力下，疫情得到控制，从疫情中抽出身来的村民开始忙于春耕春播。董永忠的广播又上线了，他号召村民按照上级要求坚持疫情防控和春耕备耕两不误，在扎实做好疫情防控前提下，抓紧抓实抓细春季农业生产。他和"两委"班子成员协调储备化肥、种子等农资，带领村民修整稻田渠路1.6千米，2000亩早稻顺利播种。十几年来，赵家湾村党委获得数次奖励：

2011年获得宝坻区"先进基层党组织"荣誉称号。

2012年获得宝坻区"创先争优先进基层党组织"荣誉称号。

2013 年获得市级"五个好村党组织"荣誉称号。

2014 年获得宝坻区"服务型先进基层党组织"荣誉称号。

而今的赵家湾村党支部已成为远近闻名的"品牌"党支部。

凝心聚力 再扬风帆

"民族要复兴，乡村要振兴。"这样的表述已经把农村发展的重要性提到了空前的高度，党的十九届五中全会审议通过的《中共中央关于制定国民经济和社会发展第十四个五年规划和 2035 年远景目标的建议》也明确了当前和今后一个时期"三农"工作的具体方向。

"十四五"规划已经拉开序幕，2035 年远景规划目标已经摆在眼前。作为一名基层党员，必须紧紧围绕在党中央周围，坚决贯彻落实党和国家决策部署，深入学习习近平新时代中国特色社会主义理论，提升自身政治理论水平，精准把握国家发展农村的政策，宣传贯彻好涉农政策，助力发挥好农业在经济社会中的"压舱石"作用。

董永忠将过去的成绩作为起点，继续秉持以群众为中心的基本原则，不忘初心、牢记使命，乘风破浪、扬帆远航，这是党中央对所有党员的要求，也是董永忠努力的方向。

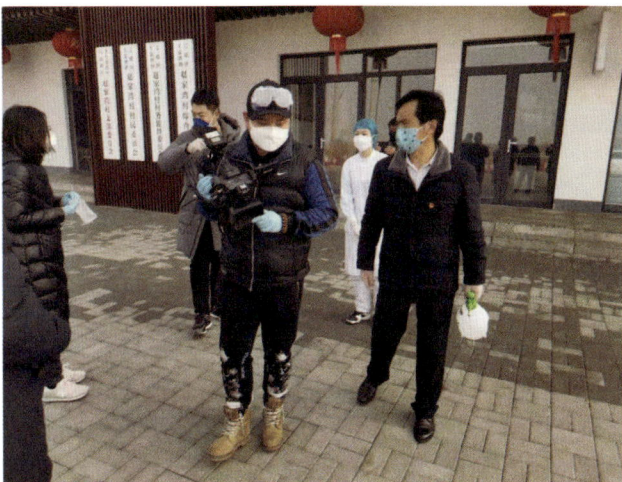

"万人大筛查"，天津电视台到村采访疫情防控工作

2021 年初，董永忠和村"两委"成员开始行动了。庆祝中国共产党百年华诞，村里也要做得很好。首先是人居环境"百日大会战"活动，彻底清理村庄卫生死角，建立卫生长效管护机制，真正起到人居环境整治示范村的示范作用；其次要积极落实乡村振兴要求，继续加强乡村旅游村建设。

董永忠（中）守卡

董永忠将带领全体党员认真贯彻区、镇党委各项决策部署，加大村庄绿化、打造篝火广场、老年门球场等公共休闲场所，把打造村庄的好项目落实落地，把好事办好，让群众受益。

对于本村新时代文明实践站，董永忠认为还有很多工作要做，如：在村民业余文化生活、各类志愿活动等方面，还有很大创新提升空间，要让"出入相友，守望相助，疾病相扶持"的文明村风长驻，还有很长的路要走。

品牌建设工作要融入各项工作中。赵家湾村与清华大学清控文创品牌管理有限公司签订了合约，开发旅游产业和文创产品。村里的三大特色副业琉璃珠、手鞠球、绢花将大有作为。村里的农产品和淡水产品也将以此为契机走向全国。

水是赵家湾村的"特产"，管好水是基本原则，用好水、发挥水多的优势是董永忠"十四五"集体发展的思路。他要和清控文创品牌管理有限公司合作，深化"文旅融合"，打造环村水系，扩大淡水鱼、虾、蟹养殖面积，发展藕、茭白和水稻等农作物的种植。董永忠要将赵家湾村立体生态农业和旅游产业提升到更高层次，将小村打造成名副其实的"稻田里的水乡"。

当前，国际形势风云变幻，在国家大力发展经济"内循环"的形势下，董永忠要让赵家湾村的农副产品走进千家万户，同时，要全力保障粮食安全。在这方面，他要用当年成立棉花种植合作社的经验，帮助农户提升粮食单产产量……

董永忠的工作没有总数，只有无线循环数。赵家湾村民的幸福指数没有尽头，只有不断攀升，这是他不断前行的动力。

"长风破浪会有时，直挂云帆济沧海。"回望来路，董永忠信心满满，十八年的临风沐雪、努力拼搏、负重勤勉、躬耕不辍，而今都化成了村民脸上的笑颜，化成了土地上的累累硕果……

　　"艰难方显勇毅，磨砺始得玉成。""拼命三郎"董永忠，赵家湾村掌舵人，前路漫漫，未来可期！

天津市劳动模范 高荣华

行走在追求教育卓越的路上

　　高荣华，女，1964年12月28日生，天津市宝坻区第一中学历史教师，天津市特级教师，天津市首批正高级教师，高考命题教师，2020年获天津市劳动模范称号，2021年获全国五一劳动奖章。

　　镜头一：2016年6月，区电视台"巾帼文明岗"专访，她面对镜头两眼炯炯、落落大方，叙说着自己在平凡的岗位上，用执著和真爱写就的人生……

　　镜头二：2020年12月，屋外冰天雪地，室内暖意融融，十几位同学老师围坐在一起发出了相同的祝福——祝老师生日快乐！祝您永远年轻！高荣华面带笑容，师生互动不断……

　　切换镜头，不难看出，这个走上教育岗位三十五年的教师，今天无疑是成功的，那么镜头的背后，高荣华老师又是怎样奋斗和付出的呢？

乐而为师守初心

教育，从根本意义上说是一种爱的事业，没有爱就没有教育。我国著名教育家夏丏尊先生就曾讲过："教育不能没有感情。"教师的爱主要体现在两个方面：一是爱事业，二是爱学生。爱事业是前提，爱学生是爱事业的具体表现。教师只有把工作真正当成了事业，而不是只当作一种职业，才是真正爱在了根本上，爱在了核心处，从而为成功奠定了关键性的基础。

1986年，高荣华从天津师范大学历史系毕业后回到了母校——宝坻一中，坚守在教育教学一线。她喜欢教师这一职业，为学生上课是她最大的乐趣，她三十五年如一日，从未离开过课堂。2008年因生活和工作需要，她调往天津市某职业大学做行政服务工作，没过两月，她毅然决然地又回到了宝坻一中的课堂，究竟是什么原因呢？她说："我对教育似乎有着一种与生俱来的特殊感情，一走进课堂，在跟学生朝夕相处的过程中，在跟学生平等的对话中，在日常组织的学生活动中，特别是在跟学生的思维碰撞中，我能感受到极大的幸福和快乐，课堂给我带来了无尽的乐趣，成为我生活当中最重要的组成部分，离开母校，离开课堂，人生好像没有了方向，生活显得无滋无味。"事实确实如此，课堂是高老师快乐的源泉，上课对她来讲是享受，不管生活中有多少烦恼，一旦进入课堂，她立刻热情澎湃，激情四射。"高老师太喜欢上课了，她一进课堂就来精神了。"这是老师们对高老师的真实评价。把职业当事业，把教育当爱好，把课堂当享受，这样的教师是一种什么样的境界啊！三尺讲台，一颗爱心，放飞希望，

阳光快乐的高荣华老师

乐此不疲。这就是高老师从教三十五年来的真实写照。

身正为范正师德

社会赋予教师很多希望和耀眼的光环，作为一名优秀教师，在领受这些美丽光环的同时，更应该恪尽职守，努力适应时代的发展，为时代与社会增光添彩。高老师深知这一点，无论是做普通教师，还是成为名师工作室的领衔负责人，她努力做到身正为范，用自己的言行诠释着师德的高尚。

高老师是天津市首批正高级教师，是高考命题教师，她对高考有独到的研究。曾经有很多学生和家长慕名找到高老师，请她给考生进行课外辅导，高老师全部拒绝。高老师和家长坦诚沟通，让孩子认真思考、学习，遇到问题，可以向她请教，但她不收一分钱。四中的张帆同学妈妈去世了，为了给妈妈治病，家里欠了很多外债。他头脑很聪明，理解能力强，数学成绩每次都位于班级前五名，可历史成绩每次都位于班级后几名，历史学科很可能影响到他的大学梦。高老师得知张帆的具体情况后，给出了解决问题的具体措施，并时常利用周末的时间进行义务辅导，最后张帆顺利考入天津师范大学。张家多次要对高老师表示谢意，高老师全然回绝。张帆现已工作且娶妻生子，每逢节假日，高老师都会收到他的诚挚问候。高老师不但自觉端正师德、师风，还用自己的言行影响着身边的同仁，高老师所在的历史教研组，没有出现过教师进行有偿家教的现象。

淡泊名利，拒绝有偿家教，但对考生和社会提供有意义的辅导讲座，高老师从不推辞。自从在党员干部中开展"四史"学习教育活动以来，为深入贯彻习近平新时代中国特色社会主义思想，贯彻落实党的十九届五中全会决策部署，深化爱国主义教育，深入推进党史、新中国史、改革开放史、社会主义发展史教育，高老师充分发挥历史课程立德树人的功能，自己开发了大量的"四史"课程资源，不仅对学生加强"四史"学习教育，还把思政课内容与历史课进行有机结合，开展各种形式的讲座，帮助学生更好地认识中国特色社会主义制度的优势，增强文化自信，增强理想信念教育。为了让广大基层干部群众知史爱党，知史爱国，使其做好自己的本职工作，高老师还亲自驾车到大钟庄、新开口等城区外的乡镇，进行"四史"的义务讲座。

教师的人格是教育的基石。高老师出生于20世纪60年代，"大公无私""先人后己""责任与担当"等教育，一直影响着她的言行。她说："我的两个心房，一个装的是良心，一个装的是爱心。我扪心自问时，问的是良心；我倾情付出时，洒的是爱心。"作为教师，她觉得着力点就是爱学生。她曾用关怀，让学困生泪流满面；她曾用爱心，扬起问题学生心海的风帆；她曾用爱心，点亮优秀生的心灯。

高荣华老师所在的宝坻一中是天津市首批重点高中。学生们从小学至初中一直是班里的佼佼者，进入高中后，大部分学生的自我定位需调整，加上家长的较高期望，升学的压力等，学生的情绪状态容易出现偏差，焦虑、孤独、恐惧等在学生身上时有发生。高老师认为，孩子是家庭的希望和未来，她告诫自己一定要精心地呵护每一位学生。

2013届毕业的女生王硕来自城区外的街镇，父母都是农民。高二时每次月考、联考成绩一直是班内第一名。她很自信，也乐于帮助周围同学解难题。升入高三年级后，开学考试、第一次月考，王硕两次考试都没有发挥好，而且一次比一次差，她心里急躁，说要回家休息一段时间。其父母看在眼里，急在心上，可他们不懂孩子，更不知道如何指导孩子。高老师明白，这是尖子生心理出了问题，典型的"高三焦虑"症状。于是高老师将孩子接到家里，做了一桌好吃的饭菜，并和她轻松说笑，告诉她问题所在，给她指明方向，让她坚持上课。在接下来的一段时间里，高老师对症下药，经常在课上提问一些她能回答很好、而别人答不全面的问题，帮她在同学面前恢复自信；课下不断鼓励打气，通过不懈的努力，最后她高考成绩为班内第一名。

人们常说，爱尖子生容易，爱学困生难！而高老师恰恰相反，她认为学困生最缺乏关爱，若给学困生一个支点，他们便可能会腾飞。多年来，高老师对于成绩位于班级后面的学生始终不歧视、不放弃、耐心疏导启发、挖掘闪光点。

在教2017届学生时，高老师遇见一个让老师们很犯怵的学生，这个学生每天睡不醒、节节课迟到、无组织无纪律，从来不交作业……如何转化这位问题学生，让高老师一度陷入迷茫。她采取了多种办法去接近这位学生，终于在一次谈话中，她发现这个学生很在乎别人对自己的看法，自己也想变好，还了解到这个同学酷爱篮球。高老师觉得机不可失，一天吃完早饭后，她对这个学生说："只要你能坚持两周不迟到，坚持一周交作业，老师送一个你最心仪的篮球。"师生约定后，这位同学真的交了一周作业，但第二周的周三还是迟到了，高老师看出他的沮丧，说："你已经努力了，虽稍有遗憾，但我决定实现诺言。"当高老师拿出篮球时，学生的眼神很复杂。"老师更希望你能把约束自己的念头坚持下去，你一定可以比很多人更优秀。"听着高老师的寄语，这位学生郑重地说出一个字"好"。这以后，老师和同学们发现曾经的问题学生变了。令人意外的是，当年高考，这位学生以超过一本分数线的好成绩顺利考入天津财经大学。高老师常说："对于常人眼里的问题学生，我们不应该给他们贴标签，更不要用优秀生的言行成绩衡量他们，有进步应该肯定，而不是直接告诉他们还差得远！"她认为，每一个学生都需要老师的关爱与鼓励，让成绩暂时落后的学生时常感受到老师一直在关注他们，没有放弃他们，以心交心，达到师生间的心理交融，这样才能让每一个学生都能保持良好的心理状态，才能微笑面对前进路上的风风雨雨。

现在的学生，心理问题较复杂，各种现象频发。有一次，班上一名女生有早恋倾向，她母亲来学校向高老师询问情况，高老师详细地向她介绍了孩子的情况，女生母亲忧心忡忡，拉着高老师的手，把所有的心里话都倾诉出来了："我也是一名教师，就这一个独生女儿，孩子出了这样的思想问题，我们做父母的也有责任，但现在对孩子的开导、教育已经无能为力，孩子对家长已经产生了强烈的抵触情绪……"看着她的无奈，听着她的哭诉，高老师决心帮她解决孩子的问题。于是她用了各种方法：课上观察、课余留意、自习课谈心……一开始孩子不承认自己有问题，后来被高老师找到了证据，经过多次摆事实、讲道理，推心置腹的谈话，她终于意识到了自己的问题，渐渐地有了转变，成绩明显提高。母亲发现了孩子的变化，非常高兴，并多次来校道谢。那年新年的时候，这位同学给高老师带来了一本精美的挂历，说是她一家人送给老师的祝福，此刻的高老师心里是那么的欣慰与幸福。

培养身心健康的学生是一项复杂的工程，它既需要技术，更需要艺术。北宋教育家张载曾说过，"教之而不受，虽强告之无益。譬之以水投石，必不纳也，今夫石田虽水润沃，其干可立待者，以其不纳故也"。可见教育能让学生接受才有效果。为了帮助个别学生走出自卑的心理误区，高老师针对学生的不同情况，在教学中还采取改进教学评语的方式来增强学生的自信心，比如对那些情绪多变的学生，采取单刀直入的方式，刺激强度大，效果好；对那些敏感性强的学生，采取含而不露、柔中带刚的评语方式，使其对号入座，以免伤害其自尊心；

对那些戒备心重的学生，则采取鼓励劝诫的方式，语气委婉。另外，在评语中，她做到以尊重为先、诚恳为上，即使有错误，也慎重落笔，多些"和风细雨"，少些"惊涛骇浪"，以诚激励其心，以礼沁其肺腑，当说到动情之处时，来几句"点睛之笔"寄予愿望。她的努力收到了良好的效果。高老师正是秉持着这种对教育的热忱，将众多教育之事做到近乎极致，成就了真正的不简单。

身为教师，只为教育这一事，持一颗初心，念念不忘，必有回响。从教以来，高荣华老师先后帮助40多名学困生考进了大学；同时有20多名学生被评为天津市优秀学生干部、市级三好学生。2006年，高老师荣获中小学优秀德育教师称号；2010年，被遴选为"天津市未来教育家奠基工程"学员，被天津市教委选派赴新加坡考察学习；2012年，获天津市五一劳动奖章；2020年，获天津市劳动模范称号。2012年12月8日《天津教育报》对她进行专题报道，电视台也对其进行了专门采访。

潜心教学结硕果

理想是一个人生活的目标，是一个人为之奋斗的方向。有了理想，人在生活中就有了动力，就能在生活中实现自身价值。高老师从刚走上教师岗位时心里就有一种理想：当老师，就得当好老师。教书育人是教师的天职，如果教师没有扎实的教学技能，空有一腔热情是无法完成教书育人这一使命的。

自参加工作以来，高老师一直静心从教，潜心教学。初走上教师岗位时，根本不懂得什么是教学，只是自己下功夫，把教材的知识全部背下来，课堂上用自己的激情感染学生，为了熟记教材内容，她每天工作到深夜。最初工作的几年，课本以外的知识被学生问到过；孩子出生后，因劳累疲倦、教材不熟，也被校长听过课。特别是第一次带高三时，她也听到过质疑的声音……但这一切恰恰成为她进取的动力，她不断反思，向老教师请教、向书本学习。为了集中精力，她把不到一周岁的孩子送到了婆婆身边。20世纪末的课堂，大都是传统的讲授式教学，高考也是以知识立意，主要考察的是知识。高老师琢磨：如何让学生将该学的知识在课堂上全部掌握呢？于是她用谈话法与学生谈知识，力求让每个学生都发言，可以单个人讲，也可以大家一起说，这极大地调动了学生的积极性，学生喜欢这种上课方式，他们天天盼着上历史课，学习成绩大幅度地提高。经过努力，她第一次带的高考班，历史科目的高考成绩位居天津市十二区县第一名。其间天津市教育局局长叶文山带一行人来宝坻进行工作调研，随意进课堂听课。事后老校长亲自对她说："在教育局召开的调研总结会上，叶局长只表扬了两个人，一个是做教师的你，一个是做校长的我。"领导的肯定、第一次带高考的骄人成绩，更加坚定了高老师对教育事业的理想追求。

为了成为一名出色的教师，她订阅多种报刊、博览群书、潜心研究教材教法，广采他山之石。为了开阔教育视野、拓展教育教学思路，她经常到全国各地听讲座，聆听专家报告，学习交流，在与专家们的对话中实现教师的教学能力、研究能力、解题备课能力、反思能力等学科核心素养能力的全面淬炼和提升。

高荣华老师在上课

在参加工作不到十年的时间内，她完成了理论与实践的结合，把理论知识转化为实践知识，形成了自己的教育教学实践技能和技巧。在课堂教学的舞台上，运用过硬的教学基本功，形成了自己独具特色的教学风格，获得了学生、同行和社会的认可和赞誉。外校教师来听课，必点名听她的课，她也经常代表学校接待上级领导和外地学校的课堂考察。

为了上好每一节课，她时常备课到深夜。她的备课与一般教师有很大的不同，她围绕课改理念，领会课标的内涵，准确把握、认真钻研教材，结合考试评价体系的要求，考虑现实生活的需要和学生的特点，从这几个方面来制定科学、合理的教学目标。课堂中，她把各种教学方法有机地结合起来，以教师为主导，以学生为主体，实现师生、学生之间的对话交流，使每一位学生都能参与，每个人都有不同的收获。她的课因张扬学生个性而美丽，因教学理念超前而精彩，因激情四射而彰显魅力。她的课学生爱上，她是最受学生欢迎的教师。

过硬的教学能力，使她在参加全市乃至全国各种比赛中连获佳绩。1996 年获天津市"双优课"优胜奖，1999 年获天津市教学常规大赛一等奖，2002 年获天津市电教课评比二等奖，2010 年在全国研讨会上做教学展示课，受到与会专家学者一致好评。制作的教学课件《"一国两制"与祖国统一大业》在"首届百千万工程"全国多媒体课件大奖中获优秀奖。

高老师不仅做学生们的教师，还在各种公开课、优秀课、青年教师基本功大赛上担任评委或指导教师，并多次获得天津市优秀指导教师奖。她指导的 2005 年、2010 年两届"双优课"获得了天津市一等奖，1999 年的"双优课"获天津市二等奖。2002 年指导的四中许老师获天津市电教课评比二等奖，其爱徒梁老师在 2007 年高中教学设计说课评比活动中获天津市一等奖，年老师在 2012 年获天津市说课评比大赛二等奖。

2006 年高老师参加了教育部组织的普通高中新课程骨干培训，成为国家级研修者。2010 年受聘北京师范大学，为全国中学历史学科骨干教师进行培训，所作专题报告"历史兴趣教学与课堂实效性"受到学员一致好评。2010 年和 2011 年在全国基础教育论坛上做典型发言。她多次代表天津市参加全国历史学科的研讨会，举办各层次报告 20 多场，担任天津市 12 区县高考模拟或大型联考的命题组长，作为高考命题教师，连续多年参加天津市高考命题工作。

1997 年，高老师被评为中学一级教师，按教师正常职称晋升，她应在五年以后的 2002 年才有资格参加高级职称的评选。因教育教学业绩突出，一年后的 1998 年，她就被破格评为中学高级教师，在当时的天津市，像她这样的年轻高级教师很少有。2012 年，高老师被评为天津市特级教师，享受政府津贴。2010 年，经过层层遴选，选入天津市"未来教育家奠基工程"，2012 年被天津市政府派往新加坡，进行海外研修。2017 年天津市开始出现基础教育评选正高级教师的职称改革，高老师成为天津市首批 39 名正高级教师中的一员，这是基础教育最高级别的职称。

按照职业生命周期理论，一般任职在 20～30 年，会出现职业高原平台期。作为资深老教师，所拥有的教育教学经验和技巧使之对工作充满自信，会滋长职业的自满情绪，由此而失去专业发展的热情和精力；他们会因自己的经验及

新加坡研修

资历而自以为是，亦会因"职称"到顶而不思进取；会因自己对岗位工作的熟悉，在"小环境"的显赫成就而骄傲自满，由于满足于已有的成就或地位。于是很自然地产生"高原平台"现象。高老师成为正高级教师后，并未躺在功劳簿上，而是不满足现状，重新审视自己所从事的职业，刻苦钻研，向着更高的目标迈进。

中小学生过重的课业负担，是基础教育的普遍现象，国家主管部门多次下达减负令。为了学生们的身心健康，高老师提出向课堂四十五分钟要质量的设想。她学习新的教育教学理论，对新课堂教学理念进行内化和实践，探索出了既符合高考评级体系又符合学生认知规律的历史课堂教学模式——"问题导学"模式。

"问题导学"教学模式是以问题为抓手、以教材为依托、以思维为核心、以解读与训练为主旨的一种课堂教学策略。"问题导学"模式的教学基本程序是：

第一，激发兴趣、导入新课。心理学试验证明，人在有兴趣时会伴随着血液循环的亢奋，使大脑皮层得到充分地激活，并把观察、记忆、思维、想象等各种心理活动都调动起来，呈现出积极活跃的状态。教师通过多种方式激发学生对所要学习内容感兴趣，让学生迅速融入历史情景，从而导入新课。

第二，设置问题、启发学生自主探究。现代认知心理学关于思维的研究成果表明，思维过程首先是解决问题的过程，即思维通常是由问题情境产生的，而且以解决问题情境为目的。教师根据新课标、教材内容和学生的认知能力，逐层设置问题，引导学生阅读教材感悟历史，解决问题，培养学生的阅读能力、提取有效信息能力和自主探究能力。

第三，讨论交流、合作探究。建构主义理论倡导"为了使意义建构更有效，教师应在可能的条件下组织协作学习（开展讨论与交流），并对协作学习过程进行引导，使之朝有利于意义建构的方向发展"。在学生自主探究的基础上，引导学生分组讨论。教师指导，依据论从史出、史论结合的原理，在生生互动、师生互动中探究历史问题。

第四，学生回答，教师点拨。学生在自主探究、合作探究后，对问题有了初步的答案，教师让学生自己表达，对回答错的或不到位的地方，教师适时点拨，联系现实或拓展延伸，可在情感、态度价值观等方面的问题予以指导，实现学生对知识从感性到理性的情感升华。

第五，构建体系、检测反馈。学生自己动手构建课堂知识，形成体系，并展示个性学习成果。进行检测反馈，检查课堂效果。这一模式，教学原则清晰，学生是教学环节中的主体，教师是引导者、组织者、调控者，教学过程就是学生、老师解决问题的过程。学生通过阅读教材，自己动手、动脑构建了知识，在知识构建的过程中，还培养了提取有效信息的能力、归纳概括能力及语言表达等能力。在知识内化的过程中，形成正确的情感态度价值观，落实了历史教学的人文功能，实现了高效课堂。

"问题导学"教学模式，教学效果显著。采用此模式教学，所教毕业班在不留作业的前提下，高考成绩多次位居天津市 12 区县重点中学第一名，先后有16 名同学考入清华大学、北京大学。此模式不仅在全校推广应用，在天津市乃至全国部分地区得到了推广交流。

高老师与新课改同行，与新课改一同成功，但是她并未止步。2019 年教育部考试中心研制的《中国高考评价体系》出版发行,高考评价体系明确了高考"立德树人、服务选才、引导教学"的核心功能,这使基础教育迎来以"立德树人"为宗旨,以发展学生"核心素养"为目标,以实现课堂教学转型为重点的全面改革,面对即将到来的教育教学改革热潮,高老师以开拓的精神和积极的心态,准备再出发。

科研领路促提升

"教师即研究者"是国际教师专业发展的重要理念,即要把教育科研融入教师的教育教学实际工作,让教师在工作中研究,在研究中工作,将研究与工作真正合为一体。教育科研是教师职业特有的要求,它能改变教师个人的教学状况,改变个人的职业处境,使教师获得一种智慧的生存方式,提高教师工作的科研含量,使教师享受到教育的幸福。

三十五年的从教之路,也是高老师教学研究的摸索之路。她从日常最不经意间发现的教学小现象入手,到研究现实中的真问题,从教育教学的小视角到现实社会的大行为,都能从中寻找到自己研究的起点,通过不断地探索,逐步形成自己扎实的教育科研能力,取得丰硕的成果。

刚参加工作不久,高老师发现了这样的现象:有的学生不爱记忆教材知识,学习效果不好;有的学生对教材只会死记硬背,花费了大量时间和精力,成绩仍然不理想,学生很是苦恼。如何改变上述情况?高老师组建团队,查阅大量有关学习方法的理论资料,尝试把迁移法引入课堂,探索出如何为学生新知识的生长提供联系的"认识桥梁",使其快速记住知识、解决问题、减轻学生课业负担、提高学生学习的能力、提高学生的综合素质。天津教科院将她的探索立项为市级课题,经过三年的摸索,高老师带领她的团队完成了"高中历史迁移式教学法的研究与实践"教学法的探索。应用迁移式教学法,不仅让学生在知识的掌握上快速提升,更主要的是在学习能力、联想能力、主动尝试、创新能力上都有极大的提高。此教学法教学效果显著,看着学生们成绩的迅速提高,望着他们离开高中、进入大学的身影,高老师脸上露出了微笑。

迁移式教学法的课题虽然结题,但这并不是高老师研究的终点,恰是她重视教科研的新起点。为了提高课堂效率,高老师又开始对高效课堂教学模式的探索，历史课堂的"问题导学"模式已立项为市级课题，目前正在研究中。

教师不仅要教会学生知识，更要承担教书育人、培养社会主义事业建设者和接班人的职责。"作为教师，我们要为党育人、为国育才，培养担当民族复兴大任的时代新人，这应该是我们的初心。改革开放以来，在我国物质文明极大丰富的前提下，社会多方面发生了变化。变革使一些社会现象不尽如人意，一部分人特别是青年学生的思想信念、人生观、价值观出现了混乱。提升学生的人文素养，是历史学科的主要功能。"为了让学生有正确的情感态度价值观，高老师从历史课堂抓起，做了大量有关提升学生人文品格的市级课题，如2010年"历史教学中提升学生人文素养探索研究"，2014年"历史教学中提升学生公民道德的策略研究"，2017年"历史教学中弘扬传统文化的策略研究"等课题。

高老师作为课题负责人主持和参与的市级以上课题9项，区级课题3项，独立完成省部级课题"历史教学中提升学生人文素养探索研究"，2016年获天津市哲学社会科学基金项目奖，成果被鉴定为A级，已以个人专著形式出版发行。2017年天津市"十三五"课题"历史教学中弘扬传统文化的策略研究"获经费六千元。2014年参与的市级课题"高效课堂的心理学基础"被天津市教育委员会评为优秀课题。

在教育教学研究过程中，高老师不断总结概括，所撰写的论文、交流稿中二十余篇获市级以上奖项，《借题发挥说新政》《新课改下历史教学中提高人文素养的思考与实践》等多篇文章分别发表于国家核心期刊《历史教学》《教师教育研究》《历史教学问题》。《范例式教学法在历史教学中的应用》等2篇论文获全国论文评选一等奖。论文《新课改下高中历史教学的共性问题与策略》获天津市教研教改成果二等奖。论文《深化课堂改革打造高效课堂》2012年在天津市教育科学年会上进行交流。2016年5月出版了个人专著《历史教学中提升学生人文素养探索研究》。

有人曾问高老师为什么对教科研如此热衷，她说道："研究有利于打破自己的定势思维，在更新创造中感受教学的魅力，体会教育的新意，激发自己对教学的热情，保持对教师岗位的热忱之心。"

名师引领共同成长

　　宝坻一中是天津市级重点中学，学校的教育教学成绩是社会有目共睹的。学校教育质量的普遍提高既取决于每位教师的专业发展水平，也取决于教师团队的合作程度。学校教研组、备课组是贯彻学校方针，完成教学任务的最重要的基层组织。组长在备课中起着"领头羊"的作用，其工作态度与能力决定了整个备课组的教学水平与发展方向。一个好的组长既能带出一支优秀的团队，又是教研组活动顺利开展的重要先决条件。

　　高老师做了十五年的教研组长和备课组长，历史学科长期以来是宝坻一中教育教学先进学科，这是历史组全体教师共同努力的结果，与高老师的组织、引领和营造也是分不开的。十五六人的历史教研组，在生活上互相关心、互相帮助。不管谁有困难，大家共同伸出热情的双手，帮其解决。尽管个人性格不同，大家都宽宏大度，不斤斤计较，互相包容、团队和谐。在备课教研时，敞开心扉，各抒己见，形成"百家争鸣"的教研风气，经常因为某个教学问题争得面红耳赤。一次教研员带领兄弟校的教师参加常态化教研，因对导课方式的意见不同，有两位老师居然"吵"起来了。历史教研员经常在全区教研会上说道："太喜欢宝坻一中的历史教研氛围了。"

先进备课组

　　历史教研组的教师，都有强烈的团队荣誉感与归属感。每一位老师的公开课、示范课、参赛课等，都是举全组集体之力。在准备阶段，从教材的挖掘、教学的设计、媒体的运用、课件的制作，大家献计献策、动脑动手。在打磨阶段，通过说课、上课、评课等环节不断修正，直到大家满意。2005年历史教研组的一位杨老师参加天津市双优课的评选，为了设计此课，在周五下午学生回家、学校放假后，大家围坐在一起共同研究，连晚饭都没顾得上吃，直到晚上十点，看门的工作人员要锁楼门，大家才饿着肚子回家。杨老师不负众望，获得了天津市"双优课"一等奖，在给杨老师庆功的饭桌上，大家才知道周五那天，是他爱人李老师的生日，李老师做了一桌子饭菜静等杨老师回家，一直等到晚上 10 点多。

失败的团队没有成功者，成功的团队成就每一个人，它将凝聚团队、聚焦目标，走向更大的成功。高老师带领的团队多次被评为先进备课组，2016 年，她率领的高三历史备课组荣获宝坻区"巾帼文明岗"集体荣誉。

教师是学校最丰富、最有潜力、最有生命力的教育资源，更是学校的宝贵财富。师资队伍建设是提高教学质量的关键。青年教师是学校的未来和希望，由于青年教师大都刚刚走上工作岗位，工作阅历较浅、教学经验不足，往往需要传帮带或者重点扶持培养。对青年教师的培养是实现学校教育教学质量可持续发展的关键环节，也是教研组长和备课组长等名师责无旁贷的义务和责任。

历史组的十几位教师中，高老师在宝坻一中工作的时间最长。对于新来学校的老师，不管在生活上还是在工作上，她都尽最大努力去帮助，尤其是对青年教师。

曾有这样一位教师，初参加工作时，她经常备课到深夜。高老师很是欣赏她的工作态度，经常在组里表扬她。但后来发现这位年轻的教师不看教材，只背现

对青年教师进行传帮带

成的教案。高老师给她指出这样备课的弊端，让她钻研教材、琢磨学生。年轻的老师当时不仅不听，还对高老师产生了看法，对高老师敬而远之。面对此种情况，高老师并没有放在心上，从生活上一如既往地帮助她。当年轻的教师发生了婚姻变故后，高老师和同组教师把她接到家里居住，在安慰她的同时，帮她解决问题。高老师和所有熟人打招呼，为其牵线搭桥，最终让她拥有了幸福的家庭。现在不管生活上有什么问题，她总是在第一时间和高老师诉说，寻求

解决问题的方法。在工作上，她主动要求和高老师结成师徒，勤学勤问勤看勤听，高老师毫无保留地向她传授师德、传授本领、传授技能。她们二人多次被评为优秀师徒。年轻的教师多次举行区校级公开课，还曾获得天津市中青年教师说课大赛一等奖。

武建文老师来自山西，杨明明老师来自河南。他们到高老师家吃过面条品过瓜果。为了出入校园的方便，高老师将其儿子的自行车送给了他们，现在他们不仅在宝坻安了家，而且已经成长为学校的教学骨干力量。

师者如兰，香远益清。高老师的传承不止在宝坻一中，她经常给全区历史教师进行辅导讲座，还亲临宝坻四中、王卜庄、大口屯等高中校进行现场指导。在宝坻区青年教师培养工程活动中，高老师多次被评为优秀辅导教师。高老师所带教的 20 多名教师现已成为市、区级教学骨干。

为落实"人才强区"战略，充分发挥名教师的辐射作用，使宝坻涌现更多的名教师，推动全区教育教学质量的提高，区政府人才办在 2019 年给她授牌"宝坻区人才培养工程——高荣华名师工作室"。

名师工作室成立后，高老师深感肩上的担子更重了，如何把名师工作室建设成未来名师的孵化器、教育教学良方的生产地呢？高老师确定了"理论学习—立足教学—课题研究—示范引领"的发展工作思路，按计划有序开展工作。

为了让工作室成员做有思考和批判精神的思想者，形成一个开拓进取、不断上进的学习型团队，工作室制定了专业期刊，采用多种方式进行学习交流。为了帮助成员扩大专业视野，工作室走出天津、学访北京，参加专业高端会议。2019 年 10 月，工作室成员一行 7 人南下山城重庆，开启了一段教学问道之旅。

名师工作室的任务不单是促进优秀教师专业成长，还担负着服务全区学科教学，用教育科研引领全体教师推进课程改革和课堂教学改革，以提高教育教学质量的示范和辐射作用。面对肩负的使命和职责，工作室不敢有半点懈怠。"聚焦课堂，提升素养"是工作室的核心目标。2019 年秋季开学后，高一年级使用全国统编新教材，与旧教材比，新教材从新课标的要求到编写体例、编写内容等多方面都是全新的，这就给教授高一年级的教师带来了全新挑战，教学出现了课时紧张、内容繁多、重难点把握与处理棘手等多方面的问题。针对全区教学的这种情况，本着"按需施作"的原则，确定工作室的重点放在高一教学，决定利用寒假时间研制高一《中外历史纲要（上）》全册课件。寒假前工作室将课件制作任务分配给教授高一年级的成员，完成后交于大家集体讨论，修改定稿后准备在 2020 年秋季开学时分享给全区教师使用。

2020 年寒假期间，新冠肺炎疫情暴发，工作室正常的活动受到了影响，高老师召开视频会议，明确了工作重心转向停课不停学，共同商议各年级不停学方案，决定利用假期延长的机会，将高一教材的所有课件制作完成。面对艰巨的任务，工作室采用微信、QQ、腾讯会议等多种方式，每周定时召开两次讨论会议，每次会议时长都超过两个小时。为了不影响工作，高老师将自己关在房间，北京的孙子、孙女多次敲门，想和奶奶玩游戏，高老师都置之不理。

工作室成员参加全国历史教学年会

疫情结束后，工作室成员克服了工作上的多种困难，为打磨课件多次进行线下教研。经过大家的共同努力，2020 年秋季开学后，用工作室集体智慧制作的高一新教材课件，如期交付全区历史教师使用，教研员说："工作室的这项工作太及时、太有成效了，将造福全区的历史教师和学生。"

努力超越追求卓越

一个人的前途、成就、幸福，归根到底来自自身所展现出的才能、态度、禀性，而这一切的获得，除了学习外别无他法。

高老师善于学习，向书本学、向社会学、向同事学、向课堂学。她于 20 世纪 80 年代大学毕业，获历史学学士学位。大学四年所学知识教高中生基本够用了，可高老师一直坚持学习，全国各地的短期论坛或高端讲座，只要有机会就参加。2000—2002 年，她利用节假日休息时间，自费参加了天津师范大学"现代教育信息技术"研修班，开展了为期两年的深造。2010—2012 年经过遴选进入"未来教育家奠基工程"研修学习，2012 年被天津市政府选派新加坡进行海外研修。她说道："人生就是一个不断学习的过程，我们应该树立终身学习的理念，做到在学习中工作，在工作中学习。实现自我完善、自我超越。通过学习来充实自己的头脑，让自己更有智慧地生活，去探索那未知领域的神秘，去享受成长带来的快乐和惬意。"2020 年的秋天，在她被评为天津市中学正高级教师的四年后，她又自己拿出近 4 万元学费到北京大学历史系去研读深造，此时距离她六十岁退休仅有三年而已。

终身学习是一种信念，也是一种可贵的品质。它是自我完善的过程，也是在现代社会立于不败之地的秘诀。知无涯、学无境。高老师不管是事业还是生活，始终没有停止学习的脚步，学习成就了她的事业，也成就了她的教育人生。

天津市劳动模范 郭 静

"劝宝"餐桌守护者

谁说女子不如男！看了郭静的故事之后，不由人发出如此感叹。

不了解郭静的人看到这个大眼睛姑娘，不会想到就是这样一个姑娘在守护着全区人民的食品安全。

郭静，女，1986年3月5日生，中共党员，现任天津劝宝超市有限责任公司快检室组长，2017年被评为宝坻区三八红旗手，2018年度获宝坻区五一劳动奖章，2020年获天津市劳动模范荣誉称号。

郭静出生在普通的农村家庭，8岁时父亲因病去世。在她的成长过程中，继父对她的影响很大。郭静的母亲和继父都是普普通通的农民，她的母亲谦虚严谨，继父做事执着认真，为人勤勉宽厚。父母的朴实、善良、耿直深深影响了郭静，使她养成了踏实、勤勉的优秀品格。郭静家有三个孩子，经济上较为困难,但是家庭氛围和谐、温馨、简单、朴实,这让郭静倍感幸福。初中毕业后,郭静参加了工作,开始挣钱补贴家用。虽然工作很平凡,但郭静从没有放弃自己的理想、追求,她始终保持着对事业的热爱,将真情融入自己的工作中。多年来,她用自尊、自信书写美丽的人生,用自立、自强创造一个个不平凡的业绩。

在劝宝超市成立不久后,郭静应聘进入公司工作。十几年来,她取得了很多荣誉:公司第一届演讲比赛第二名,《中华人民共和国食品安全法》知识竞赛第一名,"红歌"比赛第一名,服务礼仪操比赛第二名。2016年,郭静荣获优秀经理等荣誉称号,同时荣获宝坻区农残速测大比武第二名、天津市农残速测技能大赛二等奖、宝坻区消费维权竞赛第一名的好成绩;2017年荣获宝坻区健康家庭优秀奖、宝坻区健康家庭荣誉奖、宝坻区食品安全竞赛三等奖、天津市食品安全竞赛初赛集体第一名、决赛个人优秀奖、集体三等奖等荣誉。在参加宝坻区妇女联合会举办的"健康家庭"评选活动,郭静取得了第三名的好成绩,获得了"健康家庭"荣誉称号;2019年荣获宝坻"金牌工匠"、宝坻区五一劳动模范等荣誉称号;2020年荣获天津市劳动模范等各项荣誉。她曾代表公司总经理到湖北武汉为青海合作社的社长们授课,讲解"采购商采购特色农产品的采购策略与农产品的安全认证",内容包括如何让田间地头的农产品进入市场销售,还讲解了产品包装要求、标签标识要求、进货凭证、进货票据等知识,青海供销社干部员工反映良好,他们多次表示感谢劝宝超市责任有限公司给予的帮助和扶持。郭静为公司和宝坻区扶贫工作添上了浓墨重彩的一笔。

脚踏实地实现"蜕变"

2003年,郭静加入了天津劝宝超市有限责任公司,先后任职过理货员、档案管理员、部门经理等多个职务,其间荣获公司优秀员工、优秀经理等荣誉称号。在她的内心深处,对劝宝超市充满感恩之情。她感恩公司给了她融入社会的机会,为她提供了良好的工作、学习的环境和生活的保障,感恩领导的悉心栽培,感恩同事们的大力支持和帮助,也因此,她努力工作,全心全意回报社会。

记得刚刚参加工作时,她担任理货员。一天,验收货物进行了一个下午,疲惫的她开始抱怨工作的艰辛。老组长对她说:"我觉得你现在很幸福,比开业初期开展筹备工作时轻松了很多,那时商品和货架都没有陈列好,大家白天黑夜地加班加点，连续奋战十几天，没有人抱怨，大家都坚持在自己的岗位上，超市开业那天，大家都流出了喜悦的泪水。"郭静被组长的话震撼了，她不知道那是怎样艰苦的工作环境，又是一种怎样的敬业精神支撑着同事们坚持下来的。那一刻，她的疲惫突然消失了。从此，她不再抱怨，塌下心来，凭着自己的执着，不断熟悉工作流程，学习商品陈列知识，不断充实自己，用行动去诠释劝宝人的敬业精神。

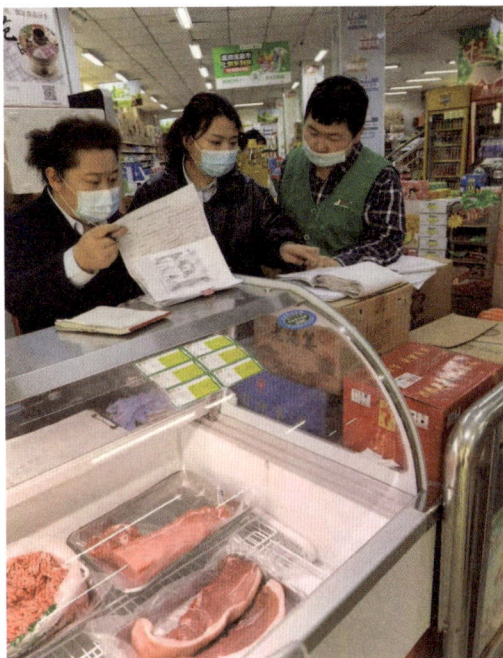

郭静在劝宝春天花园店进行食品安全经营台账监督检查

理货员的工作比较琐碎，要熟知每种商品的价格和特点，特别是要查商品的生产日期和保质期，还要随时检查，保证不能留有过期、破损商品在卖场。有些商品虽未过期，但是密封不太好，包装形态不好，要及时下柜退货。理货员要做好收验货、退货工作，做好产品数字、日期、破损等把关，有入库的要入库，上货的及时上货，掌握好自己所管辖商品的库存。郭静负责的理货岗位有几万个商品，种类复杂，但对于每个品种的价格、库存数量、质量她都能了如指掌。新引进的品种和商品变更的机构，她都记在自己随身携带的小本子上。随便问哪一种，她都能马上回答出来，同时，她还经常协助部门助理清点进出库房的物资。由于她好学上进、为人诚恳、态度好、工作认真负责，领导十分看重她，2004年她被提升为部门组长。防火防盗是超市的重要工作，郭静在工作的同时，随时留意身边的顾客，尤其是男士，因为，很多顾客不习惯超市这种业态，长时间浏览购物，会不自觉地想吸烟。遇到这样的顾客，郭静总是及时耐心地解释阻止。为了确保消防安全，她总是主动跟防损员相互配合，随时查看卖场情况。

她常说："没有十全十美的商品，但有百分之百的服务。"她把每个岗位当作自己的一个舞台，凭借一份对劝宝超市的忠诚之心，一份对顾客的热诚，努力使这个舞台变得绚丽多彩。在节假日、周末人多的时候，她经常提前干完自己的工作，抽出时间到收银台旁把购物篮放到称重台和货架旁边，最大限度给顾客提供方便。她懂得，只有精通业务才能更好地为顾客服务，提供给顾客更满意的商品。她在接待顾客的过程中，时刻牢记"让顾客满意在劝宝"的服务理念。记得在一次促销活动中，有位老大爷到超市买东西，他把心仪的商品挑选好了之后，发现没有带钱。郭静看见大爷在银台左右徘徊，马上上前询问："大爷，您是怎么了？身体难受吗？"老大爷难为情地说："我知道你们超市在促销商品，商品好不容易挑选好了，着急过来，忘记带钱了。"郭静说："大爷，没事的，我带着呢。"说着就从口袋里拿出 100 元钱交给了大爷。老大爷一开始推脱说不用。她说："您先拿着用，改天您来超市再还我就行。"老大爷没有推辞，说道："真是太谢谢你了孩子，明天我还来你们超市。"郭静真正做到把顾客当亲人，通过一言一行，把真品、真情传递到每一位顾客的心上，让消费者切实感受到了"让顾客满意在劝宝"的服务理念。

劝宝超市的企业文化和学习氛围也深深吸引着郭静，引领她在学习中进步，在工作中成长。她知道只有不断学习充实自己，才能更好地发挥自己的优势，实现自己的人生价值。她经常利用休息时间学习，自费购买超市管理工作相关的书籍，她还通过成人大专教育，考取了大专文凭。几年来，她从思想上、作风上加强自身建设，出色地完成上级下达的各项任务；她对劝宝超市无比忠诚，有强烈的责任感、事业心，能够兢兢业业做好本职工作。她从未与顾客争吵，服务实现零投诉，多次受到消费者的好评，充分维护了劝宝超市的品牌形象。

2012 年 9 月，因为工作认真负责，业务娴熟，成绩突出，郭静被调到采购部任档案管理员。她服从上级安排，欣然接受岗位调整。没有豪言壮语，没有好高骛远，在新的岗位上，她一如既往辛勤工作、默默奉献，真正把劝宝超市当成了自己的家，做到了干一行、爱一行、专一行。她把档案管理工作当成了自己的事业，把劝宝超市的精神和服务理念切实贯彻到自己的实际工作中，兢兢业业，吃苦奉献。她将遵守公司的各项规章制度，不怕苦、不怕累的行为准则带到了新的岗位上，因为新的岗位对于她而言又是一个全新的舞台。

刚刚进入一个全新的工作环境，为了能让自己尽早进入工作状态，适应工作环境，她有问题就及时请教同事，积极学习工作所需的各种专业知识，努力提高自己的业务水平。在档案管理的策略上，郭静紧紧抓住索证龙头，一心扑在索证上，并不断探索新的管理办法。随着《中华人民共和国食品安全法》及相关法律法规的发布实施，超市经营规模扩大带来了联动效应，这对超市原有的索证模式提出了新的挑战。要尽快实现几十万个商品的"一品一证"，解决供货商提供商品资质滞后问题，成了档案管理层面的新课题。她不断学习档案管理相关知识，研究便捷管理的方式方法。她深知采购部门是对外工作的窗口，更是对内工作的转接站，一定要克服历史遗留问题。她不辞辛苦搞调查，访问供货商提供证件情况，以全新的思维制订适合超市发展的供货商索证模式，由原来的档案盒管理提升为电子档案索证管理的新策略，与财务部紧密配合，在付采购款的同时索证，解决因供货商索证滞后带来的"品证"不平衡问题。通过确立供货商索证模式的新理念，完善索证环节存在的滞后弊端，她还开发电子索证档案，形成了创新档案管理带动企业保障食品安全工作的良好局面。

她积极参加各种活动，第一次代表劝宝超市参加宝坻区市场监督管理局举办的食品安全知识竞赛中，就取得了第一名的好成绩。她说："当时一心想着一定要赢，不能给劝宝超市丢脸，一定要通过竞赛体现出劝宝超市面面都优秀的面貌。"郭静很珍惜每一次的集体活动。有一次参加拓展训练，在一个叫"展翅高飞"的活动中，只有她所在的第4队没有完成任务，是所有同事们用每人100个俯卧撑给她们队换来了一次宝贵的机会。大家都很珍惜这次机会，拼尽全力要完成这项训练。就在将近胜利的那一刻，郭静因过度劳累，手臂力量明显不足，她自感手臂正在顺着同事的手臂慢慢向下滑。她心想，不能因

郭静对劝宝苑南路店员工进行食品经营过程控制知识培训考核

为自己一个人影响整个团队，不能因为一个人辜负同事的期望。这时，现场响起一片加油声、鼓掌声，这给了她无穷的力量，她死死抓住同事的手，以超常的毅力坚持下来，再一次以劝宝人不服输的精神，坚持到最后胜利。这次训练

郭静荣获宝坻区金牌工匠颁发现场

使她明白了信任、友爱、责任和感恩的意义，使她清醒地认识到肩负使命和责任的意义，更坚信团队协作能够激发出无穷的力量。

创新管理建章立制

郭静骨子里蕴含的勇于挑战自我、不惧困难的精神，使她从一名基层卖场员工逐渐成长为一名企业的管理人员，她付出了多少汗水，领导和同事们有目共睹，她的工作得到了超市领导和同事的高度认可，2014年5月，她被超市提拔为商品质量控制部经理、检验室组长。在产品质量管理工作岗位上，她始终坚持质量就是生命的原则，凭借负责的工作态度，娴熟的业务技能，饱满的工作热情，再一次开辟了一片新天地，得到了领导、同志们的赞誉，赢得了社会各界的满意，树立了劝宝超市的良好形象。

她从容应对一次次困难与挑战，用实干诠释着产品质量的真谛，实现了自我的超越。作为超市商品质量控制部经理，其工作岗位的重要性不言而喻，产品质量的把控直接关系到人民的饮食安全和身体健康。她把"民以食为天、食以安为先"铭记于心。几年来，她积极探索从源头保障食品安全问题，将商品质量重大事故控制为零。她说："食品安全与百姓生活息息相关。"为了促进企业更好地发展，为顾客提供更加优质的产品，她创建了食品安全管理制度、农产品管理制度、经营过程管控管理制度、食品安全管理标准等几十项管理制度。根据超市发展大纲，结合超市企业文化，组织员工进行食品安全知识、质量安全等教育培训，并定期进行考核，安全卫生检查，落实管理情况，检查安全操作规程的执行情况，保障超市的食品安全，极大地提高了超市的管理水平。同时，坚持从采购、验收、销售和身体健康四个方面为消费者把好安全关。

郭静在严格要求自己的同时，时刻以公司利益为出发点，以服务好每一位顾客为落脚点，坚持对身边同事们实施言传加身教的模式，做好"传帮带"工作。业务上，她不断钻研，挖掘自身潜力。为把好超市流通环节食品安全关，她主动作为，敢于担当，悉心总结安全保障经验，利用无数个夜晚和业余时间，筹划与超市经营相关的知识课件，先后编写了十多门专业培训课件。作为最受欢迎的内训师，为了吸引年轻客群，她与时俱进，虚心好学，利用早晨会时间，连续几年在系统内巡回演讲《中华人民共和国食品安全法》及"食品经营过程控制"等相关课程，分享经典案例和自己的经验；她还利用晨会时间，在各个门店之间为员工们交流重点食品安全关键控制点等问题，从食品的验货、上架、贮存等环节进行实践操作讲解培训。她指导员工们以经验交流相结合的方式相互学习提高，在培训的基础上进行考核，使员工们职业素质和食品安全保障能力得到提高。迄今为止，她牵头培训员工一万多人次，帮带新员工近千人次，为超市培养了大批后备力量。为了更好地让员工掌握知识，她还以不同的试卷形式考核，大大地增强员工对食品安全知识的理解和掌握。她还对大学店的店长和员工们进行了食品安全知识的培训，将日常食品安全工作的要点从食品进货索票、收货索票到退市环节做了详细的讲解；对加盟店的店主进行《中华人民共和国食品安全法》的重点内容进行培训，对索证索票、食品贮存、散装食品标签及销售不合格食品的处罚情况等内容进行了讲解。通过讲解，有效增强店主们对相关法律法规的重视，加强了食品质量第一责任人意识。

郭静对宝坻区劝宝超市加盟店店长进行食品安全法律法规知识培训与考核

记得有人说过这样一句话："只有贡献，才能衡量人生的价值。"每一个人只要不安于现状，不甘于平庸，就能够在勇于进取的奋斗中奏响人生壮丽的乐章，在自己的本职岗位上实现自己的人生价值。当前，"创先争优"活动开展得如火如荼，郭静在深深地思索，作为一名劝宝超市的检验员，应该怎样立足本职 "创先争优"呢？

她认为，首先要敬业。所谓敬业就是要以一种严肃、认真、负责的态度对待自己的工作，勤勤恳恳、兢兢业业、忠于职守、尽职尽责。其次，要精业。所谓精业就是要"干一行、爱一行、精一行"，只有精业，工作才有底气，事业才有生气，工作才会出成绩。

郭静具有很高的政治素养和良好的思想品德，能够自觉地加强党性修养，深入学习马克思列宁主义、毛泽东思想和邓小平理论，深入研究习近平新时代中国特色社会主义思想，同党中央保持高度一致。她牢记全心全意为人民服务的宗旨，正确行使党和人民赋予的权力，自觉地为群众谋利益。她坚持原则，以身作则，从不计较个人得失。她善于学习，熟悉业务食品安全管理工作，经验丰富，素质很好，掌握并熟练应用相关的法律法规，分析解决新问题。她看问题深刻，具有远见卓识，富有创造性。

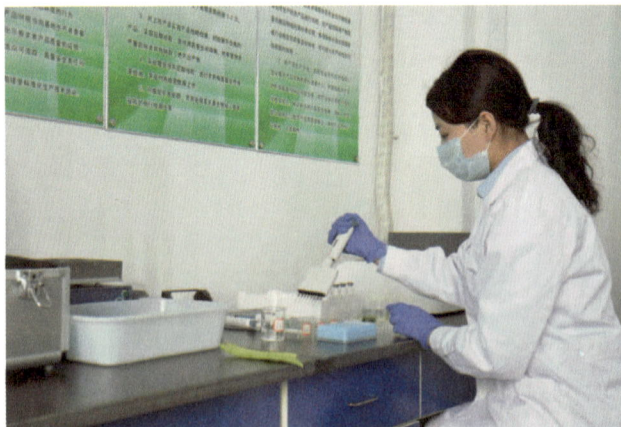

郭静正在对劝宝超市的农产品进行农药残留项目的检验

在思想上，她时刻以食用安全为出发点，以把控质量安全为落脚点。为了对果蔬进行严格把关，2018 年，她按照国标要求，结合自己的经验，对分析操作过程、操作方法、分类取样及操作规程，编制了劝宝超市《快验室食品安全快速检测手册》，内容包含 20 个检测项目，有检测原理、适用范围、试剂匹配、仪器操作、空白测试、样品测试等 240 个章节，共 2 万余字，能够比较快地提供精准数据，解决了以往数据滞后的弊端，保证数据的精准性，为分析流程检测样品节约了时间。

而编制如此体量的手册，她一个人仅仅用了两个月的时间就顺利完成了。

2018年，在创建放心肉菜示范超市时，她制定了工作方案，按照创建标准逐条细化部署，编制了《食用农产品风险分析和防控风险手册》《蔬果的收货标准》《蔬菜质量上架控制标准》等规范性文件；实行了食用农产品质量责任、供货商资质、质量报告、检测结果、票证来源"五公示"，确保创建工作组织有力、落实到位。她逐项跟进落实情况，为公司取得了天津市首个"放心肉菜示范超市"称号，得到天津市监管委的认可，并受邀为天津市各个区县的监管部门和超市授课，按照创建标准细则对照创建区域，以课件讲解和现场指导两种方式介绍经验，保证了各个区县的创建工作顺利进行。

食品安全关乎市民的食用安全和健康安全。她积极探究，从源头把控食品安全问题，参与研发了食品追溯信息电子管理系统，这套劝宝特色系统撑起了宝坻区市民食品安全、餐桌品质的"保护伞"。

这套系统一方面打造了食品安全"保护链"，给食品上了"身份证"，升级供货商档案管理系统。她申请添置高速扫描系统，高效地将供货商的营业执照、食品经营许可证、生产许可证、检验报告等资质逐一输入系统，将产品资质的图片记录和有效期等录入电子系统中进行保存，还设置30天临期资质预警提示功能，在限定期限内未完成资质上传的食品将会启动停售按钮，这样可以确保卖场所售商品资质合格证明的完整性。这套系统提取档案更便捷，供货商上传电子版资质信息，在门店系统可以直接搜索查询每个食品的档案信息。

另外一方面，她开发"二维码收银拦截系统"。散装食品是很不好把控食品安全的商品。郭静提议将食品的生产日期、保质期、产品的配料表信息同时做到电子秤计价签的二维码里，顾客拿到产品就可以直观地看到食品的新鲜度和产品的成分配料，如果食品过了保质期，收银台系统扫码的时候，机器就会报警显示此商品已过期，这样就可以保证过期食品出不了收银台，更不会到消费者手里，消费者可以放心购买食品。

除此之外，她开发了肉菜溯源体系。食用农产品的质量安全与老百姓的生活息息相关，实现农产品追溯到田间地头也是她不断探究的课题。有了前面的经验，她对此充满信心，更加敢于创新、大胆实践、努力钻研业务。她参与研发的"二维码农产品追溯系统"在门店放置"放心食品追溯机"，使追溯机、电子秤与系统兼容。在每次收验货时，将食品信息（包括食品名称、产地、检测结果、购进日期、检验报告等）利用收货机直接上传系统，顾客在购买时就可以用电子计价签的二维码到追溯机上扫描，查询到果蔬产品的进货日期、产品、检测结果和供货商的信息。冷鲜肉可以查询到动物产品检疫证明、肉类产品检验合格证明、肉类品质合格证明等信息。她还提出将肉类产品证明进行公示，真正地实现"流通千万里，追溯零距离"的溯源体系。

郭静的事业心很强，管理业务过硬，工作作风扎实。面对每一次的难题，她大胆实践，不断寻求更新、更快、更优的解决方案。为进一步把控农产品质量安全问题，她研究检验检测工作的方方面面，为了把控全品相的农产品，她提高了抽检比例，由20%提升到80%至100%，每天都将超市购进的所有果蔬进行农药残留项目的检测。为此，她需要每天早上6点和同事轮岗提取检测样品来进行检测。一直以来，她坚持在超市营业前完成所有农产品检测，并将每一个批次的检测记录在8点营业前发布给各个分店在公示栏中向消费者公示检测结果。

企业的发展如逆水行舟，不进则退、不断进取、永无止境。为了谋求企业更大的发展，提升超市经营的农产品质量，在市场竞争中立于不败之地，郭静将检测判定标准提高到国标以上的范围，制订了企业农产品质量安全判定标准，将判定标准制订为抑制率 ≥ 45% 时为阳性，标志为不合格品，抑制率 < 45% 为阴性，为符合标准的合格品。抽检检测过程中若发现超标，她会采取至少检测3次的方式，来提高食品检测的真实性、准确性。她以身作则，任劳任怨，一年365天，她坚持早上很早就到岗检测。据统计，仅2018年。她共检测54000多个批次商品，合格率达99.99%，有效地保障了超市销售的农产品的质量安全。

多年来郭静始终坚持团结、实干、创新、奉献的企业精神，取得了社会各界的赞许的同时，企业也收到了良好的社会效益和经济效益。别人问她每天那么早就开始工作，对这份工作有没有过抱怨时，她说："每天早上的忙碌可以为全区人民的餐桌提供食用安全保障，我觉得我的工作非常有意义。今后我将把严控商品质量安全作为一项常抓不懈的工作，在检测的过程中要本着严谨的工作态度做每一项测试，以适应企业的发展和社会的需要，以后我也会继续一丝不苟地将这份工作做好，继续为社会发展贡献自己的一份微薄之力。"

一种价值观要真正发挥作用，必须融入社会生活，让人们在实践中感知它、领悟它。郭静充分发挥党员的先锋模范作用，积极参加和筹划每年公司组织的联欢晚会活动，工作之余她还加入了宝坻区劳模志愿服务队和宝坻区第三届青联委员会的各项活动。她积极参与新时代文明实践志愿服务的活动，先后参加了"宝坻区劳动模范新时代文明实践志愿服务""宝坻区劳动模范法规宣讲""宝坻区劳动模范志愿慰问""和我一起守护母亲河"等志愿活动。穿上红色志愿者马甲，手持劳动工具来到劳动社区，她充分展现了不怕脏、不怕苦、不怕累的精神，手拿扫帚、钳子等工具，对绿化带中的垃圾、人行道上的垃圾等进行清理。"服务社会发展进步，服务群众需要"是她奉行的服务宗旨，她不断拓展服务领域，努力使自己成为社会建设中具有广泛影响力和社会动员力的特色和亮点。

郭静加入宝坻区青联委员会

郭静参加守护母亲河志愿活动

　　"爱岗是我们的职责，敬业是我们的本分，在今后的工作中，我会一如既往，更加努力地去工作，把自己的能力发挥到最大极限。满怀激情和希望，爱岗敬业，创先争优，把青春年华奉献给党，给企业的长足发展注入活力，为打造劝宝超市在宝坻老百姓心目中的品牌而努力奋斗。"这是郭静的心声，也是她不懈前行的动力。

抗"疫"先锋勇担重任

　　巾帼不让须眉，红颜更胜男儿郎。

　　突如其来的新冠肺炎，在祖国的大地上肆虐，地处京津唐腹地的宝坻区也未能幸免。抗击疫情，就是一场攻坚战，而战争也从不会让女性离开。在这场

劳模风范 | "劝宝"餐桌守护者

没有硝烟的战斗中，为了能够打赢这场疫情阻击战，劝宝超市的女性员工跟男同事们一样有血性、勇担当、冲锋在前。

面对突如其来的疫情，在劝宝工作了十几年的郭静没有多想，就投入到抗击疫情的工作中。她知道，越是困难时期，就越要百分百保障好群众的基本生活。疫情期间，她严格执行上级防控疫情的要求，把质量安全放在首位，确保各方面的安全。在保质量的工作当中，质量安全不光体现在食品卫生和安全方面，还有老百姓更为关注的口罩等防护用品问题。口罩是抗击疫情的必备品，她对购进的每批口罩的质量严格审核、层层把关，在进入超市过程中，因为标签标识不完整、资质不符合规定的口罩一律被她拒之门外。她说："不能因为急缺口罩，就放松标准要求，那样做就是给疫情当'帮凶'。"

自新冠肺炎疫情发生后，郭静以实际行动书写着"保质量、稳民心"的使命担当。面对突如其来的新冠肺炎疫情，她毅然冲锋在前，疫情没有让她有丝毫的畏惧。劝宝超市有 20 多个分店，每天在一线都可以看到她把关质量安全的身影，20 多份巡店记录是她工作的痕迹，在巡查工作中她一次一次地把隐患消灭在萌芽中，每天都在与门店进行充分地沟通和指导中度过。一次在门店检查生鲜鸡产品时，因为冷鲜食品的保质期为 7 天，当发现电子计价签显示的保质期为 2 天时，她立即电话联系营运部的同事更改系统保质期天数，给门店解决了填写单据和审核的烦琐程序。她说："出现问题我负责。"在这样的特殊时期，她及时转变思路，与时俱进，切实为一线员工解决了很多实际问题，极大地促进了疫情期间工作的顺利开展，同时，也为员工创新工作带了个好头。她还在疫情期间制订了《2020 年食品安全重点检查表》，使门店检查食品安全有了方向，通过检查实践取得了较好的效果。她还对门店检查出的问题一个店一个店地进行复查和指导，为疫情期间的食品安全扫清了障碍。

2020 年 6 月，北京新发地市场突发疫情，劝宝超市的生鲜食品区域成了检查监督焦点。为了重点检查生鲜肉索证索票情况，加强进口食品管理，超市增加了"食品安全管理标准"条款内容。她要求员工严格审查进口食品查验入境货物检验检疫证，新冠病毒核酸检验合格报告和消杀证明等材料，并核对批次日期一致，同时，进一步完善消杀工作，还制定生鲜加工区消毒方法、消毒台账，确保生鲜食品区域环境卫生安全。

依据冷链食品生产经营疫情防控和消杀指南的规定要求，超市制订了《劝宝超市冷冻冷藏食品预防性全面消毒的工作方案》，规范了消毒范围、消毒要求、消毒剂名称及浓度要求，确保疫情防控有效运行。

疫情之下，确保民生生鲜供应尤为重要，生鲜商品是老百姓的每日生活必需品，郭静深知保障民生生鲜食品安全的责任之重。劝宝超市检测室就是她业务工作上的第一线。那段时间，在许多人响应号召"宅"家时，她却昼夜忙碌在第一线，坚守在工作岗位上，确保生鲜农产品质量安全。每天早上都会看到她默默工作的身影，每天检测近百个批次的商品，紧张而繁忙。为了能够保证在早上营业前完成所有生鲜农产品的农药残留检测，她提议，快检室调用生鲜公司的检测仪器，这样就有 2 台仪器进行早上的检测，可以提高检测速度。据统计，2019 年，她共检测 12 万多个批次，有效的保障市民的食用安全。

郭静正在对农产品进行取样工作

她一方面保证商品质量，另一方面还要保障坚守一线的员工和监督保障劝宝超市的每一位顾客安全，督促大家做好自我防护工作。这次疫情期间额温枪成了劝宝超市的"小卫士"，每天对顾客和员工进行体温测量，工作在质量安全岗位的她看到了安全隐患——如果额温枪测量温度不精准，那带来的后果不可想象。她主动联系天津市计量监督检测科学研究院的检测科，对超市使用的额温枪逐一进行检测校准。为了降低卖场员工的工作量，她就一个店一个店地去取额温枪，发现问题的额温枪立即停止使用。郭静用自己的方式，扎扎实实做好各项疫情防控工作。

入职十几年来，郭静一直是公司哪里有需要，就可以"搬"到哪里去的"砖"。她不怕吃苦，在做好本职工作的同时，最大限度地去帮助他人。疫情期间，她到门店支援，看似柔弱的她，像男同志一样拼命工作，每当卸车的时候，大家看到的都是另一个她，纤细的双手和柔弱的肩膀上，一大包的白菜抱起就走，生鲜食品打包、上架，熟练有序，忙碌不停是她到门店的常态。因此，人送绰号"女汉子"。在门店门口测量体温，指导顾客扫描实名定位，是她在一线做得最多的工作。来门店的顾客大多是些上了年纪的大爷大妈，为他们指导进行手机扫码是件难事，因为很多老年人用的是老年机，不能进行微信扫码，她就耐心地一个一个地帮助顾客。为他人办理时需要顾客的身份证和出门证，有的老年人没有带身份证，她一一为他们记录登记，她耐心地为老年人解释道："您需要登记一下才能进入超市，这样做是对疫情追查流行病学史提供线索。希望您理解支持我们的工作，也只有这样，才能保障所有人的安全……"有些老年人对此不理解，还说她工作太严苛、太较真。难听的话语没有冲破她坚守的防线，更没有降低她对工作的要求。有的居民总是怀着忐忑的心情问她："宝坻出现了那么多感染的人员，你们不害怕吗？""你们劝宝超市什么时候放假？"郭静用坚定和温暖的话语安抚着社区的居民："疫情时期，我们会一直坚守，劝宝超市会跟大家一起迎接挑战，我们一定能够战胜疫情的。"郭静用自己的实际行动向社区居民证明，劝宝超市的每一位同志都是小区居民的贴心人，有他们在，疫区的物资供应就不会短缺，大家的生活一定会有保证的。

生活中的郭静也是一位母亲，疫情期间，由于身在一线，面临感染的风险增大，为了保护孩子，也为了更安心投入工作，郭静毅然决定将孩子送到了爷爷奶奶家。正在上五年级的孩子，每天的网课一节又一节，没有妈妈的陪伴和指导，孩子很不适应。为此，她只能到了晚上和儿子视频来交流学习的问题。微信视频里，孩子总问妈妈什么时候可以回家，妈妈是不是不爱他了。郭静耐心开导："孩子啊，妈妈怎么会不爱你，只是妈妈要去更需要我的地方，去对抗疫情，去迎接希望。等疫情结束了，妈妈一定好好陪你。"懂事的孩子，全力支持她的公婆，都给了郭静莫大的力量。得到家人的支持是她全心全意工作的动力，坚守一线就是她对抗疫情的法宝，在这条路上她坚定地向前走着。

2020年初春，宝坻还是春寒料峭的景象，疫情笼罩的阴影也未完全褪去。为了完成超市的各项工作，郭静将对儿子的思念深深埋在心里，化作寒日里的暖阳，去温暖疫区居民的心。

在抗击疫情的路上，郭静就是这样，一步一脚印，迈出的是她坚定的步伐。一风一雪，吹拂着她坚毅的面庞；一光一影，映出的是她走向战场迎接胜利的曙光刚毅。在抗击疫情的战场，郭静还会继续走下去，带着属于她的一份坚韧和执着。

不忘初心奋进"十四五"

"学好理论知识，才能更好地指导实践，才能更好地服务人民。"

郭静是一名共产党员，她通过深入系统地学习党的十九届五中全会精神，更加深刻认识到，在党的正确领导下，要把自己的思想和行动统一到党中央决策部署上来，紧紧围绕党中央提出的"十四五"规划和2035年远景目标规划未来。她牢记习近平总书记的谆谆教导，努力加强学习、锤炼坚强党性、提升能力本领，她说只有这样，才可以称得上不负时代要求、不负青春韶华、不负组织重托，才能努力把自己锻造成为红土圣地上忠诚、干净、担当的青年铁军。

作为一名普通职工，身处第二个百年奋斗目标征程开局之际，面对世界百年未有之大变局，如何正确把握奋斗目标？郭静的回答是——立足本岗，做好自己的事，这也是全体国民应对外部风险冲击的制胜法宝。对于超市检验员而言，就是要时刻牢记质量就是生命、是声誉、是企业的生存之本和发展之源，立足当下，增强业务本领，强化社会责任意识，做好每一天、每一次的检验检测。为此，她从自身实际出发，做了详细的规划，第一步就是从几个方面寻找突破点。

一是挖掘自身潜力，严把果蔬质量。为切实提高公司农产品品质，让市民吃上安心放心的农产品，她主动地向领导提出将农残检测标准提高到国标以上并增加检测批次、调整检测规程。为了保证检测数据的精准可靠，郭静不断创新工作方法，由原来每个品种 1 个批次检测增加到 4 个批次。增加检测批次意味着工作量的增大，为了在每天早上营业前完成所有果蔬的检测工作，提供精准数据，郭静又提出了购置检测仪器，调整提前上班时间的建议，就这样她坚持将每一个批次的检测记录在营业前发布给各个分店公示栏中，消费者随时可以关注果蔬的安全状态。2020 年，郭静共完成检测 28.8 万余个批次，有效地保障了市民的食用安全。

二是言传加身教，做好传帮带。她时刻以食用安全为出发点，以把控质量安全为落脚点，对扶贫地区产品质量审核检查严格把关。在扶贫地区产品进入超市过程中，会出现标签标识问题。每当遇到阻碍时，她都悉心帮助对方提出产品标签标识整改的建议，使扶贫商品能够顺利进入市场销售。

三是我区中西部扶贫协作和对口支援工作开展以来，我对接了甘肃武山、新疆和田、河北隆化等受援地区共 25 家企业，遴选确定 101 个商品严格进行标准审核，并对商品进入市场销售的流程进行细化和调整，使得总进货额 2328 万元的扶贫商品顺利进入销售环节，高质量的完成精准扶贫工作。

面对荣誉和认可，她认为自己就是为卖场一线服务的，就像小小的螺丝钉，很微小，但必须承担重大责任。当有人问她每天那么忙碌，内心是怎么想的时，她说："每天早上的忙碌可以成为全区人民的餐桌安全的'守护者'，我多做一点工作就可以为全区那么多人的餐桌提供食用安全保障，我觉得我是荣幸的，更是幸运的。"

获得天津市劳模荣誉称号之后，她说："今后我要将劳模精神、工匠精神根植于心，坚守初心、努力奋斗、匠心筑梦、砥砺前行，把商品质量安全作为一项常抓不懈的工作，本着严谨细致的工作态度做好每一项检验，以适应企业的发展和社会的需要，用自己的双手为企业、为社会创造更多价值，为实现技能强国梦贡献自己的一分力量！"

天津市劳动模范 郭 雷

记者心中的宝坻战"疫"

郭雷，男，41 岁，中共党员，现任宝坻区融媒体中心全媒采访部主任，先后荣获天津市优秀共产党员、宝坻区服务型共产党员标兵等荣誉称号。

2020 年春节前夕，全媒采访部全体编辑记者在郭雷的带领下正加班加点采写备足春节期间新闻，为营造喜庆祥和的节日氛围做足准备。但新冠肺炎疫情袭来，原有采访报道计划全部作废，全媒采访部全体编辑记者投入到抗击疫情的采访报道工作中。郭雷回忆："尤其是 1 月 31 日我区出现首例确诊病例后，按照中心党委部署要求，《宝坻新闻》迅速开设了《众志成城 防控疫情》《直击防控一线》《让党旗在防控斗争第一线高高飘扬》《谁是新时代最可爱的人》等多个专栏，全媒采访部全员驻扎单位，不分昼夜、不怕辛劳、无惧危险，对区委、区政府主要领导坐镇指挥宝坻战'疫'和调研督导疫情防控工作的情况进行了及时跟进报道，并深入发热门诊、隔离病房、疾控中心生物实验室、出现确诊病例的社区村庄，客观及时报道宝坻科学有力开展防控工作情况，真实记录一个个鲜活的抗'疫'故事，采写播出了《疫情阻击战 党员干部冲锋在前》《我们共同坚守》《携手并肩抗风雪 坚守岗位保运行》《隔空拥抱 团圆可期》《医者仁心 无惧病魔》《宝坻疾控人——战病毒 零距离》《寒冬出征暖春回 白衣执甲载情归》等多篇有分量、有温度、提振战'疫'士气的重头报道，同时及时播发确诊病例、流行病学调查及行动轨迹情况，并通过动画、图表字幕、新闻主播微视频、媒体链接等多种形式，向市民广泛普及疫情防控知识，为打赢打好宝坻疫情防控之战提供了强有力的新闻舆论支撑。"

正因为宝坻曾经一度成为天津抗击新冠肺炎疫情的主战场，有兄弟区新闻战线的同仁对郭雷说："你们辛苦了！真是不容易。"面对同仁的关注和关心，郭雷表示："当时我心潮澎湃，同仁的话语里，是对宝坻的关注，对宝坻新闻记者的关心。在宝坻百货大楼发生聚集性疫情以后，记者也成为冲在一线、向'疫'而行的战士。"有人问过郭雷："经过最艰难的战疫时刻，你眼中的战'疫'关键词有哪些？"郭雷回答："有众志成城、万众一心、有对垒、有反攻、有坚守、有凯歌，还有就是——旗帜与担当。"

鼠年新春，当人们还沉浸在节日的喜庆欢乐之中，殊不知，危险正迅速靠近。

新冠肺炎，一个全新的医学名词，国家权威专家发布消息称其可以人传人，世界卫生组织把新冠肺炎疫情定位为国际关注的突发公共卫生事件。这也是中华人民共和国成立以来，发生的传播速度最快、感染范围最广、防控难度最大的重大突发公共卫生事件。病魔猖獗，形势严峻。作为这场风暴的之眼——武汉，疫情迅速蔓延。此时，与武汉相距 1200 千米的天津宝坻，从懵懂不觉到忧惧交加，似乎只在转瞬之间。

"把人民群众生命安全和身体健康放在第一位，坚决遏制疫情蔓延势头。"习近平总书记做出重要指示，吹响了全国战"疫"的"集结号"。

生命重于泰山！疫情就是命令！防控就是责任！

在郭雷工作的区融媒体中心全媒采访部，有年近 50 岁的老同志，也有刚刚加入的新战友，疫情来袭，没有"请战"，无须"召唤"，奔赴一线是他们毫不犹豫的选择。在疫情防控这场没有硝烟的战役中，新闻战线第一时间进入战时状态。到医院去！到隔离病所去！到疾控中心去！到车站去！到高速路口去！

到社区、农村去！到每一个有故事的地方去！郭雷表示："媒体人的战场，就是所有百姓关注的地方。在每一个别人眼里危险的地方，我们记录了许多平凡人不平凡的经历，也讲述了许多同舟共济的暖心故事。第一次面对这样的疫情报道，说实话心里多少有些忐忑，但所有的记者在扛起摄像机那一刻，大家就不知道啥叫怕了。"

　　他们的镜头真实记录下了大疫面前宝坻人的勇敢与担当。宝坻区疫情防控工作指挥部第一时间成立，区委书记、区长亲临一线坐镇指挥，监测、处置、医疗救治、物资保障、宣传等"一办九组"紧密配合，昼夜运转。1 月 25 日，宝坻启动重大突发公共卫生事件一级响应，按照"四战"要求，全面进入战时状态，一场勇敢、决绝的"宝坻之战"全线打响！

　　靠前指挥，未雨绸缪，突出一个"快"字。区委、区政府审时度势，以静

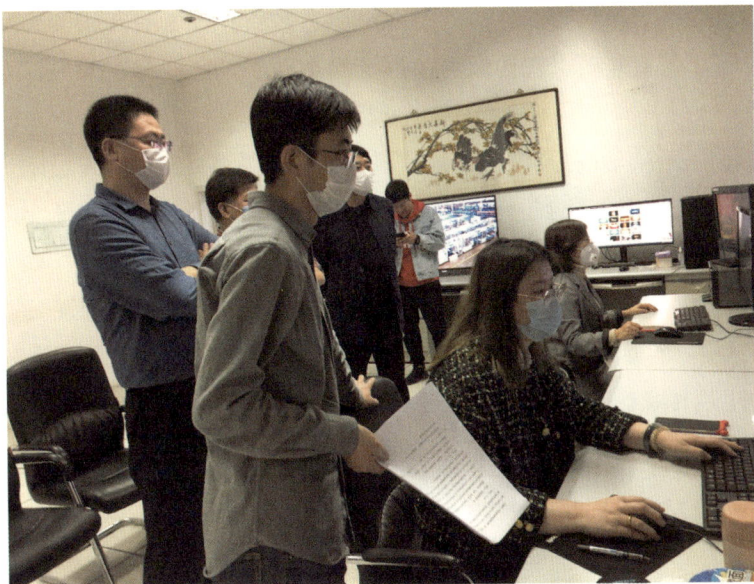

郭雷对当晚播出的《宝坻新闻》进行审看

制动，首先让全民"静"下来，这是控制疫情传播最有效的方法。大年初一，防控指挥部的指令向全区发出，全区进行保护性的交通管制，社区农村、交通要道、高速出口，抗"疫"前哨拉起警戒线。商场关闭、餐饮停业、弹性工作，一系列"狠"措施让宝坻彻底"静"了下来，这"静"中，蕴含着众志成城的信心和力量！

　　这是一场没有硝烟的战争。毫无疑问，医院是这场战争的最前沿。区人民医院、区中医医院作为全市指定发热门诊在列，专门成立专家组，及时收治病人。全区 43 所医院所有医务人员进行战前培训，各医院建立分诊台，随时候诊。这个特殊时期，医院成了战场，医生即是战士，他们与病魔搏斗，无惧生死。而作为新闻记者的郭雷带领他的同事们，也始终和白衣战士们并肩战斗在一起。

　　他们采访记录下了区卫健委马不停蹄地筹建留观所，以备不时之需。他们跑遍了城区几乎所有的宾馆酒店，快速定位了第一批的 3 个隔离点位。宣传攻势，强势跟进。电视、新媒体，网络、广播，立体宣传，覆盖全区，快速提升人们对疫情的重视度。防控常识、紧急通告……这些大家关心关注的焦点，拿起手机，打开电视，传统媒体和新媒体相结合，公开透明全方位宣传，让人们在第一时间就能掌握最新疫情动态。流动宣传车、电子显示屏、户外宣传牌、宣传横幅、宣传单铺天盖地，营造出浓厚战"疫"氛围。区新时代文明实践中心发挥特色主力军作用，上下联动，宣传造势，广泛动员开展志愿服务，助力打赢疫情防控宣传战。

　　在积极应战中，从如何洗手、戴口罩到物资的储备；从返岗人员坚守岗位，到严密布控；从报表统计到监督监管等，一切的一切，都是战时思维，战时机制。积极应战备战，为的就是在关键时刻能够上得去、打得赢。区委、区政府高瞻远瞩、准备充足，为战胜疫情夯实了基础，提供了保障，吹响了决战必胜的进军号。

　　2 月 1 日，宝坻区出现首个确诊病例，这个宝坻人最不愿意看到的消息在朋友圈中迅速传播。然而，这却只是一个开始。新增 2 例、3 例，5 例……一天天翻新的数字，一个个红色的警报，绷紧了人们的神经。宝坻随即启动"涉百货大楼相关人员万人大筛查"。凌晨 5 点接到采访任务，郭雷和他的同事们赶赴采访现场，与街镇村居工作人员一起挨家挨户走访排查。面对个别群众对"上镜头"有抵触，不愿配合，不愿透露行动轨迹，甚至情绪激动的情况，郭雷和街镇村居党员干部一起做好保护群众隐私的解释工作，安抚好他们的情绪，打消了他们的顾虑，不仅帮助村居工作人员顺利完成了筛查工作，而且完成了采访任务。新闻播出后，群众对区委、区政府科学果断采取措施有了更深的理解，及时的新闻宣传，给群众吃下了"定心丸"。

　　宝坻百货大楼，聚集性疫情！区防控指挥部灯火通明，一个会议接着一个会议。区委、区政府迅速调整应对战略，科学精准指挥战"疫"。当第一例病例出现后，连夜将 194 名百货大楼员工送至提前建好的留观所进行隔离，第一时间切断了疫情传播途径，并下发紧急通告，追查从 1 月 20 日到 1 月 25 日去过百货大楼购物的群众。

对每一例确诊病例的出现，宝坻都以最快的速度反应：区疾控中心对患者进行流行性病学调查，公安部门对行动轨迹进行追踪，街镇对其住所、小区、村庄进行封控，对密接人员进行隔离并由救护车接送到医院进行筛查等，各部门分工合作，高度配合。

如何降低感染率，让各级政府与百姓间的配合度更默契？宝坻一项大胆的举措在几经讨论中出台，就是向社会公布患者的行动轨迹。这一举措，使全民自觉对照轨迹进行自我筛查，自我主动隔离，对有效控制防疫态势起到了很大的作用。

尽管全区上下同频共振，对抗疫情，事态仍然严峻，到 2 月 11 日，宝坻确诊病例达到 39 例，是天津总确诊病例的三分之一，宝坻成了天津的重灾区。

此时也是战"疫"的胶着期，宝坻区人民医院、区中医医院的发热门诊最高峰接诊量总数超过 400 人。为了保障及时就医，区人民医院的发热门诊从一个增加到四个，隔离病房也随之增加，住院南楼改造成隔离病房，区中医医院也将住院楼的两个楼层改成隔离病房。同时，未雨绸缪增设了林亭口医院发热门诊，第二批 6 个留观所也迅速改建到位。

郭雷说："此时，全国各界知名人士声援宝坻，全区文艺工作者、爱好者、居民群众创作大量文艺作品，为宝坻鼓劲加油，战斗在'疫'起！"

宝坻凭借着独特的地理优势，成为防御病毒的要塞，保卫首都的东大门。宝坻 92 万民众决心鼓足勇气，为国家而战，为人民而战，不辱使命。

有一种责任叫不负重托，政出必行。宝坻对省际、城区、村庄部署三道战"疫"防线，实行道路双向管控，和疫情来一场实打实、硬碰硬的较量。

第一道防线——村庄社区卡口，全军出击"总动员"。900 多个卡口覆盖全区，人们严防死守。牛道口镇沟头村是宝坻区人口总数最大的村，与河北省接壤。本来防控工作压力就大，村中又有村民被确诊，这里成了疫情防控阻击战前沿中的前沿。

郭雷的镜头，真实记录下宝坻战"疫"的点点滴滴，从宝坻百货大楼出现第一个病例，到宝坻牢牢锁定 60 个病例无新增；从"万人大排查"到"万人大回访";从市委书记李鸿忠亲临宝坻指挥到 92 万宝坻人的齐心抗"疫";从筑牢三道防线到守好北京护城河;从人们谈百货大楼而色变,到整个天津为宝坻点赞;从抗击新冠肺炎疫情到奋勇夺取双战双胜。在郭雷的镜头里,在宝坻人民心里,都有一面党的旗帜在飘扬,这上面写满对党的忠诚,对人民的深情,在风雪里,在暗夜里,在困难重重甚至充满危险的地方,书写着共产党员的责任与担当。

郭雷的镜头,还真实记录下印满一枚枚鲜红手印的请战书,上面写着"我是党员,我先上!疫情不退,我不退!"请战书如同迎风招展的旗帜一般,给人力量。铮铮誓言,化为坚定身影,挺立在防控一线,从筋骨到肌理,都渗出温暖、漾起活力。

疫情期间,全区有 2270 个基层党组织坚定地站在疫情防控的最前沿,用责任和担当诠释无私与忠诚。一个党组织就是一座堡垒,一名党员就是一面旗帜。堡垒无言,却能凝聚强大力量;旗帜无声,却能鼓舞磅礴斗志。采访中,宝坻的老百姓说:"在平时,你也许不知道谁是共产党员,但是在艰难的时候,冲在最前面的一定是共产党员。"

在宝坻,防控疫情的战斗从未暂停,炽热奔涌的精神不曾断流。抗"疫"英雄载誉而归,宝坻以高规格的礼仪迎接英雄。勇士心有大义、逆行出征,舍

郭雷就疫情防控工作情况对有关负责同志进行采访

我其谁。宝坻之战，在区委、区政府的科学指挥下，全区92万干部群众磨砺责任担当之勇、以必胜之心谋篇布局，共同谱写了一曲时代壮歌。为宝坻而战，为天津而战，为中国而战。没有哪一次历史灾难不是以历史的进步为补偿的。灾难中挺立起的不屈中国，必将以天下为己任的担当精神，积极做行动派、不做观望者，把人类前途命运掌握在自己手中。新的奋斗开始了，我们喜悦而绝不懈怠，我们纪念而绝无自满。伟大的中华民族，必将凝聚起在此次战"疫"中百炼成钢的无穷力量、伟大精神，以不断增长的智慧与勇气砥砺前行。

2020年，《宝坻新闻》共播发新闻2383多条，其中涉及统筹推进疫情防控和经济社会发展"双战双胜"新闻报道1756篇，区四大机关主要领导新闻196篇，全面深入地反映了全区92万人民在区委、区政府的坚强领导下，众志成城抗击疫情，推进疫情防控和经济社会发展"双战双胜"各个阶段的工作进展和取得的阶段性战果，并实现了播出零差错、零事故。

2020年初，开设了《宝坻新闻》《学习贯彻区委五届八次全会精神》《起航2020》《不忘初心、牢记使命》等多个专栏，对2019年宝坻经济社会高质量发展取得的成绩进行了较为全面的总结，对区委五届八次全会暨经济工作会议、区"两会"进行了全程采访报道，并及时对各级各单位深入贯彻落实区委全会和区"两会"精神，推动各项事业提质升级发展的情况进行了报道。

在统筹推进疫情防控和经济社会发展"双战双胜"阶段，《宝坻新闻》按照中心党委的部署要求，及时推出了《众志成城 双战双胜》《学习贯彻党的十九届五中全会精神》《决战决胜脱贫攻坚》《党旗下的担当》《走向我们的幸福生活》等多个专栏，对我区全面落实战时优惠政策、实施"132"工作机制，全力推动三次产业复工复产、复苏回暖的情况进行了报道；派出特别报道组，深入宝坻区对口援助的甘肃省武山县、永登县开展历时20多天的蹲点采访，采写新闻报道近30篇，并编辑制作了专题片《携手攻坚奔小康》，对宝坻区各级各部门尽锐出战，推进东西部扶贫协作和支援合作以及结对帮扶困难村工作，坚决打赢脱贫攻坚战，实现全面建成高质量小康社会圆满收官的情况进行全面反映；对全区党员干部牢记初心使命、敢于担当作为，抓实"六稳"工作、落实"六保"任务，推动全区经济社会各项事业高质量发展的情况持续关注报道。

在做好"双战双胜"采访报道的同时，《宝坻新闻》继续做好《新时代文明实践在身边》《农村人居环境整治行动》《安全生产无小事》《宝地英才》《第五届感动宝坻人物（集体）评选》《劳模风采》《第一现场》等多个原有新闻专栏，新闻采访触角延伸到全区各行各业、各个领域，充分发挥了区属新闻媒体在助推地区发展中的作用。

同时，进一步加强了与中央和市级新闻媒体和骨干记者的合作联系，在市级以上媒体播出关于宝坻的报道共计111篇，其中在中央台相关频道中播出8篇，天津电视台播出103篇，其中在天津卫视频道《天津新闻》中播出80篇。播出有关抗疫新闻28篇。

外宣工作紧扣当下市、区重点工作，主攻《天津新闻》这个重量级平台，围绕京津中关村科技城建设、高铁建设及疫情过后复工复产等重点内容加大推送力度，《产业链打通关 规上企业全复工》《精准施策 挖掉穷根子》《打造京津冀协同发展高质量承接平台》《增强信心 迎难而上》《牢记嘱托坚定前行 交出合格时代答卷》《服务国家战略 下好协同发展"一盘棋"》等报道，为宝坻加快发展传递了正能量，进一步扩大了对外影响力。

外宣工作呈现亮点，选题质量进一步提升，特别是在《天津新闻》"亮相"的次数增多，"重头戏""压轴戏"报道次数增多。

习近平总书记在党的十九大报告中指出："意识形态决定文化前进方向和发展道路。""高度重视传播手段建设和创新，提高新闻舆论传播力、引导力、影响力、公信力"。这为区级主流媒体指明了新的工作方向，提出了新的任务要求。一定要坚持用习近平新时代中国特色社会主义思想武装头脑、指导实践、推动工作，紧紧围绕区委区政府中心工作，唱响主旋律、传播正能量，传递宝坻声音、讲好宝坻故事。

党的十九大是一次具有划时代和里程碑意义的盛会，习近平总书记在大会上所作的报告高瞻远瞩，是我们党迈进新时代、开启新征程、续写新篇章的政治宣言和行动纲领。作为一名区级电视台的新闻记者，郭雷表示："在自己的工作中，把做好学习宣传贯彻落实十九大精神的新闻宣传工作作为头等重要政治任务。在平常的新闻采访中，我紧紧围绕学习宣传贯彻落实党的十九大精神，周密策划、精心组织，尽全力做好每一次采访任务。"

作为一名区级融媒体中心新闻记者，郭雷做到了"身有书香味，脚有泥土味"。他说："在从事新闻工作的过程中，要时刻站在全区经济社会发展的高度，让新闻报道更有高度、广度和深度。同时，要扑下身子深入基层，将自己的工作当成为群众服务，才能写出有深度、有温度的新闻。作为一名记者，不是在采访就是在去采访的路上。接下来，我一定坚持将'走转改'要求落实到新闻报道工作中，努力让自己身上多些书香味，脚上多沾泥土味。"

每次重大活动、事件，都少不了记者的身影，郭雷带领记者以心为笔，与城同行，用笔记录宝坻区的发展变迁。他们坚信，这个时代需要新闻，需要新闻人，他们要守住这个阵地；他们心中有理想，笔头有激情。他们一定会坚守新闻人的理想和情怀，用手中的笔记录描绘这个美好的时代；发扬职业精神，恪守职业道德，勤奋工作、甘于奉献，做党和人民信赖的新闻工作者。

作为记者，郭雷采访着、记录着、讲述着，也感动着。作为共产党员，郭雷学习着、铭记着。宝坻战"疫"最紧张激烈的时刻已经过去，新的战役还在等着郭雷和他的同事们。郭雷有信心，继续践行"四力"，走好新时代新闻记者的长征路，把更多更生动的宝坻故事讲给大家听。

天津市劳动模范 郝肖阳

以责任铸担当　以使命护生命

　　战争的上策是"不战而胜"，医学的上策是"治未病"。这里的"未"是未来的未，我国古代就有"上医治未病"的观点。而疾病预防控制就是以"治未病"为目标，是保障人民健康的一个重要组成部分。疾病预防控制和临床医院一起，在保障人类健康、促进生产发展、推动社会进步等方面发挥了巨大的作用。疾控人在平凡的工作中所形成的价值准则、道德风尚、共同信念和凝聚力用一句话来说就是疾控精神。在各项工作中，疾控队伍充分发挥了公共卫生科学防控、群防群控作用，起到了预警机、侦察兵、战斗队和参谋部的重要作用。他们的实验室检测、流行病学调查、社区防控和环境消杀等工作，为控制传染源、阻断传播途径发挥了重要作用。因为需要面对面对话病人，直接接触病例标本，疾控人也被称为离病毒最近的人。郝肖阳就是这支队伍中的一员。

扎根基层，做实基础防疫工作

1999年5月，郝肖阳大学毕业后被分配到宝坻县（现宝坻区）糙甸乡卫生院。糙甸乡属于宝坻大洼地区，卫生人员少，基础卫生医疗条件差，卫生防疫工作薄弱，普及卫生防疫知识，健康教育宣传工作几乎是空白。辖区儿童免疫接种率、及时率、全程接种率低。由于医院基础设施薄弱，接种环境简陋，家庭经济收入高的家长不愿意在乡里接种，自己到城区医院接种。同时，随着孩子年龄的增长，接种针次减少和间隔延长，家长接种的依从性降低，特别是3岁以上儿童强化针次接种率低，免疫效果降低，儿童风疹、麻疹、腮腺炎等传染病仍有发病，在家长形成"打疫苗也没用，钱白花"的观念。

自郝肖阳负责防保工作后，积极向卫生院申请防疫经费，购置新的儿童卡册、预防接种证。儿童卡册由乡医管理改为上交卫生院集中存放，对乡医填写情况进行质量控制。郝肖阳和每个村的乡医一起逐一核对儿童姓名、家长姓名、联系方式、出生日期、疫苗接种日期。9个年龄段的孩子重新整理卡册需逐个核对信息，这样才能保证卡册、预防接种证一致，结合乡计划生育站的名册才能摸清漏登未上卡数、无证儿童数、辖区管理多少儿童数、其他辖区管理接种本乡儿童数、未及时接种儿童数、漏种的针次数。个别村300多人，逐一核对费时间，要耗费很大精力。开始乡医不理解，不配合开展工作，带有"填卡、对卡没用，都是形式"等各种消极观念和情绪。因为乡医出诊打针每次可以收入五六块，打防疫针耽误诊疗工作。

卫生院和乡医没有保障经费，自负盈亏，一边是挣工资养家糊口，一边是精力投入却无产出。然而保障人民健康是一项极其重要的工作。郝肖阳争取卫生院领导支持，和乡医协商不占用他们诊疗时间，随时可以来卫生院核对。对诊疗业务量大的村，到村里诊室、大队和乡医核对。20多年前的宝坻农村，绝大部分村集体没有一个像样的大队部、卫生室，工作就是在乡医家炕头上，或是大队部仅有的一个喊广播的桌子边开展，历经3个月的摸排，终于摸清了糙甸乡9个年龄段3000多名儿童的疫苗接种现状、漏登漏种情况。看到整齐的卡册，翔实一致的接种证，郝肖阳长出了一口气，糙甸乡的卫生防疫工作终于有了头绪。

郝肖阳清醒地认识到基层卫生防疫工作不是一个人能够完成的，需要辖区所有的医务人员共同努力和提高，第一要务是提高所有乡医的业务技能、工作能力、操作的规范性。他主动购置了业务资料，充分利用一切可利用的时间，加强自学，学习临床专业知识，同时系统地学习公共卫生专业传染病防控、计划免疫等相关知识。郝肖阳积极参加县防疫站各种业务相关的培训，把县里的防疫工作要求理清吃透，传达给每一位乡医。

为了提高糙甸乡新生儿卡介苗接种率，郝肖阳到宝坻区结核病防治所学习新生儿卡介苗接种技术，虚心请教接种手法心得，仔细体会手法的技巧。回到卫生院后对乡医进行培训，他发现乡医普遍岁数大、视力差，对皮内注射剂量0.1毫升接种技术掌握有难度，以前发生过接种到儿童肌肉出现化脓、溃烂、损伤三角肌的情况，多数接种又需要在儿童家庭环境中进行，对接种技巧和手法要求更高，这造成乡医对开展卡介苗补种有畏难情绪。郝肖阳决定先由乡医摸底，自己去逐家接种。他骑着自行车，

在村卫生服务站开展传染病防控指导

驮着冷藏包跑遍糙甸全乡各村，完成卡介苗补种工作。正是这种走村串户上门服务的工作方式，拉近了家长和卫生院的距离，提高了家长对卫生院的信任度和对防疫工作的配合度。

中国向世卫组织承诺2000年消灭脊髓灰质炎，后续几年的强化免疫工作是关键时期。每年12月和翌年1月是脊髓灰质炎疫苗强化接种的时间，白毛庄、黄土坎村既没有卫生室，也没有乡医，郝肖阳只好联系村干部预约时间在村里喊广播。然后，他骑着自行车，驮着冷藏包，顶着凛冽的西北风入户送糖丸，按照强化工作要求亲自看着孩子们服下，才放心离开。家长们非常感激郝肖阳。对儿童较多的帐房鄽村、邢各庄村、南清沟村，他和乡医一起冒着严寒走村入户做强化免疫。坐在炕头和村民拉家常、问需求、宣传卫生防疫知识，郝肖阳通俗易懂、深入浅出、针对性、实用性强的传染病防治知识，让村民们接受起来非常容易。他们细致入微的工作也得到了村干部和群众的广泛欢迎。经过几年的努力，糙甸乡辖区卫生防疫工作规范开展，各项防疫工作村民配合度明显

提高，各项防疫工作顺畅开展，为下一步开展工作夯实了群众基础。2004年，糙甸辖区代表宝坻区通过了国家卫生部免疫规划工作评审考核。

恪尽职守，情系群众健康

2007年7月，郝肖阳被调到宝坻区卫生防疫站流行病科工作，负责消毒和病媒生物监测。新的岗位给他提出了新的要求。他认真钻研专业技术知识，主动要求争取名额参加市卫健委组织的疾控人员能力培训，2个月的封闭式培训收获良多，他对公共卫生专业知识有了系统学习和全新高度的认识和理解。病家终末消毒是指对病例患者居家场所进行的一次彻底消毒。这是消毒工作最重要的一项，目的是完全消灭病例患者所播散、遗留在居室和各种物体上存活的病原体，使居家场所无害化。

结核病、病毒性肝炎是村民非常忌讳的传染病，疾控人员和辖区医院防保人员核实发病情况，往往家属或本人拒绝承认，即使是送药上门、指导消毒，病家也有可能不配合。甚至有的家庭责怪工作人员暴露了自己的隐私，影响自己的生活。国家投入了大量消毒经费，但病家消毒工作规范完成率不高，精准科学完成消毒的方式患者接受度不高，远没有达到消毒阻断传染病发病，降低家庭二代发病的作用。工作模式必须跟上医疗体制改革，跟上基本公共卫生服务改革进度，满足传染病防控的要求，改变工作模式势在必行。郝肖阳通过走访病家征求意见、协调医院、征求医生建议，决定改变工作模式，在病人就诊、住院期间由区人民医院感染科发放消毒药，将消毒方法注意事项写入"告知书"，由管床医生负责培训患者，指导他们如何消毒，部分在区外就诊的病例则由疾控中心通知其到辖区卫生院，自取消毒药和消毒方法注意事项"告知书"。郝肖阳也经常电话指导病家自行开展消毒，由防保科医生回访病家消毒完成情况。对聚集性传染病疫情、出血热等重点传染病，疾控中心结合卫生院、镇政府开展疫点消毒处置，同时在村中做好健康教育防病知识宣传，引导村民摈弃对传染病人的偏见，让村民正视传染病，主动参与科学防控传染病。

工作模式确定了，接下来是实施阶段，为了所有参与指导人员必须熟练掌握终末消毒的规范要求，必须加强培训。郝肖阳在病房里给医生、患者、家人详细讲解消毒用药配比、消毒重点区域、消毒步骤环节及注意事项。对发生的聚集性疫情，他亲自带领乡镇医院消毒人员深入病例居住场所，现场操作演示、细致指导，确保消毒科学、规范、有效。区人民医院感染科医务人员较多，他采取集中培训，随时到感染科病房开展有针对性培训，个别医生随时电话沟通等多种灵活形式开展培训。经过耐心细致、不断强化培训，感染科医务人员均能规范指导病人开展病家消毒。他还每月抽取一定比例病例，对病家终末消毒完成情况进行回访，了解家庭实施情况。工作方法经过调整，保护了传染病患者的隐私，群众接受度明显提高，病家终末消毒完成率提高显著，真正起到了阻断传染病传播的作用。在 2009 至 2010 年天津市手足口病高发的年份里，消毒在防控中的效果更加明显，消毒完成率 100%，有效地控制了手足口病在宝坻区的传播，宝坻区聚集性疫情发生起数、重症病例数、死亡病例数明显低于全市平均水平。

病媒生物防制工作主要是对蚊蝇鼠蟑四害密切监测、标本采集，做好相关传染病调查处置。郝肖阳首先塌下心来，认真学习各类和监测仪器设备操作，掌握每一台监测设备的性能、参数变化、运行状态。宝坻被设为国家级鼠监测点，监测工作务必要扎实开展。他根据监测

入户开展传染病防治知识调查

要求，按照宝坻方位重新设置监测点位，每月亲自到点位布放鼠夹，第二天一大早去点位回收鼠夹，回收捕获鼠。鼠夹捕鼠对人、畜有可能产生伤害，他提前在村里做宣传，讲解鼠传染病的危害，防鼠灭鼠知识，到监测户现场察看，根据环境确定摆放鼠夹位置，讲解鼠夹布放回收注意事项，把可能产生的伤害降到最低。通过他的宣传，监测户配合度明显提高。每年鼠肺采集是出血热监测的一项重要内容，为了监测更科学、更有防控指导意义，他从鼠种调查开始，把日常工作做扎实，融入专项调查中，提高了日常监测的效率。他分析了每年

鼠的密度、种群变化之后确定了采集鼠类种类和数量，亲自上手解剖老鼠取肺，保证鼠肺新鲜，达到检测要求。这样出血热监测鼠肺采集工作也顺利完成了，采集到的数据真实地反映出宝坻区鼠间出血热流行现状，为人出血热防控提供了科学依据。

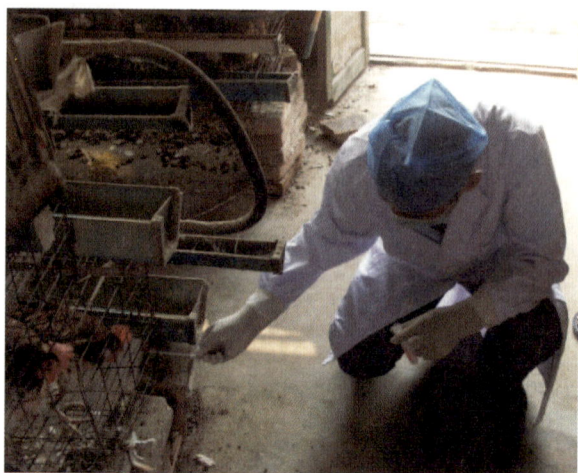

传染病监测采样

为了摸清宝坻区重点行业蟑螂侵害率状况，郝肖阳决定还是从日常监测做起，做实密度监测。12个监测点位他每月必到。遇到饭店商户不支持监测工作，他会积极和商户沟通，讲明监测的目的、意义和对饭店科学防治病媒生物的作用。通过几次监测，他为商户提出了病媒生物预防控制、消杀意见，商户按照他的建议实施消杀后，防制效果显著，商户节省了聘请专业消杀公司的费用，都对郝肖阳非常感激。经过一番努力，监测工作顺利开展，几年下来，郝肖阳真实掌握了宝坻区重点行业蟑螂侵害率，为2017年开始的创建国家卫生区重点行业蟑螂防制全面顺利开展、保障病媒生物监测工作的顺利完成打下了坚实基础。

郝肖阳每年4—11月份在辖区范围内开展各项蚊蝇监测。自2017年至今，郝肖阳开展居民区布雷图指数监测共720余户，监测大、中型水体40余个，投放诱蝇笼144笼次，向相关部门报送各类统计表和分析报告共180余份。除此之外，郝肖阳每月定期监测蝇密度及种类，为全面分析全区蝇分布提供科学依据。

2017年全国运动会宝坻赛区承接羽毛球赛事，病媒生物保障任务艰巨。郝肖阳严格按照天津市重要赛事病媒生物监测要求，对场馆、接待酒店等50家不同行业单位开展蟑螂和鼠类侵害性监测130余次，报送蟑螂和鼠类密度及侵害状况快速评估记录表24份。在重点及核心区域开展病媒监测4轮，监测各类场所160个，设立176个监测点次。全运会期间，郝肖阳配合区爱卫办完成宝坻赛区赛事的病媒生物预防控制保障工作，制定出病媒生物预防控制工作预案、消杀工作方案、应急演练方案，按时开展密度监测和消杀效果评估，保障了赛事顺利进行，为办好全运会贡献疾控人的力量，为创建国家卫生区病媒生物预防控制顺利通过验收打好了良好基础。

一心向党，震灾现场忘我工作

2008年5月12日，四川省汶川县发生8.0级特大地震。确保大灾之后无大疫是疾控人应尽的职责和义务，天津组建抗震救灾卫生防疫队，郝肖阳第一时间踊跃请战，作为预备队员随时准备出发。

6月7日，他成为天津市第四批防疫队员，奔赴四川震区开展卫生防疫工作。在卫生院老院长的带领下，他们翻山去麻风村开展防疫工作。老院长50多岁了，已经在一线工作了将近1个月，显得非常黑瘦，眼睛却仍是那么炯炯有神。郝肖阳抢着背起20多公斤的防疫物资，拄着木棍，顶着阵雨，跋涉在山路上。早晨出发，经过4个多小时的赶路，终于到了第一个村庄，在集中安置点，他带领村民小组开展了对外环境消毒杀虫工作，他们帐篷及其周围生活区、厕所、垃圾堆、猪牛圈、阴沟等蚊蝇滋生地和饮用水进行消毒，为消毒员讲解科学消杀技术，发放消杀药品，宣传材料，调查现阶段村民传染病发病情况，同时还对一些慢性病人及一些腰痛、皮肤病人的服药进行了指导。1个多小时的防疫指导得到了当地村民的欢迎，村民深深地感到来自党中央的关怀，他们握着郝肖阳的手，流下了激动的眼泪。郝肖阳心潮澎湃，感觉到自己的工作寄托了国家、人民的深切期望！他们稍做休息，继续向麻风村进发，中途饿了，吃口干粮，为了减轻背负重量，多带些防疫物资，他们没有带水。由于山体松动，原有的小溪流水改道了，水有些浑浊，大家渴了就喝山上的溪水。又经过4个多小时的跋涉，他们终于到了麻风村，30多个麻风病患者看到他们来到时非常惊讶，当听到是天津防疫队时竖起大拇指。作为防疫队员，郝肖阳深感自己更要忘我地工作，不计个人安危，忘记自己的疲劳，完成伟大祖国交给的使命和重托！防疫工作顺利开展，郝肖阳带去的防疫消杀物资量够村民3个月开展消杀。

6月13日晚11点，郝肖阳整理完一天工作，发给前方指挥部。听着窗外雨声，心情不能平复。几天来在地震灾区各个村庄开展防疫工作，党员干部、卫生院老院长、部队官兵、寺庙僧人、防疫队员、受灾群众大家齐心协力，生产自救，情形令人感动。一位名叫卓玛的村民在地震中失去了丈夫，带着3个孩子给他们送来冲好的酥油茶；大学生次央拉着他们的手，哭着和他们送别；老院长、乡书记冒着滑坡风险带着他们挨家逐户做防疫排查，脚上都是血泡，一直坚持工作……这一幕幕震撼着他的思想，党员冲在前，

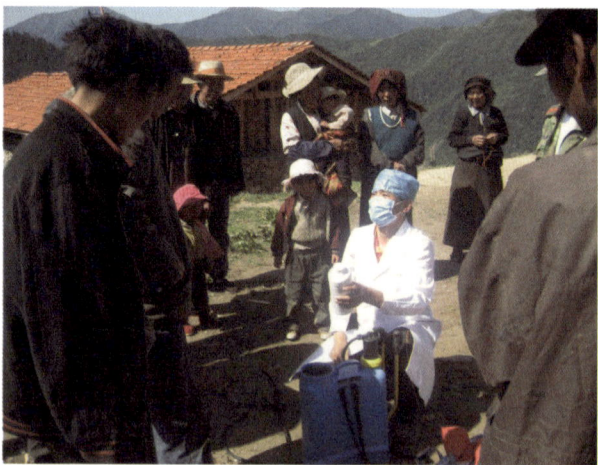

到达四川省松潘县开展抗震救灾消杀工作

灾难面前没人说不，在驻地仅有的3张整齐信纸上，他激动地写下了自己的感受、精神上的收获，庄重地向前线临时党支部递交了入党申请书。

在抗震救灾期间，他是消毒专员，因此也是小队中的主力队员。在震区他克服着高原反应、紫外线的曝晒、水土不服导致的身体上的疲劳，他仍忘我工作，没有因为不舒服而休息一天。他参与消杀并指导消杀面积约达16.8万平方米，总入户数多达460户，入村宣教人数近7000人次，总培训人员近100人，发放宣传材料约1.6万份。基层消杀工作操作不规范，个人防护意识较差，防护措施不到位，杀虫药品较少。医疗队指导开展的消杀工作培训，规范了消杀操作流程，保证了卫生防疫工作做到科学有效。村民尤其是居住在高山的藏民，防病意识较差，存在很多不良生活习惯和生活方式，如人畜混居，牲畜粪便严重污染环境，不注意个人卫生等。每到一村每入一户他都加强个人卫生、手卫生和人畜分离的健康防病知识宣传。

郝肖阳和同事们深入调查震区在生活饮水卫生、环境卫生、食品卫生、学校卫生、医疗保健、传染病防控及报告等方面存在的问题，认真讨论研究切实可行、着眼未来的防控对策，为松潘县公共卫生体系建设、疾病预防控制体系完善提出中肯建议。

在四川抗震救灾工作中，他发扬不怕吃苦、不怕疲劳、连续作战、勇于胜利的作风，以精湛的技术、优质的服务，尽最大的努力做好各项工作，圆满完成党和人民交给的任务。就这样，一群疾控人默默付出，创造了无数奇迹的中

在四川省松潘县灾民集中安置点开展震区防疫知识宣传

国人民经过努力再次创造了奇迹：大灾之后无大疫！

经过党组织考验，他终于成为一名光荣的共产党员。一直以来，在政治思想方面，他始终坚持党的路线、方针、政策，认真学习习近平总书记系列讲话精神，始终坚持全心全意为人民服务的宗旨，争做一名合格的共产党员。

践行使命，筑牢保护人民健康的钢铁长城

多年来，郝肖阳一直工作在传染病防控的第一线，他把疫区当作战场，疫情就是命令。2009年，一场突如其来的"甲流"疫情把疾病预防控制工作推上全国头等大事。郝肖阳义不容辞地走在"甲流"防控的最前沿。他在抗击"甲流"期间，一切服从组织的安排，深入一线开展检查检测，在最危险的车站、医院传染病房、发热病人留观点，各站口检疫点都留下了他的身影。当其他同事回家休息时，他还要在办公室里写调查报告，调查报告写完后，天也亮了，他又投入到新一天的工作当中。他懂得：家园的安宁重于生命，人民的安全重于泰山。

针对老百姓对"甲流"不熟悉的情况，他组织制作宣传课件，积极开展多形式的宣传，在电视台制作"甲流"防病知识专题，深入到敬老院、机关、学校等重点场所宣讲"甲流"防控知识，消除了人们的恐慌心理。在防控策略上，

在学校开展传染病防控知识讲座

他积极应对，主动加强疫情监测，做实医疗机构流感样病例监测工作，并定期进行疫情评判，根据宝坻区的实际情况制定各项应急预案和技术方案。经过一年的防控，世卫组织逐渐对"甲流"有了新的定位，将其纳入流感管理。学校流感疫情在全国范围暴发，郝肖阳身先士卒，带领同志们参加每一起疫情防控工作，扑在一线调查调度。他带领的传染病防治队伍采用及早干预疫情发展的工作方式，防控成绩显著，宝坻区未发生大规模学校停课的情况。

疫情报告在传染病防控工作中起着至关重要的作用。为了做好全区的疫情报告管理工作，郝肖阳加大医疗机构传染病疫情网络直报工作督导和技术指导。这使得宝坻区传染病疫情网络直报工作质量一直处于全市前列。对网络报告的疫情进行审核、分析研究、预警预测，从而为及早控制传染病疫情打下了坚实的基础。

近年来，他针对手足口病高发的态势，主动对全区各级医疗单位医务人员进行手足口病防治技术培训，并与区教育局联合开展全区中小学校和托幼机构手足口病防治知识培训，形成了群防群控的工作格局。对每一起手足口的聚集情况，他都到现场指导，科学制定处置措施，保证了消毒和隔离制度的落实。在工作上他认真负责，在他和同志们的共同努力下，手足口病、病毒性肝炎等传染病一直在全市处于较低的发病水平，郝肖阳所在的团队多次被天津市疾病预防控制中心评为"传染病防治先进集体"。

学研监管并重，确保群众健康

郝肖阳所在的传染病控制科负责传染病防制、传染病疫情报告管理、消毒与病媒生物防制及传染病和消毒监测等多项工作，工作头绪多、工作压力大。面对困难，他为了不断提高业务能力和服务水平，始终把业务知识的学习与实际工作能力的提高放在重要位置。他所负责的流行病学调查是各类突发公共卫生事件的汇聚点，也是现场调查处置的主力军，突发公共卫生事件涉及面广，具有突发性、复杂性。他带领的科室成员平时非常注重知识的积累，注重对一专多能素质的培养，只要接到突发公共卫生事件信息报告或了解到有关线索，不管是白天还是黑夜、不管是严寒还是酷暑，都会以最快的速度赶赴现场进行调查处理，并在最短的时间内掌握第一手资料，研究具体的处理方案。每次处理完毕，都要组织相关人员对事件处理情况进行讨论分析，总结经验教训，针对不足提出改进措施，不断提高实际工作能力。几年来，他负责处置突发应急传染病事件 40 多起，没有一件出现纰漏，突发公共卫生事件应急处置能力得到了天津市疾控中心业务指导部门的高度肯定。

2014 年 10 月份，宝坻某镇一个村送北京市场的禽类产品检出人感染 H7N9 禽流感病毒，他夜里 2 点多赶到商贩家里开展采样，连夜撰写调查报告，第二天早晨六点就赶到村里指导消杀。处置疫情期间有时一天只睡三四个小时，他从没叫苦叫累，直到疫情处置结束。他说："疫情就是命令，哪里有疫情哪里就有疾控人的身影。"在这一点上他做到了忠于职守、尽职尽责。

郝肖阳一直把"爱岗敬业、开拓进取"作为座右铭。在生活和工作中不断向同事学、从书本学、在实践中学，具备了较强的业务能力和现场处置水平。在创建和复审国家卫生城市工作中，他按高标准做好传染病防控和病媒生物防制的技术指导，作为病媒生物防制组考核牵头负责人，他牵头整理全区档案数据，连续加班到深夜，经过一个多月的努力，终于规范了档案资料。7、8、9 月份是病媒生物密度高峰期，同时也是专家组考核的日期，他顶着烈日一遍一遍地开展重点行业的检查，整改报告上交后，又开始新一轮的整改情况督导。经过三年的不懈努力，病媒生物组顺利通过了专家的考核。

从 2008 年开始每两年举办一次天津市卫生行业"岗位练兵技术比武"活动，宝坻区疾控中心工作人员在传染病防治专业、病毒性肝炎防治专业、突发公共卫生专业技术比武中，3 次取得团体第一名、4 次个人第一名的好成绩。由于传染病防控工作质量高，宝坻区疾控中心多次被天津市疾控中心评为"传染病防治先进集体"。

2012 至 2013 年，人感染 H7N9 禽流感在我国局部地区暴发，疫情形势严峻。宝坻区是涉农区县，是全市禽流感监测的重点区县，通过监测检验判断，养殖环节风险低，流通环节存在高风险。交易市场、菜市场和农村集市经营户不理解、不配合工作。郝肖阳多次积极和经营者沟通，取得摊主的信任后开展采样，不配合的等到散集收摊再进行外环境采样。经过几个月的坚持，他终于监测到禽流感 H8 型，为全市规范禽类养殖、流通、交易各个环节提供了依据。2017 年监测到一例人感染猪流感亚型，他又深入猪圈、鸡舍、村庄外围环境进行采样，为人间流感发病病毒毒株谱增加了新的基因型。作为传染病防治工作质量负责人，郝肖阳抓好各个防控环节的质量，病毒性肝炎监测、手足口病监测、传染病信息报告、病媒生物防制等工作得到了市级的认可，工作质量位于全市前列。

十几年来，他始终坚持工作在传染病防治第一线，深入医院、病家，开展传染病病例的个案流调和传染病疫情的暴发调查处置。2015 年，一位患者辗转全市十家三甲医院没有明确诊断，各科室都拒收入院，最后由区人民医院感染科将病例报给了郝肖阳。他耐心地疏导病人，树立其治疗的信心。在聊天中郝肖阳摸清了病人半年来的主要行动轨迹，通过仔细的流行病学调查终于发现一条线索。5 个月前，病人有村外养殖小区羊接触史和山区果园送货史，结合临床症状和实验室检测，考虑发热伴血小板减少综合征。整理好调查报告郝肖阳请求市疾控中心给予加急检测，经过国家疾控中心复核，确认为新型布尼亚病毒和布鲁氏杆菌双重感染。经过努力，终于得到了明确诊断，经过针对性治疗，病人一周后出院。一个月后，患者来科室专程来感谢他，这让他体会到自己传染病防治工作的惠民意义。更坚定了他们把每一项工作做到实处，落到病人身上的信念。一切为了病人，以群体思维开展工作，科室人员积极做好患者及密接者的思想工作，消除他们自卑心理和对传染病是隐私的不正确认识，把党和政府的每一项传染病防治的优惠政策落到病人实处。

发挥党员带头作用，有条不紊开展新冠肺炎疫情防控

2020 庚子新年，新型冠状病毒肺炎来袭。严峻的疫情形势，飞快的传播速度，让郝肖阳心头沉重，他必须做好准备，打有准备之战。第一步，全中心人员防控技能必须提高，还要做好知识储备。他抓紧时间准备资料，紧急开展强化培训。2020 年 1 月 16 日，他组织科室人员集体学习《新型冠状病毒感染的肺炎防控方案》解读课件，特别对病例发现与报告、流行病学调查、流调时防护原则、可疑暴露者与密切接触者的追踪和管理部分着重进行了学习。对病例发现与报告的环节结合宝坻区实际，大家进行了讨论，对询问相关流行病学史过程中容易疏漏的问题进行详细商讨。2020 年 1 月 17 日，中心班子成员、应急办、流病科、检验科等相关科室人员举办了新型冠状病毒感染的肺炎疫情防控工作讨论会，明确了下一步的工作内容。2020 年 1 月 20 日，中心全体人员组织新型冠状病毒感染肺炎疫情应急处置演练，重点演练了个人防护服的穿脱顺序。通过此次应急演练，卫生应急队员能快速地进行疫情处置现场操作，有效地提升了新型冠状病毒感染肺炎疫情的应急处置能力，提高了对防控工作的技术层面的理解。

2020 年 1 月 22 日，宝坻区报告第一例疑似病例。郝肖阳带领工作人员深入病区，对首例疑似病例进行了面对面流调，排查出密切接触者，指导发热门诊医生完成咽拭子采样，消毒组深入病家开展终末消毒。最终实验室检测阴性，排除了该病例。1 月 22 日疑似病例处置是一次实战演练，找不足、补差距、完善细节，还有太多方面需要提高，急需提炼国家方案、天津工作要求、制定简易手册，让每一个岗位人员熟练掌握分工职责。他抓时间完善培训资料，1 月 25 日区疫情防控指挥部组织全区各委办局、市直、驻宝及 24 个街镇疫情防控负责人 150 人参加培训，在培

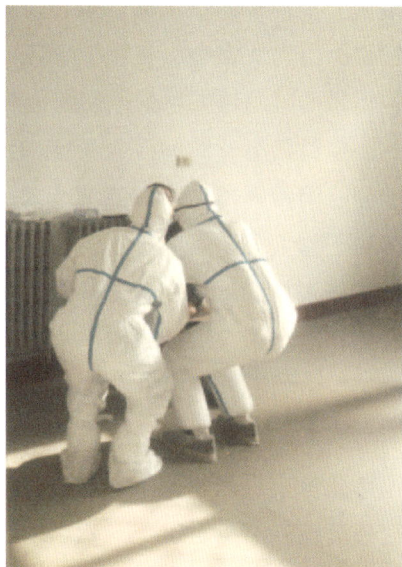

深入宝坻区人民医院新冠病区调查采样

训会上郝肖阳讲解了防控指南，下发了简便易懂的防控手册和培训课件，现场培训效果良好，指挥部要求单位立即完成辖区二次培训，做好社区防控的技术保障。

一场艰苦的疫战终于来临，第一例感染者出现了，宝坻新冠肺炎疫情防控成了天津的重心，郝肖阳带领同事第一时间开展流调、追踪排查密接，同时还肩负着疫情处置、部门间协调、市级的联络任务，担负着防控中最重要的现场流行病学调查、信息分析的质量控制工作。随着疫情形势的越发严重，作为专业传染病防治部门，必须不断完善指导性的技术建议郝肖阳挤出时间完成了宝坻区防控方案的制定和技术手册的编制，共完成疫情防控和隔离点、封控村（社区）管理3个技术方案制定，14本防控技术手册的编制。宝坻新冠肺炎疫情防控是天津的重中之重，他带领同事第一时间开展40例确诊病例的流行病学调查、746人的密切接触者的追踪和排查。深入疫情现场，完成14起聚集性疫情的调查和处置。

从1月28日到2月11日期间，郝肖阳每天后半夜要做市级实验室复核检测结果反馈，市疾控中心会核实每一例确诊病例的调查情况、感染的危险因素，将结果汇总分析后直接上报市政府，作为全市防控政策调整的依据，信息不容出现一点差错。从宝坻区报告首例病例后这种工作模式一直持续着，他和同事们说不用为他担心，一个人一项工作负责到底，免得出错。随着病例逐渐增多，他休息的时间越来越少，家庭全然顾不上，他的脑海里只有工作、再工作。

郝肖阳第一时间深入天宝、钰曦医学观察隔离所，对留观人员管理、症状监测、消毒隔离中存在的细节问题提出整改建议；到大钟庄、河景家园封控小区对工作人员个人防护、工作内容中人员排查要点进行讲解和现场培训，保障了工作人员的健康和有效开展防控工作；到宝鑫小区消杀现场指导消杀公司开展外环境消杀，保证了科学消杀有序进行；深入各个防控点位，及时发现了防控工作中的不足，提出完善建议……

后来，郝肖阳说："那段时间，疾控中心的每一个人，都无怨无悔地坚守着。消毒队员们都是临危受命，要保证消杀环节是人最后一次接触病毒。"疫情防控关键期，消毒组仅一天就出动了7次。在党旗下，疾控中心的党员群众齐心协力、科学严谨、精准迅速地开展防控，为宝坻疫情防控做出了突出贡献。

驰援湖北，以经验助力鹤峰防控

宝坻疫情稍有好转，2月11日，郝肖阳又主动报名，踏上支援湖北恩施抗击疫情的征程。他被分配到基础条件差、防疫力量薄弱的鹤峰县。刚到鹤峰，这里的疾控中心正在为一个悬案发愁：一位高龄确诊病例不幸病亡已经两天了，可传染源一直毫无头绪。一天找不到传染源，防控措施就无法实施，也意味着病毒还未在控制中。县里卫健部门、乡镇系统、公安部门压力非常大，县委书记亲自在疫情会上恳求天津疾控队帮助查明传染源，给老百姓、州政府、省指挥部一个明确交代。

郝肖阳立刻调出关联人的流调报告，逐字逐句，查找漏洞，寻找线索。每个人的流调报告，都要精确到小时，甚至分钟，才能发现人与人之间可能的交集。终于，经验丰富的郝肖阳从中发现了问题。为了补上郝肖阳发现的这些漏洞，队员们重新进行了一轮电话问询。一些老年人口音重、沟通有障碍，就由当地流调员主问，天津专家在一旁递纸条，确保问题问到关键点上。笨办法却有好效果，相关人员14天内的行踪轨迹徐徐展开，一条被忽视的线索浮出水面。当地因为没有集中供暖，村民有聚在一起烤火的习惯。患者和儿女就曾经在一间屋子烤火，按照距离判断，这足以让病毒传播。郝肖阳根据经验大胆推断，病毒大概率是家庭聚集传播。但要想揭开真相，必须实地走一趟。沿着家庭内传播这条思路，郝肖阳逐一调取患者家人的买药记录，发现她的女儿曾经购买过止咳药。患者女儿是病源的嫌疑越来越大。经过仔细问询，真相大白。原来患者女儿曾从安徽坐火车回老家，途经武汉汉口车站，停留了十分钟。经过缜密地调查和细致地排查，事实终于明朗，郝肖阳立刻安排核酸检验，悬案告破。

他以这一起无明确感染来源的家庭聚集性疫情为着手点，带领着津鹤两地的流调员，特别是县疾控中心流调人员一起研究调查的突破点，制定调查计划和调查方向。向公安部门发函争取调查大数据，以寻求突破。经过仔细的排查，设立假设，排除假设，验证假设，找出了家庭聚集的传染源，锻炼了县疾控中心人员调查能力。他在调查同时组织县疾控中心16名流调人员和处置人员对他们开展系统的流行病学调查培训。开展针对性的流行病学流调培训和疫情分析会4次，着重讲解流调细节上的不足，调查报告层次不清的问题，优化了调查报告的格式，熬夜编写出实用的流行病学调查手册，对鹤峰县报告包含确诊病例（含临床诊断病例）、疑似病例、不能排除的发热病人和无症状感染者"四类人群"共56例患者的流行病学调查报告进行重新梳理、补充调查。为了给少数民族地区留下完整、科学的流行病学调查方法，他以感染来源不清的病例为切入点，坚持冒雨带着流调人员反复下现场调查，复核每一个细节，和土家族兄弟一起认真思考、秉烛推敲，在工作中提高了他们的业务水平。他熬夜精心制作了《社区医疗机构新冠肺炎流行病学调查》幻灯片，对一级医院发热门诊接诊医生进行流行病学调查培训，从疑似病例初步流行病学调查、密切接触者管理及发病后的流行病学调查、病例家庭内暴露情况调查、聚餐暴露情况调查几个方面讲解了一级社区医院在病例流调和疫情防控工作中的重要性和意义。通过培训，让临床医生认识到接诊时的调查实际上是我们防控关口的

湖北省鹤峰县新冠疫情防控流行病学调查培训

前移，增加了调查的时效性，更是一级医院早期措施实施的依据，接诊医生调查更易被患者接受，是疾控中心调查的有效补充。经过三轮的培训和指导，一级医院医务人员流行病学调查的意识和能力都有较大提高，为当地带出一支流行病学调查队伍。

　　郝肖阳带领消杀组队员对县疾控中心现有设备进行摸底和调试、维护；对消毒药品进行摸底，对每一类下拨的消杀药品从药理作用、化学性质、保存条件、设备要求进行讲解，使消毒人员对药品有了重新认识，遴选出适合物体表面、空气、厕所、人员皮肤的消毒药品并进行分类管理。大家的防护物资有限，根据现有物资对消杀流程进一步优化。他牵头带领队员深入到各医院、隔离点实地调查，根据实际情况提出的优化集中隔离观察点工作流程、废弃物处置、规范发热门诊接诊流程、结合当前物资现状开展合理规范消杀等一系列工作建议，均被县新冠肺炎防控工作指挥部采纳。郝肖阳利用晚上休息时间编制了一

套消杀和感控操作手册，通过多轮现场指导培训提升了全县消杀及院感防控人员知识的储备、操作的规范性和解决实际问题的能力，累计指导单位75家，培训417人次，直接参与确诊病例病家及隔离观察点终末消毒，对19个疫点进行终末消毒，消杀面积2100平方米。

注重防控督导指导，确保恩施社会全面恢复

湖北经济受疫情影响非常大，特别是刚脱贫的鹤峰县农民，农业复耕迫在眉睫。县防控指挥部副指挥熊县长希望天津援鄂医疗队给出农业复耕建议。郝肖阳带领医疗队员深入实地调查茶农劳作模式、雇佣工人生活管理情况，针对不同的生产方式提出了精细的防控措施。他提出了对临时雇请人员要做好体温检测记录以及个人防护工作；在茶园干活时工人不扎堆，工作距离间隔2到3米；用餐采取分餐制，避免聚集；尽量雇佣本地村民，减少地域人员流动；平时勤洗手，随时戴口罩，对居住环境要定时消杀，同时也要防止消杀过度；村集体根据茶农需要统一购进化肥，避免人员外出。这些实用易操作的措施茶农接受程度高，能够配合执行，为鹤峰县茶农茶企全面复产摸索出可行的防控措施。鹤峰县在恩施州最早实现茶农复耕，抓住了农时，春茶从施肥、采摘、收购、加工、销售各环节有序展开，受到了当地县指挥部的肯定。

之后，郝肖阳又以两家企业复工复产防控技术方案为蓝本，连夜制订演练计划、预案、科目，组织鹤峰县相关部门开展复工复产演练1次，结合防控要求，讲解细节问题进行了详细点评，之后牵头开展培训和督导，走访32家次企业，规范各单位疫情防控相关资料及技术资料；细化防控相关资料64份，相关技术资料25份。所有方案和资料遵循可行性和可操作原则，加强各单位督导的频次，提出改进意见，随时发现执行中的缺陷，随时完善，使企业理解、活用下发的防控措施。

在工作中，郝肖阳注重提高疾控中心人员实际动手和动脑能力，同时，他也十分关注重点场所工作人员防控技能实操的提高。他先后来到鹤峰县特定场所（看守所、社会福利院），实地察看了该看守所的办公场所以及食堂等地的消杀工作，叮嘱他们要做到消杀不留死角，重视对垃圾容器、厕所、化粪池等易污染点的消杀处理，并现场指导消毒液的配置。离开看守所后，他又来到县

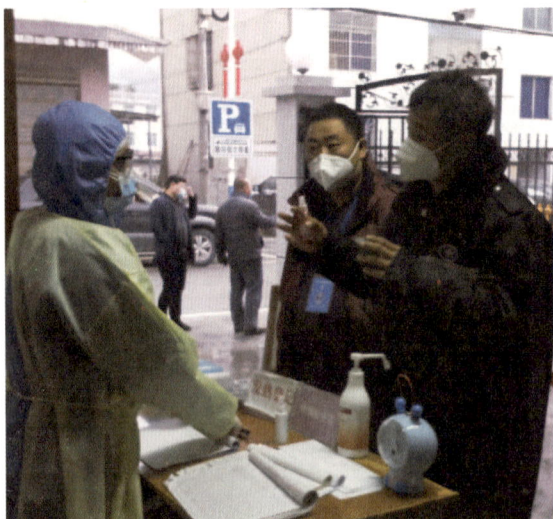

湖北省鹤峰县新冠疫情防控指导

社会福利院，向该院工作人员详细了解疫情防控工作情况，手把手演示消杀操作，讲解健康监测和排查注意的细节，强调当前新冠肺炎疫情的严峻形势，要求相关部门要高度重视老人日常防护，讲解防护原则，示范口罩选择和处理。郝肖阳从细节上提高了工作人员和老人的自身防护能力，确保他们健康安全地度过此次疫情。

为扎实搞好疾控"四个一、四个行"活动，郝肖阳梳理总结流行病学调查资料，分析疫情状况和发展趋势，各撰写了一份流行病学报告；梳理总结国家和湖北省疫情防控技术指南，围绕各行业复工复产、风险评估等工作需要，各整理了一套疫情防控资料；结合疫点疫区、居家、企事业单位、公共场所、餐饮场所、特殊场所等需要，各编制整理了一本简单易行的消毒工作手册；围绕疫情防控中出现的新情况、新问题，结合疾控体系建设，为做好今后疫情防控和疾控工作提出了一些建议。

湖北省恩施州新冠疫情防控大培训中授课

疫情稳定后，他又对县疾控中心人员开展了传染病防控能力培训，从基础培训开始手把手教授大家制图、制表、讲解三间分布、暴发调查的思路。通过深入现场讲解、理论培训、案例讨论等多种形式提高县疾控中心人员专业技术水平，共组织开展集中培训 13 场，实操演练 2 次，大大提升了县疾控中心的传染病防控能力。

按照中央指导组和湖北省统一部署，天津援恩医疗队抽调医疗队 20 名队员组建疾控工作队，赴全州各县市开展了疫情防控"1+2+3+N"大培训。作为留下来的最后一批防疫队员，在最后半个月的"疾控大培训"中，郝肖阳充分发挥自己的专业特点，制作学校复学复课、监狱及养老机构等特殊场所疫情防控演练 2 项脚本和培训课件，作为培训教材下发到各县。作为讲师组织疾控专题培训 8 场、实操演练 8 场，在复工、复产、复课督导中一共督导场所 51 个，为疫情防控人员讲解疫情防控政策和传染病防治知识，强化了恩施州疫情防控人员的知识储备。

乘胜追击，助力家乡常态化疫情防控

驰援湖北结束后回到家乡，郝肖阳又投入到紧张的复工、复产、复学疫情防控工作中。2020 年 5 月 29 日，区教育局、区卫健委在宝坻九中报告厅联合组织召开第四批复课开学小学、幼儿园（含民办）、特殊教育学校疫情防控培训会议。此次培训及时解决了复课开学校（园）面临的困难和疑问，对第四批复课开学工作有着很强的指导意义。在之后的学校疫情防控指导、高考、中考、公务员、事业编等招生考试保障工作中郝肖阳积极参与指导工作，在疫情常态化防控保障工作中，做出了重要贡献。

2020 年新学期开学，学生流动相对大的 2 所大学是疫情防控的重点单位。8 月 26 日下午，郝肖阳为北京科技大学天津学院的师生线上做了新学期疫情防控专题讲座，学院全体师生在线聆听此次讲座。通过本次讲座，进一步明确了学院开学后疫情防控过程中的规范程序，增强了全院师生在新学期校园疫情防控中的快速反应能力、应急处置能力、安全防护能力，切实保障了在校师生安全及各项工作稳步有序开展，受到了全体师生的欢迎。

为了应对 2020 年秋冬季传染病和新冠肺炎疫情防控，郝肖阳带领科室同事从 9 月初开始就深入社区、企业、机关、特殊场所、学校开展疫情防控指导，确保各相关单位疫情防控有序进行。特别是 12 月 16 日区教育局联合区疾控中心对全区乡镇教委卫生干部、学校卫生老师开展水痘、流感等冬季呼吸道传染病防控能力培训，规范并统一了学校晨午检、缺课登记、因病缺勤登记、病因追踪表格和工作流程，此次培训 500 余人，提高了卫生老师工作能力，有效地控制住了水痘在学校中的传播。

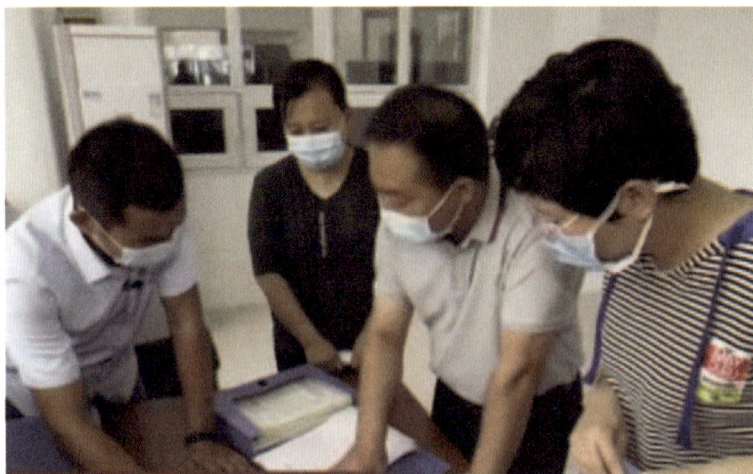

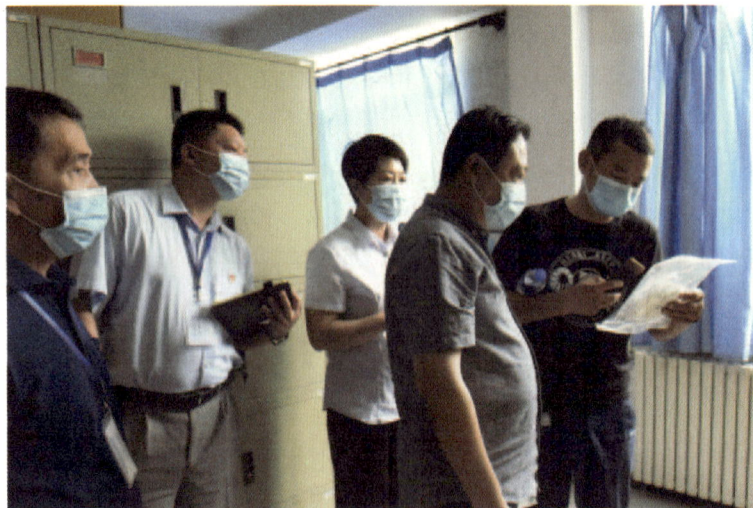

常态化重点单位新冠肺炎疫情防控督导

　　北京、乌鲁木齐、大连新冠肺炎疫情发生后，宝坻区市场、冷链食品、从业人员采样任务量巨大，他积极组织带领采样队员战酷暑，在高温下连续奋战多个小时，头发、衣服被汗水浸透。他不惧严寒，在冷库中坚持采样。他在"滨城大筛"中连续奋战，只为争分夺秒、跑赢病毒、坚决守城。机场接驳，隔离点采样，郝肖阳心里只想着要把好外防输入关。多轮持续的医疗机构疫情防控督导确保疫情监测、病原监测、症状监测多维立体监测网络保持持久的防控张力，

获得天津市人民满意的"好医生"称号

他用自己的汗水筑起一道坚实的防控"防火墙"。

"十四五"规划，2035年远景目标规划都给卫生事业的发展提出了更新、更高的目标要求，更是疾控工作者经过新冠肺炎疫情锤炼和洗礼后应该思考的疾控事业发展方向，这是对疾控工作者的考验。他们必须不计得失，敢于想象、敢于探索、敢于创新、让疾控工作适应时代的发展，人民需求，服务人民，服务临床，促进医疗卫生事业的发展。

作为一名疾控工作者，郝肖阳说："不要想是否能够成功，既然选择了疾控，便要风雨兼程；不要去想身后会不会袭来寒风暴雨，既然目标是人民健康，我们留给世界的只能是一往无前的身影。"

在接下来的日子里，郝肖阳会继续坚守在岗位上，继续为祖国建起高高的"防护墙"，坚决守护好国家安全和人民的健康平安！

被中共中央、国务院、中央军委授予"全国抗击新冠肺炎疫情先进个人"称号

天津市劳动模范　何振伯

艰苦奋斗的老黄牛

　　在中国人的心里，老黄牛是忠实尽责、任劳任怨的化身。形容一个人踏实肯干，就说他有一种老黄牛的精神：稳健、憨厚、顽强，整日埋头苦干不张扬、不自夸、不浮躁。这样的人总是有那么一个股倔强的韧劲，不避风险，拓荒劳作。

　　宝坻区就有这样一头"老黄牛"。自参加工作以来，他在平凡的岗位上，用最质朴的方式、最真切炽热的情怀诠释着一名共产党员、一名人民公仆的初心和使命。

　　在群众中间，广泛流传着这样的说法——谁家在肉鸭养殖方面遇到困难了，找何站，他一准能帮你解决！谁家在畜禽养殖或销售上遇到瓶颈了，找何主任，他这个人可好了，只要他能办的，一准给你办！全区的动物疫病防控出现新情况新问题了，找何主任，他业务精，经验丰富，处事果断！大家口中的何站、何主任就是我们的主人公——何振伯。

何振伯，中共党员，高级兽医师，因多年来在畜牧技术推广和疫病防控方面的杰出表现，连续三次被中国共青团宝坻区委员会评为"十佳青年科技带头人"，成为宝坻区农技推广的"排头兵"。2016年，他当选为宝坻区第五届人民代表大会代表，2019年当选为宝坻区科协兼职副主席，2020年获天津市劳动模范荣誉称号。

何振伯属牛，特别崇尚老黄牛"不待扬鞭自奋蹄"的实干精神。他本人也始终将这种精神贯穿到自己的本职工作中。多年间，他的足迹遍及每个街镇村，每家每户的养殖场，把致富新思路、养殖新技术、疫病防控新理念新要求输送到了千家万户，成为很多农民畜禽养殖上的主心骨、贴心人。

斗志昂扬，带领百姓奔小康

何振伯生长在普通的农村家庭，亲身经历和体会了农民日出而作、日落而息的不易，也懂得了他们想凭借自己勤劳的双手发家致富奔小康的渴望。所以，在他担任基层畜牧兽医站站长的时候，他首先就想着如何通过畜禽养殖引领当地百姓致富。

上任伊始，他对所辖地区农户的畜禽养殖状况进行了深入调研。在走访中他发现，很多农户的鸭舍闲置，有的荒废到长满了杂草。经过询问才得知，原来这些农户曾经和一家私营企业签订了肉鸭养殖订单合同，可是因为结账很慢，而且鸭苗供应不及时，达不到农户预期的效益，农户就不再与那些企业合作了。可是，农民几乎花光了自己的血汗钱，东拆西借建起的鸭舍投资还未完全回本就不得已闲置了，岂不是太可惜了？了解到这种情况，何振伯很为他们着急，回到家，他始终没放下这件事，一直在苦苦思索怎么样才能盘活这些闲置鸭舍，让农民们真正地富起来、强起来。

一个偶然的机会，他接触到了北京三元集团的负责人，了解到他们旗下的金星鸭业有限公司情况，这是一家专门从事肉鸭的企业，是以良种繁育、养殖、屠宰、加工、销售为一体的专业化、产业化国有企业集团。大家熟知和喜爱的全聚德烤鸭店所用的肉鸭就是这个公司提供的。当时金星鸭业正在农村推广肉鸭的订单养殖，很适合当前市场经营模式和供需需求。

　　了解到这些，何振伯就动了心思：宝坻离北京很近，肉鸭养殖技术又相对简单，公司回收的价格也很合理，加上三元集团是效益不错的国企，给农户结账很及时，让宝坻的农民也养这种肉鸭应该可行！

　　为了保险起见，他带领农户到金星鸭业公司进行了实地考察。公司的管理人员也看中了宝坻得天独厚的区位优势，更看中了何振伯的实干作风，非常愿意与宝坻合作。经过他和农户的讨论，大家一致认为可以试试。

　　就这样，宝坻的养殖户与三元集团的金星鸭业中心签订了订单合同，他所在的畜牧兽医站负责向农民提供技术服务，农民负责养殖，北京三元集团提供原料并负责肉鸭回收。

　　合作意向和养殖模式确定了，但新的问题又来了：第一个试养户在之前养肉鸭的时候，跟别人借了很多钱，至今还未还清，已经没能力再继续投资了。了解到这一情况，何振伯直接跟农户说："你去银行贷款，我给你担保！"一听这话，农户感动得不知道说什么好了。要知道，担保的事可大可小，就是给亲戚朋友担保也得好好考虑，何况何振伯非亲非故的，却主动提出为他们担保，他们能不感动吗？通过这件事，养殖户们总结出一个结论："何站实在，是干事儿的人，跟着他干，准没错！"

　　话是这么说，但何振伯的心里却没有多大的把握。他知道养殖业风险大，

带领百姓致富，指导肉鸭养殖技术

老话说得好："家藏万贯，带毛的不算。"所以当第一批鸭雏进场的时候，他比养殖户还紧张，毕竟这项目是他帮着引进的。农户呢，也投入了自己的全部家当，要是出现纰漏，他无颜见这些父老。顶着巨大的压力，他和同事们经常进入养殖小区，三天两头去指导农户生产，一直到肉鸭出栏装车，他都在现场指挥调度。

特别让农户感动的是，肉鸭出栏一般都在后半夜，因为后半夜气温最低，肉鸭伤亡小。试养初期，每到出栏时间，在单位忙碌一天的何振伯下班后总是直接来到现场，不在乎鸭舍条件的简陋，也顾不得蚊虫叮咬。困了，就在鸭舍眯会儿，等待拉鸭子的车来了，就与农户一起装车，遇到实际问题，及时帮养殖户解决。

就这样，经历了一年多的努力，养殖户们见到效益了，大家各个喜形于色，羡慕得周边农民跟着申请加入，养殖户迅速多了起来。但是他并没有满足既得的成果，一直在思索怎么样才能让小小的肉鸭发挥它最大的收益。起先，农户们养殖的是"青年鸭"，也就是肉鸭养殖成熟以后就出栏，再由别的地区的农户进行填鸭饲喂。而短短七到十天的填鸭饲喂，收益要和宝坻农户辛辛苦苦饲喂一个多月的"青年鸭"的收益差不多。这样的发现让他找到了农民增收的新商机。在三元集团公司的帮助下，他又带领农户进行实地的填鸭调研，引进手动填鸭机，请专家进行现场指导。填鸭技术的引进，让农户的效益大大提高了。

但是，这种手动的填鸭技术又有一些新的问题产生：劳动强度大，牵扯精力大，手法不准很容易将鸭子撑死。怎么样才能改变这个现状呢？何振伯又开始琢磨了。他一方面搜集各种资料，绘制草图，另一方面顶着酷暑多次跑到机械厂与老技工们一起研究改进填鸭机的轴承和减速机等核心部件，并随时到养殖场进行试验。"工夫不负有心人"，经过三个多月的反复试验改进，何振伯终于做出了一款电动填鸭机，不但节省了至少一半的人工，减少了饲料的浪费，而且减轻了农民的劳动强度，稳定了饲料的投喂量，大大提高了上市肉鸭的成品率，经济效益比原来又提高了很多。养殖户对电动填鸭机是拍手称快、赞不绝口。现在，这款电动填鸭机已在北京、河北等地广泛应用，养殖户更是好评如潮。

随着基地养殖户养殖水平的提高，肉鸭成品率也越来越高了，这给养殖户带来了较高的利润。何振伯还成立了"宝坻区绿洲源肉鸭产销专业合作社"，打造了宝坻肉鸭品牌。

2008年，奥运会在北京开幕了。这场世界体育盛会的召开，对养殖户来说就是一个巨大的商机。北京烤鸭拥有几百年的历史，是各国运动员和游客在中国用餐时必不可少的美食，也是馈赠亲朋好友的佳品。为了更好地发展，何振伯要求肉鸭养殖户们规范管理、精心养殖，严格按照公司的要求饲养填喂，并使每只填鸭都有了追溯标签，消费者可以溯源，这让每个用餐者吃起来更放心。就这样，经过严格的要求和规范的饲养，"绿洲源"肉鸭成为北京奥运会的特供食品，这也意味着宝坻品牌将以此为契机走向世界。

巨大的市场需求空间和养殖带来的效益，更让养殖户满怀信心，更加地规范养殖，增建棚舍，扩大产能。很多农民了解情况后也加入养殖肉鸭的队伍。养殖最先要建棚舍，每当这时，他都会前往施工现场指导、把关，帮他们解决施工中的难题，特别是新养户的肉鸭，到该填肥的时候，他还从北京请来老师傅，手把手教养殖户填鸭技巧，如何提高肉鸭成品率，如何做好饲养管理。正是他的无私付出和带动，为养殖户带来了丰厚的利润，成为宝坻区养殖致富的一大亮点。2017年，他也被农业农村部评为"全国最美农技员"。2017年11月5日的《人民日报》以"农民的乐，就是心中的甜"为题刊登了他的感人事迹。

然而，"天下没有不散的宴席"。2009年，由于工作需要，何振伯调任区动物疫病预防控制中心工作。他帮扶起来的这些养殖户刚尝到甜头，主心骨却调走了，这咋整？考虑到农民的顾虑，也感觉到他们的不舍，在调离之前，何振伯给大家吃了颗定心丸："不管我调到哪里，我都会一如既往地管你们、帮助你们！"

誓言铮铮，也化作实际行动。他离开畜牧兽医站已经很多年了，可是却一直关心关注着农户的养殖情况，经常主动询问，为养殖户们提供各种帮助，保证了肉鸭养殖的平稳健康发展。

"要想发，养肉鸭""要想挣大钱，加入绿洲源"成为广为流传的两句顺口溜。到现在宝坻已经发展了肉鸭养殖基地30多个，成为北京三元集团最大的肉鸭供货方，为宝坻农民创造了良好的经济效益。养殖户们富裕了，在城里买了房，也买了车。大伙都说："没有何站，就没有我们现在的好日子。"

雪中送炭，精准扶贫暖人心

　　全国打响了脱贫攻坚战，何振伯身先士卒投入其中。作为一名技术骨干人员，科技扶贫是他实际工作的一项重要内容。"帮扶就要帮到点儿上，帮到百姓的心坎上"一直是他努力的方向。多年来，全区困难村里都留下了他匆忙的脚步，在许许多多困难户家里、在他们的养殖场都留下他执着的背影。他带领着技术团队，把养殖新技术、新理念、新品种送到困难户家中，成为他们脱贫致富的法宝。

帮扶困难户老辛，助其脱贫致富

　　老辛曾是宝坻区林亭口镇南在沽村困难户，自身残疾，妻子是一名聋哑人，孩子正在上大学，一家人生活仅靠老辛养鸡和打零工维持。蛋鸡市场不景气，让这个家庭雪上加霜。何振伯了解到他家的情况后，征求老辛的意愿后，帮他引进了"京白一号"蛋鸡，并提供了新型高效饲料进行试养，同时还带领帮扶团队经常来他家指导生产、管理、防疫等。到蛋鸡产蛋时，还帮他联系了长期的合作客户，这一系列的帮扶保障了老辛家的养殖收入。

　　有一次，他去指导蛋鸡生产的时候，无意中看到了老辛家种了好多的大蒜，因为没有能力去市场上销售，大蒜一直被孤零零地垛在角落里。他就动起了心思，回去之后，利用各种渠道帮老辛家推销出了大蒜，还将他家更多的农产品换成实际收益。

经过一年多的努力，老辛家摆脱了贫困，顺利地供孩子读完了大学。现在老辛的孩子大学毕业了，有了不错的工作。每每提到何振伯他们的帮扶工作，感激之情溢于言表，老辛说："感谢党的好政策，感恩我们全家赶上了好时代，感谢何主任这样的好干部！"

一提起何主任，大口屯镇西南仁埠村的杨大姐也连说了几个"好"，说他是一个好干部、好同志、好领导。到底是怎么回事呢？原来，四年前，正是杨大姐一家的生活爬坡较劲的时候：丈夫体弱多病不能出去打工，孩子正在上学，杨大姐本人，还得长期照顾瘫痪在床的养父，没法正常务工，全家人只能靠杨大姐打打零工维持生活，日子过得紧巴巴的。

看到这些，何振伯主动与杨大姐家结成了帮扶对子，为她送来了鸡苗、饲料等，并带领他的团队帮杨大姐养起了蛋鸡。他还帮助她利用鸡粪养起了黑水虻，最大限度地增加她家的养殖收益，光这一项就让杨大姐家增加了不少收入。为了杨大姐家的养殖业稳步发展，他没少费心，什么时候鸡该做防疫了，什么时候用什么饲料，什么时候黑水虻该送货了，他都帮杨大姐料理好了。

巧的是，那一年的蛋鸡行情非常好，杨大姐一家也在这一年摆脱了贫困：孩子有钱上学了，丈夫的身体也越来越好，能够打工挣钱了。杨大姐激动地说："是他们让我树立了生活的信心，摆脱了贫困的阴影，更感受到政府对老百姓的牵挂。"

何振伯对接帮扶的宝坻区尔王庄镇尔王庄村困难群众孙师傅，孙师傅肢体残疾，不能正常劳动。与他相依为命的老母亲已经80多岁，患有高血压、心脏病等老年病，为老人请医问药让一家人的生活雪上加霜。全家的经济来源只有孙树林给工厂打零工的微薄收入，生活难以为继。

何振伯来到孙师傅家，跟他交流谈心，了解到他的困难和诉求。针对他的实际情况，不但从物质上帮扶，更在思想观念上、思路上、技术上进行帮扶，为其排忧解难，逢年过节还给他家送去慰问品，还为他申请了一辆轮椅，方便出行。孙师傅非常高兴，不住地感恩共产党的好政策。后来，孙师傅相依为命多年的母亲去世了，这对孙师傅打击很大，那段时间情绪很低落。得知这个消息后，何振伯找到孙师傅，与他交流谈心，劝导他、鼓励他，还给他带来生活慰问品。经过一段时间的沟通和帮扶，孙师傅的脸上又恢复了昔日的笑容。

牛道口镇因病致残的王大哥，也成了何振伯帮扶的对象。当他来到王大哥家时，看到王大哥家在这个村外的树林下养了一些散养鸡。王大哥虽然身有残疾却也还有一些养殖的技能，便产生了帮他渡过难关的想法。

他了解了王大哥的需求，并为他特别引进了 1000 只适合林下养殖的芦花鸡。该品种的鸡个体小，耗料低，产蛋率高并且适合林下养殖，并为他提供了新型高效饲料。他带领技术人员指导王大哥做好防疫、消毒、预防等生产管理，特别是针对林下养殖的特点，给予了精心指导。经过一年的努力，王大哥饲养的芦花鸡产蛋并获得了不错的经济收益，这也将他因病致残的愁容一扫而光，更为他坚定了养殖 的信心，让他看到了生活的希望。

丰收的喜悦

后来何振伯根据王大哥的情况，因地制宜，为王大哥引进了生猪新品种马身猪进行试养，很快就取得了较好的收益。这个案例也为调整产业结构，助力乡村振兴和脱贫致富增添了浓墨重彩的一笔。

像这样的鲜活的事例还有很多。何振伯根据困难户的家庭特点及自身能力，因户施策，进行接地气的帮扶，让困难群众收到满满的正能量，得到实实在在的收益。他还曾经帮助林亭口镇的一名贫困学生完成了求学梦。为了帮助宝坻区贫困村脱贫致富，他积极争取资金，在全区困难村中选定了 30 个蛋鸡示范养殖场，通过示范场的辐射带领周边养殖场户增产增效，为全面推动宝坻区困难村帮扶工作注入了新生力量。

帮扶得到的收获，让群众过上了好日子，也让何振伯非常欣慰。他在日记中写道："每当看到那些养殖户露出灿烂的笑容，我便由衷地高兴，更为一名基层技术人员所体现的价值，感到由衷的自豪。"2018 年 4 月 1 日，《今晚报》在新时代的奋斗者专栏以"养殖户心中的最美农技员"为题刊登了相关事迹。

锦上添花，乡村振兴谋发展

自提出乡村振兴战略以来，何振伯始终把"产业兴旺"作为己任，他深深懂得只有提高广大养殖户的科学文化水平，才能实现农村美、农民富。科学技术是第一生产力，只有先进的技术、优良的品种才是农民致富的根本，才是产业振兴的关键。因此，他根据工作经验和平时的积累，先后推广了犊牛、羔羊高效健康养殖标准化生产技术、肉鸭养殖与疫病防控技术、小反刍兽疫防控技术等二十余项养殖技术，并引进了京白一号、北京鸭、黑水虻、澳洲白绵羊等十余个养殖新品种。他还结合国内外先进理念编制技术手册，把晦涩难懂的农业科技知识改用通俗的语言介绍，把最新的养殖技术变成一张张让困难户看得懂的"明白纸"。同时根据困难户的技术需求，组织多种形式的培训班，聘请临床经验丰富的专家、教授进行授课，利用科技赶集、科技下乡、入户指导、新闻媒体等丰富多彩的活动形式，全面提升养殖户的生产水平，带动老百姓养殖致富。在进行农业技术推广的同时，他多方协调联系，想方设法拓宽广大困难养殖户增产增收的渠道，打造宝坻区畜牧品牌、提升影响力、促进农民增产增收。

他帮助养殖场申请注册"宝坻土猪"地理标志证明商标，这是一个地区象征性的"名片"，对提升地区知名度、保护优质特色产品和促进"宝坻土猪"特色行业发展有着重要的意义。地理标识的申请注册可进一步提高"宝坻土猪"的品牌附加值，从而提高养猪经济效益，达到促进农民增产增收的社会效益。

助力乡村振兴，为基层技术人员和养殖户进行养殖技术培训

在服务养殖户的过程中，他深刻认识到品种是提高经济效益的关键。通过一段时间的调

提升养殖水平，助力养殖增产增效

研摸索，他为肉羊养殖户引进澳洲白绵羊新品种，并在全区肉羊集中区域进行推广养殖。这种羊体型大、生长快、成熟早、出肉率高，而且抗逆性好，耐热、抗寒，新生羔羊成活率高，板皮质量和羊肉品质方面表现突出，饲养成本低，易管理。澳洲白绵羊的引进，改良了当地的肉羊品质，进一步调整了肉羊产业结构，全面提升了肉羊生产能力。

每当何振伯来到养殖场，看到养殖户脸上丰收的喜悦，他更深深感受到农业技术推广人员肩负的社会责任，体会到"幸福都是奋斗出来的"深刻内涵。2018 年 3 月 24 日的《天津日报》在"新时代是奋斗者的时代"专栏以"把农科知识变成一张明白纸"为题刊登了他的相关事迹。

何振伯的努力得到上级和农民的高度认可，他先后被评为"天津市宝坻区科普惠农兴村带头人"，荣获"第 27 届天津市科技周活动优秀组织者"称号。

牢记使命，忠诚担当守初心

作为一名共产党员，一名全区动物疫病防控部门的负责人，何振伯非常注重全区重大动物疫病防控工作，无论是从人畜共患病如布病、结核病的防治，还是突发的小反刍兽疫和禽流感等重大动物疫病的防治，他都身先士卒、勇挑重担，时刻牢记入党时的铮铮誓言，用自己的实际行动擦亮胸前的党徽。

　　2013 年 3 月底，国内发现首例 H7N9 亚型禽流感的确诊病例，临战的警报拉响了。区各级领导高度重视，因为宝坻是京津地区农产品的主要供应基地之一，如果宝坻出现此类事件，后果很严重。作为动物疫病预防控制中心负责人何振伯深知这一点，因此，他第一时间组织带领相关人员对养殖场进行疫情排查监测，起草了《宝坻区防控动物 H7N9 禽流感应急预案》，并由区政府下发给各镇街及相关区直单位，同时认真做好宣传引导工作，开展多种形式的防控禽流感科普知识宣传，积极向各镇街和兽医站发放宣传材料 1800 份。

　　自国内发现 H7N9 亚型禽流感感染病例以来，何振伯时刻关注疫情形势。2013 年 4 月 15 日晚，他接到反馈：宝坻区林亭口镇邢各庄村村民王某家中养的几只鸡出现异常情况，他立即赶赴现场进行核查。原来，王某家中母子二人，儿子在外打工，刚返回家中，发现母亲饲养的几只鸡有发病症状，儿子在外打工时听说人能感染 H7N9 亚型禽流感，由于害怕紧张就打 110 报了警。经核查，排除了 H7N9 疫情隐患。何振伯向他们讲解了家禽疫病防控知识，提升了老百姓对 H7N9 亚型禽流感的认识水平。像这样的事例还有很多，何振伯始终坚守在动物疫病防控最前线，保持"5+2""白 + 黑"全天候随时待命的状态，保障畜牧业健康发展和维护社会稳定。

　　防控禽流感期间，他带领疫控中心的同事们放弃节假日，加班加点，毫无怨言。对每起举报事件，他都会带领技术人员第一时间赶赴现场进行核查、诊断、采集样品，紧急开展流行病学调查，并对采集的样品进行紧急检测，对死亡动物进行无害化处理，并将检测结果第一时间向外界公布，从而消除群众的恐慌心理。经过努力，H7N9 亚型禽流感防控工作取得了阶段性胜利，何振伯圆满完成了各项工作任务，维护了社会的稳定。

　　前几年，全国多省市爆发了小反刍兽疫疫情，宝坻区的存栏羊只也受到了严重威胁，他紧急调运小反刍兽疫疫苗，并对全区存栏羊只进行了紧急免疫，确保了区存栏活羊的安全，避免了输入性病例的发生，保障了人民群众财产的安全，因此，何振伯成了全区广大养殖户心目中的"保护神"。

　　多年的努力拼搏得到领导以及百姓肯定的同时，何振伯也清醒地意识到，当前国外动物疫情情况比较复杂，毒株变异较快，相邻国家时有重大动物疫情发生，直接威胁我国的畜牧业健康稳定的发展，随时都有暴发疫情的可能。宝坻区与河北省的玉田县、香河县交界，畜禽交易流通较频繁，存在畜禽疫病发生的隐患，发生疫情风险很大。为整体提升全区的动物疫病防控能力，他积极争取上级支持，建成了宝坻区重大动物疫情应急物资储备库。应急物资的储备量直接影响宝坻区对突发重大动物疫情的控制效率，大量的应急物资储备有利于缩短突发重大动物疫情时应急物资采购时间，能够使得控制疫情的间隔时间大大缩短，又可以直接运往突发疫情的镇街，减少应急物资的调拨和运输成本。一旦发生疫情，储备物资能及时足量分发到重大动物疫情疫点，及时有效地控制疫情发展，将疫情风险降至最低。

建设应急储备库，从最初的论证、考察到后来的全面使用，无不浸润着何振伯辛勤的劳动与汗水，特别是赶上阴雨天气，他都会出现在建设工地，直到各种材料设施设备全部处于完好的状态，他才放心地离开。即便炎炎夏日，也无法阻挡他的脚步，他的背影总会出现在建设工地上。

宝坻区重大动物疫情应急物资储备库的建成，对确保全区不发生重大动物疫情和维护社会稳定起到了至关重要的作用，整体提升宝坻区重大动物疫病防控物资的储备能力，快速提高了宝坻区突发重大动物疫病的控制、扑灭的反应能力，稳定宝坻区畜牧业持续、健康发展，确保了宝坻区不发生重大动物疫情和重大动物食品安全责任事故，促进农民增产增收，维护社会稳定。同时它的建成也标志着宝坻区动物疫病防控硬件设施已步入全市前列。储备库的建成得到了市畜牧兽医局领导和农业农村部相关部门领导的充分肯定。

2018年8月，中国发生了非洲猪瘟疫情，疫情蔓延开来，波及全国绝大多数地区。何振伯深感疫情防控形势的严峻，一方面立即组织技术人员对全区开展全面巡查、排查，特别是对生猪养殖场全覆盖，加强指导开展消毒工作，另一方面组织相关技术人员编成应急小组，日夜坚守、随时待命。

不久，本市出现疫情，与疫区相邻的街镇都处在受威胁区。疫情就是命令，何振伯立即投入到防控工作中。他放弃节假日，无论是风雨交加，还是烈日当空，他都带领技术人员深入一线，对相关区域进行全覆盖摸排、采样、消毒等。10月份正是暑气未消的时候，他穿着厚厚的防护服、鞋套、手套等，汗水都浸透了衣襟，他和技术人员一直在这样的环境中坚守着，一个地方采样结束后，做好全面彻底的消毒工作，就立刻奔赴下一个采样区域。渴了喝口水、饿了啃口面包，又接着继续到另一个地方开始非洲猪瘟疫情摸排、采样、消毒等工作。就这样坚持了一个多月的时间，何振伯用他的努力换来了疫情的稳定和养殖户的平安。

又一波疫情袭来，宝坻区防控形势更加严峻，何振伯带领团队成员立即奔赴防控最前线。此时正是初冬季节，夜间气温更低，一阵冷风袭来，不禁让人感到冬天的无情，他和技术人员没有停止工作，他们的工作热情化作了为群众的利益冲锋的无穷的动力。

他们中间有的人员刚刚参加工作，但看到何振伯那执着的身影和坚守的信心，都备受鼓舞，大家纷纷冲在一线，把保护养殖户的利益作为自己的使命，用自己的担当精神和职业操守，为养殖场户筑起一道钢铁长城。

在防控期间，无论何时，只要有异常情况，他都带领技术人员第一时间赶赴现场，调查核实，及时引导舆论导向，消除老百姓的恐慌心理。他以对工作的执着、对人民生命财产安全高度负责的精神，用自己的忠诚担当和实干的作风，诠释着一名基层科技工作者为民服务的初心。

何振伯这种默默无闻、甘于奉献的工作作风和实干精神得到了各级领导以及百姓的充分肯定。在他的带领下，区疫控中心被农业农村部评为"全国农业农村系统先进集体"。

而这肯定的背后，是太多的辛酸和无奈。何振伯是十里八村有名的孝子，可自古忠孝不能两全。在防控非洲猪瘟的紧张期，正赶上父亲因严重心脏病在市里连续两次住院，何振伯却不能在病床前尽孝。一面是涉及全区人民食品安全的大事，他又是疫情防控主要职能部门的负责人；一面是作为家中的长子，老父亲病重，随时可能出现生命危险。两难之间，他选择了工作，只能将照料的重任交给姐姐和弟弟，而他只能利用晚上的时间陪护，第二天早上还是调整心情，全力做好猪瘟防控工作。整整两个月的时间，他一直是在紧张、焦虑中度过的。紧张宝坻的非洲猪瘟疫情防控出现问题，焦虑家里人打电话说父亲的病情严重……而这一切，他都在默默承受，没有告诉任何人，只是在后来无意中说漏了嘴，单位才得知这些情况。

无惧风险，守护生产链顺畅安全

2020 年初，新冠肺炎疫情来势汹汹，这又是考验一名党员干部的关键时刻。毫无悬念，何振伯再一次挺身而出，投入到艰苦卓绝的抗疫斗争中，并且始终冲在疫情防控一线。

疫情发生后，他深知在这个时期肩负的重任——严防动物疫情，不能让动物疫情与新冠疫情形成叠加影响。为此，他积极组织人员在全区范围内开展禽流感、口蹄疫、布病等动物疫病及人畜共患病的巡查、免疫、监测与消毒，并针对当前动物疫情形势，积极订购调运疫苗，对畜禽进行强化免疫，提高免疫效果，从源头上做好动物疫情管控。尽管当时新冠疫情防控形势严峻，尽管当时农村已经出现了确诊病例，但他仍然无惧风险，带领疫控中心全体职工深入一线，排查异常、加班加点完成禽流感、布病等的检测、数据统计分析、及时提出预警预报，为全区动物疫病防控工作提供有力的技术支撑。

在新冠肺炎疫情防控期间，何振伯带领着他的团队从动物疫病防控角度出发，及时编写防控明白纸，以微信接力棒形式第一时间发放到养殖户手中，积极宣传新型冠状病毒肺炎与动物疫病防控知识；指导科学饲养管理；采取有效措施做好自身防护，防止疫情的传播。

疫情期间，全区建立了村庄社区、城区和省际三级卡口。这三级卡口虽然全面阻断了新冠肺炎疫情的蔓延，却也给畜禽产品的饲养和销售带来了大问题：外来车辆进不来，农户的车辆连村都出不去。怎么办？"饲料运不进来，我家的猪要饿死了！""我家的鸡要是再不卖出去就赔钱了！""我家的农产品卖不出去了，急得我嘴上长了泡！"一个又一个的新问题接踵而来。

"有困难找何主任！"就这样，何振伯再一次成了大家的主心骨。无论认识的还是不认识的，也不论是他分管的还是不分管的工作，只要找到他，他都尽自己最大努力去解决，将农户的损失降到最低。他总说："农户们太不容易了，一年到头起早贪黑地忙活，能帮的尽量帮。"

林亭口镇账房鄯村有一个养殖户家里的肉鸡要出栏，赶上疫情卖不出去，全家人着急，不知如何是好。何振伯了解情况后，帮他找到一个屠宰场，又让这个养殖户自己对接了一个买鸡的客户。因为宝坻是疫情防控的重要地区，买鸡的车不愿意来。他又帮养殖户多方协调，最后解决的办法是：买鸡的客户开着车到指定位置，并做好消杀工作，再由养殖户将买鸡的车开进村里，将鸡装好后再做一遍消杀，交给买鸡的客户。就这样几经周折，最后终于将这个养殖户的鸡卖了出去。

方家庄镇有一个生猪养殖户打来求助电话，说他家的猪饲料用完了，他经常加工饲料的那个村不让进，问何主任能不能帮他协调一下。何振伯帮他联系这个镇的相关部门。最终的解决方案是：让这个养殖户自己拉着原材料，到他经常去的加工厂去加工，加工厂的主人与他不见面，用手机遥控指挥整个操作流程。就这样，100多头猪的口粮问题迎刃而解。

自新冠肺炎疫情防控以来，何振伯放弃节假日时间，不是在社区值守就是在单位待命。新冠疫情肺炎防控以来，宝坻一度按下了暂停键，但何振伯的工作一刻也未停，而且更多的时间是在加班，和时间赛跑。他说："生产的链条不能断，必须保证群众生命和财产安全！"

一天，他接到一个电话说："何主任，我是丁家套村的一个养殖户，我养了4000多只大公鸡，以前订了合同，但因为疫情对方不能履行合同，现在鸡料也快没了，再过些时候，鸡都要饿死了，您能不能给帮帮忙？"电话那端语气沉重，这也让他心里一沉。是啊，4000多只大公鸡养了快一年，这不是一个普通农户的一半家当吗？放下电话，他马上联系区内两家屠宰场，了解到两家屠宰场因疫情防控均未开工，他又联系两个批发市场，经营户都没有营业，这就难了。何振伯没有放弃，他积极想办法，一方面将信息发到朋友圈，另一方面将他的养殖销售信息发布到中国政府网的"菜篮子"供应信息查询小程序上。几天后收到了成效，陆续有朋友3只、5只地开始购买。他发动群众，自发地为其解决燃眉之急。就这样，20多天的时间，4000多只大公鸡卖完了，看着一只只公鸡都变成了一张张钞票，养殖户脸上洋溢着笑容。再后来，何振伯给养殖户打电话，电话里传来不断的感谢的话语和爽朗的笑声，那个养殖户说自己今年还要购进一批进行饲养，因为好多回头客都想到他那买大公鸡。当别人问他以后卖不出去怎么办时，他自信地说："有困难，找何主任！"

像这样的事不止一次两次。这不，因受疫情影响，史各庄镇杨庄的两个种植大户的萝卜出现滞销，再过一段时间就要全部坏掉了，这一年的心血就白费了。何振伯了解后，一边组织身边的党员干部爱心认购，另一方面通过朋友圈发布信息。就这样，不长时间，滞销的萝卜销售一空。这两位种植大户感慨很深，在村里逢人便说："有这样的党组织和党的好干部，我们任何困难都不怕。"就这样，何振伯带领他的团队再一次让老百姓在关键时刻深信党组织的强大和为民服务的情怀，更让人民群众看到，党旗在疫情防控的前线高高飘扬。

在新冠肺炎防控期间，初期有的企业一直在防控疫情，企业生产暂停，但畜牧业生产一天都不能耽搁，何振伯时刻牵挂着畜牧企业的生产。区内某企业因改制需要业务部门提供一些证明材料，以及为企业生产情况出具一些手续。企业办事人员来找何振伯时，何振伯了解情况后，本着特事特办的原则，组织人员到实地勘察后，及时帮企业整理上报材料，并按照相关部门的要求，出具了证明，帮助企业在规定的时间内完成了预定的任务。事后，企业负责人带领相关人员为何振伯所在单位送来了锦旗。他以担当为企业生产保驾护航，为企业打通了"最后一公里"的困难，为宝坻区创造了良好的营商环境。

何振伯同志在天津礼堂参加天津市劳模表彰大会

为确保新冠肺炎疫情防控期间畜牧业产销秩序正常，确保肉蛋奶等居民生活必需品供应链条持续不断，何振伯针对疫情防控初期畜禽产品运输通道的问题，积极与相关部门沟通，为养殖户协调办理《新型冠状病毒感染的肺炎疫情防控物资及人员运输车辆通行证》，保障畜禽产品及时运抵生产端和消费端；同时将饲料纳入应急运输保障范围，满足畜禽养殖企业的饲料需求，避免畜禽"断粮"影响生产和供给，保障全区生猪、家禽等正常生产。针对疫情防控初期产生部分鸡蛋及肉鸡滞销问题，何振伯积极协调相关部门，打通畜禽产品滞销渠道，解决宝坻区畜产品滞销问题，保障了养殖场户的利益。同时他还继续着力抓好畜牧业稳定生产和畜产品供给，为畜牧产业健康发展和社会稳定提供保障，为打赢疫情防控阻击战提供了有力保障。因此，何振伯在宝坻区抗击新冠肺炎疫情表彰大会上被授予"宝坻区优秀共产党员"光荣称号。

习近平总书记说过："伟大出自平凡，英雄来自人民。把每一项平凡工作做好就是不平凡。"何振伯正是用自己平凡的工作方式践行着"守土有责、守土负责、守土尽责"，成为百姓心中最温暖的那道光。他先后荣获"全国最美农技员""第四批全国岗位学雷锋标兵""神内基金农技推广奖（推广人员）""全国科技助力精准扶贫工作先进个人""天津市优秀共产党员""天津市优秀科技工作者""天津市最美农技员""天津市五一劳动奖章""天津好人"等荣誉称号。在他的带领和付出下，他所在的单位也先后荣获"天津市工人先锋号""天津市青年文明号""宝坻区三八红旗集体"等荣誉称号。

"雄关漫道真如铁，而今迈步从头越。"这么多年，何振伯始终坚守着共产党员的信念，坚守在畜牧业前线，兢兢业业、无私奉献，为畜牧业健康发展，为人民身体健康和财产安全贡献着力量。2021年，正逢"十四五"规划开局之年，也是伟大的中国共产党建党一百周年，在这特殊的历史时刻，何振伯再次下定决心，他将以饱满的热情和昂扬的斗志，不忘初心、牢记使命，用自己的汗水和智慧为祖国繁荣昌盛谱写新的壮丽诗篇！

天津市劳动模范 李少东

忠诚本色的警营骄子

　　李少东的人生宛如雄浑的乐章，多次经历从军旅到警营的铿然变奏。第一次是恪守不移的忠诚，第二次依然是忠诚，但更加跌宕起伏，变幻无穷。乐章在凝练中升华，灵动地融入宏大奏鸣曲、交响乐，响遏行云。最初的主题曲式不断复现，淋漓表达了对忠诚执着坚守——那是军旅中经历的1000多个日日夜夜，砥砺意志品质、强化作风养成、感受深厚传统；那是从警走过的27度春秋，有过生死关头战胜凶顽的英勇，倾洒出卫士秉德无私炽烈的真情。相伴款款的雨、柔柔的风、溽暑酷寒、不可名状的天籁，承受忧患如磐的沉重，坚实脚步走过漫长里程。李少东和战友们扣人心弦的忠诚，是对习近平总书记"训词"庄严的回应。是谁赢得警营骄子的赞誉？那情境，恍若风雨后乍现彩虹，又像大剧片花般闪现叠映。世人皆知出自岳美中老先生手笔的楹联："无情岁月增中减，有味诗书苦后甜。"楹联内容颇耐人寻味。谁给这幅哲理深深的佳联添注新时代的豪情？先排列一组简历作为序曲，思辨岁月究竟是减还是增？品味是苦还是甜？到底是有情还是无情？

李少东，1990年3月至1993年4月在中国人民解放军某部队服役，退伍后通过天津市公安局招警考试，成为一名人民警察，开始人生乐章的变奏。1993年4月至2012年7月，李少东先后在公安宝坻（县）分局牛家牌、南仁孚、大口屯、新开口、海滨派出所工作，历任民警、侦查员、科员、副主任科员、副所长、所长。2012年7月至2018年3月任分局副调研员、后勤保障科科长、主任。2018年3月起担任治安管理支队党支部书记、支队长。岁月有情，记载下他担当使命，忠诚履职，屡获殊荣。

在2001年，李少东被天津市公安局授予"人民满意优秀公安民警称号"；2005年被推选为宝坻区第一届青年联合会委员，在第一届十杰百佳评选活动中被授予"十佳青年"荣誉称号；2007

李少东荣获2020年天津市劳动模范称号

年被授予宝坻区精神文明先进个人；2009年被公安宝坻分局评为优秀科所队长；2011年2月获得天津市优秀基层领导干部称号；2012年被公安宝坻分局评定优秀党务工作者；2013年4月荣获天津市公安局"五一劳动奖章""天津市模范公安基层领导干部"荣誉称号；2020年9月被授予天津市优秀共产党员称号；2020年10月被授予天津市劳动模范。李少东荣立二等功2次、三等功3次、2次获得优秀人民警察称号。在专项集中统一行动中，多次被市局、分局嘉奖。他不计个人名利，建功立业人生乐章便进入大美无垠的化境，即使负重前行，即使面临险情，抑或是生死考验，也会毅然前往，永葆忠诚本色。

挺身历险，战胜凶顽

凶险来临的前夕，是没有任何征兆的，身在基层的李少东有这样的感悟。或许在一些人的心目中，基层民警深入村镇城乡，社区里巷，走街串户，工作节律闲适而轻松。事实上，他们是在执行任务，在密切接触各界群众、与群众倾心交谈中，获取社情、警情和形形色色与案件相关的线索；核对统计户籍变化资料；了解需要帮扶的困难家庭；搜集刑满释放人员住址和现实表现；查找消除治安安全隐患；在暖意融融的氛围中适时跟进安全防范宣传教育等，这些琐细纷繁的工作，公安统称之为基层基础工作。这样的工作节律有时很像白居易在《琵琶行》中描写的那样：大弦嘈嘈如急雨，小弦切切如私语，嘈嘈切切错杂弹，大珠小珠落玉盘。基层基础工作舒缓有致，效益很大，仅"提线破案"这一项，当年身在基层的李少东和战友们报送的各类案件线索难以计数，据此破案率飙升，长期稳居分局前列。但"琵琶行"不都是婉约细腻，更有"银瓶乍破水浆进，铁骑突破刀枪鸣"。好多警察出警都遇到过特殊险情，但他们都义无反顾地挺身向前，李少东时时面临这样的"邂逅"。

有一天，李少东在大口屯派出所值班，处理完几起警情，已是皓月当空。正当他准备休息的时候，红色的警备电话骤然响起。这么晚打来的警备电话应该不会是小事，李少东急促地抄起电话。果然，电话里传来友邻公安机关同志急促的声音："我地发生特大纵火案，现场惨烈，正集中警力施救。已知作案嫌疑人两名，刚刚抓获其中一名，拒供犯罪动机，正在突审中。现在确定另一名嫌疑人是你辖区人，20多岁，姓名不详，刑释人员，曾有重大犯罪前科。案发后搜捕未果，已向宝坻区逃窜，请求速派警力协助抓获，其体貌特征是……"李少东在接完警备电话后，与训练有素的同班民警刘金城研判：嫌疑人应是辖区刘某，服刑十余年刚刚释放。二人马上备齐出警装备，操枪在手，冲出值班室。在警车呼啸出警途中，李少东向所领导、局领导报告警情，为防不测，请求调派警力支援……得到领导回应，李少东示意司机沿青龙湾河北堤直驱刘某家，凭借熟悉辖区的基础，很快找到刘某家。刘某养父满脸懵懂，说刘某刚回过家又急急慌慌走了，并提供了刘某在外租住，但并不是确切地址。返回途中，李少东和当班民警通过隐蔽渠道，很费一番工夫，获悉刘某在大口屯镇西租住的准确地点。

通宵未眠，黎明前天光还有些暗淡，整夜吟唱的草虫歇息下来了，远近犬吠汪汪，雄鸡报晓。李少东丝毫未感觉到晨风的凉意和饥饿，与刘金城潜行到刘某居住的地方。映入眼帘的是破败的房舍，颓圮的院墙不足一米高，院落荒草丛生。近前侦察，发现人在西屋，东屋胡乱存放着杂物。两人商定，李少东由正门突入，刘金城绕到后窗下，以防其受惊后跳窗逃跑。按计而行，刘金城绕去后，李少东轻轻拨开堂屋门闩，未料作案后惊魂未定的刘某不在昏睡状态，已有警觉，从堂屋窜了出来，妄图夺路而逃。当听到李少东惊雷般的阻逃喝令，突然从身后扬起一枚手雷，咆哮着直抵李少东胸部。李少东一眼认出这是军用手雷，已打开保险栓，按簧启爆杀伤范围半径可达 8 米——在手雷抵胸瞬间，李少东已用子弹上膛的手枪顶住刘某前额。此刻，时间仿佛凝固了，刘某在李少东威严喝令下，冷汗直流，面颊痉挛，目光闪现不甘就范的绝望与疯狂。他嘶哑地叫嚣："放我走，要不咱俩一块死。"李少东用枪口点戳着刘某，朗声道："怕死我不当警察！你只有立即中止犯罪，减轻罪责才是唯一选择，想想你的老娘吧……"正当李少东镇定自若，运用查缉战术施以心理攻坚时，情势陡变——朝阳负重似的越出地平线，天光大亮，矮墙外是通向镇中心的小径，赶集的、下田的、上学的人多从这里抄近路穿行，他们不清楚看到的"对峙"场面是怎么回事，纷纷聚拢过来围观。对峙状态中的李少东眼睛余光看到这一切，心底猛然掀起一道惊涛骇浪，他担心亡命之徒孤注一掷按爆手雷，伤及无辜群众！李少东遂用左手掌轻轻向后摆动，令战友们和围观群众撤离。刘某见人群后退，猛然拔步蹿了出去，逃跑速度极快。但他低估了李少东的应急反应能力，还有他三年军旅岁月每天负重越野长跑五公里练就的功夫，任由刘某借助大口屯镇磨盘街七拐八折，怎么也逃不脱李少东视线。此时，李少东心情反而放松了，因亡命徒按爆手雷炸伤围观群众风险少多了，李少东想将其撵到空旷处，以零风险击伤后擒获狂徒。为摆脱追捕，刘某跳入屠宰场齐腰深的臭气熏蒸的污水渠，爬上陡坡。紧追上来的李少东毫不迟疑地跳了下去，跃到对岸，直逼得刘某慌不择路，一头扎入厕所。李少东轻舒一口气，在 20 米外举枪瞄定厕所。只要狂徒漏出一拳宽的身影，他自信可以首发命中！突然，警车呼啸，警笛嘶鸣，增援警力驱车而至。强大阵容直惊得刘某手足无措，体似筛糠。趁其精神几近崩溃之机，李少东和增援警力冲进，硬生生摁住刘某持雷手腕，锁住咽喉，闪电般夺下手雷。擒凶告捷！友邻警方极为感动，热词致敬赞佩，通告此案恶劣情节为雇凶纵火。

李少东在那生死攸关的惊险时刻，面对疯狂正义凛然，向死而生，镇定沉着，被目睹一切的群众称颂为"警营骄子"，永久地在战友和辖区群众心中定格。据传，当年有个爱好文学的女孩在作文课上写过《李少东——警营骄子》。李少东的事迹，曾滋养过那个时代青年一代纯净的心灵。

军旅淬炼，光大传统

李少东身材挺拔，面貌俊朗，清亮的眼神里满是沉稳和热忱。交谈中，让人感受到他说的每一句话都发自内心。他精明干练，工作严谨，思维缜密，举手投足间，无形中使人感受到被他强大的气场所笼罩。有从院校分来的青年民警问李少东："您从警最大的助力是什么？"李少东不假思索，慨然答道："得益于近三年的军旅生活，更有警营不断开展的主题教育活动，明确树牢宗旨信念。特别是习近平总书记所说的训词内容，是我们现实和未来取之不尽、用之不竭动力之源。谨遵训词，一定不要忘记传统，真正理解践行初心使命。政治建警、全面从严治警永无止境。是的，军营不仅磨炼人的意志，一点一滴养成良好作风，更陶冶政治品质，能使我们树立正确人生价值观。"讲起军旅经历，李少东表情凝重，思绪飘到20世纪90年代初期山西大同，那里是他在中国人民解放军炮兵某部通讯连服役的地方——

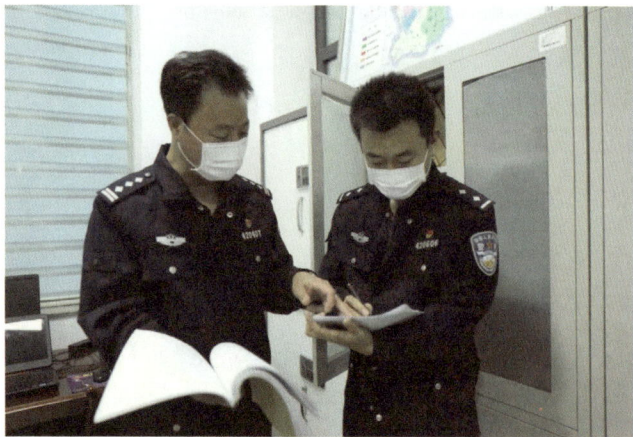

李少东指导专班人员研究疫情防控工作

那大山环护的平原，那淳厚别样的人文风情，那取之不竭的煤炭，那昼夜温差较大的气候，甘甜流蜜的瓜果，优美的民歌旋律，连同三晋传奇，永驻记忆。

还有当地群众源远流长的拥军传统，胜似天高地厚的军民鱼水情……这些都成为李少东记忆中永不消逝的美好内容。最难忘却的是日常训练科目：背秘语。所谓秘语是一组组阿拉伯数字，每一组数字都有与之相对应的汉字。从入伍到复员，除参加常规的军事训练，李少东的主业就是不停地背秘语，在营地背，在野营拉练途中背，甚至在梦中也背。一点不夸张地说，李少东在被子里打着手电强背，直背得一头浓密乌黑的头发变得稀疏。练为战，只有背熟了，才能在实战中熟练应用。他们使用的通信器材，是电影《英雄儿女》中王成身背的俗称步话机的电台，重量达24公斤，李少东和战友们就用这个互相在一定距离内用秘语通话、翻译。依据当时科技条件，如果爆发战争，战场上就要靠这个通讯联系。冬季山西雪大，大雪封山，漫天遍野皆白，他们背着步话机，在三晋平原，在太行山岭演练。当体力达到极限的时候，便在心中默唱《英雄儿女》插曲，浮想王成舍生忘死的忠诚，激发永不掉队的坚定。冰雪消融的日子，每天训练内容还是不停地背秘语……讲述中，李少东从青年民警脸上看到不满足。于是，他讲老排长讲过的老排长，真实的故事令人动容，这些在和平年代必须传承下去。他在军旅中，确实没有遇到过惊险激烈的场面，没有经历过硝烟滚滚的自卫反击战。然而正是看似单调、枯燥、乏味的军旅经历，为李少东生命注入坚忍顽强的阳刚之气。他一直坚信军旅经历是一道壮美的风景，要传承给从警人生。他有这样一个习惯，无论睡得多晚，总会在黎明时分准点醒来，有同事问他这是为什么，他笑答："朦胧中总是在这个钟点听到嘹亮军号声，我这该不会是幻觉幻听吧？"李少东的幽默，笑亮了黎明的风景。战友们赞许他对军旅的一片深情，感叹这当过兵的人真的不虚此生。

当被问起那次历险场面，李少东动情地说："多亏在部队严格的军事训练，我在追捕途中没有贸然开枪，否则，这种杀伤力很强的手雷一旦被引爆，在八米半内，很可能会伤及路边和街心群众；也多亏了部队训练，我和战友们从歹徒手中夺下手雷后妥善处置，未发生不测。"

在部队常年背秘语的特殊训练，养成李少东严谨的工作作风和过目不忘的记忆能力。时间回溯到1997年春的一天，当时在大口屯派出所当民警的李少东到各村例行核对户口，发现辖区某村一户人家情况有异：这户人家怎么只有三个未成年的孩子？大姐李倩、二姐李音、小弟李雄均未成年，其中李雄年仅6周岁。他们的父母呢？经核实，他们的父母已分别在1996年前相继去世。经与管片民警赶到李家，李少东发现三个孤儿果然是孤苦无依，衣衫褴褛，靠好心的乡邻周济饥一顿、饱一顿度日。姐弟三人所住的三间房屋破败不堪，空荡荡的院落杂草丛生，低洼处积着雨水，没有院墙……由此，李少东与一茬又一茬大口屯派出所民警们演绎了感动人间的铁骨柔情：

从那时起，李少东和全所民警们每人每月捐款 50 元，凑齐送给李家姐弟，并按季节给孩子们送去御寒衣服。乖巧可人的小弟弟李雄该上学了，李少东将他送到学校，并为他和在校的二姐请求免去学杂费。大姐将近成年，李少东推荐她到乡办企业去上班。

小弟李雄至今仍记得，那天家里好热闹，隆隆开来四辆拖拉机，上面装着刚出炉的红砖，派出所民警叔叔差不多全来齐了，他们把砖和一扇厚重的铁门卸在院中，和泥、担水、砌墙、安门，民警们和请来的师傅很快砌好了院墙，安上了漂亮的铁门。两个姐姐望着忙碌的民警们，不停地抹眼泪。第二年房屋漏雨，又是李少东和民警们及时赶来，把三姐弟疏散到邻居家。天一放晴便紧张麻利地修缮好房子。

三姐弟永远不会忘记，逢年过节，当他们相拥哭成一团，想念早逝的父母的时候，李少东总会及时赶到，送来米面、鱼肉等过节的东西，想方设法哄他们高兴。李少东还多次找镇里管片民政的同志，为孩子们请领救济款。李少东经常专程看望三个孤儿，有时工作再忙再累也要绕道来看看孩子们，看看他们缺什么，问问他们有什么事情需要帮助。细心的李少东考虑到小李雄身体病弱，又在发育的年龄，便联系社会福利部门，将他送到市里儿童村生活了一段时间。后来李少东调往他任，交接工作的时候，特意向接任的其他同志托付三个孤儿的事。他将爱心传递，向新的管片民警嘱咐别忘了孩子们，多方关照尚未成年的小弟李雄。

融融春日，大姐李倩出嫁了，带走小弟李雄。二姐李音也在艳艳金秋与心仪的人喜结连理，日子过得都不错，民警们深深为她们祝福。三姐弟每逢从派出所门前走过，总要在大门前久久驻足，企望看到熟悉可亲的面孔。她们说："民警的恩情一生一世也报答不尽。虽然有的熟识，有的陌生，但他们都有一颗金子一样的心。"

李少东在部队时感受最深的是军民鱼水情，人民的情义山高水长，报答不尽。他忘不了当年在驻地拉练时，乡亲们纷纷拿出新铝盆、新棉被，腾出最好的房屋……军旅难忘，岁月沧桑，无论是当年的军民情，还是现在警民情，在李少东身上一脉相承，永远不变刻骨铭心的都是挚爱真情……

夏日清晨，阳光明媚亮丽，把校园操场横幅会标照耀得分外醒目。红色绸布上的个金色大字令在场的数百名师生心潮滚滚，泪光莹莹。弘扬雷锋精神，捐资助学献爱心——这场面是宝坻区新开口镇党委、政府组织的资助特困学生主题活动。新开口小学的女生莹莹父母身体不好，家境困难，李少东所长带头捐助 500 元，感召民警们纷纷捐助，累计 1800 元，还与 40 名家境困难的中小学生结成"对子"，常年竭力帮扶。莹莹在捐助仪式上的发言真切感人："我们接到派出所民警和社会各界的捐助，真切地感受到他们的爱心。感恩的情结将与我们相伴终身。激励我们这些家庭暂时陷于困境的孩子们好好学习，天天向上，以优异的学业报效祖国，以同样的爱心回报社会。" 莹莹的发言打动着现场的每一个人，时任新开口派出所所长李少东更是百感交集。

派出所民警义举令镇组委会工作人员深受感动。最初考虑民警们日夜忙碌，各自家境都不很宽裕，所以组委会工作人员没计划让民警们参与捐助活动。李少东闻讯，带领全所民警们以如火的挚情响应组委会活动，对家境困难的学生施以援手，他们的爱心正如初夏的阳光一样温煦——公安宝坻分局曾与 870 户困难家庭结对，帮扶故事灿若星云，赢得"善行宝地爱心帮扶政声凝大美，剑卫津门命案必破民意聚长虹。"的称颂，那是来自广大群众的心声，是对公安宝坻分局上千名"李少东"实至名归的定评。

永葆本色，一往无前

深秋清晨，李少东任公安宝坻分局警务保障处主任已两年有余。室内不染纤尘，窗外，阳光明丽、树影斑驳、霜叶如丹。多少个日日夜夜，在全新的岗位上，他比过去更细致入微，有条不紊地忙碌着。他虽没有干过刑警，老刑警却称他是"干家子"。他们清晰记得：2004 年 6 月，李少东通过调研发现辖区治安较乱，群众反应强烈，他对自己的工作提出了更高的标准、更严的要求。李少东上任伊始就组织警力集中行动，打掉了以赵某某为首的拦截出租车滋事案、杜某某等人持刀流氓滋事案、陈某某等十人聚众斗殴案，使辖区内的治安环境得到了根本改变。此外，他还先后参与了侦破于某某被杀案，杨某某、李某某、付某某、周某某杀人案等一大批恶性案件的侦破工作。仅 2007 年，李少东就为有关部门提供有价值的刑事案件线索 22 条，抓获逃犯 4 人，打击处理犯罪嫌疑人 21 人，破获刑事案件 27 起。在加大打击力度的同时李少东增加防范力度，每个村队都成立巡逻队，派出所建立联防队，由民警带领昼夜巡控，任期内分管辖区未发生变压器等农田水电设施被盗案件，并为企事业单位全部安装了红外报警器，真正把人防、物防、技防落到实处，给群众创造了良好的生产生活环境。

　　多年来，无论在哪个派出所，李少东都抓牢和谐平安的主线，就像老刑警称道的那样，无论打击、防范，还是管理都是一流的。他始终坚持无打不安、无防不稳。李少东在派出所任所长期间，辖区突发杀人大案。一名中年女性被人勒颈致死，并遭纵火焚尸。李少东率全所民警，积极配合责任区刑警大队投入侦破，经连续鏖战数日，终将此案破获。令李少东十分惊骇的是，杀人凶手年仅 17 岁。案发前，凶手找死者寻欢，因未带钱遭拒，便愤而将其杀害。另一起抢劫、强奸未遂案件发生在其他派出所辖区：一名考取东北某重点大学的学生上午刚接到录取通知书，同日下午便因暑期作案

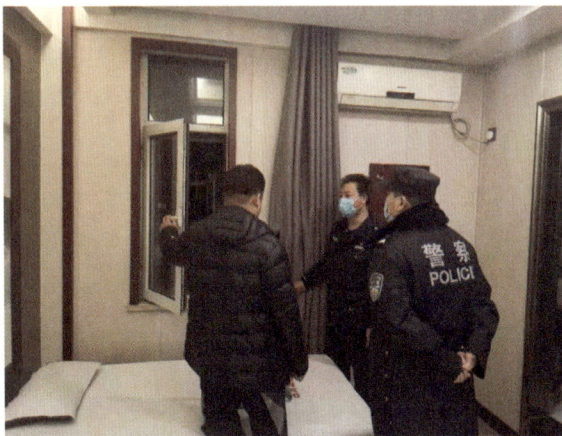

李少东带队深入辖区娱乐场所，对消防安全工作落实情况进行检查指导

被拘传。此案也让李少东痛心疾首。李少东认为，这两起青少年犯罪具有典型意义，网络色情、色情网站和其他不良引惑是他们走上犯罪道路的直接诱因。这些负面抵消了学校、家庭对青少年正面教育。后来，无论在警区工作还是走村串户、深入村队、企业、学校，李少东不止一次援引上述两个案例，与家长、教师、学生倾心交谈，就预防青少年违法犯罪问题达成共识，警示青少年远离网络色情、色情网站，远离非法传销等各种不良诱惑。在李少东心中，孩子是祖国的未来，是家庭希望之所系，也是家庭、学校、社会和谐平安、稳定重要内容，他为此奔波，不懈努力。他说："社区就像一个花园，我们要以辛勤工

作涤荡污浊，浇红洗绿，绝不能让花园棘莽丛生，杂草遍地；而要让百花争奇斗艳，绽放和谐。"有人问李少东何为本色，他答："本色本意指物体没有经过染色的原来的颜色。对警察而言，对人民群众报之以真情，心系千家万户平安，拒绝与警察职务不相称的所有诱惑，这就是我们的本色。"

李少东精心履职警务保障处，当天分局会后两小时内，他召集本科民警，就进一步加强警务保障服务基层提出五项具体措施，特别提出未来一旦发生重特大案件全科要在第一时间随警作战；全力投入分局对全区 870 户困难家庭帮扶活动。接下来听取搜集上来的各单位对机关食堂实行自助餐意见建议……李少东在警务保障岗位，每天来得最早，走得最迟，领导全处完成机关办公楼及附属楼维修改造，未使办公受到影响；他实地调研基层单位基础设施硬件建设、车辆现状、警用装备等，将点多面广、琐细繁杂的警务保障工作理出头绪，切实发挥警务保障系统效能，与政治处等职能部门先后出台公安宝坻分局财务管理办法、辅警管理办法、内务管理制度等十多项制度，制度一旦确立，坚决保证执行力度。警务保障工作井然有序，面对分局领导的肯定和基层民警的赞誉，李少东很淡然地说："干一行就要爱一行，工作都是大家干的，没有领导的支持、全处民警的合力，我什么都干不成。"李少东经过多年基层历练，由普通民警一步一个脚印干到派出所所长、警务保障处主任，每一步都迈得铿锵。

有人保存了李少东一张工作照，令人感慨不已——照片的环境背景是：海滨派出所外花木扶疏，树荫花丛中珠烁晶莹的晨露闪耀在明媚的阳光里，屋里院内都让人感到舒爽宜人。不足两小时，李少东先后麻利地调解完辖区两起治安纠纷，双方满意而去。接着李少东接待工商局 5 名联合执法同志，商讨近日内取缔非法传销相关工作，他对城区外埠传销人员居集点了如指掌，对如何查禁取缔及相关法律政策胸有成竹。间或有本所民警不时请示或汇报事情。虽然各项工作纷至沓来，但李少东忙而不乱、有条不紊。无论接待外面来人还是对本所民警，他最大的特点是言简意赅，工作效率确实很高。终于可以小憩片刻，李少东透过打开的窗扇，闻到院中花草树木潮润芬芳的气味，听到远方传来充溢柔情、略带感伤的歌声。歌声引起李少东共鸣，他表情变得那么沉郁，眉宇间锁住深深忧患。那张照片神情，让人联想起悠远的"进退观""忧乐观""担当观""穷达观"。

2020 年举国抗击新冠肺炎疫情，李少东被评为市级劳动模范。心绪复杂的李少东，他宁愿不得这荣誉，也不愿国家发生这疫情！抗疫鏖战，分局领导不也是一连数日没有回家吗？关键时刻，他们挺身而出。统筹全局的重负何止十倍于我！还有，分局队伍又有多少人在忠诚坚守，业绩累累，日夜鏖战在风中、雪中。我是在组织关怀和队伍激励下尽职尽责的……"这话是李少东含泪对老妈说的。

春节前后，他连续在单位值守三昼夜，刚迈进家门，就接到返岗迎战阻击疫情的命令。他拎出刚甩干的警服，立即出征。寒风中，警服像铠甲般坚硬。分局决定，李少东为疫情防控专班负责人，需时时与上级部门对接沟通，督导防控力量，确保各项防控措施落实到位。李少东昼夜鏖战疫情重灾区，第一时间率团队参与研究制定分局整体防控工作方案；制订方案 7 个、应急处置预案14 个；设置"卡点检查、社区村落封控、核心区安保"三道防线。

李少东带队对辖区宾馆旅店进行清理清查，净化治安环境

宝坻百货大楼聚集性疫情暴发，60 名确诊病例占天津市确诊病例的一半。李少东在疫情十分严峻形势下连续数日不休不眠，带领民警摸排了 16000 余人，推送涉疫人员数据 2000 余条次，兜清了确诊病例密接人员底数，确保人员摸排全覆盖、精准防控无死角，为全区的源头疫情防控工作提供了精准数据支撑。因隔离人数多，留观所刚刚启动，各项工作没有捋顺，他不惧危险，深入隔离留观所实地考察。凌晨时分，李少东多次接到防控指令，与同事一起核查涉疫人员轨迹，及时发布通报。同事们看到李少东身心疲惫，都想替他去隔离观察

所考察。李少东婉拒："有危险，我先上，都别争了！"听到这豪壮坚定语言，同事们知道阻拦不住这位老战士。李少东笑着安慰大家："放心吧，我扛得住。"虽是这样说，大家还是放不下心来，李少东的颈椎病、头疼症，需要常用药物维持。每天他总是最早一个起床，最后一个入睡。有一次，他忙碌半天刚想去用午餐，接到任务即刻动身，一直空腹到下午四点多。身教胜于言传，李少东那"疫情不消，我们不退"的热忱感染着每一名参战同志，大家一道深入百货大楼及周边地区、发热门诊、所有医学隔离观察所及林亭口等偏远村镇、社区，征求意见建议 100 余条，解决实际困难 60 余件，用心血为抗疫胜利奠基。

抗疫中的李少东心中有痛，连续 67 天 24 小时守岗在位的他，牵挂年过八旬曾患脑血栓的老母亲，只能由 80 多岁的老父亲一人照顾。李少东每天要接打几百个电话，翻开通话记录，却没有一个家人的号码，因为他可以休息的时候，肯定是凌晨以后了，这时他怎忍心再拨打电话？直到 2020 年 8 月，老母亲才跟李少东唠嗑："你爸身体出现了问题，浑身没劲，这种状况已经很久了，怕影响你工作，一直没敢说。"李少东拿到医院的检查报告，始知情况很不乐观，泪眼蒙眬。李少东老父亲手术住院 40 天后，同事们始知详情。原来老人手术和术后住院都是李少东由在外地工作的大哥陪护，李少东没有因老人病情请过一天假。老父亲做手术的那天是难得的公休日，早晨，他怀着难言的歉疚离开了医院，李少东只是利用周末的时间和大哥一起为老人办了住院手续，晚上下班去的医院，第二天早上即返回。李少

李少东带队深入辖区娱乐场所，就疫情防控工作落实情况进行检查

东真心想在医院陪护老人做手术，可是那天正好接到重要的抗疫会议通知，纠结的李少东最终还是毅然选择了按时赴会。

涵养正气，砥砺前行

李少东梦境中常会出现菜园四季风景，幽深的古井口布满绿苔，弃之不用的辘轳诉说着沧桑，散发着异香的艾蒿、清露浸湿的马兰点缀着小径。园中燕子呢喃，蝴蝶蹁跹，在父母精心打理下，应时的蔬菜绿得令人心醉，各种果实累累垂垂——那是三年前的暮春时节，李少东接任治安管理支队长职务，忙完交接事务后，公休日去看望父母。一如过去的习惯，他到大洼地区老家菜园转一转，听从教多年的母亲感时论事，述说人生，话语绵长。老人在简易石凳上坐下若有所思，望着青葱苗圃有感而发："不见其长，日有所增。""阳春布德泽，万物生光辉。"母亲告诫他："人的成长过程也应该是这样，不但要永远保持上进心，更应该有感恩回报的真诚。"母亲教诲李少东："你要听得进别人的意见，给老百姓多办实事，要保护善待你的下级，个个好好的，别让人家父母整天担心……"聆听母亲教诲，李少东身体站得很周正，视野中田园景色有些模糊了。

寒来暑往，雁去雁来，李少东担任治安管理支队长已三年。苏轼有云："人生到处知何似，应似飞鸿踏雪泥。泥上偶然留指爪，鸿飞那复计东西……"李少东任治安管理支队长的三年可不是雪泥鸿爪，有太多的情境融进警界时空，也为分局荣誉室增添了新的风采。他清晰记得任职初期局领导对他的切切叮咛，重点强调身在敏感岗位，对自身要高标准，严要求，确保队伍不出问题……局领导语声虽然很轻，但却让李少东心中滚动雷霆。

李少东在联想中凝思，母亲的叮咛和组织的关切意味着什么？治安管理支队管辖范围广、涉及业务多，李少东当然会意识到，无论哪个单位或哪个人出现问题，不仅仅是治安管理支队金粉震落的问题，更会让金色盾牌蒙羞！他绝不能让母亲寒心，绝不能让组织失望！李少东忆起在部队每周都要学军报，讲传统，经典语录刻骨铭心："可能有这样一些共产党人，他们是不曾被拿枪的敌人征服过的，他们在这些敌人面前不愧英雄的称号，但是他们经不起人们用糖衣裹着的炮弹的袭击，他们在糖弹面前打了败仗。我们必须要预防这种情况。"

李少东重温经典，用历史和现状对照解读，心中反复沉吟："我们必须要预防这种情况！拒腐防变应对考验，不仅仅是洁身自好，更要提振队伍士气，发愤带出一流的、忠诚干净的队伍，承担起日趋繁重的党和人民赋予的任务！"李少东深刻感受到习近平新时代中国特色社会主义思想内容的博大深邃，恪守初心使命深远意义，还有习近平总书记在全国公安工作会议上的讲话、训词，辩证唯物主义的世界观方法论，以及大量公安业务要领，这些都需要熟悉掌握，是应对各种严峻考验的法宝。李少东有自知之明，认识到不能以其昏昏，使人昭昭，要学习，要拿出当年背密语的精神。他开列出了书目和规定必学的内容，在"海绵中挤水"，刻苦攻关。在科学的道路上是没有平坦大路可走的，只有在崎岖小路上的攀登，不畏劳苦的人，才有希望到达光辉的顶点。有人问李少东工作那么忙怎么还有时间学习，李少东说："时间就像海绵中的水，你只要挤，总会有的。我干的就是平常的活儿。"

李少东2019年的年轮是如此细致、精致，那是分局多项考评对他的公正肯定，其中包括理论学习、公安业务、队伍管理等多项效能和技能。李少东以习近平新时代中国特色社会主义思想为指导，积极投入市局、分局组织开展的不作为不担当问题专项治理三年行动、"万兴三问"思考、窗口单位专项整顿及"忠诚为党，严守法纪""千名民警进十万家"等活动；警示、肃毒各类专项主题教育活动高效开展，不断加强和改进队伍党建工作，引导全体民警把初心和使命落实到日常工作生活中，率先垂范。

李少东以派出所改革为契机，对标新时代"枫桥式"公安派出所建设要求，推动创建"枫桥式"派出所，着力强化社区防范管理工作，主动探索服务群众、平安管控、化解矛盾的新举措、新路子；强化对境外人员、刑满释放、社区矫正人员、肇事肇祸精神病人、涉稳等特殊人员的管理稳控工作；紧紧抓住群众关注的突出治安问题，深化各项打击整治行动，为经济社会发展创造良好的治安环境；严打"三非"案件、涉黄涉毒违法犯罪行为，带领支队圆满完成了各项维稳安保任务。

李少东坚持以倡廉为本，把执纪如钢挺在前面，警惕"风起于青萍之末"，狠抓正风肃纪各项措施落实。他牢固树立以人民为中心的工作理念，积极开展窗口规范化建设活动，制定户籍窗口、出入境窗口业务考核机制，规范窗口民警服务行为，全年未发生队伍违纪现象，全面展现宝坻公安实心为民、担当作为，永葆队伍浩然正气，涵养民警磊落襟怀。他在抗击新冠肺炎疫情中顽强挺进，业绩累累，是宝坻分局先进典型。

李少东对违法犯罪勇于亮剑，对违纪腐败行为冰雪凛然，对朝夕相处的战友亲如手足，使人感到如沐春风。他知道每个人的身心负荷有多么沉重，他在勤学中以自己的体验思考：对"集中注意力资源损耗"现象应该缓释休整。他一般不阻拦弟兄们在内部发点小牢骚，放放怨声，发泄出来总比憋在心里好，但止于牢骚不能太盛。战友之间有些小龃龉，他说说笑笑间便做好调停，阴天很快转晴。有天早晨，通宵未眠的少东处理完尺许厚的案卷、文件材料，疲惫困乏袭来。他有感而发，脱口对同事说："我就不同意'自古忠孝不能两全'说法。古代交通信息传导是啥条件，怎能和现在相比？查查这话是谁说的，我要找他理论理论。""我们也可以做到忠孝两全。就拿老人做手术来说，手术时确实没陪护老人，可我提前联系托付好了，能说我不孝顺吗？有我仁厚心细的大哥在呀！"李少东在支队从来提倡外敬老、内孝亲，只要有空闲，就催促民警常回家看看，有时还陪着一起去。这段子传到同学群，他成了被调侃对象。有同学对他说："我给你查过了'自古忠孝不能两全'出处，至于你要找人家辩论辩论，我可没有'上穷碧落下黄泉'的本事，你到海上仙山去寻找人吧！"李少东知道，当时自己说这些话，是听到长辈说自己在老人手术时没在场。由此他特别重视对民警心理调解，做到真正关心、减压。

天地有正气，杂然赋流形。阳春白雪的意象，有如当前日臻完美的政治生态环境。李少东的业绩和他的成长过程，是宝坻分局也是天津公安队伍一个缩影。在李少东的述职和平常交谈中，既有存在的不足和今后努力方向，也有对成绩的陈述。这表明他"在崎岖小路的攀登上"参悟并应用了"否定之否定"等规律，学以致用，以期达到举重若轻。在天津公安队伍中，有成千上万的堪与李少东媲美的精英。

天津市劳动模范 李守敬

做像他们一样的人

童　年

　　1982 年，李守敬出生在河北省新河县的一户普通农家。当时村里刚把土地包产到户，那时有了地就等于一家人能吃上饱饭，粮食就是农村人的命。小时候，他的父母每天起早贪黑地在地里干活，姐姐在家看着他。1986 年，他们家盖起了新房，房子都是砖的，当时他家盖的是村里第二户全砖结构的房子，这是爸爸妈妈辛苦劳动的结果，村里人都夸他父母能干，会过日子。李守敬心想：等他长大了，要像爸爸妈妈一样成为村里的能人。后来爸爸每天去乡里帮工，回来就去地里干活。妈妈每天都在地里干活，靠他们辛勤的双手创造了家里的好日子。爸爸妈妈生活很节俭，那时家里的菜都是自己种的，猪也是自己养的，除了买些油盐酱醋，没有什么其他开销。他和姐姐也不闲着，背上爸爸亲手编织的小筐去地里给猪挑野菜。后来爸爸还买了羊，姐姐和他的主要任务就是每天放羊，挑菜喂猪，姐弟俩都想着：要像爸爸一样能干。

姐姐7岁时上了学，李守敬就像个小跟班一样也跑到学校去，在教室外听老师讲课。爸爸说有文化才能有出息，所以姐姐学习很认真，第一学期考试就拿了奖状，李守敬心里羡慕极了，心想等自己上学后也要得奖状。于是在姐姐上学走后，他就把奖状上姐姐的名字改成自己的名字，姐姐放学回来看到就哭了，他也因此挨了一顿打。爸爸说："想要奖状要靠自己去努力，就算改了名字，奖状也不是你的。"年幼的他在心里埋下了奋斗的种子：要靠自己得奖状。

7岁那年，李守敬也上学了，他感觉自己很了不起，已经是学生了，老师应该给奖状了。在学校里有好多小伙伴，大家都玩疯了。李守敬白天在学校里玩闹，放学后上树掏鸟，下河捉鱼，什么都干，甚至还和小伙伴们去偷他伯伯家种的西瓜。一人摘一个就想逃跑，被伯伯发现了，伯伯也没有批评他们，还说想吃西瓜来瓜地找他，不要自己摘，因为小孩子不知道哪个甜。农村人就是这样淳朴。

到了期中考试，李守敬傻眼了。因为考试的题他都不会，老师留的作业根本没有认真做，每天只想着玩。成绩出来了，没及格，李守敬鼓起勇气去找了爸爸妈妈，见到他们就哭了。爸爸没有责备他，妈妈把他拉过来说："你知道自己错在哪儿了吗？"他哭泣着说："知道，我没好好听老师讲课，也没像姐姐一样写作业。"妈妈说："知错能改就是好孩子。"后来他每天都认真写作业。要把成绩提上去，也很困难，一直到三年级他才拿到了奖状。当他站在讲台上领取奖状时，小手都在颤抖，他终于明白了只有付出才有回报。后来，通过自己的不断努力，他拿了很多奖状。上五年级时他当上了班长，上六年级时，他当上了全校的大队长。

少　年

李守敬是在乡中学上的初中，那时学校条件很艰苦，宿舍的门和窗户都没玻璃，床也是他爸爸套上驴车给拉去的。宿舍每个房间里住12个人，一张单人床上能睡2个人，大家挤在一起。不过，农村的孩子都吃过苦，就这样也感觉很快乐。

初中毕业后，李守敬在衡水市上了中专。学校里有很多专业，当时他想学机电维修，老师告诉他："机电维修毕业不好就业，不如学电脑，因为是高科技。"李守敬想了想，就跟着报了电脑专业。毕业后，很多同学做了打字员，每天面对电脑打字排版，李守敬不想去做这样的工作，学校也通知过他去出版社上班，他没去，因为他想学一门自己喜欢的技术，报的电脑专业他并不喜欢。他回到家，跟着老姨夫去工地打工，一天赚 100 多块钱。那时他在工地上 7 天就挣了 1300 元，回家把钱交给了妈妈。他对妈妈说："妈，我也和爸爸一样能挣钱养家了。"一次，他跟着老姨夫一起在工地上打桩，姨夫说："一栋栋高楼平地起，但是楼下的地基又有几个人知道它有多深？"这是老姨夫的口头禅，也在告诉李守敬这个毛头小子根基的重要性。在打工之余，他经常买些报纸看看，收集一些自己感兴趣的新闻和消息，因为工地上的工作好多都是临时的，干完今天的活明天就可能没活干，他想找一份能长期干的工作。

1999 年，经姑父介绍，李守敬到北京红星养鸡场孵化车间工作，当时他对这项工作什么都不懂。在车间师傅的带领下，他和同事们从消毒杀菌工作做起。因孵化车间闲着很长时间没有使用过了，所以要对车间进行整体清理消毒后才可以使用。经过 3 天的工作，车间被他们整理得干干净净，接着就是对孵化器进行检查和试运行，在这个过程中李守敬跟当时的车间负责人学到了很多应急处理方法和修理注意事项，并对设备的工作原理加深了了解。一周后，上游车间送来了第一批种蛋，他们对种蛋进行消毒后进行装盘转入孵化器。设备开始运行，重要的就是设备内部温度和湿度，所以要 24 小时监控设备运行。在设备运行 11 天时要对种蛋进行检验，查看是否是无精蛋，如果是就取出，不然到孵化后期就会变质。这项工作要求快速高效，时间太长会降低蛋的温度，所以一台孵化器、7 万枚种蛋要在 3 小时内完成检查。他们当时用的检验工具是手电筒，速度很慢，需要很多人检查，大家很忙，很紧张。第三天，李守敬拿了一台旧的电吹风机找电工进行了改造，把内部的电热丝取出，换上小电灯泡，这个小改动看上去虽然不起眼，但在后续工作中发挥了很好的效果，速度一下提升了40%。但是电吹风的小圆口速度快了会碰坏种蛋，李守敬又找了橡胶圈套在口上，这样既能快速照射检验还不伤鸡蛋。车间按李守敬的方法申请购买了 15 把电吹风机进行改造，提升了检验速度，车间当月就奖励了他 100 元，他心里特别高兴。

孵化到 19 天时进行落盘，将孵化器的种蛋转移到出雏器，7 万多枚鸡蛋转序只用了 2 个小时，第 20 天时，出雏器里叫声一片，21 天打开出雏器，全是鲜活的小生命。经过一个月，李守敬也学到了整体孵化过程的要领，同时见证了小生命的诞生。他记得老师说过一句这样的话："鸡蛋从内部打开是新生命的诞生，从外部打开就是一盘菜，同样是打开，但结果却完全不同。"在孵化车间工作了 6 个月，一场鸡瘟结束了他在北京红星养鸡场的工作。

学 徒

2002 年 7 月，经朋友介绍，20 岁的李守敬进入了坐落在北京通州区的一家民营企业。这家企业里有二十几个和他一样的外地打工仔，从事的都是变速箱装配工作。作为男孩子，他从小就喜欢机械类的东西，将一个个零部件组装起来，变成一台自走式小麦联合收割机的变速箱总成，心里很有成就感。他每天和同事们一起组装，通过几个月的学习，很快就掌握了箱体的各项装配流程和技巧，熟练到闭上眼睛也能保质保量地完成组装工作。

第一位师傅

当时李守敬的乐趣就是比拼看谁装得更好更快，好强的李守敬赢得了很多第一。当时他们这些打工仔吃住全在企业，上班过得很充实，可下班后就不一样了，除逛逛马路，聊聊天，就是喝酒睡大觉。这些小青年也不知道干啥，当时的老板把这些都看到了心里。

第一位师傅

2003 年 3 月份，李守敬的学徒之路正式开启了。老板是个老北京，很了不起的一个人，他很有理想抱负，他想把企业做大做强。国外很多大企业都有上百年历史，但在国内却是少之又少。他的心愿就是把自己的企业打造成国内一流的企业，打造国内一流品牌并且传承百年，这是他的理想。他是当时北京齿轮厂的厂长，退休后才创建了企业，在这个小企业里有好几位和他一样退休的老师傅都是老板的工友，这些老师傅们在老国企待了一辈子，练就了一身的本事，个个都是技术能手，而且这些师傅都是共产党员。李守敬的心中升起一团火，他也要成为一名党员，做像他们一样的人。当晚，李守敬就写了入党申请书。遇到这些老师傅们是他们这些农村孩子的机遇，在老板的组织下，他们这些农村孩子开始蜕变。白天上班，晚上学习机械制图和理论知识，由师傅们轮流授课。当时李守敬他们都高兴坏了，这样的机会第一次遇到，他们倍感珍惜。为了能让他们学到知识，老板还花钱买了机械制图方面的书发给他们，也正是因为有这样的好老板和好师傅，李守敬他们的人生才有了改变。那时，每周都会进行考试，看看大家是否学会弄懂了。李守敬说："那会儿，遇到不懂的题就去问老师傅们，有时赖在师傅屋里反复问，直到晚上 11 点多才走。"看到这些农村孩子好学，师傅们还做了很多模型，对比给他们看。

老师傅们非常认真，李守敬他们晚上学习了理论，白天在工作中进行验证，有疑问还可以去请教老师傅们。当时的学习打下了之后进步的基础，经过几年的积累，李守敬掌握了很多知识。李守敬总是这样说："我由衷地感谢老板，他是我步入社会的第一位老师，还要感谢教导过我的老师傅们。"

第一次服务

2003 年 5 月，"非典"暴发，那时正是用户使用小麦收割机的高峰期，公司销售的小麦自走式联合收割机变速箱是关键部件，生产进度的快慢直接影响麦收进度。公司组织了十几个服务小组奔赴一线，李守敬也是其中一员。麦收时间宝贵，农民们都排队等在自家地头，排队等着收割自家小麦，李守敬也是农村孩子，深知他们急切的心情。

当时公司的产品配套了好几个收割机厂，东方红收割机就是其中一家。由于变速箱换挡链接机构出现了批量故障，用户在使用时行走脱挡，严重影响收割机工作。用户认为是公司设计人员的失误，要求公司协助解决。李守敬和他的同事们对变速箱进行检查，发现问题应该出在整机换挡系统，服务人员处理不了，用户和整机厂都非常急。整机厂家技术人员反馈不是换挡系统问题，但是时间不等人，当时的东方红队长找到李守敬，让他一起去处理。李守敬经过现场测量，分析找到了问题点，将车开到村里的维修点，将换挡杆进行改造，经过半个小时的切割焊接，问题得到解决。队长就像抓住了救命稻草，开车拉上李守敬直奔下一个用户家，在他的车上，李守敬度过了三天，维修了 19 台东方红收割机。李守敬想，这样修下去也不是办法，得把修理方法教给服务队每个人，就这样，短短 8 天，他们用李守敬的方法对 700 台换挡机构进行了修复。服务结束后，东方红收割机厂家服务站专门打电话对李守敬进行了表扬。李守敬没有特别高兴，他心里想的是：自己要有师傅们的技术该有多么了不起，要向他们学，学一身过硬的本事。

第二次学徒

2004 年秋天，企业又来了一些年龄在 50 岁左右的师傅，他们是原北京收割机厂的师傅们。其中有一位孙师傅，他原是北联收割机车间的主任，被安排到李守敬工作的箱体车间任主任。孙师傅和蔼可亲，他对李守敬他们说："别喊我主任、主任的，就叫我老孙或者孙师傅就行。"孙师傅对车间生产箱体的流程进行了研究，重新制订了工作流程、装配顺序和激励方案，通过他的改革，车间产能从以前的日产 40 台提升到 100 台左右。这让他们这些农村孩子知道了：只有合理地排序和衔接才能提升生产效能。

孙师傅的本事远不止这些。2006 年，企业开始研发生产自己的新产品——自走式玉米联合收割机。怎样生产成了难题。孙师傅曾亲身经历了北联收割机从日产 5 台到日产 30 台的发展过程，深知在量产中工装胎具和专用工具起到的重要性。在他的带领和指导下，李守敬他们开始制作工装胎具、专用工具、简易流水线等。孙师傅出方案构思并画图，李守敬他们动手，把想法变成现实。在这个过程中，李守敬通过动手实践再次学到了很多东西，通过自己掌握的知识把想法变成现实，李守敬也构思做了一些小工装，得到了孙师傅的表扬。

在孙师傅的带动下，李守敬他们完善了玉米收割机的装配所需的所有工装用具，他们心中很有成就感。2006 年，企业产出玉米收割机 10 台，7 月份销往黑龙江市场，在收割作业中整车性能得到了用户的一致好评。2006 年底，企业制定了 2007 年度生产目标：生产自己研发的自走式玉米收割机 200 台。李守敬他们这些小青年别提多高兴了，个个憋足了劲。为了能完成 200 台的量产，他们在孙师傅的带动下加班加点，增加制作工装器具数量。得知孙师傅也是一名党员，李守敬心中升起了无比的向往，他也要做像他一样的人，于是他的信念更加坚定。为提升进度，又有新员工加入车间，而李守敬则成了这些新员工的师傅，他心中倍感光荣。

第三次学徒

2007 年正月初六公司就开始上班了。节后工作更加紧张，李守敬每天都加班加点工作，为完成任务，每天工作到晚上 10 点左右，周六日也很少休息。李守敬负责做液压件装配和液压管路连接，在这段时间得到了第三次学习机会。徐师傅也是个老北京人，来自北联收获机厂，是孙师傅的工友，机械液压系统和发动机维修的专家，李守敬对这些完全是白纸一张，没有接触过。但是李守敬越是不明白的东西就越想学会，每天在中午吃饭时同徐师傅坐到一起，请教液压系统的工作原理和内部结构。经过几个月的接触，李守敬从白纸一张变成了小行家，对整车工作中的液压问题能够准确地判断问题原因，做到手到病除，同时还学到了一些发动机的知识，成了当时车间里的多面手，李守敬心里美滋滋的。

经过 7 个月的努力，他们超额完成了装配任务，完成玉米机 270 台，在全国玉米机行业里一举成了领头羊。为了确保产品能让用户放心使用，企业专门成立了售后服务队，24 小时服务，从 10 月份开始一直到 12 月初结束。

在 70 多天的服务过程中，由于新产品故障率偏高，为了维护用户和公司利益，李守敬他们不分昼夜，随叫随到。因为当时的销售区域是在黑龙江省佳木斯地区，这里 10 月中旬气温就降到了零下，在 11 月份，气温甚至降到零下 15 度，天气冷，工作强度大，工作时间又长，有的员工坚持不下去了。李守敬心里很急，大家要是坚持不下去，用户和企业损失可就大了。他一边向当时服务指挥孙师傅汇报情况，一边安慰和鼓励大家，但是企业为做好服务已经是全员参与，没有后备力量了。李守敬觉得不能让大家灰心，于是向孙师傅打电话申请购买了军大衣，别让大家挨冻，病倒一个，对服务影响会更大，随后李守敬又买来很多面包和水，因为在紧张的服务中，大家连休息时间都没有，更不要说吃饭了。在解决了温饱问题后，大家士气有了明显提高。

11 月 21 日，有一个用户的车坏在了河套地里。河套地有很多水坑，他们的服务车在距离玉米机故障处 1 千米多就走不了了。天黑了，用户很急。他们一起去了 3 人，没有其他办法了，可是损坏的部件是行走边检箱体，重量 113 公斤。李守敬坚定地说了声："抬过去！"他脱下军大衣，拿起了车上的传动轴，找了一根三角皮带套在件上，用户也被他的举动惊到了，用户以为北京过来的服务师傅肯定不会蹚水给他修车。李守敬喊上和他一起的两个小徒弟，他们说干就干："你们两个在后面抬着，我在前面。"说着他们就抬了起来，用户在前面带路，他们蹚着冰冷的河水，肩上抬着 100 多公斤的配件，走了很久才到了故障车的位置。车轮下水有 30 厘米深，水很凉，李守敬冻得牙都在抖。他拿下了收割机上的千斤顶和用户备的木头转进了车下，打千斤换行走边检箱体。两个小徒弟看着他转到了车下，赶紧拆了轮胎螺丝，经过一小时努力，车修好了。当车启动能行走时，用户眼里闪动着泪光说："师傅们真不容易，我买这车就怕故障多，服务跟不上，这回我放心了。"

开着修好的玉米机，李守敬他们回到了服务车那里，把配件装好后，和用

黑龙江省佳木斯服务留影

户道别。李守敬和两个小徒弟赶紧进到车里，司机把暖风开到最大，李守敬脱下裤子，下半身冻得没了知觉，牙都在颤抖，因为在车下打千斤顶，需要爬进车下面，衣服全湿了，冻得李守敬和两个小徒弟抖个不停，话都说不了。好心的司机把他们拉回了旅店，让旅店阿姨给他们煮了一锅红糖水，李守敬蜷缩在被窝里喝着姜汤红糖水，心里很是感激，那年李守敬 22 岁。在他的不断鼓励下，服务小队于当年 12 月 3 日出色地完成了收割服务工作，用户还给他们 3 人送上了锦旗，这是用户对他们服务的认可。他双手托着锦旗，内心非常激动。

回到公司后，李守敬对产品发生的批量性问题进行了分析，并提出了一些个人的改进建议。最值得一提的是剥皮机摆杆固定销轴，当时设计师将框架打孔后将固定轴直接焊到剥皮机框架上，框架在反复受力后会出现金属疲劳断裂，经过李守敬分析后改为螺母加过盈配合，当时师傅们还在问李守敬是怎么想出来的，这项改进让剥皮机销轴的故障率从 80% 直线降到了零，为公司节约了几

十万的服务成本，这就是小改动大效益。

转眼元旦到了，公司组织了元旦晚会，对参加服务的全体员工进行了表彰和奖励。晚会上，老板对 2008 年提出更高的要求：年度生产目标定为 800 台。

玉米机总检

2008 年 4 月，李守敬调任整车磨合总检。这是整车入库发往市场的最后一关，也是对整车性能最后的测验，责任重大。李守敬感觉身上肩负的担子无比沉重，同他一起担任总检的还有一位李师傅，也是老北联收割机厂过来的。这是李守敬第四次学习的机会。李师傅对检验工作很专业，李守敬当时只是对车的性能比较了解，为了把好质量关，他对每一辆车的每个部件都必须仔仔细细检查，每辆车都会仔仔细细地查 3 遍。他把发现的问题点记录下来，并教磨合员工进行修复，同时因为产量拉动提升比较快，好多没有经验的新员工也调到了磨合工位，质量问题隐患就更大了。为了不漏掉任何问题，李守敬一边检验，一边教导他们如何修复，李师傅更是对每一辆车都做了检查记录卡，把问题写在上面，修复后一项项确认，正是在这样的工作中，李守敬从李师傅身上学到了做事认真仔细，要多记录的态度和习惯。他给李守敬说过一句话到现在李守敬记忆犹新："好记性赶不上烂笔头子。"在检验中，李守敬发现割台框架焊合的箱体与绞龙底板间隙太大，在收割时影响喂入，他找到了技术部门反馈了这个问题，经过图纸对比查看，他认为这问题很难解决。李守敬经过认真思考，发现如果

2007 年玉米机量产

割台箱体后盖延长 15 毫米、将绞龙底板压在下面就能解决，他把方案确定后，第二天就说给了设计师，经过他们论证确定这是最有效和节约成本的方法，李守敬的方案被再次采纳，他心里很高兴，这次小改动减少了割台 20% 的故障率。

2008 年 4 月至 9 月，连续 6 个月，李守敬没有休息日，有时晚上下班后，有发车任务他也会坚守岗位。正是凭借着这样的工作作风，2008 年 8 月，李守敬终于成为一名真正的共产党员。在面向庄严的党旗宣誓时，他高举右手，在党旗下宣誓。誓言时，李守敬的脑海中闪过一个个身影，要做像他们一样的人。

经过全体员工的不懈努力，2008 年 10 月份，年度生产目标被胜利完成。在生产大会上，副总经理说了一句话："生产完成只是胜利了一半，把服务做好让用户满意才是最后的胜利。"于是，在紧锣密鼓地准备中，2008 年的服务又开始了。李守敬被分配到黑龙江绥化地区，负责那里销售的 31 台玉米机。他们小组共 4 个人，两个是新员工，他们非常害怕，因为没有做过这样的工作。李守敬跟他们说："不用怕，有问题给我打手机，我教你们。"为了把服务做好，在到达绥化的第一天，李守敬带着他们到了最近的一个用户家做收割前的指导，把使用注意事项和易出现的问题和排除方法对用户做了细致的沟通，同样把整车所有问题的处理修复方法对两个新员工做了一次现场教导课，通过他的现场实物讲解，两个人信心倍增。

为了服务及时，收割开始后，李守敬先将 4 个人分成两个小组，分头行动，这样能更快更好地处理用户问题。到了第 10 天，小队两位新人都能做到独立服务，在当时所有服务队中，他们队是唯一一个可以兵分四路各个独当一面的服务队。在他们四人共同努力下，服务队得到了当地用户的很多好评。服务进入 11 月份时，气温又降到了零下 15 度，玉米秸秆被冻干，收割时很容易折断。2008 年，公司对整机进行了优化，增加了一行，由 2007 年 3 行割台转变为 4 行，喂入量的加大没有让收割在前期出现问题，但在 11 月份秸秆干透后，出现了断茎干多排草口堵塞问题，他们及时向公司反映，同时了解很多车都出现了这种问题，当时李守敬就想，怎样才能解决呢？怎样改进呢？在现有条件下，李守敬找到维修店，把排草风机传动链轮进行了改进，使原有转数提升了 3 倍，风力加大了 1 倍，改完后下地试验，堵塞问题得到了改善，能满足用户需要。有了临时处理措施和效果，李守敬第一时间反馈给公司，在公司的赶制下，很快对所有问题车辆进行了优化。11 月底，整机剥皮机固定销轴出现了开焊和断裂现象，数量很多，经过他们的修复，到 12 月初，收割结束修复了有 30 多次，经过了解，800 台车销轴出现的问题有上千次，公司为使用户放心，做了二次服务计划，解决遗留问题。

回到公司后，李守敬对剥皮机销轴的固定方法进行了分析和研究，有了一个小改进方案，很快，他找到了公司技术总工程师张师傅，并把自己的想法告诉了他，在听完他的方法后，张师傅高兴地说："你这小子真可以，我正头疼怎么改进呢，你这样一改进。这问题就解决了。"很快，技术部门就下发了改进通知单和图纸，进行了改进。在反复的试验中，断裂没有再出现，就这两次的小技改让李守敬信心倍增，他心中再次想起了自己的信念：要成为一名像他们一样的人。

生产调度

2009 年 12 月，李守敬调任公司生产调度，负责协调各车间，确保生产计划目标达成。上任后，他向生产计划员请教了计划编制的排序和计划过程中的难点，通过了解，主要难点在于外协件的到位时间经常延误，车间计划不能有序推动，导致计划延期。李守敬决定先从外协计划入手，为了敦促外协件进度，每天下午组织召开调度会，核对业务员的计划完成到位情况，外协件经常延期 2 天到 3 天到货，车间计划缺件没办法继续，员工只能休班，等外协件到了再加班把进度追回来，很被动。

经过和部长开会讨论建议，李守敬对计划到期前提前 7 天进行跟催调度，提前给外协单位预警，每天确定一次外协件计划进度，经过两个多月不间断的努力，初见成效，外协件在不断地跟催下逐渐按计划时间到位，对公司内部影响越来越小。

2010 年 7 月底，生产几乎没有因外协件再影响车间生产，但是车间计划因前期的影响已经推迟了 10 天左右，为了满足市场的需求，李守敬每天同车间工人一起加班加点到晚上 10 点，每天回到家孩子都睡着了。爱人说："你太累了，周六日就休息休息。"他说："没关系，我不累，我是党员又是调度，必须起到带头作用。" 就这样，在 9 月 27 日这一天，经过全体员工的共同努力，2010 年的生产任务顺利完成。

服务的开始

生产任务结束也是服务工作的开始，经公司安排，公司服务划分 5 个大区，分别是黑龙江哈尔滨大区、黑龙江佳木斯大区、吉林大区、辽宁大区、西北大区。李守敬担任哈尔滨大区指挥。

李守敬对服务并不陌生，但是负责这样大的区域，玉米机在他负责区域销量有 600 台，服务难度可想而知。当时在听完安排后他整夜未眠，这么多的用户，这么大的区域，这是挑战。他拿出了自己以前参加服务买的地图，认真地对哈尔滨地区进行了分析，再根据各地车辆的销售数量去配备服务人员，经过划分，总共分了 10 支服务小队，分别是哈尔滨服务队、双城服务队、肇东服务队、大庆服务队、齐齐哈尔服务队、明水服务队、望奎服务队、兰西服务队、海伦服务队、呼兰服务队。各服务队还需要选择技术和沟通能力强的人员去担任队长，经过这一夜的分析考虑，李守敬有了一个总体的安排。

10 月 1 日国庆节当天，他们一行 63 人踏上了北上的列车，晚上 9 点到达了哈尔滨松北农机大市场，休息一夜后，兵分十路开赴战场，在分兵前，李守敬说了几句话："一、我们每一个人必须要保证安全；二、用户是我们的衣食父母；三、我们是团队、是集体，有困难我们大家共同面对，一起商量；四、我等大家凯旋。"

10 月 13 日，服务进入高峰期，由于东北到北京距离远，配件供应非常紧张。为不影响服务，李守敬带领哈尔滨区域的库房人员将服务更换下来的旧件进行返修，达到使用状态，经常凌晨一两点才回旅馆休息。他深知配件的及时供应是服务的关键，各区都对配件需求量很大，公司也是日夜赶制，所有配件都是由公司发运过来，距离远，货运时间长，经常有用户因缺件停止作业。经过与经销商沟通，李守敬得知在松北大市场有许多配件经销商，他当天就去了市场进行调查，在询问中找到了很多和玉米机通用的配件。李守敬拿本子一一记录下来并询问了价格，还留了各配件销售商的电话，找到了近几十种通用件，收获很大。经过反馈和价格对比，比公司发件成本低很多，经领导决定可以在当地采购配件，这个决定既降低了公司成本，还给用户争取了时间。

11 月 2 日夜里 12 点钟，李守敬刚回到旅馆准备休息，手机铃声响起，肇东服务队打来电话，用户边检箱体从动轴断裂，小队已经没有件了，库里也是换下来的旧件。李守敬拿起手电，喊上已经睡着的库管，一起去了库里，在对旧件核对后发现还能修复一个。李守敬打电话给肇东服务队，队长马上坐服务车直奔哈尔滨来取，李守敬拿起工具在库里进行修复。经过近两个小时修复，已经是凌晨3点多了。李守敬在库里拿出自己买的方便面煮了6袋，加了几个鸡蛋，大约过了20分钟，肇东服务队队长和用户也来了。看到修好的件，用户很感激。李守敬立刻端上了做好的方便面，大家眼睛湿润了。李守敬赶紧盛到碗里，给用户和队友们吃，大家吃完，立即装车赶赴故障车。李守敬的内心也被触动，这就是可爱的员工。老板说过一句话："什么是我们勇猛企业精神？就是不怕苦，不怕累，困难面前勇往直前。"

在11月底，他们完成服务工作，各地服务队返回哈尔滨，李守敬给返回的每一个队伍接风庆功。服务队无一例工伤，全员安全，用户还给他们送上了很多锦旗和土特产。11月27日，全员凯旋，踏上了回北京的列车。

调度长

2011年3月，公司任命李守敬为生产调度长，对生产和外协整体调度，李守敬肩上的担子更重了。为了能更好地完成工作，李守敬利用业余时间报了电脑学习班，白天工作，晚上学习电脑操作知识，经过1个月的学习，他成为一个可以熟练操作电脑的小能手。

为更好地协调生产，使生产进度更顺畅，李守敬对计划进行分析，确定外协件、自制件装配进度的各时间节点和最终时间。有了时间节点，李守敬每天对车间、外协进行调度跟催。有时车间领导很不配合，他只好先沟通，有时经常受挫，但他不会放弃。李守敬换位思考过，车间也有自己的难处，但在生产进度上谁也不能打折扣，没办法时他就请生产部长出面。

总装车间副主任

2012年8月，李守敬被任命为总装车间副主任。总装车间是整个生产系统的龙头，车间员工有100多人，7个班组，都是由李守敬师父孙师傅管理。孙师傅 62 岁了，在年轻时因工受过伤，右手两根手指截肢，右臂和脊椎重伤，但他每天都待在一线。李守敬很多年前就想成为像他们一样的人，他们不只是党员，还是公司的技术能手，也是他心中的大国工匠。

回车间后，李守敬全面负责车间工作安排，有不懂的就去请教孙师傅。9月份，在车间整机磨合班，发现割台喂入摘穗箱体链条和割台绞龙底板剐蹭，数量很多，李守敬了解了一下情况，箱体后盖以前是铸件，为降低成本现在改成了冲压件，铁板薄了，缝隙就大了，链条很容易刮到底板。经过李守敬现场检查和测量，他发现冲压件上板加长，盖住底板，问题就能解决。李守敬马上把想法告诉了孙师傅，他建议先做一件试验一下，于是他找来了焊接的师傅，把箱体盖上加长了一条铁板，又装到了割台上，将绞龙底板压在下面，喂入时玉米和秸秆向后输送，顺方向输送，链条再也剐蹭不到底板了，李守敬找来了技术部设计人员现场确认，经过确认，问题得到了有效解决。

2013 年，玉米机升级。由于发动机动力输出故障频次很高，技术部想找更好的产品替代。但在当时，国内同类传动故障频次都不低，技术部想采用小麦机压紧传动方式，但是这种手动涨紧传动力太小，小麦机传动力在 30 马力左右，而玉米机在 100 马力以上，手动方式传动力满足不了动力需要，怎样才能解决这项难题？李守敬想到了液压涨紧，但不知道是否可行。他找来图纸，查阅了

胜利完成 2300 台年度生产目标

相关的尺寸数据，经过一周的测算和考量，他找到了技术部，把他的数据和想法与技术总工程师张师傅进行了沟通，他们在电脑上进行了模拟，方案得到了认可。在技术部的再次完善下，液压涨紧传动方案成功进行了试验，并在2013年整机上进行使用，难题得到了解决，李守敬也受到公司领导的表扬。

机加车间主任

2014年，李守敬被任命为机加车间主任。机加车间是公司内技术含量最高的车间，车间里有很多技术高手，他们都是李守敬学习的对象。

上任后，李守敬了解车间生产效率不高，经过和员工谈心，和班长们聊天，他掌握了实际情况，绩效方案不合理，员工工作效率没有有效地和收入挂钩。经过测算后，李守敬重新制定了绩效方案，经公司批准后，在车间召开了动员会，在合理的绩效方案下，员工积极性有了很大提升，产能比过去提升了50%，公司和员工获得了双赢。

2014年，公司发现，服务结束后整车故障最高的是传动皮带，每台玉米机服务成本都在1000元以上。为了能为公司节省成本，降低故障率，提高产品质量，6月份车间成立了品管小组，李守敬担任组长。他们小组都是车间的精英，有液压技术能手、老车工、老铣工、数控加工高手。他们找了一台整机，在传动皮带一次次地分离结合中找到了真正的故障原因——分离液压升起速度快，皮带跳动出皮带槽，再次结合时，皮带被切断导致故障频发。找到了真正原因，他们就有了对应方法，经过大家讨论，建议从液压件入手，减缓分离速度，使皮带不剧烈跳动，才能有效解决问题。有了方向，大家一起动手，通过对液压流量阀进行改动减缓分离速度。他们做了上百次试验，最后对比出最合理的分离速度问题得到解决，李守敬感觉他们成功了，还需要市场服务区验证。

2015年，服务结束后整机传动皮带损坏故障由过去的3000多条下降到十几条，为公司节约了上百万元的服务成本。

2016年，整车制动距离长只能勉强达到国家标准，制动是整车安保系统，影响到每一个勇猛用户的作业安全。李守敬他们小组经过商讨决定攻克这个难题。他们车间本身也生产液压制动泵体，对其原理和结构都非常清楚，为了增加制动力，他们测算了液压流量，制动分泵体的缸体直径和输出力，经过比较，他们选出来三种在整车进行试验。

为了安全测试，李守敬亲自上车操作，在一次次的制动后效果不明显，有些个别小组成员有些灰心。经过大家再次讨论和比对，制动力增加了很多，但制动效果不佳，问题可能出在刹车盘和刹车片等部件上。

经过拆解他们发现，刹车壳体尖角限制了压力盘和压力板与刹车片的打开行程，经过加工后再次进行试验，他把车速提到最快每小时 24 千米左右，当车行驶到停止线上，他用最大力气，一脚把刹车踩到底，车瞬间制动，轮胎发出与地面摩擦的声音。整车后轮离开了地面，成功了，李守敬心中的喜悦无法形容。经过测绘，制动距离 5.5 米，整车长度 8.3 米，自重 8.5 吨，行驶速度每小时 24 千米，这个成绩高出了他们预期，制动效果高于国家标准。

刹车制动改进获公司奖励

但是又出现了新问题，由于制动力量大，导致刹车壳体受力断裂。经过同技术部领导沟通后，李守敬降低了刹车力量，距离控制在 7 米左右。这次成功得到了公司领导的表扬和奖励，他们品管小组获得了特等奖，奖金 20000 元，小组成员一起高兴得跳了起来。

机加焊接车间主任

2017 年 11 月，经公司安排，原机加车间与焊接车间合并为机加焊接车间，由李守敬担任车间主任。李守敬和车间骨干研讨后认为，车间面积大利用率低，决定将外协件大部件，运输成本高的转为自制。

粮仓的自制

粮仓部件大，运输成本高，自制可以大幅度降低成本，李守敬上报后经过领导批准。李守敬着手对生产区域进行了规划，粮仓单间用板料 21 平方米，这样的大家伙，要想批量生产少不了天车和地上轨道，经过计算，场地就要 300 平方米，为了能流水式生产，李守敬组织设计了对应的组合式起重机（KBK）天车框架设计制作组焊，并安装了吸顶式排烟除尘设备，满足生产需要和国家环保要求。在粮仓生产区地面，李守敬设计了地上轨道方便运输。胎具上把这个大家伙进行了拆分，制作了左侧框架胎、右侧框架胎、低面组焊台、粮仓拼焊台、旋转门点焊台、左侧护板胎、右侧护板胎、粮仓插板胎、粮仓护网胎，这整套的胎具设计是生产效率和质量的保证。制作的整套胎具，在尺寸上更是要控制精确到 0.1 毫米，制作这批组焊胎就用时一个月。在工作中车间的车床、铣床、数控设备、磨床、激光切板机等设备都有参与，在胎具完成后，都转运到区域内，把胎具按区域位置先后顺序确定后，对相应物料进行存放、转运，进行定位，然后确定焊机设备的位置，粮仓吊装吊具等。经过 2 个月的组织规划、加工制作，样件也顺利产出验证了胎具，在春节后粮仓进行了量产。产能设计在规划日产 20 台，单台节约成本超过 800 元，年产 5000 台节约费用 400 万。这样在成本上的节约为产品提升了价格优势和利润空间，提升了在同行业的竞争力。

升运器的自制

升运器是在玉米机整机上果穗传送的大件，长度 4.3 米，是整机上第三大部。外协制造和运输成本高，经公司领导批示后，他们开始组织策划，场地规划 240 平方米，配备 3 部 KBK，3 个专用焊接翻转车，产能达到日产 15 台，年节约成本一百万左右。

有了这些成功经验后，他们将割台框架焊合，剥皮机上部框架，上连接杆焊合，下连接杆焊合转入场内。在这不平凡的一年中，经过努力，李守敬为公司节约成本上千万元。

在新产品上，他们配合技术部先后开发了青饲机、土豆机和山地玉米收获机等产品。青饲机是公司的重点新产品，在 2017 年，李守敬他们车间团队参与了技术改动，在改动中，李守敬发现切碎滚筒的刀长短不一，在切碎时青饲机实验时收割的青储饲料比其他厂家的要长很多，为了提升切碎效果，他们车间质量管理（QC）小组对切碎系统进行了改进，在下地实验后，董事长当时就奖励了他们 2000 元，这个改动现在还是青饲机的专利。2018 年 5 月 1 日，李守敬被评为劳动模范，并获得了五一劳动奖章，那一刻，李守敬心里在想：师傅，我做到了，你们的徒弟做到了。

土豆机是 2019 公司的新项目，用于土豆收割后的捡拾，减少人工作业，很受用户欢迎。在制造中为确保装配精度，李守敬他们设计制作了机架点焊台，为产品的批量生产打下了基础。

山地玉米收获机、4E 玉米收获机、茎穗兼收型玉米机，这些机器在整个制造过程中均由李守敬带领团队负责，他们完成工装胎具制作上百件，为公司产品质量保证、产量提升打下了基础。2018 年，李守敬的师傅们因年龄和身体原因先后退居二线，看着他们的身影，李守敬的脑海中再次浮现出当年自己的誓言：要做像他们一样的人。

2019 年，产品竞争异常激烈，各厂家都在打价格战，压缩成本，公司也受到了很大冲击。为了在竞争中存活下来，公司在设计上进行优化调整，成本一分一分地往下降，大家付出了很多努力，最终在竞争中活了下来。

2020 年 1 月，李守敬回家过春节，一场突如其来的疫情影响全国。李守敬因是天津返河北人员被要求在家中隔离，看着每天新闻中的信息，他深知自己作为党员必须要行动起来，并通过手机平台为疫区捐款 4 次。中华儿女就是一方有难八方支援，经过政府部门和全国人民的努力，疫情得到了有效控制，感染人数每天都在下降。2 月 20 日，部分地区陆续解封，李守敬回到了天津，公司当时还没有开工，外地返津人员要先隔离 15 天。3 月 6 日，李守敬加入复工工作小组，对车间和工作区域进行消毒，设置检查消毒体温测量点。3 月 21 日，公司正常复工，大家按顺序扫码、消毒、登记，测温后入厂并按间隔组织召开会议，将疫情防控要求告知车间人员，包括中午车间内用餐等大家都做到了紧张有序。作为党员，李守敬起带头表率，支部党员全部站在防控一线，公司复工复产很顺利。

产品的升级改造作为公司的重中之重，李守敬车间负责剥皮机、割台、粮仓、机架四大部件的改造加固工作。为确保质量可靠，李守敬做了很多小的工装定位器具，确保改造升级符合技术要求，并达到改造一致，2 个月完成 700 台车间的改造升级，对参与改造的人员进行逐个培训，制定标准。努力付出就一定有回报。2020 年，在销售服务期间，李守敬也作为服务一线人员来到市场，他负责山西、内蒙古、甘肃、陕西等地服务工作，掌握用户使用第一手信息，他们的产品故障率同比 2019 年下降 70% 左右，得到了农机经销商和用户的很多好评和认可。

表彰大会

2020 年 12 月 2 日，李守敬接宝坻区总工会通知，他被评为天津市劳动模范，近期要去参加在天津大礼堂召开表彰大会。当听到这消息，他心里万分激动，这是对他工作的认可和激励。12 月 23 日，宝坻区 17 位被评为劳动模范的个人于早上 6:30 分在区总工会集合，乘坐工会组织的大巴前往天津市大礼堂参加表彰大会，李守敬心情很紧张。到达大礼堂后，他们经过工作人员的疫情防控检查后，在领队的带领下进入会场。会场庄严肃穆，主席台正上方的红色条幅"天津市劳动模范和模范集体表彰大会"格外引人注目。他们有序进入座位，座位上摆放着红色的绶带，上面写着"天津市劳动模范"几个大字。他们按要求统一进行了佩戴，并相互检查。10:00 会议开始，市领导进行讲话，劳动模范和模范集体代表进行发言，天津市委书记对各先进个人和团体进行了肯定和表扬。李守敬心中的信念更加坚定，身为劳模，他要继续努力，带动带领团结更多的有志之士，为社会和祖国发展贡献力量。会议结束后，他们回到了工会，工会领导对他们进行了表扬，并提出更高要求，李守敬要做得更好，带着信念带着责任回归自己的岗位，发挥自己的热量。

获得天津市级劳动模范称号

过　年

　　春节很快就要到了，准备回家的李守敬突然接到父亲打来的电话，告诉他不要回家了，因为老家前几天疫情再次暴发。李守敬对孩子说："这也是充电学习的机会。"他找来了工具书和车工手册，把以前不明白的一些数据认真对照。儿子拿出一些老师发的高中考试试卷进行复习，说："活到老，学到老。"李守敬回了一句："学习使人进步。"爷儿俩相视一笑，各自认真地学习起来。学习的时间总是过得很快，眨眼就到春节。春节全家团圆的日子，早晨李守敬带着孩子去超市采购年货，买了贴画，对联、面粉、肉馅，还有很多菜。爷儿俩贴窗花，贴对联、包饺子，年味浓浓，年三十晚上一家人视频，大家都准备了丰盛的年夜饭，李守敬和父亲对饮一杯，儿子给奶奶介绍他刚学的自己动手做的几样炒菜，爱人抱着女儿向他招着小手，幸福的一家人，李守敬心中暖暖的。李守敬和儿子共同守岁，等着新年的钟声，准备迎接新年的到来。当新年钟声响起那一刻，大家一起欢呼，新的一年新的起点，李守敬需要更加努力，做像师傅们一样的人。

天津市劳动模范 李卫华

匠心所至 不负韶华

李卫华，男，1978 年 7 月 13 日出生，现任天津市三鑫阳光工贸有限公司副总经理，2012 年 2 月获得天津市科学技术委员会颁发的科技成果三等奖，2013 年 12 月获得高级工程师职称，2015 年 12 月获得国际焊接工程师资格证书，2018 年被评为"津门工匠"，2020 年获天津市劳动模范荣誉称号。

有一种精神，看似平凡渺小，它却能成就不平凡的业绩；有一种精神，看似豪情万丈，它却代表着最平实务本的人文精神。

俗话说，三百六十行，行行出状元。所谓的爱岗敬业，就是要做到干一行、爱一行、钻一行、精一行，爱岗敬业是这种精神的概括。

"爱岗，是我们的职责；敬业，是我们的本分；青春，是我们的资本；而奉献，是我们崇高的追求。"李卫华没有豪言壮语，只有立足于自己的工作岗位，无私奉献。他始终坚信依靠科技兴企，结合公司生产实际，积极投身于科技创新，用自己的青春和知识做出应有的贡献，用自己满腔的赤诚彰显人生的价值。

勤勉敬业，不断开拓创新

2001年，李卫华毕业后被分配到天津市飞马保温容器公司钢壳拉低车间，出任技术员。迄今为止，他在基层技术岗位、基层管理岗位和管理整个公司的高层各个岗位均工作过。自参加工作以来，李卫华执行党的路线、方针、政策，遵守国家法律、法规，立足岗位、奋发进取、开拓创新、勇于奉献。无论在哪个岗位，从事何种工作，他都是干一行爱一行，一心扑在工作上，把各项工作想在前、干在前，充分起到了模范带头作用。

作为一名共产党员，李卫华认真学习习近平新时代中国特色社会主义理论，注重理论联系实际，解决工作中遇到的困难和问题。在业务上，李卫华勤于钻研，不断提高专业技术水平和业务素质，并用以指导生产。

在天津市飞马保温容器公司任技术员期间，李卫华吃苦耐劳，勤勉敬业，跟师傅认真学习各项技术和机床操作，在车间一干就是八年。参加工作之初，他还是一个初出茅庐的小伙子，业务不熟，技术不精，看到又累又脏的车间工作，深感自己所学的理论不能与实践很好地结合起来，心里充满了畏难情绪，思想上拧出了疙瘩。所幸，有老师傅的热心帮助，有领导的悉心关怀。领导多次找他谈心，为他鼓劲儿，帮他解困，为其调整心态，鼓励他放下思想包袱，放开手脚干。从熟悉业务到提升技术水平，他凭着一股年轻人的干劲儿快速成长了起来。工作上，他扎扎实实、耐心细致，在学习和实践中逐渐成长为一名成熟干练的技术骨干，熟练掌握了机械加工的主要设备的操作流程及方法，尤其是在钣金焊接技术方面业绩突出，连续五次获得技术比武第一名，同时多次获得"优秀员工"和"先进工作者"等荣誉称号。他本着学徒的心态跟随车间老师傅们认真学习专业技能，积极肯干、苦心钻研，得到了公司领导的重视，他也更加注重业务学习，充分利用业余时间和岗位锻炼的机会，在实际工作中刻苦钻研业务技术专业知识。他格外注重理论联系实际，不断学习新的理论知识，提高专业技术水平，提高科技创新能力。

李卫华从小家庭贫困，母亲供养兄弟两人上学，实属不易。这也使他深深地领悟到只有知识才能改变命运。每天工作之余，他从不像其他同事那样出去聚会娱乐，而是坚持和厂里的何师傅学习机械制图。那时厂里只有技术部有电脑和制图软件，他等何师傅忙完手里的工作后，将早已泡好的茶水端给师傅，软磨硬泡地向师傅借用电脑。他告诉师傅自己想学习机械制图，把从学校学习的知识真正地应用到生产中去。小伙子的真诚和好学精神深深地感动了何师傅，最终答应了他的请求。从线形到图层，从标注到图面布置，从对图纸的一知半解到每天坚持画图 3 小时。终于，通过自己一年的努力，

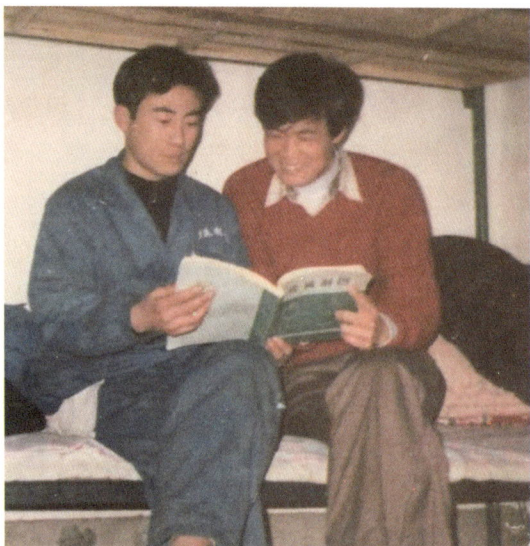

李卫华参加工作后利用业余时间跟师傅认真学习专业知识

李卫华画图的功底变得扎实了起来。转年春天，何师傅为了检验一下他，让他自己画一个钣金弯头放样的图并进行制作。这个可愁坏了李卫华，那天已经深夜一点多了，图纸还是画不出来，明天怎么向师傅交代啊？李卫华拿着画了半截的图纸，硬着头皮去师傅宿舍，想让师傅指点一下。走到师傅门前，试探了几次，想敲门叫醒师傅，可又怕打扰师傅休息，毕竟已经是深夜了。李卫华在师傅门口转了足足半个小时，最终他还是敲开了师傅的门。何师傅看着这个年轻人疲惫的脸，心底的高兴和欣慰并未显现出来，只是耐心地向他讲解了问题关键点。听了师傅的讲解，李卫华感觉那层窗户纸被师傅点破了，他心里像开了两扇门，小跑着回到技术室画出了自己的作品。终于完成了，李卫华长出了一口气，抬头看看时钟已经凌晨 4 点了。第二天早晨起来，他没有吃早饭就跑到车间动手做起来。拿着自己的图纸下料、画线、折弯，每道工序都小心翼翼，尽量做到完美。忙活一上午终于完成了。他健步如飞地将自己的作品送到师傅手里，令他没想到的是师傅非但没有表扬，反而数落了他一顿。他蒙了！师傅一开门，把弯头扔到院子里，并告诉他重新制作，这样的产品没人要，他刚开始学就要做好，不能对付！这样将来是对付自己，丢的是自己的手艺。李卫华

听完师傅的教诲，深深感到师傅的话很有道理，做事和做人是一样的，做技术的要严格要求自己，不能有半点懈怠。于是，接下来，他连续做了三次才得到了师傅的认可。从那以后李卫华在技术方面严格要求自己，自己设计生产出了很多款新产品，从出图到打样试制全过程跟踪。

有一次车间数控折弯机出现了故障，而机器的售后服务又远在南方，车间产品等待发货。如果机器不能及时修复好投入生产，将会造成交期延误，公司将会面临巨额索赔，甚至会失去后面所有的订单。李卫华心系公司得失，在3米多长的机器上连续蹲了3天，利用排除法，从电路、液压、机械传动几方面检查，寻找机器出现故障的原因，并且把每一个电磁阀和换向阀进行冲洗，最后终于找到了故障原因，故障出在换向阀堵塞上。而彼时，他从机器上下来时，双腿已经因长时间的弯曲不动而麻木，无法站立，但是他的脸上还是露出了灿烂的笑容。能够利用自己所学的知识以及在车间学到的经验为公司解决问题，这种成就感是难以言表的。

时间转到2001年3月，李卫华加入了不锈钢保温瓶外壳改装项目的研发创新工作。经过夜以继日的研究和反复的试验，他攻克了不锈钢硬度高、拉伸难、一次性成型难度大的问题。此外还自创了不锈钢雕花式外壳，填补了公司的技术空白，得到公司全体上下的一致好评，同时找准时机打入市场，得到客户的认可，同年为公司增创产值达20多万元，李卫华也凭借此项特殊贡献获得先进劳动成果奖。

李卫华对自己要求很严，工作上，他敬业爱岗、认真负责、不断进取；管理上有部署、有计划、有布置、有检查、有说法，多年如一日，坚持不懈。他不断加强业务学习，以更好适应新的工作环境，不断提升自身的知识、技能，每一天都会进行相关知识的学习，通过不断的学习，他的业务水平有了明显的提高，为公司项目的顺利运行打下了良好的基础。

提技能抓创新，提高生产效率

"忠诚、高效、创新"是李卫华的座右铭。从踏上工作岗位的那天起，他就始终坚持以高标准严格要求自我，并把"每一项工作做精做细，尽心尽责，全力以赴"，把"忠诚、高效、创新"作为座右铭，用忠诚、信念和不懈追求，用爱岗敬业、勇于创新、求真务实、无私奉献的精神为公司发展贡献力量。

2002年，李卫华被提升为钣金件设计主管后，倡导并实施了公司技术方面的重大革新，积极推广使用新技术、新装备，参与开展技术改造，大力提高公司技术装备水平。2003年，凭借丰富的技术设计经验，他又兼任钣金车间主管。此前公司的大型产品一般在1～2吨，平时工人装卸非常吃力，而且，由此动用的人力物力资源巨大，甚至还要动用吊车，这使得公司生产成本在无形中大大增加了，产品造价大大提高了。为了更好地解决这个问题，李卫华自行设计改造了5吨的大型龙门吊车，采用自动升降和左右移动的机械构造，构架完全采用GB10号槽钢，在保证完成原任务的条件下，大大提高了设备的性能。新设备投入使用后，节省了大量人力物力，提高了工作效率，给公司每年节省了近五万元的成本开支，同年年底，李卫华被公司授予个人创作成果奖。

2005年1月至2005年12月，李卫华在天津亚通制冷工程设备有限公司任职钣金车间主管。同年3月份，公司为了提高工作效率，策划启动了研制工装模具的项目。他经过广泛查阅国内外的相关资料，结合当前实际情况，深入研究目前设备技术壁垒，了解问题之所在，最终自创了"冲空翻沿一次成型复合式模具"，并于2005年5月底成功投入使用。这一成果不仅得到全体公司成员的广泛好评，而且成功打入市场，得到众多客户的认可，为公司带来可观利润的同时赢得了良好的声誉。此模具的成功研制大大地提高了工作效率，原来每块板料需要经过钻孔、去毛刺以及翻沿等3道工序，现在的组合模具无形中省去了前两道工序，而且在产品外观保持协调一致的基础上，尺寸公差缩减到±0.5毫米以内，这套模具给公司节省了大量工时，同年为公司增创产值20多万元。李卫华也因此获得先进劳动成果奖，公司授予他"创作标兵"的荣誉称号。

技术创新是企业创新活动的核心内容，它为组织的实施过程和管理提供必要的支撑和保障，越来越多的公司认识到了其重要性。创新实践使企业保持旺盛的创新活力，在国际市场竞争中成为赢家。中小企业更要锐意进取，更要在技术上创新，才能在市场竞争中获取高效益回报，以自身的技术创新成就来促进创业发展，成为今天以知识产权为基础的经济发展最重要部分。李卫华积极响应公司号召，凭借自身所学，以及多年来积累的丰富创新经验，积极建言献策，提出了改进产品工艺以压缩成本的建议。在得到公司的批准后，他设计出了一套新的产品外形并加以改进。其中对冷凝器工艺的改进尤为突出，李卫华从钣金件上入手，统一型号，由直线型外观改为流线型外观，平均每台产品合计节约成本 30 元左右。如此一来，通过改进工艺省去了大量的工时，加强了产品外观的美感和实用性，平均每月给公司创造利润可达 1.5 万元，此项举措受到公司上下的一致好评。

重视知识产权，实现成果转化

在十几年的工作中，李卫华能根据上级领导的指示，创新工作思路，创造性地开展工作，在兢兢业业坚守工作岗位的同时，始终不忘自己作为一个技术工作者的使命与担当，始终努力推进企业科技进步，为增强公司自主创新能力、建立企业持续发展的科技创新、科技进步长效机制而奋勇前行，不断总结技术创新工作经验，努力推动公司科技创新，并大力推动科技成果向生产力的转换，为公司的持续健康发展增加动力。

李卫华和团队成员研发的产品得到了德国客户的高度认可

2007 年，李卫华担任三鑫阳光工贸有限公司副总经理一职，负责管理设计部、供销部、生产部、办公室等多个部门。他在长期深入的理论探讨与研究基础上，在项目的设计、试验、知识产权保护与成果转化的组织实施工作取得了实质性进展。2009 年 5 月，李卫华完成了产品基本的理论设计和计算方法选定；2009 年 8 月，完成了产品的结构和工艺设计；10 月下旬，完成产品的小试，样品得到了国际客户的认可，同年完成了产品的试制，通过了 SGS 和机械涂层研究所的各项检测，并通过了国家鉴定，达到了同类产品国际先进水平。产品已经销往丹麦、西班牙、美国及印度等地，得到了客户的普遍认可。

当时风能作为一种绿色清洁能源，其开发和应用已经受到世界的普遍关注，各国都在风电产业投入巨大，以改变国内能源结构，提高可持续发展的能力。欧美等发达国家在风电设备尤其是大功率风电领域已经占得了一定的先机，其产品在国际市场上占有统治地位。而我国的风电产业正处于追赶期，目前我国还没有真正意义上的国产风力发电机，许多核心技术还没有攻破国际上的壁垒。在此背景下，李卫华以自身所学知识，以风轮叶片连接处的核心配件为攻关点，开发高端配件产品，从前期设计、材料选择、生产工艺、专用设备以及后期检测等方面全面展开研发，力争使产品从设计起点上就达到国际市场认可标准，再从生产工艺和设备上提高效率、降低成本，使产品最终具有国际市场竞争力，为我国风电产品的开发提供强有力的支持。其设计主要以空气动力学基础理论为依据，研究安装角对于气动效率、叶片根部载荷及系统振动噪声的影响，从而确定本产品安装角调节垫片的设计思路和结构参数，通过风机叶片载荷分析，找出叶片根部垫片配件所需的力学性能范围，从而选择合适的材料和涂层，为提高工作效率，保证产品的合格率，降低生产成本，开发两种专用加工和组装设备。这项技术主要特点有：一是通过最佳攻角设计逆推初始安装角范围，确定产品的结构参数，通过这种设计，可以实现通过本产品不同角度的安装，对风机叶片的安装角进行预赋值，从而扩大叶片运行时攻角的调节范围，提高系统的可靠性；第二是利用风机各部件载荷的科学计算进行材料的筛选，选用风力机四坐标系统的载荷计算方法，能够确定叶片不同位置的载荷，根据客户叶片尺寸和规格，确定产品的力学性能范围，合理选材，保证产品满足风轮系统性能需要；第三是为了提高加工效率，便于产品的安装和维修，项目将原来产品的整体结构改为三段式结构，同时保证了加工精度和产品力学性能达到整体系统要求；第四是为了提高加工的稳定性和产品性能的一致性，从而提高产品的生产效率，研发了大型角度可调式铣床加工设备和高度，角度可调安装装置。该产品技术优势是通过反复设计计算，得到了符合各种叶片和气动效率的初始安装角角度数据，并换算成加工配件的各项结果参数。三段式结构将加工中的原材料节省近一半，产品生产效率提高了3倍。

坚持不懈的技术革新，让李卫华收获了多项证书。他直接参与实用新型专利16项通过国建知识产权局认可颁证，并于2012年获得天津市科学技术委员会颁发的科技成果三等奖。风机主梁转运车焊接组装就是其中的一个重点项目。在此项目中，李卫华为第二发明人，他参与组织研发、工艺制定、生产工作，现已投入市场，获实用新型专利证书；组织研发生产了风机主轴校定装备架，制定焊接工艺并监督实施生产，投入市场，获实用新型专利证书；组织研发生产了矿石输送机量斗，制定焊接工艺利用机器人焊接批量生产，已销往欧美等地。李卫华在三鑫阳光工贸有限公司负责技术工作过程中，为风力发电客户设计并现场带领团队焊接"大型风电机舱装运拖车"，在设计中攻克了超大部件重量达250吨转运难题，利用杠杆原理叉车牵引来驱动行走。在焊接过程中，他带领团队每天工作12小时以上，连续3个月在现场一线，解决一个又一个焊接难题，通过多次焊评实验每道焊缝，均通过了NDT检测，全部符合客户要求的欧洲标准。"大型风车机舱装运拖车"现已安全运行生产八年以上，得到了客户的好评。2000年国内知名企业三一重工风电公司也向李卫华所在公司定做了三台。

2015年，为与国际接轨，李卫华再次深造获得IWE国际焊接工程师资格证书。在北京学习期间，李卫华每天都要凌晨一点多才休息，坚持把白天做的笔记和课本都温习一遍，以更好地吸收和消化，不懂的地方第二天谦虚请教，必须弄明白才肯罢休。他坚信，只有过硬的技术知识才能确保好的工艺技术。他所学的四门课程最终全部通过了笔试、面试和国外网络答题。"国际焊接工程师"在国际焊接领域是具有很高含金量的证书，被国际同行业普遍认可。有了国际焊接标准的工艺和知识的实施应用，能提高产品工艺的合规性。2016年，在他的组织和策划下，企业又通过了ISO3834的国际焊接体系认证。这些年的辛苦没有白白付出，他的努力换来了社会的认可。但是，李卫华不满足现状，为了适应新能源和环保技术的发展，他也将继续努力，为公司和社会做出更多的贡献。

踏实肯干的李卫华带领团队始终走在攻克技术难关的路上。

2016年1月份，他自主研发了风力发电轮毂支撑液压矫正专用机械，并投入到生产中，解决了由于焊接过程中，母材受热膨胀而冷却后发生收缩变形难以控制尺寸这一世界难题，利用液压矫正原理计算出膨胀系数及回弹量，同年12月份，他在天津市《焊接技术》杂志第297期上发表相关技术论文。其主要内容为：某风电机型的轮毂支撑因其尺寸较大、自由度高的特点，焊接后变形严重。李卫华结合产品特点分析了焊接变形的根本原因，经过多次工艺调整和改进，设计了一种简易有效的液压矫正专用设备来矫正焊后变形。文章详细论述了该矫正设备的结构及其使用方法，得出了应用该矫正设备时不同变形量所需采用的矫正量，并给出经验公式，很好地满足了产品要求且极大地提高了生产效率。这对类似结构焊接件的矫正工装设计有重要的指导意义。李卫华结合产品特点分析了焊接变形的根本原因，经过多次工艺调整和改进，设计了一种简易有效的液压矫正专用设备来矫正焊后变形，详细论述了该矫正设备及其使用方法，得出了应用该矫正设备时不同变形量所需采用的矫正量并给出经验公式，很好地满足了产品要求且极大地提高了生产效率。这对类似结构焊接件的矫正工装设计有重要的指导意义。风力发电是一种绿色可再生资源，在欧洲风电已经成为一种重要的能源。在环境愈发受到关注的今天，风力发电越来越受到世界各国的广泛重视。

风力发电设备是将风的动能转变为旋转机械能，从而带动发电机发电。风电轮毂是连接叶片与主轴的零件，其作用是将叶片的载荷风力传递到发电机的支撑结构上，即最终传递到塔架上。而轮毂支撑则起到连接轮毂与导流罩的作用，在风力发电设备中起到重要作用。李卫华针对某机型风电轮毂支撑的结构特点，设计了一种简单有效的液压矫正专用设备，并详细阐述了该工作装的结构以及使用方法。通过大量的生产实验，他得出了不同变形方式和不同变形量所需采用的矫正量，并得出经验公式，且发现矫正量随变形量的增加接近于线性增加，达到一定变形量后，矫正量与变形量按另一系数线性增加，该矫正设备操作简单、重复性好、矫正效果稳定、极大地提高了工作效率，对于该产品及其类似结构的其他焊接产品的焊后矫正有着重要意义。

2017年5月，李卫华投入到机器人谐波减速机研发中。此项产品由日、德垄断技术多年。为尽快解决各项技术难题，他夜以继日地查阅有关资料，制定工艺路线，带领研发团队深入一线生产车间，从原材料选型配置、深冷定型、加工精度、运行寿命等反复试验，攻破多个技术难题。

李卫华和西班牙的技术工程师共同完成了项目并交付给客户

功夫不负苦心人，产品在 2018 年批量投入市场，并填补了同行业的国内空白。

以人为本，增强企业凝聚力

作为一名管理者，李卫华多年如一日，将职责、热情和心血都奉献到本职工作中。他平日里与广大职工群众打成一片，经常与职工谈心，了解他们的思想、工作动态，认真仔细地做好他们的思想工作。细心的李卫华总能够及时发现不稳定的因素和一切隐患的苗头，然后协助公司妥善处理，尽量将矛盾化解在萌芽状态。对初出茅庐的新员工，李卫华真诚指出不足，以情动人、春风化雨，既坚持原则，又讲究方法和策略。

工作中，李卫华还善于调动职工的工作、学习热情，通过创优争先和各类活动的开展，加大对职工技能培训工作，经过岗位练兵、技术比武等形式，深化公司人才队伍的建设工作，开展相关培训，进一步提高职工的安全质量生产意识，生产质量问题明显减少；结合部门工作特点，认真组织开展岗位技能培训和团建娱乐活动，带动全体人员在做好本职工作的同时，丰富业余文化生活，

李卫华参与组织了林亭口镇第三届焊工技能大赛

为全体干部职工创造良好和谐的内部环境。同时，李卫华还注意丰富职工的业余文化生活，通过创建职工书屋，购置各类图书资料，极大地丰富了职工的文化生活。另外，还利用节假日开展丰富多彩的文体活动，积极组织单位职工开

展争先创优活动和社会实践活动，采用多种形式宣传单位创先争优活动，进一步丰富职工的精神文化生活，增强团队的凝聚力。

李卫华不断完善管理制度，推进民主管理工作。为了进一步加强职工参与民主管理，设立公开栏，安装简报、橱窗等，将公司的会议精神和重大决策、工程建设情景、人员考评、任免、资金发放、体检及培训等各方面事宜进行公开。经过职代会，了解民主管理的薄弱环节，进一步完善工作机制，将民主管理工作落到实处。同时，他还积极与单位领导沟通，反应职工代表的意见和提议，保障了职工的权益。

他关爱困难职工，全心全意为职工服务。自从开展"温暖职工大帮扶"活动以来，他更频繁地走在关爱困难职工的道路上，尽力做好相关的关心慰问工作，把职工的利益放在心上。他认真按照公司要求，做好职工福利工作，包括夏季为职工发放消暑用品，如绿豆、白砂糖等。在职工工伤或重大疾病期间，他都会携带慰问品赶往医院探视。同时，李卫华还积极向职工宣传劳动的法律法规，增强他们依法维权、自我保护的意识。

廉洁自律，营造廉洁氛围，做好表率。李卫华严格遵守廉洁准则，努力提高自我各方面素质，在工作上，他洁身自好，清正廉洁，绝不跟不良风气沾边。他严格执行公司各项规章制度，做到以身作则，率先垂范。他认为"自我学习了，自我提高了，这还不够，团体的提高才是真正的提高"。他不止一次说过这样的话。他在日常工作中格外注重调动其他工作人员学习的进取性和主动性，带头学习业务知识，学习新的政策法规，为更好地解决问题打好基础。在他的带领下，大家加强学习，提升素质，工作起来都充满干劲，为公司打造了一支强有力的专业队伍。

在工作中，李卫华坚持"没有调研就没有发言权"的准则，在每一个工作阶段，处理各种方针政策问题时，他都坚持从实际出发，做到实事求是，坚持原则。他认为，要做好工作，最主要、最基本的方法就是调查研究。在工作过程中，他会花很多时间走访客户、员工，开展调研工作，立足工作实际，按照边学边改、即知即改的要求，着力解决员工急盼解决的热点、难点问题。除了统一培训、学习更新知识，他还会有针对性地不断完善各个层面的业务能力，为民排忧解难，提高办事效率，为员工提供优质服务。

在现代大分工、大协作的时代，任何事情的完成几乎都需要依靠团队的力量才能完成，所以团结十分重要。无论在什么岗位，李卫华十分注意角色定位，尽量做到不缺位、不越位、勤补位。他坚持多渠道听取相关人员意见，针对一些普遍存在的问题，不定时在各种学习中进行警醒教育。他不断提高自身履行岗位职责的能力和水平，一方面尽心尽职，做好本职工作，不给领导添麻烦；另一方面，充分调动其他员工的积极性，做到多鼓励、多表扬、多担当。

他说："干工作不能'怕'字当头，要有勇气，要藐视困难，这样才能把工作做好。"所以，在从事工作的几年时间里，他都积极主动履行着岗位职责，坚持以人为本的理念，做好各项工作。他总是以饱满的工作热情认真对待各个项目，亲力亲为，事无巨细。在他的带领下，公司的各项工作任务都能圆满完成，李卫华得到了公司全体干部职工的高度评价，获得"天津市劳动模范"的殊荣。

津门工匠，吃苦耐劳

在工作上，李卫华有着吃苦耐劳、善于钻研的敬业精神和求真务实的工作作风。他对工作中出现的问题及时请示领导，脚踏实地、任劳任怨、保质保量地完成各项工作任务。他主动向领导汇报自己的思想、工作情况。他将自己多年来积累的焊接专业知识手把手传授给员工，带动整个团队技术的提高。他长期扎根在车间一线工艺难度最大的环节，时刻寻求各种解决方案，有时连续几天都和工人师傅们在生产一线工作，直到问题得到了很好的解决。看着产品没有问题李卫华才离开。无论夏天多热，冬天寒风刺骨，都不能动摇他坚守岗位的决心。有时为了教会焊工的某项焊接方法，他被焊接弧光灼伤了眼睛，晚上疼痛到难以入眠，只能用白菜叶放在眼上降温缓解疼痛。就这样第二天红着眼睛，戴上墨镜，继续在一线指导。长期在焊接岗位做工作指导，导致他两个眼睛提前花眼，很多焊工都被他的精神感动。大家说，不焊好都对不起李工的眼睛。经过他的指导，很多焊工都在技能大赛上获得了奖励。他所设计出来的焊接胎具、工装夹具生产效率和自动化程度都很高。

李卫华良好的工作作风、工作态度和不断强化的服务意识，不断提高技能和办事效率，这使他成为大家学习的标杆。他牢记职责，切实履行好责任，时刻提醒自己进一步解放思想，更新观念，在实践中创造性地开展工作。加班加点对于他来说是常有的事，可是他从没有半句怨言。他就是这样，为事业忘我工作着，从他的身上，大家看见了"奉献是一种幸福"，体会到了"拼搏的人生才更有价值"。

在生活中，李卫华也严格按照高标准、严要求规范自己的言行，他吃苦在前、享乐在后，处处起到模范带头作用，树立勤俭朴素的价值观，虚心听取意见，做到有则改之，无则加勉，不断提高和完善自我。他遵守国家各项法律、法规和单位的规章制度。他不仅仅认真学习单位的规章制度，以此作为行为准绳，同时也在以行动影响着身边的同志。生活中，李卫华还是一个热爱学习的人。他常说："时代在飞速地发展，在时代的潮流中，我们也要与时俱进。不学习、不提高自身的素质，就是落后。"他的学习方法也独具特色，他把党的政治理论、劳动相关的法律法规、技术工作中的难点、重点问题作为学习重点，首先思想觉悟不断升级，然后把感悟和心得落实到工作中去，做到理论联系实际，两者相互促进。

在企业管理方面，他利用业余时间读了不少专业书籍。技术骨干出身的李卫华对管理知识同样很熟悉。管理是一门深奥的功课，因此他不仅大力主抓生产技术创新，更是力求在企业管理方面提高效率，增强企业经营运转的良性循环，使企业的发展更上层楼。

他重视统计分析，建立统计分析制度。对企业的人员工资、资产规模、生产进度、成本控制、产品销售等状况进行全面系统地分析，以便及时、全面地掌握生产经营状况，分析各个岗位人员在生产经营中的职责落实情况和存在的各种问题。在分析中确保各项经济数据的准确、完整，为人力资源的科学管理提供依据。与此同时，李卫华定期统计，根据企业员工落实目标的现状和未来发展的需要，对不一样专业、不一样岗位的人员进行不一样类型的分析，根据政策性、时效性、预测性，促进统计分析有效性的提升。

以人为本是人力资源管理原则。企业是由人组成的团体，企业员工是企业的重要主体。所以，李卫华认为，公司在内部控制管理的落实中应以

李卫华在焊工技能大赛中出任评委

人为本，把人的因素放在核心位置，时刻把调动人的干事创业的激情放在主导地位，着力确立与企业发展阶段相适应的人事管理新观念，总结建立人才资源是企业第一资源、人力资本投入优先、员工与企业共同成长、引才借智、市场配置、社会评价、法治管理的观念。李卫华致力于开发、完善独特的人才培训机制，实施终身学习、不断成长的激励机制。对于表现突出，尽职尽责，能有效落实岗位职责的员工，要实施物质和精神双重奖励，尽量以有效的激励机制鼓励员工落实企业经营目标。

李卫华结合自身实际，开展人力资源建设工作。公司重视运用现代化的人力资源方法和理论，重视运用干部管理机制，建立规范的、科学的企业人才选拔制度，逐渐构成有利于企业优秀人才脱颖而出的选人用人机制，确保企业发展富有生机和活力。这样才能够在企业内部构成一种公平竞争的机制氛围，从而充分调动员工的进取性和创造性，为人才的竞争供给一个科学、合理、公平的平台，这也是我国民营企业长远发展的人力资源规划需要完成的目标。

同时，他用战略性眼光看待人才选拔问题，本着公平合理、量才而用、扬长避短的基本原则。他认为，在用人的过程中必须给予人才充分的信任和肯定，应当宽容地对待员工在工作中的过错和失误，制定合理的奖罚制度，这样才能够公平地对待每一名员工，使员工有一个进取向上的心态，能更好地融入企业的大环境之中去，为企业更加努力地工作，创造更多的价值。而在人力资源理论中，企业文化作为一个企业的灵魂，在企业发展过程中起到指路明灯的作用，在目前的民营企业中，企业文化都还有所欠缺，只有突出企业文化的价值和方向，才能帮忙企业更好地明确发展的方向，保障企业的长远利益，也使员工在精神上有更大的动力去自我实现。除此之外，企业在制定长远的人力资源规划的时候，还要深入研究企业员工的自身实际本事和专业素质，把他们分配到适合他们的工作岗位上去，将他们的长处突出地发扬，做到"人尽其才，才尽其用"。只有这样，才能够不断地完善员工在企业中的价值导向，集中企业的各种优势资源，建立以核心员工为人力资源的基础导向，从而展开人力资源管理的工作，进而更加充分有效地利用企业有限的资源。制定长远的人力资源规划也有利于提高员工的工作进取性，发挥企业核心员工的带头作用，从而全面提高企业员工的工作效率，这将为企业的效益提升打下坚实的基础。

李卫华所在公司在人力资源管理中，首先做好的第一件事就是重视人才的开发。在明确自身发展方向的基础上，建立了一套系统的、详细的适合企业发展的人才开发方案来奠定企业后期规划和人力资源管理规划的基础，为企业的发展壮大打牢根基。李卫华也意识到，人才的开发不单单是人才招聘和人才引进，而是要建立一套完整的人力资源开发方案，合理地配备企业人力资源，充分地挖掘企业人才的内在潜力，同时结合人才引进、人才培养等多种手段完成人才开发的任务，更好地为企业的生产经营服务，并且能够在企业的实际情景发生变化时，及时对企业人力资源配置进行合理的、科学的调整，使人力资源与企业的发展坚持同步。要达到这样的管理态势，首先要了解企业的发展现状和人员规模，明确企业的发展战略目标，跟踪企业内外环境的变化趋势。经过结合人力资源部门的管理经验、数据模型、统计方法及计算机软件等辅助

李卫华在车间给焊接工人讲解技术要点和技术参数

方式，做好企业人力资源的供给与需求预测，进而制定企业长期和短期的人力资源开发目标和发展规划。需要注意的是，私营建筑企业的人力资源开发是一个长期的、动态的过程，必须在开发的过程中不断地修订和评估，并且广泛收集企业内部员工的回馈意见，对开发方案进行及时的调整和跟进。中小型私营企业人力资源开发的重点应当放在将员工作为企业的核心资源进行开发，从发展的、动态的视角，把吸引人才、利用人才、发展人才和职业规划、制定政策、绩效管理有机地联系起来。经过合理的、科学的人力资源开发，到达企业快速发展和员工安居乐业的目的。

李卫华重视员工的需求，增强企业的凝聚力。假如一个企业没有强大的凝聚力，那么在后期的发展中肯定存在隐患。所以，无论企业制订怎样的人力资源策略，其终极目的就是增强员工的企业凝聚力，使员工对企业产生强烈归属感，并且愿意与企业共荣辱，这就能够从根本上解决企业人才流失的问题。关注对企业贡献度大的员工，企业必须加强与他们之间的沟通，及时了解他们的物质需求和精神需求，同时要对员工定期或者不定期开展企业满意度的调查，从而

将问题解决在初期阶段。除了上述的几点之外，对于加强企业凝聚力，李卫华还认真思考从收入、个人发展、绩效考核、员工保障心理、工作满意度、亲和力等方面进行了改善。

李卫华不断改造主观世界，端正世界观、人生观、价值观和权力观。经过不断地学习党的基本方针政策，李卫华坚定立场，坚决抵制腐化堕落，积极参加精神风貌建设，不断提高自身思想道德素质。

这样一条条、一件件制度举措组成了李卫华平常工作思路一盘棋。正是凭着自我的十分热爱、十分执着、十分赤诚，李卫华同志才能坚持多年一心扑在本职岗位上，默默为他所热爱的事业奉献着青春和力量。

在人生的道路上，每个人都在用自我的足迹书写着历史。在经济浪潮汹涌澎湃的今日，许多人正在以无私的工作态度和忘我的敬业精神在平凡的岗位上默默无闻地奉献着。"不积跬步，无以至千里；不积小流，无以成江河。"情感源于热爱，信念根植于信仰。就是凭着对事业的无比热爱，李卫华把每一天都过得忙碌而充实，默默无闻但却始终如一。他切实把自我的崇高信念扎扎实实付诸所热爱事业，在工作岗位上发挥出先锋作用，在创新进步中摸索前进的道路，在努力奋斗中探求人生价值。

新时代已经开启，党中央"十四五"规划和2035年远景规划出台，李卫华同志将继续抢抓机遇，再接再厉，在助力实现企业创新、人才创新、产品创新、关键技术实现重大突破的事业中，用默默耕耘的"老黄牛"精神，用甘于奉献、乐于服务的忘我精神，在平凡的工作岗位上为国家、为社会做出应有的贡献。

天津市劳动模范 梁仕伟

传承工匠精神 守护万家灯火

这是一个孕育工匠精神的行业，也是一个历练意志的行业，这个行业就是电力。

说不清从什么时候开始的，在国网天津市电力公司宝坻供电分公司（以下简称国网天津宝坻公司）运维检修部老师傅们的眼里，小梁已不再是一个需要长辈们呵护的年轻人了，这个自小生长于斯并钟情于斯的名牌大学生，继承了师傅们踏实勤勉、工作严谨的优良传统，成了一名踏实得下来、干活有韧劲的单位骨干。在很多人不愿意做、不能坚持做的"额外"工作中，小梁以创造性的劳动、以不懈的坚持，为企业、为家乡默默地贡献着自己的青春。

这是一个富于创新活力的行业，这里有一个朝气蓬勃的群体。

在国网公司、天津公司、宝坻公司的组织引领和师傅们的专业传承下，多年来，小梁在国网天津宝坻公司推广应用的国网公司 ERP、生产信息化等信息系统以及电力设备技术改造项目，为企业的生产经营提供了可靠支撑。而以他名字命名的"创新工作室"团队，至今已取得十余项优秀成果，助推国网天津宝坻公司取得科技进步奖励 7 项，国家专利授权 18 项，软件著作权授权 2 项，实现了国网天津宝坻公司专利发明和科技奖励从无到有的突破。

而小梁始终说自己所做的都只是平凡工作中的琐事和小事而已。

传承工匠精神，挺立行业潮头。接过老师傅们传承的薪火，小梁和他的同龄人们以其严谨的工匠精神、过硬的技术本领，在每一次岗位"跨界"中重新出发，不断超越自我，为企业实现高质量发展开拓前行。

这位在老师傅们眼里勤奋且富于创新精神的小梁，就是梁仕伟。

他是国网天津宝坻公司运维检修部负责人之一，是电力工程技术领域拥有副高级工程师职称的"蓝领"专家，是宝坻地区电网安全平稳运行的守护者。从业 15 年来，梁仕伟的职业生涯历程，如同挥汗如雨的田径赛场一般，充满了拼搏、激励、跨越与坚守。

好男儿，志在故乡

2005 年夏天，毕业于浙江大学计算机专业的梁仕伟，正式加入国网天津宝坻公司，成为公司基层部门中一名普通的新员工。

其实，很多人并不知晓，在梁仕伟加入国网天津宝坻公司之前，他的职业规划有着多种选择。

梁仕伟自小就生长在宝坻。这里历史上曾因贮盐而繁华，因盐业贸易而兴盛，是京畿首辅重镇，有"京东第一集"美称。生长在人杰地灵的宝坻宝地，自小学习勤奋的梁仕伟，也展现出学习天赋。2001 年的夏天，梁仕伟不负亲人期盼，如愿考上名牌大学的热门专业，成为亲朋好友中人人艳羡的榜样。

正是带着这样的骄傲与自信，梁仕伟在面对择业时，也曾向往过知名外企的丰厚薪资，也曾设想过南方一线城市里的优渥生活。但是，故乡情结让他思虑很久，最终他选择了回乡发展。

其实，像我们身边很多的宝坻人一样，梁仕伟对家乡有着刻入灵魂深处的眷恋。梁仕伟说："我从小生长于斯，家乡每一丝变化都深深烙在自己灵魂深处。

家乡的环境，可能确实比不上很多一线城市，但是这里的一草一木、每一栋建筑、每一片土地，都让人魂牵梦绕。"

有人问："你最终没留在浙江，选择回到家乡就业，就是因为这份眷恋吗？"

"当然还有听从父母之命的原因嘛！"

梁仕伟不光有建设家乡的远志，更是一个孝顺的孩子。他在 15 年的职业生涯里，在寂寞而枯燥的工作岗位上，在一次又一次的孤独坚守中，梁仕伟用他执着的匠心，证明着对故乡深沉的热爱，证明着"要让家乡变得像大城市一样美好"的誓言。

初入职场，力克第一道难题

"合抱之木，生于毫末；九层之台，起于累土。"

像所有大型企业培养人才梯队的方式一样，加入国家电网公司的新员工，要从最偏远的地方、最基层的部门做起，梁仕伟也不例外。不过，刚入职的日子里，梁仕伟在工作中起步很慢、很艰难。电力行业是一门以电力工业科学技术的研发与应用为主的职业，这与梁仕伟所学的计算机专业，可以说相去甚远，知识外延交集甚少。梁仕伟说："我就好像短跑名将来到了游泳赛场，有劲，却根本使不出来！"

做自己擅长的事，更容易收获成功，也更容易培养自信。那么，面对初入职场里第一道难题时，梁仕伟是怎样应对的呢？

"刚到单位那会儿，我虽然 22 岁，但还是一身孩子气。来到这个全新的工作岗位，不知道接下来都该做些什么，该从哪入手。"梁仕伟回忆那时的自己，不禁摇着头。"那时自己要问的问题太多了！但也不好意思总问师傅们。师傅们都很耐心地教着我，但因为我是电力行业的门外汉，所以遇到的问题都是系统性、连续性的，只靠问师傅一次两次，根本解决不了我的难题。所以只能靠我自己恶补啊。"时隔多年，梁仕伟在描述自己当初遭遇的困境时，依然庆幸那时自己对学习的自觉与勤勉，帮助他真正叩开了职业大门。

通过这场告别大学校园后特殊的"二次深造"，梁仕伟迅速掌握了电力学科基础知识，并建立起自学探索行业未知的决心与信心。

那时的梁仕伟究竟付出了怎样的努力呢？外人很难看到，但是梁仕伟家中的书柜和字台上，摆满了电力行业专业教材和书目，其中很多书籍已被翻阅得书角微卷、泛黄。他的家人说，梁仕伟曾埋头苦读电学基础知识、电力行业资讯以及电工操作手册等教材。在两三个月的时间里，梁仕伟啃下来的那些书籍摞起来，足有两块板砖的厚度。

"专业不对口，是前行动力，而非桎梏。"——梁仕伟如是说。道理并不深奥的这样一句话，如同尘封已久的一本书。那上面，记录着梁仕伟最初的职业生涯里勠力前行的身影。

高材生犯错，差点要了命

但凡在职业生涯中行稳致远的人，总会在职业生涯中遭遇过刻骨铭心的教训，高才生小梁也不例外。

刚到国网天津宝坻公司时，公司把梁仕伟分派到了公司下属的电能计量管理所。这家管理所是电力公司系统专业技术机构，主要负责电能测量、计量等设备的管理。

在这里，梁仕伟开始了基础操作与实践。他负责电力计量器具的检验检测工作，主要检测两样东西：一是电能计量表，另一个则是电能计量表用的互感器（以下简称为"互感器"）。

由梁仕伟负责检测的互感器，在市民实际生活中具有非常广泛的应用场景：例如，如果用户用电量较大，需要将供电端一侧的供电大电流，通过电磁感应工作原理，降低为用户用电端一侧的小电流，以供电表计数使用。即为生活中常见为"电表增倍器"。电表计量功能的实现，就是依靠电表的读数，乘以互感器的倍率。例如：一台倍率为 200∶5 的互感器，电表每计量 1 度电，通过计算互感器的倍率数，最终计得用户用电量应为 40 度。梁仕伟的工作即确保互感器的精准，这非常重要，他必须做到锱铢必较。

梁仕伟接手的一项工作，就是对互感器进行校验，确保倍率变比及精度无瑕疵，通过验收后，送至用户端现场安装。对于倍率变比及精度有问题的，需要立即退回返修。值得注意的是，在对互感器进行校验时，供电端的输出电缆在穿过电力线圈后，由用电端的输入电缆接到端子上，在供电端施加数次校验电流后，梁仕伟需要检查用电端端子感应电流是否合格，确认合格后，方可拆卸电缆。

一次，在拆卸电缆的时候，因为图方便快捷，梁仕伟错误地先拆除了用电端的端子，然后才去拔掉供电端的电缆。直到有同事提醒，梁仕伟才意识到这样做的严重危险性。用梁仕伟的话说："这样拆卸，我居然干了好几天。其实挺危险的，让人后怕。在拆卸用电端的电缆时，如果供电端还有电流，我就会感应到一个比较大的电压，也就是我们常说的触电。"

通过这次教训，梁仕伟深刻地意识到，自己作为非电力专业的毕业生，从事电力行业这样专业要求极高、行业要求极精的工作，和身边的同事相比，自己的差距悬殊。

这样的差距，带给了梁仕伟怎样的压力呢？

"失之毫厘，岂止是谬以千里，简直就是拿生命在犯错误啊！"直到现在，梁仕伟谈起这件事，依然唏嘘不已。

在这之后的日子里，梁仕伟主动找出电力操作所有相关安全规程，从头到尾背了一遍，进一步增强安全生产意识，并要求自己对安全观念真正做到入脑入心。

电力系统的运检维修工作必须依靠操作人员的严格纪律与熟练技巧，二者相辅相成，缺一不可。平日里，师傅们会对一些专业知识和维修常识给予指导，帮助徒弟们正确快速掌握诊断故障的技巧。曾经教导过梁仕伟的师傅刘政说："小梁是一个爱思考、爱琢磨、善于在学习实践中举一反三的好小伙儿。在工作中遇到的挫折，常常能让他学习到更多知识，成长得更快。他是个让人省心的好徒弟。"

的确，在后来的工作中，梁仕伟逐步接触到更多的新设备，每一次，他都会以那次的"生死教训"作为一种警醒，鞭策自己主动学习掌握设备的新性能，牢记操作新规程。慢慢地，梁仕伟熟悉的业务越来越全面。他回望当初，这才发现，其实电力工作并非原本想象中的那般复杂，只是自己因为懵懂，就必须付出加倍的努力，依靠学习补足差距。勤奋，确实可以补拙。

小梁学业务，抓大不放小

2006年至2007年，国网天津宝坻公司为充分发掘梁仕伟计算机专业特长，将其调动到信息运维班。在这个部门中，梁仕伟除负责保障企业信息系统稳定运行之外，也要维护区域内的信息网络和计算机终端。通俗地说，就是大到机房管理、网络规划，小到网络布线、通道故障、电脑修理，全部由梁仕伟所在的信息运维班负责。

那时候的小梁，真是忙得团团转：上一分钟刚刚解决了内部网络通信中的一项故障，回到工位还没坐稳，下一秒钟就有同事找他求助电脑问题。工作中的梁仕伟马不停蹄，从不拒绝同事的要求。

利用网络技术辅助电力行业提升业务效率，是当今信息时代的要求和必然。为了使信息管理系统运行更稳定、更便捷，梁仕伟主动作为，对信息管理系统服务器进行升级改造，实现了重要数据备份的集中存储，使内部办公平台更加稳定可靠、运转高效。为了保护计算机的正常运转，防治电脑病毒及黑客入侵等危害，他又落实上级防护要求，推动全部内网设备纳入国网天津市电力公司统一域控和安全管理系统，实现了终端统一安全管控。

不过，那时的小梁也有苦恼。用他自己的话说，就是"虽然专业对口了，但是很多业务，自己在大学里也都没研究过"。于是，一切只能靠摸索着来。甚至比如最常用的网线水晶头的制作，他都是从零学起。网线钳、剥线刀、测线仪，每样工具如何用得巧；线束割接如何更高效、水晶头咋接更稳固、线序排列有啥口诀……这些工作中的技巧，梁仕伟至今仍记忆深刻，如数家珍。

那时很多师傅和同事初次接触计算机，硬件软件操作起来都还不是很熟练，甚至有的同事连重启电脑都还不会。梁仕伟耐心地帮助同事解决问题，一遍一遍不厌其烦地教，一遍一遍不厌其烦地讲。打印机出了问题打不出图纸来，小梁随叫随到，马上修复；电脑死机蓝屏了，小梁马上跑来找原因、排故障，并手写提醒便贴留在桌上。除了一些简单运维工作外，办公室里的计算机系统、机房里的服务器设备，梁仕伟几乎都亲自"解剖"过，他对每一台计算机的熟悉，如同熟悉自己的身体一样，并对它们产生了深厚感情。看到有同事不按规程使用计算机，他心疼得要命，总是不厌其烦地对他们讲，一遍一遍地解说……

俗话说：一分耕耘，一分收获。在梁仕伟的努力推动下，在公司领导的高度重视下，国网天津宝坻公司的信息网络管理工作很快步入正轨，并受到上级公司的肯定和推广。

就这样，没有轰轰烈烈的事迹，也没有惊人的壮举，梁仕伟用他在职业起点上、最基层岗位上的兢兢业业和勤于进取，得到了领导和同事们的认可，在国网天津宝坻公司信息网络管理及硬件设备维护工作中做出了令人满意的成绩。

忙碌而又庞杂的工作，无疑锻炼了梁仕伟应对各种问题的能力。但与此同时，也触发他产生一个新的问题和思考——做好眼前这些工作，真的就够了吗？

彻夜未眠之后，小梁初肩重任

问题的答案很快就来了。

时隔不久，在一次师傅带徒弟的传授活动结束后，师傅的一番话，带给梁仕伟很深的启发。师傅说："小梁啊，千万不要觉得完成师傅安排给你的工作和学习任务就万事大吉、自我满足啦。要多做一些额外的工作，学会发现问题；要学会在忙碌的工作中抬起头来看路；要试着把自己的学业与现在的职业结合起来，看看会有什么新的收获。"师傅的话，似乎点醒了梁仕伟。梁仕伟亦是常常沉思冥想，自己究竟应该朝着哪个方向努力呢？

梁仕伟入职国网天津宝坻公司的最初那几年，正是国内互联网技术迅猛发展的高光时刻，信息互联的浪潮革命性地席卷每一个行业。互联网开始融入生活方方面面，开始改变着整个经济生态，冲击着包括金融、交通、商务贸易等诸多领域与行业。其中，供电企业也在冲击中发生着革命性的变化。在互联网时代，信息渗透到社会的所有角落，信息传输的速度和效能都极大提升，电力行业企业究竟应该如何把握好这样的信息技术革命浪潮，并处理好随之而来的风险与隐患呢？

深夜里，梁仕伟辗转反侧。师傅的话与多日来自己冥思苦想的问题，深深缠绕住了他。

终于，针对电力企业行业现状和发展方向，同时结合自己在大学里学到的专业知识，梁仕伟总结出：电力企业的互联网转型，已经迫在眉睫。如何借助互联网浪潮的技术赋能，消除供电企业现有业务模式中的信息资源浪费，如何催生与供电业务相关的新增值服务和价值领域，是电力企业在选择互联网转型方向时必须考虑的重大课题。梁仕伟所思考的问题，恰恰是信息通信技术迅猛发展的时代里宏大课题的一角。电力行业如何整合通信基础设施资源和电力系统基础设施资源，提高电力系统信息化水平，提升电力系统现有基础设施利用效率，是一代电力人不断追寻探索的方向。

当时，在国网天津市电力公司，新型电力设备上搭载着的信息硬件和软件设备越来越多。同时，越来越多的用户业务逐渐开始在网络上办理。例如，供电公司及电力系统行业内部的公文流转、通知下发、生产管控、考勤绩效，乃至面向广大市民的智能缴费、业扩报装、故障抢修等业务，供电公司都在尝试或计划尝试着，推行网上办理。

国网天津宝坻公司亦高度重视智能电网建设。为搭上网络信息化这趟快车，实现供电服务更加亲民、快捷、高效，国网天津宝坻公司内部成立了专项职能部门——信息中心。因为梁仕伟的专业学识和积极设想，上级领导深思熟虑后，对他委以重任。期间，让他最自豪的是，他参与推动了国网公司 ERP 等多项企业经营管理系统在国网天津宝坻公司的应用，参加了智能配电网的探索。

寂寞中坚守，小梁收获了什么？

那几年的梁仕伟，开始遇到职业生涯以来的第一次瓶颈期。用梁仕伟自己的话说，就是工作中越发缺少了激情。

作家罗曼·罗兰在其代表作《约翰·克里斯多夫》中曾写道："大部分的人，在二十岁或三十岁上就已死掉。一过这个年龄，他们只变成了自己的影子，以后的生命不过是用来模仿自己……"

对此，梁仕伟深有同感。那时候的他觉得，每一项工作都是刚接手的时候有新鲜感，因为懵懂，所以学习，通过学习，能感受到自己的进步，而进步才能带给自己澎湃的激情。

而如今，随着时间的推移、业务的熟练，梁仕伟发现，重复的工作越来越多，他感觉越来越无聊、越来越枯燥。即使是在自己擅长的信息网络管理工作中，也不例外。

梁仕伟说："还是以制作网线水晶头为例。如果让大家自己学着制作一根网线，很少会有人抵触，大部分人可能还会有点儿兴趣。但是如果让大家每天都去做网线水晶头，而且必须连续重复地做到第八年,还会有多少人有兴趣呢？"

都说 4～6 年是职业的疲劳期和瓶颈期。在那段时间里，梁仕伟对于这一点，深有感触和共鸣。在工作中，新任务有限，除了有限几个新业务系统的应用，以及严格的信息安全管控工作外，剩下就是机房维护、系统维护、修机器、组网络等看似单调枯燥的工作。

梁仕伟开始烦躁。那时，梁仕伟每天最多时能接到200多个服务咨询电话，几乎每一次电话里的人问的都是重复性的问题。梁仕伟说："那时的我，有一种看不到职业前景的错觉和焦虑。"

打破梁仕伟烦躁状态的是一件不起眼的小事。

2010年，当时微信、支付宝的缴费功能尚未普及，市民缴纳电费仍需前往营业厅或超市办理。当时，坐落在宝坻区周良庄镇的宝坻温泉城及相关商业配套逐步竣工落成后，来访游客日益增多。温泉城周边的很多村民，因距离国网天津宝坻公司营业网点很远，饱受缴费不便之苦久矣。当附近村民看到国网天津宝坻公司决定在温泉城旁建设电网缴费营业厅时，大家常常围在负责网络工程建设布局工作的梁仕伟身边，催问他网点何时开通。

村民们的反复催问，没让梁仕伟感到烦躁，反而是那种突如其来的被他人需要的职业神圣感，激活了他。梁仕伟心里念叨着："自己的工作，其实还是很有意义的。"

起初，梁仕伟尚未觉察到，他已经在一次偶然的经历中，完成了自己职业生涯中的一次重要的"自我实现"，完成了职业生涯中的一个重要的"小目标"。

此后的日子里，梁仕伟有意识地学习一部分心理学知识，较为系统地、有针对性地研究应对职业倦怠期的有效办法。

梁仕伟发现，职业生涯就像长跑，度过了疲劳期，人就变得轻松了。在寂寞的坚守中，梁仕伟有了成就感，也收获了被他人认同的尊重。

听别人抱怨，小梁听出宝贝来

守得云开见月明。

不知不觉中，加入国网天津宝坻公司后，梁仕伟通过不断的学习与实践，逐渐成长为运维检修部门的骨干力量。公司里新入职的后辈们也总说，和"梁哥"在一起，总能学到一些新知识，搞一些小研究。

2007年开始，国网天津宝坻公司调整梁仕伟工作职责，调配他兼职企业科技管理工作，主要负责牵头落实科技投入、科技项目研发和知识产权申报等工作。

简而言之，就是带动大家拓展思路、搞创新。

国网天津宝坻公司这样安排，其实是有长远谋划的。作为一家基层供电单位，企业主要从事的是一些基础性电网维护工作，和真正从事电力行业科研创新的岗位和机构相去甚远。同时，基层部门受制于经费投入等先天因素限制，通常很难有显著的科研成果产出。此外，基层员工多数岗位都承担着较为繁重的本职工作，科技项目乃至很多创新工作，对于基层员工来说，并非主业，且干起来耗时费力，难有效果。

主抓企业科技管理工作的最初几个月里，梁仕伟同样持有上述相同的观点，但天性"闲不住"的梁仕伟不甘心碌碌无为，不愿意直接投降认输。在他看来，哪怕做点儿什么，也不能让国网天津宝坻公司科研创新的统计报表上数字始终是 0。

就这样，带着宁愿一试的想法，梁仕伟开始想方设法动员一部分愿意牺牲个人休息时间、愿意主动做些有意义之事的年轻人，下基层、跑现场，听老师傅们抱怨"这个设备设计不合理""那个工具用着不方便"，梁仕伟和他的同事们不断在老师傅们的反馈中发现问题、分析问题，然后尝试做出改进优化，竟然获得了发明专利授权。

梁仕伟带领的团队中，一位刚上班两年的小伙子，对变电站关键位置的环境监测和预警大胆提出了几项优化建议，其实就是设计加装传感器及语音互动系统，待技术革新方案申报后，最终居然获得全国电力职工技术创新三等奖。梁仕伟和团队的同事们都为这些成果惊掉了下巴。他们心里嘀咕着——技术创新，原来还可以这样做啊。

前一刻还在嘀咕的同事，下一刻就纷纷加入创新团队中。大家的想法及设计思路都非常简洁又实用，在设计实践中，收获了满满的成就感。

有同事调侃小梁说："你们真是在师傅们的抱怨中，捡到了宝贝啊！"

在推动实现国网天津宝坻公司科技创新从无到有的突破过程中，梁仕伟深刻感触到，必须完善科技管理体系，明确创新团队责任定位，加强科技创新职能建设，通过从改进生产流程中的点滴瑕疵做起，组织各项活动，调动基层员工创新积极性，进而改变企业环境氛围，这样才能为企业打造出绵长持久的创新动力。

慢慢地，国网天津宝坻公司创新团队所获得的发明专利越来越多，国网天津宝坻公司的科技项目和科技奖励也实现了零的突破。再后来，这些当时主动参与"额外"工作的人，陆续分别走上公司里更重要的岗位，继续把这件"从抱怨中挖出宝贝"的工作做下去，做到更好。

让持久创新走上良性循环的道路，梁仕伟和团队的同事们由衷的自豪：技术创新，就应该这样搞下去！

再担重任，创新工作室开张

梁仕伟和团队的同事们取得的多项科研成果，证明了国网天津宝坻公司基层源源不断的创新动力。"从抱怨中挖出宝贝"的事例成了国网天津宝坻公司实现突破创新、推动企业降本增效的生动案例。为复制成功案例并在企业推广开来，在公司领导的大力支持下，以梁仕伟名字命名的创新工作室成立了。

如同国家鼓励创新创业的"众创空间"一样，国网天津宝坻公司为众多的创新带头人打造发展空间和实体，在企业内部形成众多孕育孵化新技术、新成果的活跃群体，鼓励并继续帮助更多的年轻人积极投身到这份"额外"的工作中，把技术创新活动持久恒新地推广开来。

立足于解决生产中遇到的实际问题和管理提升中的瓶颈难题，发挥专业人才优势，梁仕伟工作室成立后，在围绕着"创新服务于生产"这一灵魂，开启了"可研分析—自主研发—现场应用—改进推广"的创新模式。

围绕工作难点，工作室优先推动先进适用型技术成果的推广应用，确保优秀的创新成果能够转化为生产力。

在创新工作室办得有声有色的过程中，工作室的成长历程也为企业工会打造创新团队这一有益探索和尝试，总结出几大经验。

首先，狠抓入门"选人"这个关键。工作室里，带头人的选择范围拓展到技术能手、优秀工人等，重点选择有一定理论水平、工作经验、业务专长、创新潜力和有激情、在状态的人员作为带头人，并以其为核心选拔一批生产一线技能人才组成创新团队。同时实施成员动态管理，每名成员与带头人签订协议，对出现年内超过5次不能参加活动和未做出实质性贡献等5种情况的成员，一律解除协议。"入门有条件，人员能进退"的机制保证了团队在人才、技能方面的领先性。

其次，紧扣导师"带队"这个主题。工作室里，要着力培养高技能专业人才，以技师讲堂和实训讲堂为平台，着力提升全员素质。师傅要定期给徒弟压担子、交任务、定课题，积极引导他们利用理论实践分析研究，解决生产中遇到的各种实际难题，促使他们主动学习、主动思考、主动提升自身操作技能，逐渐发掘以"导师带徒"为主线的高技能人才队伍建设。工作室成员搜集资料、下载软件、自学制图，并结合多年来的学习体会和工作经验，把实际工作中遇到的各种故障和技术难题，编写成为授课教程和案例，制作成课件，毫无保留地传授给员工。

再次，打牢团队"铸魂"这个基础，把厚植"工匠精神"作为工作室创建的灵魂，把工作室建成打造工匠的基地，促进工作室团队从普通工人向创新人才转变，有针对性地解决生产一线、管理中的实际问题，攻坚重点、难点项目，推动从生产模范向创新模范转变、从行业标兵向社会标兵转变。

最后，紧盯创新"成果"这个根本。一方面，将攻关课题与企业和行业发展需求相结合，将工作室打造成企业创新发展的"领头羊"；另一方面，立足生产实际和现场所需开展技能攻关、技术创新，将工作室打造成攻坚克难的"尖刀班"，为国网天津宝坻公司在保安全、提效率上起到作用。

坚守职责，把平凡琐事做好

2012 年，国网天津宝坻公司施行企业内部组织机构调整。信息系统运维工作被正式移交至电网运维检修部门。牵头负责信息系统运维工作的梁仕伟，也同样被调到了这个部门，开始参与电网运维检修工作。

现代社会的经济发展已与电能的广泛利用密不可分。电网安全已成为关乎国民经济健康发展的重要命脉。

而在国网天津宝坻公司运维检修部，所有人每天工作都只有一个共同的目标，那就是——维护宝坻电网稳定与安全。因为，对于宝坻区的社区、村庄、企业、学校、家家户户来说，电，实在是太重要了！

始终忙碌在保障区域供电安全路上的梁仕伟对这一点的感触更加具体且深刻。

每逢春季末期，为确保夏季用电大负荷期间电网安全平稳运行，需要组织排查设备隐患，治理设备缺陷；每逢汛期将至，为及时通报汛情及保电信息，需要分解防汛保电任务，细化防汛保障方案；每逢中考高考期间，为保障莘莘学子在考场上顺利完成考卷，需要制定周详的保电方案；每逢元旦春节，这常常是地区用电需求最迫切的时候，对于梁仕伟和他的同事们来说，也是最为紧张忙碌的时刻……

据不完全统计，每年梁仕伟参与完成的各类保电任务至少几十次。忙碌、加班、熬夜已成为梁仕伟工作中的高频乃至常态化的状态。但难能可贵的是，在日复一日的忙碌工作中，梁仕伟始终能够合理调整重心、调配工作资源、确保重要工作计划稳步实施，圆满完成各项重大保障任务。

在历次保电任务中，梁仕伟记忆最深刻的一次是 2017 年在天津举办的第十三届全运会。

当时，宝坻区体育馆作为区内中型甲级综合性体育馆，在全运会期间负责承接第十三届全运会的拳击和羽毛球比赛项目。

为确保供电工作万无一失，国网天津宝坻公司开展桌面推演，不断细化完善保电预案。按照上级指示要求，国网天津宝坻公司将全运会保电作为一项重大政治任务，成立"党员突击队"，以党员先锋模范作用带动全员工作积极性，聚焦本质安全，确保全运会保电工作有序推进、优质高效完成。梁仕伟认真做好技术、组织保障等工作，制定保电方案和专项计划，推动开展应急演练，督促隐患排查治理、设备试验检测、现场巡护值守等工作的落实。最终，国网天津宝坻公司上下全员一心，以"滚石上山不松劲头"的精神，圆满完成了全运会分会场保电任务，为全运会顺利召开提供了基础保障，也为宝坻区增光添彩。

2020 年初，在面对突如其来的新冠肺炎疫情时，国网天津宝坻公司主动对接政府及相关部门组织对区镇两级党委政府以及医院、隔离点、防疫物资生产企业、供水、供气、供热等疫情防控保障单位的用电负荷情况进行测量监控，并重点对各单位变压器、配电室进行隐患排查。

梁仕伟及身边的同志们充分发扬党员先锋和劳模精神，积极参与疫情防控服务工作。他们服从命令，勇挑重担，夜以继日地奋战在疫情防控岗位上，为国网天津宝坻公司乃至宝坻地区全力打好疫情防控阻击战和经济社会发展总体战高效联动，贡献着自己的力量。

在所有场景中，每逢重大时间节点和重大主题活动之际，亦是梁仕伟倍感压力的时刻。梁仕伟和众多同事一起，夜以继日，只为守护万家灯火与温暖。每每想到这些，梁仕伟和他的同事们身上的疲倦便荡然无存了。

服务用户，用诚心急人所急

服务是电力企业的生命线。然而服务行业里最令人怵头的，常常是如何应对用户的紧急需求。

多年来，梁仕伟所在的国网天津宝坻公司这个团队始终坚持"人民电业为人民"的企业宗旨，电力工人哪里有需要就出现在哪里，一直拥有着良好的服务评价。

2020年春节前夕，某临街底商一摊位用户疑似超负荷用电，导致该底商及邻近商铺配电箱被烧毁，殃及附近多家商铺，被迫停电停业。

梁仕伟当时正好负责配电专业工作，事后调查发现，当时由于天气突然变冷，商铺用电量激增，超出了最大负荷，造成配电箱起火。接到市民反馈后，消防队员和供电所工作人员立即赶往现场扑灭了火苗，由于无法查出具体是哪条线路的问题，国网天津宝坻公司运维检修人员本着服务用户、维护用户切身利益的宗旨，当即拆除已经烧毁的设备，并安装全新设备，保障了底商用户及时用电，将停业带来的负面影响降至最低。

梁仕伟说："我们紧急协调备件，让供电所的同事们临时接线，恢复供电，当时连计量电表都没安装，就立即为用户恢复了正常供电。我们在处理类似问题时，首要做的不是追查谁的过错，而是首先保障用户的根本权益，保障电力的稳定供应。"

梁仕伟清楚，直接面向用户供电的配电网络，因为线路长度、设备量巨大，运维抢修工作量十分繁重。所以，他带领的团队不断梳理设备隐患台账，优化配电设备管理机制，努力改善供电服务。

走遍台区，党建引领查隐患

确保安全生产、保障优质服务是电力企业永恒的主题，是践行企业宗旨，落实国家电网战略和公司重点部署，做好各项工作的前提和基础。2020年，在应对疫情防控常态化工作压力的同时，国网天津宝坻公司创造性地提出《"堡垒共筑 走遍台区"——身边无隐患统一行动方案》①，积极探索"党建＋安全"融合路径，以支部结对共建、党员群众分组的形式开展跨部门、跨支部的隐患排查专项行动，对辖区内全部台区开展隐患排查。

梁仕伟已经从运维检修部调动到党建部门，负责牵头这项任务。他号召党员做先锋，弘扬"推土机"精神，以隐患排查行动践行"人民电业为人民"的企业宗旨；以支部结对的方式推动职能部门党员群众投身一线，充实一线运维力量；以分组行动的形式交流运维经验、督促隐患治理，引导全体员工担当作为；联合相关专业制作《配网线路及设备巡视检查指导图册》和《配网线路及设备巡视检查单》，以图例注明重点隐患，方便不熟悉现场设备的党员群众随身携带、对照排查。在大家的共同努力下，国网天津宝坻公司全年累计排查各类隐患 1354 项，治理完成率同比增长 12.1%。

梁仕伟所在的党建部，不断加强党建与生产经营深度融合：以"堡垒共筑 走遍台区"带动党支部各项工作融入工作中心；结合"一支部一项目一特色"，不断发挥支部在投诉压降、营商环境优化、电网新基建等各项中心任务中的积极作用，提升安全管理实效。

在党建部的推动下，国网天津宝坻公司持续着力把党建内嵌到中心任务之中，不断探索更加简单、直接、有效的机制和措施，努力实现"1＋1＞2"的倍增效应，真正实现业务以党建为载体、党建因业务而精彩。

梁仕伟常说自己成绩的取得离不开师傅的教导。在蓝领技术行业中，老师傅们通常都承担着将实践技艺传承后辈的重任，他们身上的担子通常都不轻。而在电力行业这样极其专业的技术领域中，作为在各自工作岗位上取得高级技能职称的技术能手，老师傅们除了言传身教之外，还肩负着具体的"带徒弟"的任务，每个新入职员工都需要师傅的悉心指导。

俗话说："师傅领进门，修行在个人。"师傅带徒弟的结对方式，是一种

---

① 台区：在电力系统中，台区是指一台变压器的供电范围或区域，是电力经济运行管理的专用名词。

在技术行业中行之有效的培训方式，通过传、帮、带加快新进员工业务素质和技能水平的提高，培养基础扎实、敬业爱岗的生产一线职工队伍，改变一线员工的年龄、知识、能力结构。而在生产岗位上，以师徒关系的形式将实际生产、技术攻关中所需的必备技能技艺等传授给新进的一线员工，也能使他们能尽快适应岗位工作要求。

在梁仕伟看来，师傅们的工匠精神让他铭感于心，始终深深触动着他的灵魂。

梁仕伟说认为，师傅们最可贵的品格，就是认真二字。

认真到什么程度呢？

梁仕伟说："我的师傅，这辈子根本就没学过英文。英语里的26个字母连顺序都不知道。但是，在系统操作界面中，两种满屏全是英文的画面上，其英文内容师傅们全都能看懂。"

梁仕伟起初也很诧异。后来他才明白，师傅们靠的就是一个词一个词地背诵，然后牢记。所以，每次排查故障的时候，英语底子还不错的梁仕伟，可能还要去查代码的含意，而他的师傅们，只需瞥上一眼，就立即能够判定问题原因了。

此外还有一次，老师傅的教导让梁仕伟开了窍。

那时在信息运维班，为了方便内部网络拓展，由梁仕伟牵头，为国网天津宝坻公司建立了一个DHCP服务器（一种小型内部局域网络）。DHCP服务器的建立，为局域网中每台终端计算机自动分配了IP地址。按道理说，有了DHCP这个法宝，就自动记录了局域网中所有电脑的IP地址，梁仕伟就没有必要挨个设备去设置IP地址了。但是，师傅刘宝柱坚持要求梁仕伟另外填写一张Excel表格，记录下每台计算机的物理位置、使用人及对应的IP地址、MAC地址。

师傅刘宝柱的要求让梁仕伟很头大。因为这样一来，工作量巨大，遇到同事轮岗调换、工作调动时，还得重新逐一统计。但尽管心里拧巴着，他还是照着师傅的要求去做了。

直到后来有一天，网上出现一种新型ARP病毒，能够伪装IP地址并对网络发起攻击。这时候，梁仕伟恍然大悟，猛然翻出以前保存的Excel表格，在DHCP服务器上逐一核对，立刻排查出中毒的计算机。梁仕伟对自己的师傅彻底服了！

"基层怎么了？基层不干好，干啥都白搭！"师傅们说，"年轻人要扎根基层，在基层才能成长。"时至今日，梁仕伟在回忆那时的场景时，仍然强调说，师傅说这话时脸上如同在发光。这深深感染、震撼了年轻的他。

梁仕伟说："师傅对我的帮助不仅仅是专业技术上的指点，更是在思想上立了一个标杆。"参加工作以来的这些年，师傅们的耐心教导让他这个电力"小白"学会了如何正确解决工作中遇到的各种问题，更让他这个"年轻人"找到了以后的路。在此后的工作中，每当承担重大项目、带领着团队攻坚克难时，梁仕伟在不经意之间感怀的都是师傅们最初对他的精神传承。

电网是天津发展的经脉，历经多年成长，从小到大，从弱到强。建成世界一流现代化城市配电网，保障了天津城市能源安全，为天津的发展注入更强劲的动力。坚强的电网，为五个现代化天津建设提供了电力支撑。实现了天津电网的跨越式发展、华北电网互联互通能力迈上新的台阶。其间，城市的每一个成就的足迹，都蕴含着天津电力人不断进取的拼搏精神。而天津电力人，从来都是一个模范辈出的优秀群体。

习近平总书记指出："劳模精神、劳动精神、工匠精神是以爱国主义为核心的民族精神和以改革创新为核心的时代精神的生动体现，是鼓舞全党全国各族人民风雨无阻、勇敢前进的强大精神动力。"从业十余载，梁仕伟始终感佩模范人物对他的精神引领。如同教导过他的几位师傅带给他的精神洗礼一样，公司里的优秀党员、国网系统里不断涌现的劳动模范都是梁仕伟积极学习的榜样。电力系统是一个劳模云集的行业，对于自己工作以来这些年里不断涌现的众多劳模，对于他们的模范事迹，梁仕伟如数家珍。

梁仕伟说："我最崇敬国网河北省电力公司石家庄井陉县供电公司小作供电所员工王生廷。他面对突然来袭的滚滚洪流，不顾个人安危，分头逐户通知群众转移，生死存亡之际挽救 30 多户人家、198 条性命，却失去至爱亲人……"

梁仕伟说："我最景仰国网安徽省电力公司宿州供电公司输电运检室带电作业班班长许启金。他作为国家电网系统的'大国工匠'，三十五年如一日，坚守生产一线，干一行爱一行专一行，实现安全生产零差错……"

梁仕伟说："我最钦佩国网吉林省电力有限公司吉林供电公司检修分公司输电运维五班班长吕清森。他从事电力工作 36 年来，坚持巡护吉林地区海拔最高、环境最差、巡视难度最大的 66 千伏红石到白山线。他每月徒步巡线超过200 公里，发现大小缺陷 5000 多件……"

梁仕伟总说："每一个时期的劳模都具有不同的特点，但他们都有一个共同点，那就是主人翁的责任感和爱岗敬业精神。这是精神，是我们永远取之不尽的宝藏。"

在梁仕伟的办公室里，桌角整齐地摆放着几本崭新的《时代楷模——人物事迹报告读本》。其中一本书正好翻开着，翻开的那一页题为"时代楷模张黎明：守护万家灯火的蓝领工匠"。

正文间，有这样一段文字被梁仕伟画了标线：

从1987年成为天津塘沽供电局最年轻的巡线工开始，张黎明默默坚守电网一线32年。32年来，由他组织完成的高低压故障抢修等作业两万余次，从未发生一起安全事故；由他手绘线路图1500多张，分析了上万个故障成因，形成了300多种故障快速抢修流程；练就一手绝活，只要大致了解故障周围环境，就能迅速判定故障性质和位置，为尽快送电争得宝贵时间；这种追求尽善尽美的匠心，让张黎明陆续完成了技术革新300余项，其中130余项成果获国家专利，直接产生经济效益近亿元……

在这段文字旁的空白处，梁仕伟抄写了这样一句话：

"简单的事情重复做，重复的事情用心做。"

结束语

电力行业的职业特点和工作性质，决定了梁仕伟注定不是一个"顾家的男人"。

在工作岗位上，供电公司一声令下，梁仕伟要带领团队随时到位、忙碌奔波。梁仕伟的手机永远处于24小时待机状态，一个电话铃声响起，他总是抄起电话就说工作。

多少年来，梁仕伟的家人们已经习惯了他对工作全身心地投入。

梁仕伟自己总结说："有时候，我承担的不只是用户的诉求，还有对家人的亏欠。他们'最需要我的时候，我却不能出现'。"

多少年来，梁仕伟的爱人已经习惯了丈夫抄起外套匆匆出门，不能回家吃饭；梁仕伟的儿子已经习惯了爸爸答应和自己打游戏，却总也没兑现……

梁仕伟深知，自己亏欠家人太多太多。若非这份职业，他本可以有大把时光陪伴妻儿。

然而，他依旧无怨无悔。

　　一天的工作结束了。梁仕伟缓缓走到办公室窗前，看着窗外车水马龙的生活，他轻轻地对自己说："我们的工作，其实真的没有什么特别高大的地方，都是很平凡、很基础的工作。如果说难得，那就是在日复一日的平凡中，我们电力人依然坚守着我们的初心吧……"

天津市劳动模范　林　辉

逆行"天使"

　　如果你是一滴水，你是否滋润了一寸土地；如果你是一缕阳光，你是否照亮了一份黑暗；如果你是一颗小小的螺丝钉，你是否永远坐守你生活的岗位。

——《雷锋日记》

　　热爱自己的工作，专注做一件事，把它做到极致，这是林辉的人生追求。

　　林辉，中国共产党预备党员，2010 年大学护理专业毕业后，进入天津市宝坻区人民医院工作。工作中，林辉虚心好学、勤勤恳恳、踏踏实实，2011 年 8 月，他被分配至重症医学科工作。作为为数不多的男护士，每当那些因受疾病折磨而十分脆弱的生命需要呵护时，他总是第一时间走近他们、悉心照料、帮助他们减少痛苦。林辉说："只要能为患者减少痛苦与烦恼，带来健康和快乐，再苦再累也值得！"

护士要有纯洁的心灵，高尚的情操。走近每一位患者，林辉总面带微笑，以真诚之心面对患者。不求回报、只求奉献，这是护士职业的出发点，更是护理工作者的职业荣耀。面对许多渴求健康的目光，护士们用鼓励的眼神传递力量，用有力的双手搀扶着患者越过疾病的沼泽，带给患者摆脱病魔的勇气和求生的欲望，用心理学知识抚慰心灵受创的患者，使他们身心放松、积极治疗，期待美好未来，用专业的知识指导患者做康复治疗，帮助他们早日恢复健康。

坚守仁心，为患者服务

"三分治疗，七分护理"，护理的重要性早已经得到医学界高度重视。林辉热爱护理事业，兢兢业业扎根一线，运用自己扎实的专业知识，周到、细致地护理每一位病人。他对病人就像对自己的家人，不敢有丝毫马虎。他每天都会做工作笔记，总结自己学到的东西、过失和感悟。通过不断总结、不断改进，他进步迅速，受到领导和身边同事的赞许和夸奖。

一次，科里来了个彝族小患者，只有 2 周岁。孩子是从砖车上跌落后被压在车下受伤的，入院时右侧头面部青紫肿胀，面部皮肤擦伤，右眼睑水肿青紫，眼球不可视，胸前皮肤可见瘀斑。已为人父的林辉看到眼前这个小患者病情如此严重，心疼得不得了。他在主任护士长的组织领导下，马上对孩子进行了一系列的治疗处置。随后几天，他把孩子照顾得无微不至，上班下班总会问一下孩子今天比昨天好点没有，今天脱离呼吸机情况怎么样……

人与人之间的关系应该以平等为前提，而当他的角色是一个医者，去面对患者时，专业知识的不对等，很容易让患者会产生误解，遇到无理取闹的人，医护人员就会遭受很大的委屈。遇到这种情况，林辉总是站在患者及其家属的角度考虑，也永远不会忘记自己面对的是身体正在遭受病痛、心理上饱受煎熬的患者。这种医患关系很大程度上就像母亲面对孩子，老师面对着学生一样。林辉认为，如果大家都锱铢必较，就无法创建和谐的医患关系了。

记得一次上中班，科室里住满了患者，输液泵报警音此起彼伏，服务各类病症不同的患者，大家忙得晕头转向。有一个格林巴利综合征患者，正在接受气管套管内吸氧治疗。患者总是用"磨牙"的声音招呼他们。第一次"磨牙"，患者不高兴地示意自己输液的手很痛，要护士处理一下。林辉看了下，回血很好，没有异常，就帮患者把滴速调慢了。第二次"磨牙"，患者叫来了林辉，脸色非常难看，说自己的手还是很痛。林辉仔细看了看，依然没发现异常，为了安抚患者，他说："那我帮您重新扎一针吧，这样可能会好些。"征得患者同意后，他为患者重新穿刺之后，又忙着照顾其他患者去了。第三次"磨牙"，患者又告诉林辉自己腿很麻，要求给按摩一下。虽然林辉很忙，但是想到患者可能是太痛苦了，需要安抚，于是，他为患者按摩了一会儿，调整了患者的体位。不多时，患者又叫他，接连数次，林辉听到患者刺耳的"磨牙"声，林辉也有些不耐烦了，但他还是帮患者解决了问题。后来，患者总是满怀感激地看着他，跟他竖起大拇指。他想，病人饱受疾病的折磨，自己这点麻烦又算得了什么？更何况，作为医护人员不就是给患者解决困难的吗？

经历了这次考验，林辉深刻反思，在以后的工作里他竭尽全力做到以诚对诚，以心对心，他相信只要自己真心付出，终究会获得患者的认可，至少自己这样做，也是在坚守自己的职业道德。没有人生下来就是某个样子，大家都是通过生活中的一些小事，慢慢改变了自己、改变了对方，也改变了事情事物的本来面目。林辉坚信，世上没有什么是理所当然的，只有相互体谅、相互包容，才能造就和谐的医患关系。

勤勉进取，传承医学精神

2013 年，林辉被区医院党委选派去天津市第三中心医院 ICU 进修一个月，2015 年又被派往北京医院，参加为期三个月的 ICU 专科护士培训，凭着严谨的学习态度，最终，林辉以优异的成绩顺利获得 ICU 专科护士毕业证书。

2020 年 7 月，林辉又带着新的任务、新的目标前往北京协和医院重症医学科进修。在刚得知要去北京进修学习的消息后，他内心无比的激动，兴奋得一晚上没睡着觉，为此做了大量的准备工作。他主动与主任护士长请教培训中要注意的问题，一心想给培养自己的宝坻区人民医院做贡献，把需要的专业知识、专业技术带回来。到了北京协和医院后，他全身心投入紧张的工作中，认为进修最重要的事情就是自己主动在实际工作中去学。因此，新入院的病人需要留置动脉测压导管，他会主动说："老师，让我试试吧。"中心静脉导管换药时，他也会说:"老师,我来做吧,您指导我。"

为了争取更多的锻炼机会。林辉利用每天的休息时间,泡在科室里反复观摩,认真学习,使自己可以尽快了解与熟练穿刺技术,也许是他的真诚打动了老师,也有可能是老师认为他已经可以进行穿刺试验了,就同意了让林辉实际操作。这让林辉有了更多的实践练习,他也不负众望,很快就熟练掌握了其中的精髓。在 ICU 高端仪器的使用上,林辉会集中注意力去观察老师的使用方法,反复琢磨其中的技巧,每每遇到自己不懂的地方,就会追着老师问到底。在患者病症问题上,他同样的认真,对不同的病症,他会主动和医生、护士们交流,对难解的杂疑,他会查阅资料、研究病例、整合资料,按类分析此类病症的诱发原因、发病症状、治疗方案、护理重点,将自己学到的知识细致落实到每一个点上。在学习的这段时间,他坚持每天做总结、记笔记,把学习到的知识和不懂的地方全部记在笔记中。

重症监护是他此次进修学习的重要的项目。北京协和医院的重症监护当时分为两个病区,两个病区的病人会有所不同,每一名学习的护士都有自己的工作任务,在学习的三个月期间,他不仅把自己分管区域的工作一丝不苟地完成,还利用休息时间去另外一个病区主动帮助别人完成任务,他希望可以学习更多,因此,他认识了几乎所有重症医学科的医护老师,也给很多的医护老师都留下了深刻的印象,也学习到了更多的病例与知识,为以后自己的工作积累下了宝贵的经验财富。

查房也是学习的一个重要途径,林辉知道听查房可以帮助学习更全的疾病知识、了解更多的患者病情、更好地掌握治疗方向和护理重点,给自己带来颇多的收获与感悟。所以林辉每次听查房都是一丝不苟,认真听、仔细看,生怕遗漏些什么东西。他每一次查房都是来得最早、走得最晚,因为他不允许自己有任何的失误,因为他知道作为一名护士,最重要的就是对自己的工作负责、对患者负责。

重症护理超声的学习,是他此次进修的一个意外收获。通过进修,林辉发现协和医院的老师们都会利用超声技术来进行肺部超声,空肠营养管留置,辅助动静脉置管。之前,在重症科年会上,林辉也听到过超声可以引入重症护理。他认识到,学习超声技术对护理工作非常重要,这符合发展的大趋势,他特别留意了这件事。一次偶然机会,进修老师提及近期有个重症护理超声培训班,他毫不犹豫花钱参加了培训。通过学习培训，他掌握了先进的理论知识与操作技术，并且在两个月内利用休息时间反复练习、认真请教，完成了老师布置的高难度作业，顺利取得了合格证书。

林辉来进修学习还有一个重要目的，那就是为自己的医院引进一些先进的医疗器材。北京协和医院尖端的医学科技水平让他大开眼界，他见识了 ECMO（体外膜肺氧合）、PICCO（脉波指示剂连续心排血量监测）、CRRT（连续肾脏替代疗法）、IABP（主动脉内球囊反搏）、早期活动、俯卧位通气、大 PEEP（呼气终末正压）膨肺、重症超声等高精尖的治疗技术。为了学习更多，林辉每天到病房会巡视好几遍，来获得更多接触这些设备的机会，并借此机会认真研究设备的性能指标，了解先进的技术，从而知道哪些可以为自己所学习，哪些适合引进到宝坻区人民医院。

在提高自我方面，他主动与北京协和医院老师进行沟通求教，进入协和医院的自主学习平台，学习知识并及时加以实践。他常常利用自己的休息时间刻苦学习平台上的知识，以此来提高自己的学习效率，提高自身的学习积极性。林辉平时就特别喜欢看书，但因工作繁忙，看书时间不多，他认为，这次进修学习是充电的好时机。林辉经常到医院图书馆翻阅书籍，遨游在医学知识的海洋里，阅读了很多权威医疗科技的书籍，进修的这段时间，他自身的知识储备有了很大的提高，在很大限度上，强化了书写能力，发现了不足之处，提高自身的业务能力。他还特别喜欢和别人交流，在进修学习时期，他与来自五湖四海的护理同仁进行经验交流，汲取对方的优秀成果和成熟经验，探讨各自方案的共同点和不同点，使不同的经验在自己的实践检验下，成了为我所用的方案。

学习之后，回想起来在进修学习的初期，他原以为协和医院会对进修护士做系统、有计划的培训，结果是根据自己的实际情况去进行补充，争取更高层面的进步，这需要自己去发现问题，提出问题，再跟老师一起解决问题。林辉凭借他平时刻苦钻研的精神，努力和各位老师处好关系，随时请教遇到的问题，及时询问，寻求解决办法，及时记录。进修期间他定期和自己的护士长沟通，汇报、讨论学习的内容，征求护士长的意见，护士长建议他在哪些方面还需要继续关注，他会一一落实。

冰冻三尺非一日之寒，滴水石穿非一日之功。想要提升自己不是一蹴而就的，是日积月累、不断努力学习的结果。林辉就是想通过反复练习使自己掌握各种先进的专业技术，再把先进的知识、成熟的技术带回科室，为宝坻区人民医院及全区医护事业的发展做出自己积极的贡献。

学习的过程中，他努力汲取专业知识，并不断反思：自己在培训中的所见、所闻、所感都会成就自己的职业，成为自己职业生涯上浓墨重彩的一笔。事实也的确如此。回想起来，他非常感恩医院给他进修学习的机会。

学做融合，提升专业技能

学无止境，进取无涯。三个月学习结束后，同事们都称赞林辉的学习成果，他却说："感觉 ECMO 等多项技术还没学到，还有很多老师的讲课没时间去听，挺遗憾的。"

工作的过程也是学习的过程，在工作中学习、在学习中工作。林辉在进修学习总结时说："此次进修不仅让我拓了眼界、学习了知识、掌握了技术，更是为我今后的工作提供了专业支撑，也明确了未来努力的方向。"他向院领导明确做出保证，决心立足岗位、踏浪破石、勇于奋进、稳步向前，为医院的发展全身心投入并贡献出自己的全部力量。

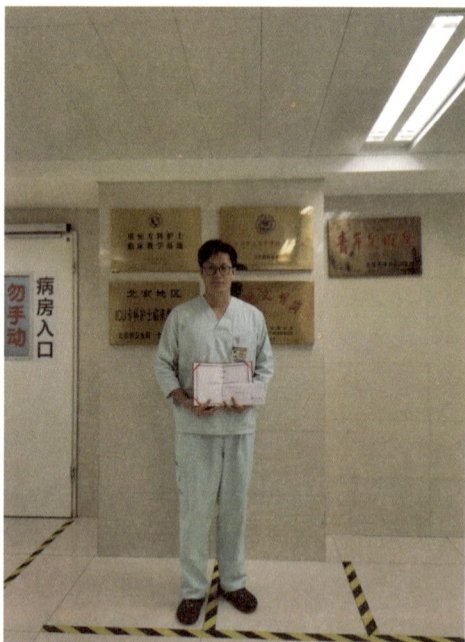

林辉在北京协和医院进修，荣获重症医学科优秀进修护士奖

护士是"提灯天使"，是真善美的化身。林辉细心、耐心护理患者，时刻心系患者，不论老人、孩子，不论脏、苦、累，他都精心护理，没有怨言。重症监护室的护士尤其累，林辉凭着踏实肯干，克服了工作中的种种困难，取得了一个又一个突出的成绩。

习近平总书记说："幸福是奋斗出来的。"林辉取得的成绩是脚踏实地干出来的。实干精神是一种工作态度，这种态度会让自己受益，也会创造出无限的价值。一个人无论从事什么职业，无论在什么岗位工作，只要干一行、爱一行，任何岗位都可以大显身手，任何舞台都能够展示风采。爱岗敬业、勤奋扎实是对每一个人自身定位的理性要求。林辉深知，只有扎扎实实地实干，才能赢得自身创造发展的机会。

2018 年 12 月，为落实好东西部扶贫协作这一大战略、大布局、大举措，做好医疗卫生对口支援工作，林辉积极参加了为期两个月的对口医疗支援工作，到甘肃省永登县人民医院进行医疗帮扶工作。

坐上开往永登的车，他感到迷茫和忐忑，他该怎么去开展工作？怎么才能不辜负领导对自己的信任？一路上，林晖望着车窗外，风拂过一座座荒凉的沙丘，将零星地散落在荒原上的蓬蒿吹得东倒西斜。汽车继续前行，窗外是永恒不变的色调，黄沙漫漫，单调而荒凉，面对此情彼景，林辉深深地陷入了沉思……

进入永登县医院，在县医院高院长的安排下，他进入呼吸重症监护室工作。刚到永登县人民医院时，林辉就遇到了一个很大的困难，当地县城里的人大多数普通话不是特别标准，有的患者不会说普通话，沟通成了很大的问题，这让他的日常工作很难进行。林辉通过肢体语言、表情了解对方要表达的意思，过了大概一个月，他已经大概听得懂当地人讲话了，当时有很多的同事都称赞他有语言天赋。

林辉支援的永登县人民医院呼吸科重症监护室成立于 2017 年，经过努力，科室得到了突飞猛进的发展。林辉进入科室后，积极协助护士长进一步完善了 ICU 贵重仪器管理制度，贵重药品管理制度，病房消毒措施；做到物品定点定位放置，固定了仪器管理负责人；组织科室全体护理人员认真学习并严格执行转入转出制度、探视制度、交接制度等，加大了科室正规化管理力度；指导年轻护士掌握监护仪各种参数的监测要点，能够识别异常心电图形，并掌握对有创呼吸机辅助通气患者的护理常规；指正压疮预防及护理中使用橡胶圈的错误，对气管插管气囊充气方法；鼓励年轻护士加强学习，提高业务水平；定期进行检查考核，提高护理质量，让大家都认识到护理质量管理是医院永恒不变的主题。

因为当地的护士人数不够，林辉的工作量特别大。他经常干完自己的工作，还主动去帮助别人，他忘我地工作，不计回报地传授专业知识，得到了永登医护工作者和患者的好评。林辉一直都是抱着学习和积累经验的态度进行支援工作的，他知道作为医疗事业工作者，不仅仅需要有扎实的专业知识技能，丰富的经验也相当重要。在此次的工作中，他积累了非常宝贵的经验，明白了在和病人无法沟通时应该如何开展工作，也学会了如何更好地和互相不了解的同事一起配合工作，积累了宝贵的工作经验。"想干事，敢干事，会干事，干成事"，林辉明白应该用什么样的心态，用什么样的行动，用什么样的方法把工作干好，把事业做好，把人生经营好。一切只有在实干中才能找到办法，一切问题只有在实干中才能得到解决，可以这样说，凡事只有通过实干才能成功。只有走好现在的每一步，踏踏实实干好每一项工作才能拥有美好的未来，这是他一直坚信的真理。

任何一个成就事业的人无不是通过战胜艰难困苦，凭着锲而不舍的韧性，从最基础的工作一步一步脚踏实地地做出来的。

两个月的医疗支援工作，让他更加自信、细心、严谨。在永登县人民医院，每天有很多生活拮据的病人来看病，林辉体味到患者的艰辛，也被深深震撼，于是他更加毫无保留地进行对口协作与支援工作，尽自己所能来帮助当地医护同志们。

对口协作和支援工作结束后，林辉感慨颇深地说："在以后的工作，更要爱岗敬业，时刻为患者着想，千方百计为患者解除疼痛，想患者所想，急患者所急，摆正自身的位置，认认真真地做事，将事情尽己所能地做好、做细，培养自身的预见性，多总结经验教训，不断反思，勤于实践，逐步提升自身的工作能力。"

在感谢医院给予的这次宝贵对口支援西部工作的同时，他也深深懂得，作为一名基层护理人员，只有踏踏实实地做好本职工作，才能更好地为患者服务，才能使自我价值得到充分的体现，才不会辜负医院的培养和期望，也才可以对得起自己的良心，对得起患者对自己的信任。既然选择了医疗事业，就要把自己全部奉献给医疗事业。这次的医疗援助让林辉更加笃定自己为医疗事业奉献青春的信念，这对他以后的职业发展具有十分深远的意义。

对口医疗工作结束回到天津后，2019年8月，林辉又参加了天津市卫健委举办的为期14天的天津市惩治与预防腐败教育基地医疗保健工作。他兢兢业业，踏踏实实、勤勤恳恳，圆满地完成了各项工作任务，赢得了大家的一致好评。

积于跬步 让青春无悔

岁月如梭，转眼间，林辉从事护士工作已经 10 年了。10 年的时光，社会在发展，医学更加进步，宝坻区人民医院也发生了翻天覆地的变化，林辉也在不断地学习中提高自己，不断地适应时代的发展。从最开始的一无所知，到现在，林辉已经熟练掌握各种急危重病人的抢救护理技能，成为天津市宝坻区人民医院的优秀护士。每当别人问他是否后悔当一名护士的时候，他的回答都一样："我从不后悔自己的选择，我要感谢很多人，感谢我的家人对我的支持，感谢领导多年来对我的培养，感谢患者们对我的信任。尤其要感谢科室护士长对我的谆谆教导，感谢科室兄弟

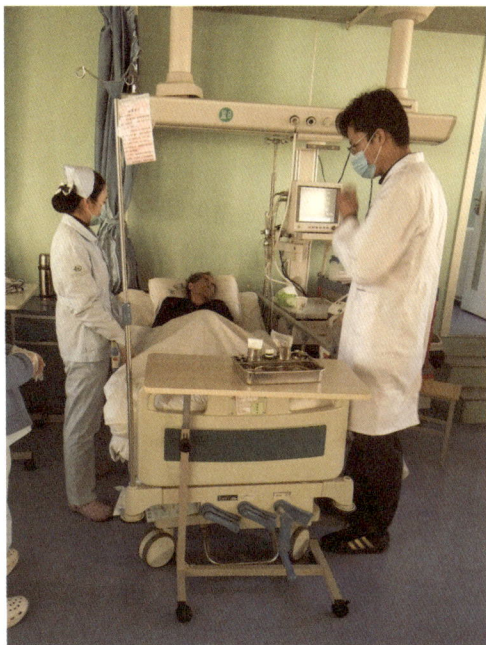
林辉在永登县人民医院呼吸与危重症医学科床旁指导工作

姐妹给予我的帮助，没有他们的支持和帮助，就没有我的今天。我从他们身上学到了很多做事、做人的道理！ICU 工作虽说辛苦，但却是充实的。每天面对着那么多需要紧急救治的患者，每一分每一秒都涉及患者的生命。每当看着奄奄一息的患者被抢救过来，那种喜悦是无法言喻的；当患者病情好转，转出至普通病房，我和同事们总会全力护理好患者，帮助患者调节好自己的心态，时时刻刻关注患者的病情，关注患者的感受，期待患者早日康复。"

很多时候，结束工作，林辉拖着疲惫的身体从急诊室出来，会被"叮铃铃"的电话铃声"叫"回去。返回去，接听电话，继续投入到全力救治患者的工作中，这类事件时常发生。

"你好，我是急诊科，有一个一氧化碳中毒的病人要送到你们监护室。"话音刚落，门铃响了，病人已经被紧急送达病区。大家迅速接进病人，吸氧、

心电监护、导尿、观察瞳孔、输液、写记录。

"快，这位患者呼吸不好了！"监护室的张老师传来紧急的呼救声。眼看着病人呼吸越来越弱，心电监护仪上显示病人的血氧饱和度迅速下降。

"快！快！急查血气分析，准备插管！备呼吸机。"

"不好，病人心率慢了！"王大夫迅速准确地进行经口气管插管，固定，及时接好呼吸机。紧张的心情还没有缓解，林辉就听到同事小于急促的喊声。

"胸外心脏按压！""肾上腺素1mg，静脉推注！""肾上腺素1mg，静脉推注！""阿托品1mg静脉推注！"

林辉一次次迅速准确地执行着医嘱。时间一分一秒地过去了，终于，呼吸机有节奏地响起来，心电监护仪上平稳的生命体征让大家松了一口气，他们终于将病人从死神的手中抢了回来！

十几分钟以后，电话铃声再次响起，手术室有个术后重症病人即将转入，林辉赶紧吃了一点东西，接下来又是一场紧张的战斗……

就是这样，林辉在宝坻区人民医院一干就是10年。从最初的不适应，慢慢地融入了ICU这支优质护理团队中，其中的过程是丰富多彩的，有感动，有快乐，有辛酸，有慰藉。他从护理工作中得到很多觉悟，对人生也有了更深入的思考。

"天赐食于鸟，而不投食于巢"，鸟兽依靠觅食才能存活繁衍；"天造化于人，而不造功于命"，人类凭借实干才能立业达志。对于林辉来说，通过自己的辛勤工作，得到病人对他的肯定是他前进最大的动力。不管是转运重病人，摆放功能位这种重体力活，还是详细宣教、耐心解释这些细活，每当病人说一句"这位男护士真不错"的时候，再苦再累他都能够承受！孟子曰："无恻隐之心，非人也；无羞恶之心，非人也；无辞让之心，非人也；无是非之心，非人也。"护士天天和病人打交道，提供耐心、细心、充满亲和力的优质服务是护士人员的职责。护理人员在医院技术人员中占的比例最大，专业性强，涉及面广，工作量大，与病人接触时间最长，一个病人从入院到出院所需的各项处置中约有90%是与护士执行和配合完成的。

每天值完班，拖着疲惫的身子准备回家，看万家灯火逐渐变得零星，街上熙熙攘攘的人声渐渐归于平静，林辉的内心也会有一种成就感。值班时，深夜病房里渐入静谧，绝大多数病人都安然进入梦乡，他像过去的打更者一样最后一次在病房穿梭着，紧绷的弦依然没有丝毫松懈，照顾好全科病人是他的责任。

林辉一直都说："既然选择了，就一定要坚持到底，并且要做到最好。"

"春风当立凌云志，锐意进取铸辉煌。"自林辉把成为白衣天使当作梦想的那天起，他便觉得自己是世界上最幸福的人。

2019年底，通过层层选拔、竞争上岗，林辉成功当选内科带教老师。

老师，这是一个神圣的称谓，也是一份传递接力棒的重任。他努力学习教学方法和技能，精心备课，将平时收集的临床资料活灵活现地应用到教学中，立志要尽力把工作做好。为护士上课培训时，看见年轻的护士们用自己的双手一遍又一遍地进行着每一项操作，这深深地打动了他、感染了他，林辉仿佛看到了当年大学生活时光里的自己。他暗暗下定决心，要将自己掌握的一切毫无保留地传授给他们。在培训时，他严格要求新护士们对每一项操作都要一遍又一遍地反复操作，目的是锻炼学生们的耐心，要求每一项操作都精益求精，做到最好，提高学生的责任心。他的要求虽然十分的苛刻，但学生们都非常感谢他。他经常告诉学生们："护士虽然没有惊天动地的事迹，但是在整个医疗工作中都是非常重要的；护士虽然没有起死回生的医术，但是却可以帮助医生们进行更好的医学操作，护士也可以用睿智的头脑、娴熟的护理技能、无私的奉献精神，在护理事业中创下一个个奇迹。"

有教无类，因材施教。林辉总是会根据学生的不同的学历特点，接受能力的不同，使用不同的教学方法，他希望自己带出来的学生有自己的专长，成为一专多能的人才。

临危受命，披甲出征武汉

南丁格尔曾说过，"护士必须要有同情心和一双愿意工作的手"。林辉正如南丁格尔说的一样，用自己的爱心和勤奋全力服务患者。

2020年庚子鼠年，新冠肺炎疫情在湖北武汉暴发。除夕夜，林辉像往年一样在医院值夜班。接到赴武汉前线支援报名的通知，他没有丝毫的犹豫就报了名。经过了一夜的思想斗争，大年初一回到家，他直接把自己的决定告诉亲戚家人。家人们先是错愕，接着，每个人都沉默了，母亲哭了。林辉理解家人的担心，但是，自己的职业就是为人民的健康服务，在国家需要自己的时候，他冲锋陷阵，责无旁贷。

　　家人沉默后，表示无条件支持。临行前，林辉向党组织递交了入党申请书，他决定，这次驰援武汉，要以党员的标准严格要求自己，要付出几倍于日常工作的努力，确保圆满完成任务。家人帮他收拾好行囊，大年初二，宝坻区人民医院援鄂小分队在冯瑞丰医生的带领下出征了。

　　本次驰援武汉，天津共集结了138人的医疗队，乘专机飞往武汉市青山区。在飞机上，他看着渐渐远去的家乡，回想起父母的话："每一个时代都有不同的英雄和时代的责任，舍小家顾大家，舍小爱成大爱，这是医务人员的职责。一定要顺利完成任务，我们等着你胜利归来！"

　　践行使命，只求奉献。这成了林辉此行的座右铭。天津医疗队于深夜到达了目的地，他们几乎没有休息，简单休整后马上投入工作中。

　　初到武汉，林辉觉得这座美丽的城市进入了空前紧张的状态。习惯了北方气候条件的他，很难适应武汉的湿冷气候，在没有更衣区、没有热水可以洗澡、医疗救治条件差的情况下，医疗队冒着被感染的风险投入工作。他们在领队的带领下克服种种困难，带着身体的不适，艰难开展工作。

　　第一天，他们先被带到了更衣室，换上一身"铠甲"，"千层酥"式的防护服一穿就是一天，常常把人闷得一身通红。晚上，湿冷的风从窗户刮进来，呼呼作响。就是在这种艰难的环境下，他们迅速整理医疗物资及内务工作，又全面巩固了防护保障措施，为开展诊疗工作打基础。

　　由于夜间没有得到充足的休息，林辉和队员们都很疲惫。但是，大家为了满足患者的需要，咬牙坚持着。他们每日忙碌在病房中，守护在病重患者的身旁，面对的是一张张痛苦、憔悴的面孔，林辉心急如焚。工作做精细，再烦琐只要患者需要，他也要做到尽善尽美。责任心重于泰山，生命的脆弱、病毒的凶险，都决定了护理工作的重要性。为了杜绝护理出差错，林辉坚持把每项工作都做到细致入微。

　　每一次进入"红区"，他戴上橡胶手套、防护眼镜、帽子和口鼻罩，提醒自己时刻保持清醒。为了减少上卫生间的次数，更为了节省昂贵的一次性防护服和用品，在进病区值班前大家尽量少喝水、少吃东西。刚开始工作时，大家穿脱隔离衣都不是很熟练，隔离衣包裹得也不是特别的严实，护目镜经常起雾，这些困难都要在短时间内克服。随着工作时间的延长，大家穿脱隔离衣也越发地熟练，隔离衣包裹不严实和护目镜起雾等问题也得到了解决。接触患者的时候，林辉都会牢牢记下患者的症状，归纳起来，总结经验。

住院大楼按照"三区两通道两缓冲"的原则划分出"红、黄、绿"三个区，建立了最基本的区域规划。在医疗设备物资和药品奇缺的情况下，他们迎来了第一波60多名病人，大多数患者呈现出极度焦虑的状态。

面对困难，林辉没有丝毫的退缩，他积极服从领导安排，全体人员团结协作，坚持以病人为中心的原则，用行动诠释着医务人员的责任与担当。病区没有保洁人员，队员们克服身体心理的多重压力，穿着厚重的防护服，过膝的长筒靴，戴着N95口罩及护目镜，一遍又一遍地清洁消毒病区，每次连续工作4个小时，加上排队、穿脱防护服，每个班次长达六七个小时。

那时，林辉和他的同事负责擦洗病房楼道，他和他的同事一边和队员们打扫卫生，还要一边与总部协调各种物资和设备，保证临床使用，还要负责看护很多临床病

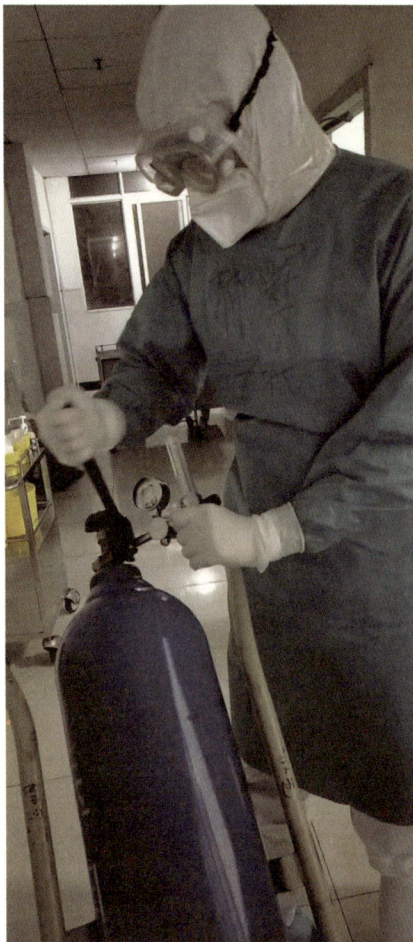

林辉在隔离病区为患者更换氧气瓶

人。病人收治进来，没有任何信息登记，他们便一一询问记录；输液瓶的标签无法打印，他们就按照医嘱单一一抄写装订；没有氧气管道系统，他们就给病人搬运来氧气瓶，甚至把自己的生活用品捐献给病人，解决病人们的燃眉之急。通过努力，他们在最短的时间内确定了规范的流程和工作标准，如新冠肺炎患者生命体征测量流程、标本留取流程、各工作岗位工作职责和工作重点、特殊时期的出入院制度、抢救制度、核对制度等，使得全体护士在工作中有章可循。

"哪有什么岁月静好，不过是有人替你负重前行。"在这次疫情面前，没有人不害怕，医护人员也一样，职责让他们选择了做患者最坚强的后盾，用自己的生命去抵挡疫情的猛烈冲击。而在普通人看不见的医院里，每一位医护人

员做得比我们想的都要多很多。

林辉无私奉献、敢于向前、舍己为人的精神，感动了很多人。当时的新闻是这样报道他的："在武汉前线，作为医疗队里为数不多的男护士，他照顾病人细致入微，脏活累活抢着干。他就是天津第一批支援湖北医疗队队员、宝坻区人民医院重症监护室主管护师林辉。随医疗队抵达武钢二院后，林辉立即开展医疗救治，给患者量体温、留置针穿刺、静脉输液、发放口服药、更换氧气桶、配合医生抢救，忙个不停。"

"平时都是很普通的常规操作，但穿上厚厚的防护服、戴上护目镜后，操作起来就不那么容易了。"林辉说，在救治护理过程中，要随时与病人沟通交流，及时了解他们的心理状况，缓解他们的心理压力。

和林辉在一个医院的医护来自五湖四海，他们有着不同的工作习惯和工作经历，再加上身穿防护服的阻碍，在工作配合时显得非常困难，但是大家都有相同的目标，就是帮助更多的患者早日康复。所有的护士和医生都努力沟通，为患者做好医疗方案的落实，提高工作的效率，希望可以有更多的患者康复。除此之外，医护人员还需要和"红区"外的指挥部进行联络，保证药物和物资的供应。每一次搬运物资，林辉都冲在最前面，他搬运的物资最多，专挑最重的东西搬。

护士是与病人零距离接触的人，做着最危险的工作，林辉却没有一点害怕，他根本没时间害怕，他只是想着为更多的感染者提供更好的服务，很多工作他都是冲在前面，他希望为自己的同事提供更多的经验。他总是把危险留给自己，把安全留给别人，尽全力发扬白衣天使救死扶伤的精神，把人民群众的身体健康和生命安全放在首位。在这场没有硝烟的战场中，像他一样的白衣天使很多，他们发挥着不可替代的重要作用。

冬日的武汉阴雨连绵，潮湿阴冷，林辉和"战友们"常常要汗流浃背地度过一天，工作完后脱下防护衣，摘下护目镜和口罩，看到镜子里自己被护目镜与口罩勒得有些变形的脸，便有一种难以言说的疲惫，再加上他总是抢着最累的活干，有很多次他都差点晕倒。但是看见病人在自己的照料下一天天变得更好，他满脸的疲惫就一扫而光，取而代之的是欣慰。

为了方便清理，保证卫生，他在来到武汉的第二天就将头发剃成了寸头，他的这一举动影响了很多人，甚至有很多的女医生、女护士都把头发剪成了短发。他们都说："在特殊时期，哪谈得上什么爱美之心。"他们的行为感动了很多的病人，让更多的病人积极主动配合医生护士的工作。那段时间，林辉天天要加班，一个人做几个人的工作，在高强度的工作下，他的免疫力也有所下降，很多年没有生过病的他，竟然在一次用酒精消毒面部的过程中，不慎染上了特别严重的眼疾，时常疼痛难忍。团队的同事们看到了，都在休息时间来看他，也送来了一些药，病人们也很关心林辉，大家都说让他休息一下或者做一些轻松的工作，林辉婉言谢绝了。他说："那么多的女同事都在工作，我更不能退下，还有很多患者需要我去护理呢！"林辉只是简单涂抹一些药，又去工作了。他的行为感动了很多的同事和病人。病人们在他的感召下，都下定决心要和病魔抗争到底。

患者除了要战胜身体的疾病以外，还需要很多的心理安慰和支持。林辉和同事们在给病人们提供药物治疗的同时，还要进行心理疏导，尽量让病人们能以积极的心态面对疾病、战胜病毒。也有病人内心很焦躁，觉得自己被隔离在医院，便没有了希望，没有心情也没有胃口吃饭。林辉看到了，马上和同事们减慢了发饭的速度，每到一间病房都会鼓励大家好好吃饭，让病人有信心战胜疾病，有的病人实在没有胃口吃饭，他就想办法为这些病人协调来一些芝麻糊、牛奶、营养餐等补充能量，并开导病人们，解决他们的后顾之忧。有些患者由于病情较重，生活不能自理，甚至还有的是失独老人，他都细心地去照顾，尽量抽出时间和这些病人聊天，进行专门的心理疏导，这些患者的生活护理就都落在了他的肩上。这些工作他都做得游刃有余，虽然身心疲惫，但没有一点工作上的遗漏和错误。林辉的细心、负责感动了很多的病人。有很多的病人也都特别喜欢和他聊天，他也会一边工作查房，一边积极地鼓励开导病人们。在他的开导下，病人们逐渐走出焦虑紧张的心理，开始积极配合治疗。

每一天工作完后，林辉就会细心地记录不同病房不同病人的情况，在交接班的时候，叮嘱换班的同事特别注意。很快他几乎认识了全部的病人，并大概记住了这些病人的性格和生活习惯。有的病人开玩笑地对他说："林护士，您比我自己都还了解我自己。"

有一种关怀是无私的，有一种爱是伟大的，有一种奉献是平凡的。当繁花盛开的春天，也许有人去赞美花的美丽、枝干的挺拔，谁又会想到那一片片默默无闻的绿叶呢？如果把医院比作生命之树，像林辉一样的护士就是那枝头上

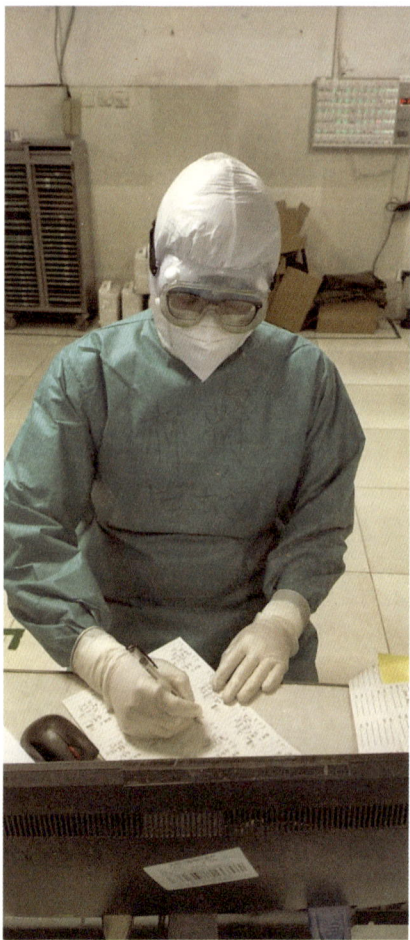

林辉在隔离病区抄写输液执行单

一片最小的绿叶，怀着对护士工作、对生命的敬畏，默默付出着。

经过一段时间的治疗，病人的病情更加稳定，逐渐与医护人员熟络起来，他们会在和家属通电话时说："天津医疗队的护士特别负责任，你们放心吧。"林辉因为怕家人担心，和家人通电话时，也会说："这里一切都好，我的身体也非常健康。"他知道家人会担心，但是，患者的家人承受的压力更是难以想象。想到这些，林辉更加忘我地工作，争取早一天送患者出院。

记得有一位重症患者，躁动、高热，电解质严重紊乱，情况危急，需要建立两条有效静脉通路快速补液，但病人血管条件很差，几位老师都没能成功穿刺。"战友"孙云飞凭着自己在急诊科抢救的经验，建议选择颈外静脉穿刺。颈外静脉穿刺是个高风险操作，别说隔着护目镜，戴着双层手套，就是平常也会有技术难度。患者的生命随时受到威胁。孙云飞立刻准备，消毒、穿刺、固定、静脉给药，林辉一边配合孙云飞，一边安抚患者，一边遵医嘱为患者吸氧、心电监护、摆放舒适体位，一气呵成，一个多小时过去，林辉与孙云飞密切配合，成功使患者转危为安。他和孙云飞的汗水也早已顺着脑门流了下来，在场的所有老师都朝他们跷起了大拇指，孙云飞也因此而有了"扎针小王子"的美称，孙云飞谦虚地说："没有林辉的配合，我也不会这么顺利。"

搬运氧气瓶是个力气活，林辉和杨志强总是抢在前面干。大家都说："这两个小伙子干活真卖力，真实在。"这些善良的话语温暖着大家。12床的叔叔总是把家属送来的营养品、水果、牛奶塞到护士手里，说："你们这么远来到武汉，工作这么辛苦，应该加强营养。"每次林辉都解释半天："我们既不能吃也无法带走。"患者出院时脸上洋溢着笑容，他们说："天津医疗队好样的！"这一幕幕总是感染和激励着林辉和同事们。冯瑞峰医生是天津市宝坻区人民医院医护人员的主心骨，工作中总是以身作则，尽全力救治患者；生活上，他像大哥一样关心、保护团队中所有人。林辉时时刻刻以冯瑞丰为榜样，时时处处为患者服务，为团队着想。

随着医疗条件的好转，他们的治愈好转率也随之提升。2月6日，8名患者治愈出院了！这是天津医疗队治愈的首批患者。那天，不光是天津市医疗队员们高兴，整个武汉青山区人民的心里也敞亮起来了，人们看到了战胜病魔的希望，更多患者鼓起了生的勇气。这是天津医疗队在这个寒冷的春天送给江城人民最暖心的消息。随着医疗条件的改善，治疗经验的积累，越来越多的患者好转或治愈出院。

"现在回想起来，在'红区'救治患者虽有困难、很辛苦，但还是收获了很多幸福！"林辉说，有一名老年患者症状严重时甚至咯血，大家都很担心，怕老人扛不住，不过，在医护人员的精心治疗和护理下，老人最终康复出院，大家都为此欢欣鼓舞。

在抗击新冠肺炎疫情中，天津援鄂医疗一队发挥了巨大作用。天津医疗队的护理领队王莹主任多次表示：宝坻的领导有魄力，派来的全是年轻力壮的小伙子，给整个医疗队倾注了无限力量。

在各方团结努力下，经过52天的奋战，林辉他们终于圆满完成工作，返回天津隔离2周，在武汉工作结束后隔离期间，林辉除了整理自己52天来的工作，还时刻的关注全国的抗疫情况，他急切希望自己早一天解除隔离，可以和自己的同事一起战斗在宝坻区抗击疫情的一线去。

2020年3月31日下午，由区人民医院冯瑞丰、杨志强、林辉、于泳、孙云飞5名医护人员组成的宝坻援鄂医疗队圆满完成任务，平安归来。区委、区政府隆重举行欢迎仪式，迎接英雄凯旋。林辉感受到了区领导、院领导和家乡人民的热情，2个月的艰难困苦化作泪水，如泉涌般夺眶而出……

在宝坻区隔离结束后，林辉立刻要求恢复工作，因为他知道疫情是全国性的，他要早一天站上工作岗位，就可以早一天为自己的同事分担一些工作任务，他时刻都记得，自己作为一名护士的职责。接下来，林辉将自己在武汉工作的经验运用到工作中，他和每一位援鄂同事一样，成为宝坻区人民医院的一把抗"疫"

尖刀。

林辉作为援鄂医院人员之一接受区政府表彰

天使在身边

"大雪压青松，青松挺且直。要知松高洁，待到雪化时。"

2020 年 1 月，林辉向党组织递交了入党申请书，3 月，经天津第一批支援湖北医疗队临时党总支研究同意，市卫健委党委批准林辉成为中共预备党员。

2020 年，林辉当选为天津市抗"疫"劳动模范。开始，林辉自己并不知情，当别人告诉他当选时，他非常吃惊地说："我只是做好一名护士应该做到的工作，为什么就成了劳动模范？"

在林辉的心里，自己就应该这样做，很多同事也是这样做的。正是有了林辉这样的抗"疫"英雄们，才有今天全国抗击疫情的决定性胜利。

作为护士，林辉是患者的护理者，他从事的工作烦琐而又关乎生命和健康，职责要求他必须要有耐心、有爱心；作为护士，林辉又是患者的家人，他用高超的专业技能，担当着人民的健康守护神，他是健康使者、爱的使者，更是快乐的使者！

　　风雪衬出了青松的挺直，新冠肺炎疫情衬出了白衣天使的伟大。"天下莫柔弱于水，而攻坚强者莫之能胜。"在新冠肺炎疫情肆虐之际，广大护士展现了"天下之至柔"的伟大力量，为保护人类的健康筑起了一道铜墙铁壁。"天下之至柔"亦天下之至勇，白衣执甲、逆行出征、杀入敌阵、不胜不归。人们常会震撼于沧海横流的英雄本色，却容易忽略在平凡中感受伟大、发现伟大。像林辉一样的护士如同繁星，他们坚守在中国医疗事业的最前线。他们带给患者的是摆脱病魔的勇气，他们用心理学知识抚慰心灵备受煎熬的患者，用医学知识为患者补充疾病康复的健康指导。

　　护士有着无私的爱，面对性格各异的患者，他们奉献的是海一样博大的情怀，他们对病人讲的也是医德和仁爱。很多护士用肩膀挑起一份女儿、母亲、妻子、亲友的重担，挺身而出，能够在琐碎而又繁杂、艰辛而又辛苦的工作中正视平凡，这就是一种伟大。

　　护士，如春天的雨露，能够滋润患者久旱的心田；如夏日清爽的微风，能够带走患者心灵的烦躁；如秋夜的明月，能照亮患者通往健康彼岸的大路；如冬天的阳光，能够温暖患者失衡的心。

林辉在北京协和医院进修，感受百年协和的文化气息

护士们奉献的是丝丝温情、暖暖关爱、滴滴汗水、份份真情，更是最宝贵的青春，他们的无私奉献换来的是千家万户的幸福、健康、安宁。

南丁格尔精神永生不灭！

天津市劳动模范 任克莲

玫瑰香自苦寒来

　　习近平总书记在全国劳动模范和先进工作者表彰大会上的讲话中指出："劳动模范是民族的精英、人民的楷模，是共和国的功臣。"天津市广晟玫瑰种植专业合作社理事长、天津怡家家庭农场总经理任克莲就是民族的精英、人民的楷模，是值得学习的榜样。任克莲本是天津市宝坻区大口屯镇西刘举村的普通农民，十年前的一个毅然抉择，使她的后半生与花结缘，不仅成为远近闻名的"花仙子"，还成了家乡人民心中脱贫致富乐善好施的楷模。她通过自己的努力，在家人和村民的帮助下，创造出许多令人称颂的先进事迹。

　　任克莲，看似普通的名字，其意义则包含了父母长辈以及社会的期许厚望。"克"在《说文解字》里是这样解释的："象屋下刻木之形。""上像屋，下像刻木彔彔形。木坚而安居屋下契刻之，能事之意也，相胜之意也。""莲"

即莲花，出淤泥而不染，高洁靓丽。"克"和"莲"放在一起，意指可以成事造福家乡的美丽高洁的女性。期许在身，不负众望，经过艰苦的奋斗历程，任克莲真的为家乡撑起一片天。她从食用玫瑰种植产业入手，逐步发展到菊花产业、果木种植产业、玫瑰鸡养殖产业，不仅为家乡广袤的土地资源增加了数倍的经济收入，还解决了周围几个村留守人员就业脱贫致富的问题。虽然她的名字与玫瑰花无关，但是她做梦也没想到自己已然成为名副其实的食用玫瑰种植专家，而且名气与日俱增。任克莲已远超"赠人玫瑰，手有余香"的乐善好施，她致富不忘乡亲，随着她玫瑰产业、菊花产业等产业规模的不断扩大，普惠受益的村民也越来越多。

种玫瑰，种可以食用的玫瑰

春天来了。也许春天是一年四个节气中最惹人遐思的，古往今来，许多诗人留下了咏春、惜春、颂春、思春、伤春、悲春的不朽诗篇。而"一年之计在于春"的古训更是人人铭记于心。在冬寒尚存，春天还在路上不紧不慢走来的时候，任克莲和她的伙伴们就在玫瑰种植园里忙碌开了。立春后虽然有些凉，但已经不冷了，玫瑰种植园中的玫瑰似乎也感受到了春天的脚步，在枝头已经鼓出了蓬勃的细芽。任克莲带领着伙伴们按照以往的惯例开始给玫瑰剪枝松土，准备有机肥料……

太阳柔和的光，照在任克莲的脸上，近五十岁的她依旧光彩照人。曾经有人问她："是不是每天和玫瑰打交道，自己也成了不老的玫瑰？"

任克莲出生在宝坻，是土生土长的宝坻农民，像祖辈们一样，她自幼就知道种地、干活，在土里刨食，虽然看上去很艰辛，但是这种艰辛对她来说早已成为家常便饭。二十年前，她也曾和同伴一起外出打工，凭着自己的聪明才智和吃苦耐劳的精神，很快在一家企业谋得一份收入不菲的工作。工作的相对轻松和不菲的收入给她带来了些许的愉悦。但每当想起家乡的土地和生活艰苦的老乡，她就会惴惴不安。几年前，她得知家乡田地抛荒严重，原本地力不错的高产田，眼下却杂草丛生，凋敝荒凉，无人问津，这让业已迈入小康生活的任克莲如坐针毡，寝食难安。

在外漂泊的岁月里，每次返乡，她总是徜徉在既熟悉又陌生的家乡田野上。

目睹她默默独行，若有所思的身影，热心人会上前问她是否丢了什么东西，需不需要人帮助一起寻找……

一段时间后，任克莲决定放弃现有的轻松工作，回乡创业。轻松的工作没能阻止她，优厚的待遇没能阻止她，同伴的好心劝慰没能阻止她，不论是善意的规劝还是不解的嘲讽，她全然不为所动。她毅然辞掉让人羡慕的工作，回到了宝坻老家。

"我也说不清楚，为什么家乡的每一块土地都那么让我牵肠挂肚，经常出现在我梦里。在我眼里，它们不仅是鲜活灵动的生命，还是与我神交已久，让我感念不已的恩人，它们是我的知己朋友。这种只可意会不可言传的奇妙感觉，真的说不清楚。"回首往事，任克莲如是说。

有人说任克莲就是一个十足的农民，享受不了城里人的悠闲和幸福。回到家乡的任克莲听了丝毫没有动摇自己的决心。对家乡土地的热爱已经渗透到身体的每一个细胞，她血管里流淌的总是对未来充满希望的农民特有的热血，她对家乡的土地总是怀有难以割舍的眷恋。

家乡的土地就像是急需自己救助的曾经的恩人，如果不出手相助，那么自己不就成为忘恩负义的人了？任克莲心里一直在想：自己是农民，眼看着家乡的田地荒芜，如果自己还在外地贪图安逸享乐，那样既对不起乡亲，更对不起养育她的家乡的每一寸热土。

回到家乡的任克莲，顾不上休息，第一时间就包种了左邻右舍抛荒的六亩多耕地。除草、开荒、选种……看着绿油油的庄稼，任克莲的内心踏实而满足，土地终于不再荒芜，"恩人"得到了回报。春种秋收，时间过得飞快，任克莲凭着年轻气盛，精心耕耘，粮食丰收了。可是，由于市场粮价太低，年终结算，到手尚不足三千元，算起来还不到在外打工收入的十分之一。虽然内心不再有对土地的愧疚感，但是见过世面的任克莲内心又有了新的不安，新的思考跳入她的脑际。

年关到了，村里同去打工的姐妹们回来了。大家看到她，就问她是否后悔，要不要过了年和她们一起再去打工。任克莲说："我本来就是种田的，有什么后悔的？"姐妹们知道倔强的任克莲是劝不动的。了解任克莲的人都知道，虽然她种地的质朴追求没有变，但她也不会一条道跑到黑地蛮干。她一直在苦苦思索着，如何给宝贵的土地赋予新的生命，种些更加体现土地价值的东西，才更对得起这可爱的土地，对得起自己的辛苦付出，对得起乡亲们的厚望。

任克莲的丈夫王志广是西刘举村的村支部书记，也是土生土长的宝坻人，他对任克莲回乡种地的选择非常支持。王志广得知爱人的想法后，认真思考、广泛咨询，终于有了新的想法。

"我们就改种玫瑰吧，是能吃的玫瑰。"

听了丈夫王志广的话，任克莲一头雾水，还以为丈夫在和她开玩笑。玫瑰不是一种观赏花吗？年轻人把玫瑰当作情人节礼物，也是摆放在家里有幸福甜蜜寓意的花，怎么还成了能吃的东西呢？吃玫瑰，好奢侈的感觉，难道玫瑰真的可以食用吗？

带着诸多的疑问，任克莲开始了和丈夫的探寻之旅。原来，王志广在一次随团去山东考察农作物种植方向时，发现山东平阴有一种可食用的玫瑰，非常火爆，收益相当可观。玫瑰花不仅可以食用，还可以做成玫瑰花茶、玫瑰酱、玫瑰鲜花饼、提取玫瑰精油等系列深加工产品。平阴已经成为全国可食用玫瑰的生产中心，可观的经济效益让平阴农民的生活富足起来。

任克莲感觉这是一个非常好的机会，但是土地是不是喜欢玫瑰花呢？宝坻的土质是不是适合种植玫瑰花呢？经过一番深入地调研，她决定尝试一下。夫妻两人制定了初步的计划。他们首先去山东平阴拜访种植基地的技术人员，然后选种，尝试播种。也许是同样有对土地的热爱，同样有脱贫致富的激情，骨子里同样是坚韧和无私，淳朴热情的山东老大哥对上门取经的任克莲夫妇非常热情，不仅以诚相待，有求必应，还介绍了许多非常实用的经验和小窍门，并对天津宝坻地区的气候土壤情况进行了调查分析，据此确定适宜的玫瑰种苗。虽然双方进行的是一次交易，但在交易中充满了关怀和希望。

种了半辈子庄稼的农民要改种花卉，犹如泥瓦匠改做剃头匠，虽然都是面对土地，露天作业，但其中的方式方法肯定有着天壤之别。为了少走弯路，任克莲深知唯一的办法就是通过努力学习，恶补知识，搞清楚这个可食用玫瑰究竟是个啥东西。在它认识咱们之前，咱们先去认识它。

玫瑰，玫瑰，我爱你

任克莲翻阅了许多的书籍和资料，了解到：狭义的食用玫瑰为蔷薇科蔷薇属的物种玫瑰，学名为皱叶蔷薇，原产中国，为落叶直立灌木。食用玫瑰不仅在中国广泛栽培，在朝鲜及欧美各国也有大量种植。广义的食用玫瑰既包括植物学上的玫瑰，也包括突厥蔷薇、茶薇、白蔷薇等很多种。在保加利亚，食用玫瑰中的突厥蔷薇还被选为国花，象征着勤劳和智慧。

玫瑰花作为可供食用的药物，早已载入中医典籍《食物本草》。民间常用玫瑰花加糖用开水冲服，既香甜可口，又能行气活血；用玫瑰花泡酒，可舒筋活血，治关节疼痛。我们的祖先自古就用蒸馏的方法把玫瑰制成玫瑰纯露，气味芬芳，疗效显著。《本草纲目拾遗》说："玫瑰纯露气香而味淡，能和血平肝，养胃宽胸散郁。"另外，玫瑰花含有人体所需的18种氨基酸和多种微量元素，具有通经活血、美容养颜等功效。国内外医药专家经过研究发现，玫瑰花对治疗心血管疾病具有特效。故玫瑰花有药膳之功，是佳肴中的珍品。《金氏药贴》中也记载："专治肝气、胃气，立效。"

科学家通过黄酮显色反应判断出玫瑰花的提取液中含有黄酮、黄酮醇、二氢黄酮等黄酮类化合物。经测定，黄酮类化合物含量达3.30%，对玫瑰花渣中的黄酮类化合物提取纯化后，确定玫瑰花渣中含有芦丁。通过抗氧化体系DPPH自由基清除体系、亚油酸系统法、油脂抗氧化体系发现，玫瑰花具有较强的DPPH自由基清除能力，较强的亚油酸过氧化抑制能力，并可以有效抑制油脂的自动氧化。通过体外抗氧化活性检测，对抗氧化活性部位进行分离纯化，在玫瑰花中鉴定出槲皮素和没食子酸两种抗氧化活性成分。其原花青素含量占鲜重的10%—20%，抗氧化能力是维生素E的50倍、维生素C的20倍。玫瑰中还含有大量的维生素E和胡萝卜素，这些活性成分也具有较强的抗氧化作用。因此，玫瑰花可作为维生素补充剂予以开发。

看到玫瑰可用来提取玫瑰精油，

天津市广晟食用玫瑰基地花开季节

制成玫瑰露,任克莲想起《红楼梦》里关于玫瑰露的故事,她特意又找来《红楼梦》认真翻阅。玫瑰露在《红楼梦》里被称为非常金贵的清露,除了玫瑰露,还有"木樨清露"。"玫瑰清露"和"木樨清露"包装精美,是进贡给皇帝用的。这两种花露装在三寸大小的玻璃小瓶里,连盖子用的都是螺丝银盖,可见其珍贵。

《食物本草》谓其"主利肺脾、益肝胆,食之芳香甘美,令人神爽",主治肝胃气痛、新久风痹、吐血咯血、肿毒等,既能活血散滞,又可以解毒消肿,因而可以消除因内分泌功能紊乱而引起的面部暗疮等症。

说到玫瑰露,任克莲还联想到香水。天然香精的提取技术,最早来自阿拉伯地区。晚唐段成式《酉阳杂俎》已有关于精油的记载:"野悉蜜,出拂林国,亦出波斯国……西域人常采其花压以为油,甚香滑。"南宋吴曾的《能改斋漫录》和明代李时珍的《本草纲目》都称"耶悉茗"(即"野悉蜜")是素馨花。想来,这种素馨油只能作为香料,熏染衣物、发肤,不能制成可口的饮食。可以食用的花露,乃蒸馏精油的副产品。

明末冒辟疆的《影梅庵忆语》充满柔情地回忆"秦淮八艳"之一的董小宛亲手炮制花露,"凡有色香花蕊,皆于初放时采渍之,经年香味、颜色不变,红鲜如摘。而花汁融液露中,入口喷鼻,奇香异艳,非复恒有"。服用时,"五色浮动白瓷中",色泽和香气让人神清气爽,醉酒的人服之可以解酒,病人也可以消乏解闷,可见此物的珍贵美好。

蒸馏而成的花露,香而无色,但《红楼梦》中描绘的玫瑰露却是"胭脂一般的汁子",更接近如今法国和黎巴嫩盛产的玫瑰糖浆,颜色娇艳可爱。任克莲还听朋友说过天津的玫瑰露酒,据说工艺非常复杂,人们半夜两三点起来采集玫瑰花瓣上的露水,和做酒的原料放在一起酿制玫瑰露酒。玫瑰露酒芬芳甘洌,喝一口就让人忘不了……

这么多的历史资料让任克莲吃惊不小,思绪翻滚。如果将来也可以拥有自己的玫瑰花饮、玫瑰露酒,那该多好啊!对未来的憧憬不断鼓舞着她。经过深入的学习和不断的探索,任克莲相信食用玫瑰的种植不仅可以治愈土地的饥渴,还可以给周围的村民们带个好头,走出一条共同发展之路。任克莲相信随着人民物质生活水平的提高,食用玫瑰的产业也会迅猛发展:食用玫瑰需求不断增加,栽培面积迅速扩大,深加工的品种与专用设备更是日新月异。家乡土地会尝试新的发展,她要求自己做个一有知识、有眼光的农民,以可食用玫瑰作为自己的种植首选，为家乡的发展贡献智慧和力量。

爬坡过坎，战胜病虫害

经过咨询农科院专家和几度奔赴山东平阴向老大哥请教学习，在丈夫的鼓励和支持下，任克莲努力提高玫瑰花的种植技术，根据宝坻本地的土壤环境条件，邀请农业方面的专家进行土质检测，从改善土质入手，逐步走上了种植食用玫瑰的道路。

食用玫瑰的品种繁多，有重瓣玫瑰、紫枝玫瑰、平阴一号玫瑰、平阴三号玫瑰、保加利亚玫瑰、苏联香水玫瑰（1—4号）、甘肃苦水玫瑰、繁花玫瑰及北京白玫瑰等。其中，重瓣玫瑰即传统玫瑰。株形直立开张，高约2米，花单生或数朵簇生，芳香浓郁，花色浅紫，复瓣4—5层，花径约8厘米，花期在5月上旬至6月上旬。但重瓣玫瑰植株抗性较差，易得锈病。紫枝玫瑰又叫四季玫瑰，是用植物学的玫瑰与山刺玫杂交而成。株形直立开张，株高近2米，丛幅1—1.2米，花单生，复瓣，花色浅紫，花大，花径5—9厘米，始花期在4月底，盛花期在5月上旬至6月中旬，以后持续开花到10月中旬。植株抗锈病能力强，产量高。平阴一号株形直立开张，株高1—1.2米，花单生或数朵簇生于当年生枝条的顶端，花重瓣，浅紫色，呈千叶型，花径约8厘米，第1次花期在4月底至6月上旬，以后持续开花到10月。平阴一号植株抗性较强，产量高，鲜重产量可达400—500公斤/亩，结实能力强，自然落蕾率低于8%。平阴三号株形紧凑，花复瓣，花径约8厘米，花色浅紫，花期在4月底至5月底，产量高。

经过科学研判，反复研究确认，最终任克莲审慎决定选择重瓣玫瑰作为自己的种植品种。不仅因为家乡的土质特点比较适合，而且在几个可食用玫瑰品种中，唯有重瓣玫瑰最具观赏性，且方便采摘，以此为契机还可以发展乡村旅游业。虽然有病虫害的风险会略高一些，但既然选择改变，就要改变得更加完美和漂亮。

任克莲精心选择和改良优化后的20亩土地，迎来了8000株重瓣玫瑰的小苗。土地的心情和任克莲是一样的，既兴奋又紧张、既有期待又有顾虑、既满心欢喜又诚惶诚恐。土地被铁锨抛开，呈现一个一个的小窝，静静地等待着它们的新朋友。玫瑰小苗看上去娇嫩脆弱，任克莲放在手心里，小心翼翼地将它"捧扶"进小土窝内，再被小心翼翼地培土，细心地浇水。说"捧扶"一点不夸张，因为这不是传统意义上约定俗成的种植，种下每一棵玫瑰幼苗都寄托着任克莲夫妇对未来美好生活的热切期盼，对土地深情和对家乡的热爱，承担如此重任的玫瑰小苗，接受如此的待遇，非常开心。

重瓣玫瑰的生长周期比普通的庄稼要长很多，两年过去了，还没有开花的迹象，有些焦急的任克莲查找资料，并再次到山东平阴咨询请教。木本植物不同于草本庄稼，它生长缓慢，等待是漫长而充满煎熬的。不知道经过了多少漫长的不眠之夜，也不知道经历了多少次的剪枝、培土、浇水，任克莲几乎每天都会在玫瑰花苗边坐上一阵子，观察它的变化，花苗每长出一片叶子，长高一点点，她都会露出甜蜜的微笑。

一个春日，晴朗的天空上飘着雪白的云，暖阳开始有些刺眼，任克莲像往常一样在玫瑰园里徜徉着，忽然，一抹红色出现在绿色的叶片中，她赶紧蹲下身子仔细看着："花蕾，真的是含苞待放的花蕾！"任克莲激动得心都要跳出来了，她兴奋地大叫起来。

20亩重瓣玫瑰终于开花啦！整个玫瑰园都洋溢着收获的喜悦，园丁们在兴奋地采摘着，未开的花苞，盛开的花瓣，都是采摘的目标。一筐一筐的花染红了整个玫瑰园，方圆三公里内都会闻到玫瑰花香甜的味道。进入加工阶段，天然的阳光烘干了花苞，制成玫瑰茶，任克莲先是送给山东的老大哥们品鉴，给农业专家检测，周围几个村的父老乡亲也很有福分地尝到了新鲜的玫瑰花。花瓣按照传统的工艺手工制作出玫瑰鲜花饼，包装后转入销售。无论是花茶、还是鲜花饼都广受好评。任克莲夫妻开心极了，他们筹划着将成功种植玫瑰花的经验复制一下，再扩大种植面积，增添生产设备。正当任克莲随着鲜花的绽放而心花怒放之时，由于经验不足，预防工作不到位，当年7月份，第二季玫瑰花忽然出现大面积的病害，看着开得正艳的鲜花一下子变成霜打的茄子，任克莲心急如焚。她连夜开车到山东，向山东平阴的技术人员求教，找相关专家咨询。得到的答案都是洒农药。但任克莲恪守的原则是：玫瑰基地做的是有机产品，喷洒农药是万万不行的。经过努力，她终于找到一位专家，说有办法做到有机无公害。任克莲亲自将专家请到了自己的玫瑰种植基地。专家在查看了玫瑰花的状态后，提出如果要达到有机无公害，必须从头做起，从花的根部着手进行一系列的培养，过程很复杂，也会很辛苦。任克莲坚定地告诉专家："只要能救得了这 20 亩玫瑰花，并保证有机无公害，再麻烦、再辛苦都没关系，我做了一辈子农民，没有什么苦是吃不了的。"

于是在任克莲的带领下，三四十人连续奋战一周之后，终于使病害得到控制，玫瑰花的花蕾逐渐变回原来的鲜艳，这时任克莲心里悬着的石头才算是慢慢落了地。经验和教训是成长中必不可少的，总结纠正后做好预防，是持续发展的关键。

150 亩和 300 亩摇曳绽放的鲜花，映红了西刘举村的半边天空。整个村的空气中弥漫着玫瑰的香气，走进玫瑰庄园，花枝间传笑声，花丛中绽笑脸，令人心醉的玫瑰花香，氤氲弥散，沁人心脾……

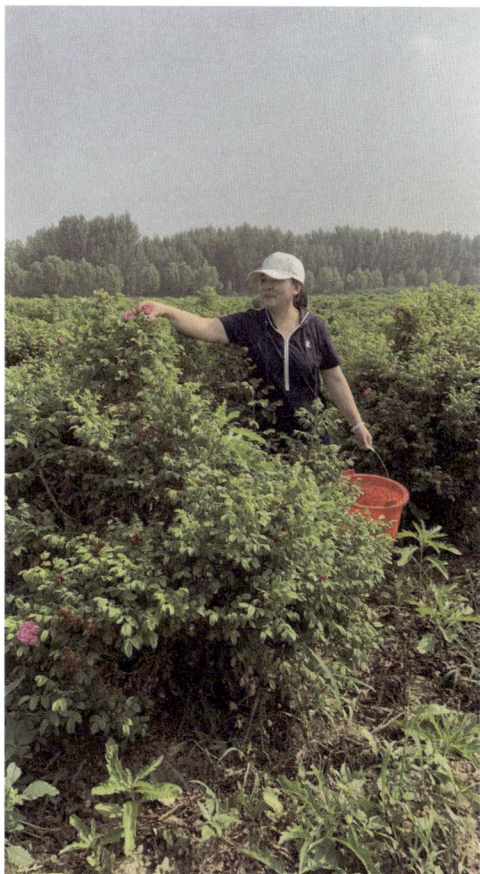

在玫瑰园忙碌的任克莲

要想知道玫瑰的滋味，就要亲口尝一尝

实践出真知，劳动出智慧，这始终是任克莲恪守的人生信条。做事认真的她，从小就坚信"要想知道梨子的滋味，就要亲口尝一尝"。从制作玫瑰花产品的那一天起，不论是花茶还是其他产品，她都是亲力亲为，亲自参与研制、开发，坚持每个品种、每个批次都要连续品鉴试用三天，做相应调整后，再决定是否批量生产。她说："自己不亲自品尝、试用就没有足够的信心推荐给客户，这是关系到我们种植园诚信的大事，来不得半点马虎。只有自己喜欢认可、放心的绿色产品才能有足够的自信推荐给客户。"经过深加工，玫瑰花产品开发研制的成功，可以说是广晟玫瑰种植专业合作社发展道路上的里程碑。

玫瑰花的花期短，要想持续产生效益，必须在产品深加工上做足功课。首先是制作玫瑰花茶，开始的时候是自然烘干，在阳光下晒干，就是靠天吃饭。阴天下雨的时候很难完成这项工作。经过交流研讨，在政府的大力扶植下，任克莲购入了第一台制作玫瑰花茶的烘干设备。设备进村时，吸引了众多的目光。种庄稼的改种玫瑰花已经是当地的一大新闻，这回种地的玩起了机器设备，更是敢为人先。烘干机犹如一件庞然大物，安放在车间里面。把烘干的事情交给烘干机是没有问题的，但是玫瑰花茶对干燥度的要求非常严格，过于干燥会失掉玫瑰的营养成分，不够干燥又会影响保存和销售。温度过高会将玫瑰的有效成分挥发掉。设备虽然有说明书，但是没有做玫瑰茶的具体操作方法，这下可是给任克莲出了一个很大的难题。

"世上无难事，只要肯登攀。"任克莲开始了坚守在烘干机前的日子，为了保证玫瑰花茶的有机绿色无污染，必须低温烘干，模拟大自然中阳光下的温度，从低温到高温，逐步探索，把控时间，一步一步就像是做排列组合数学题。30℃ 120 分钟，40℃ 180 分钟，50℃ 300 分钟，几十个小时过去了，玫瑰花茶的干燥度还是没有达到要求。再来，30℃ 180 分钟，40℃ 270 分钟，50℃ 360 分钟，又是几十个小时过去了，玫瑰花茶成了干瘪的"丑婆婆"，烘干过度了。就这样不知道经过了多少个日日夜夜，任克莲终于得到了准确的烘干数据。经过一而再、再而三的实验和成品的亲自品尝，任克莲发现数据并不是一成不变的，还要根据天气、玫瑰花的含水量、平铺在机器里面的数量的不同做细微地调整，由此经验和时间的把控成了生产玫瑰花茶的第一秘笈。任克莲专门向玫瑰专家学习高档玫瑰花茶制作技术，经专家的点拨以及自身的艰苦探索、科学实践，终于烤制出色泽鲜艳、香味浓郁的玫瑰花茶，固色和烘干度极佳，获得业内人士与消费者的一致好评。广晟玫瑰种植专业合作社的曼洛怡玫瑰花茶口感和味道如此纯正，正是因为烘干得当的原因。

在这个过程中，任克莲始终坚守在玫瑰园里，一步也不离开，每一个步骤都是亲自动手、亲力亲为，她说："要想生产出完美的产品，必须要有工匠精神，热爱劳动的同时还要不断学习新的知识，会劳动，精益求精。"在她的带动下，员工们也不敢有丝毫懈怠，个个都是出色的劳动者。

玫瑰花茶成功出品后，任克莲带领着她的伙伴们又研发出玫瑰花酱，其制作过程也是充满了艰辛。蜂蜜玫瑰花酱就是在新鲜的玫瑰花瓣中，按照一定的比例，加入经过严格筛选、检测后选定的纯绿色、无污染的天然深山花蜜发酵制成，而光是这个比例，任克莲就试验了整整三个月。最终看到完美呈现的玫瑰花酱时，任克莲激动得禁不住泪眼婆娑……每一款产品里都凝结了任克莲无数的心血，都像是自己的孩子一样，喜爱到无以复加，总是想放在手心里，抱在怀里。食用玫瑰

刚刚出炉的玫瑰花饼。此产品已成为玫瑰园供不应求的重瓣玫瑰深加工产品

深加工的产品延伸得非常快，不仅有玫瑰花茶、玫瑰花酱，又增加了玫瑰精油，玫瑰鲜花饼，等等。

随着玫瑰花产品的不断丰富，玫瑰园的员工也越来越多了。任克莲团队建设和对员工的要求也非常严格。一次，新上岗的玫瑰酱制作员犯了错误，按照规定，玫瑰酱应该由任克莲亲自品尝后才可以投入生产，而这个新员工忘记了，直接就投入连续生产了。任克莲发现后，马上叫停了连续生产。虽然经过品鉴没有发现问题，但是按照规章制度，她没有因亲戚情面而不予追究，还是严厉处罚了这名新员工。从此之后，玫瑰园再没有发生不严格执行操作规程的事情，为确保产品质量奠定了坚实的基础。

玫瑰花香袭人，留香万里持久不衰

人生最大的喜悦，莫过于耕耘者亲手摘下自己的劳动果实，"面对丰收的庄稼，农民乡亲能笑开花"。面对盆满钵满的鲜艳漂亮的玫瑰花，乡亲们的喜悦溢于言表，任克莲在喜悦的同时也意识到，有了过硬的产品还需要有成功的销售。虽然在等待花开的时间里她做了一些工作，但是销售的情况并不乐观，任克莲心急如焚。

任克莲在销售渠道和策略上做了一些调整，聘请专业人士担任销售经理。为了寻觅到大客户，她以北上广等特大城市为销售目标，开始建立自己的销售

网络。几经努力，大客户终于找上门来。大客户不仅是人来了，还随车带来当今国际高精尖的检测仪器，土壤、花蕾、花冠的检测数据，半小时内便准确呈现。像人们体检的指标数据一样，玫瑰花健康与否是一目了然的。

为了满足客户近乎苛刻的要求，任克莲决定对不达标的土地进行深耕晾晒，以便让土壤内多年积累的农药化肥成分彻底地挥发干净，并将永不使用化肥农药作为自己种植可食用玫瑰的基本准则，在确保玫瑰种植良性循环的同时，创出自己独有的品牌。

任克莲自己不断学习新的销售理念，建立了自己的网站，开了自己的网店，注册了自己的商标，很快在全国的可食用玫瑰市场上占有一席之地。

为了进一步提高玫瑰的质量品味和市场竞争力，任克莲到山东、浙江、安徽等地考察，摸索市场上的可食用玫瑰产品份额分布以及具体行情。经过考察，她率先将自己的产品注册了"曼洛怡"等商标。

对自己产品质量要求异常严格的任克莲，对合作商家体恤入微。每开发一个新的客户，任克莲都会亲自登门拜访，无偿提供食用玫瑰的相关知识和使用方法。任克莲不厌其烦地科普宣讲，让合作商家们都对食用玫瑰的保健作用如数家珍。

玫瑰花含丰富的维生素 A、C、B、E、K 以及单宁酸，能改善内分泌失调，对消除疲劳和伤口愈合也有帮助，还能调气血，促进血液循环，美容养颜，调经，利尿，调和胃肠神经，防皱纹，防冻伤。身体疲劳酸痛时，取些来按摩也相当合适。

玫瑰花茶，是新一代美容茶，它对雀斑有明显的消除作用，同时还有养颜、消炎、润喉的功效。饮用方法：取 4—5 朵玫瑰花蕾放入杯中用开水冲泡，花浮于水面，其汤色清淡，香气高雅，是美容、保健的理想饮品。

玫瑰花酱是将当年采摘的玫瑰花，去掉花茎和花萼只留下玫瑰花瓣，清洗干净，自然风干后，用木臼一点点捣碎，加入纯正蜂蜜，发酵 3 个月以上制成。每一瓶都是珍品，开盖后浓郁的玫瑰香气，入口甜而不腻。玫瑰酱可以做甜品的玫瑰馅料、佐餐的甜酱、玫瑰冰茶、玫瑰咖啡等。其中玫瑰花酱加上绿豆制成的玫瑰绿豆沙，超级有诱惑力，凡是品鉴过的人，都不会忘记它的味道。

有些代销商希望任克莲可以到自己的门店实地展示食用玫瑰的系列产品，并向消费者进行宣传促销。任克莲非常珍惜每一次这样的机会，不管合作商家的规模大小、距离远近，任克莲总是爽快地答应并亲临现场，积极配合宣传营销。因为她事先做足功课，有备而来，亲自讲解的同时还会现场制作玫瑰花茶，邀请消费者品鉴玫瑰花酱，使用玫瑰精油，不仅商家满意，消费者也是对食用玫瑰产品产生兴趣。记得有一次在北京的现场展示活动结束后，有石家庄的客户主动找她合作，成了当地的产品总代理。这样的例子非常多，任克莲的真诚迎来了客户，过硬的产品让玫瑰的香气万里飘香，经久不衰。

一花独放不是春，百花齐放春满园

任克莲的玫瑰产业越做越大，村民的日子也越来越好。2019 年 12 月，任克莲在北京农业大学接受了更为专业的培训后，熟悉了所从事行业的法律法规，全面掌握了玫瑰种植的核心技术，提高了解决问题的能力，在精深加工与初加工、综合利用加工协调发展方面有了长足的进步。她运用所学知识，将专用原料生产、仓储物流、市场消费等上下游产业有效衔接，与营养健康、休闲旅游、健康养生和电子商务等农村产业有机结合、深度互动。与农业产业政策结合、与脱贫攻坚政策结合，在为村民提供更多就业岗位的同时，任克莲自己广晟玫瑰的种植事业也越做越大，展现出蓬勃发展的态势。

西刘举村共 72 户，原来村民收入主要靠种粮和外出打工。自打任克莲食用玫瑰种植成功后，尤其是广晟玫瑰种植专业合作社成立之后，农户以土地流转出租方式加入合作社，相继走上致富路。过去大田里栽种玉米、小麦，一亩地的收入才五六百元，而种植玫瑰，每亩收益在六千元以上。

如今，广晟玫瑰种植基地已发展到 156 户，除了西刘举村外，大千佛顶村、小千佛顶村等周边村庄的农户也加入进来，玫瑰种植面积已逾千亩。

今年四十八岁的农民牛宝生身体不好，患风湿病，不能胜任繁重的农业生产，老婆虽然在外打工，但收入不足以支撑一家人的日常生活，一度徘徊在贫困线的边缘。任克莲了解情况后，立即邀请他加入广晟玫瑰种植专业合作社，玫瑰花的种植虽然也是露天作业，但是劳动强度比其他庄稼的种植要轻一些，而且有了深加工的生产，对工匠的需求更加迫切。可以说，牛宝生是和玫瑰园一起成长起来的，他从小苗的日夜看护，到烘干玫瑰花茶的工艺研究，再到玫瑰花酱的生产发酵，都是任克莲最好的助手。在玫瑰园工作的这几年中，牛宝生不仅跟上了村民们迈向小康的步伐，而且任克莲还为他创造机会，参加各种农业知识培训、管理培训，获得了多个证书，现在已经成为合作社的核心领导层的一员。在牛宝生儿子的心里，爸爸是榜样，是有知识高层次的新时代农民，上高中的儿子立志要成为爸爸一样的人，努力学习，将来也要做建设家乡的主力。牛宝生对任克莲心怀感激，他逢人便说："我们家共有6亩地，全部流转承包给合作社栽种玫瑰花，每年都有租金收入，我在玫瑰园上班，不仅每月有工资，还有进修学习的机会，改变命运的好事轮到我了。"

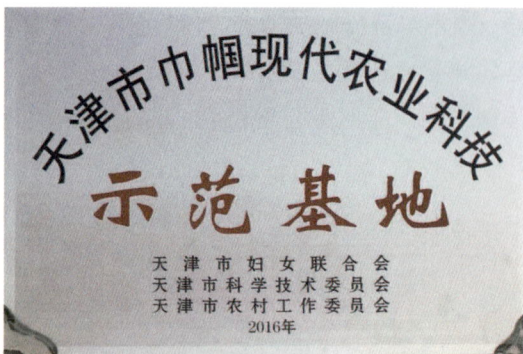

荣誉与褒奖

现在任克莲的合作社和农场的员工已经超过100人，农忙的时候，也就是玫瑰花盛开的季节，她还需要临时雇佣村里的留守妇

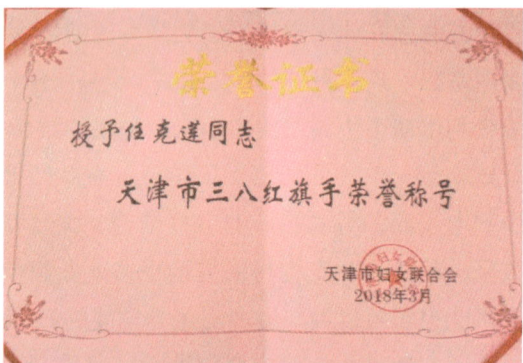

任克莲荣获三八红旗手称号

女和年长一些的农民来玫瑰园里采摘。采摘似乎是一种享受，也是一种休闲娱乐的方式，很多城里人都会在丰收的季节里付费到田间地头进行各种采摘活动。而任克莲的玫瑰花采摘不仅不收取费用，还会每日发给工资。采摘者工作时间也非常自由，早上迎着太阳，采摘带着露水的玫瑰花，上午十点多就可以回家接孩子做饭，下午把孩子送到学校或者在家小憩一会儿再来继续采摘活动，工资是日结的。任克莲为留守妇女和老人提供了工作挣钱的机会，也不会耽误他们相夫教子，料理家务，为村里的妇女提供了就业的机会，脱贫致富，不仅有收入还可以为合作社和农场的发展规划献计献策，为家乡的发展奉献一分力量。

西刘举村村民刘凤红、段佐凤都是受惠于任克莲的玫瑰种植而迅速脱贫致富的代表性人物。她们在玫瑰园里学了很多的知识，从养殖玫瑰到健康生活，日子过得越来越好，生活水平也越来越高了。

村里有个六十多岁的独身老人，无儿无女，一个人生活。任克莲主动为老人安排了在合作社值班看门的工作，每个月给老人发放工资，目的是为老人增加一份收入，让老人的晚年生活有希望、有乐趣。无论老人一个月出勤多少天，她都是按照全月的出勤天数发放工资。老人心存感激，不仅工作认真，还主动为玫瑰园做宣传。

在 2020 年的新冠肺炎疫情中，宝坻区是天津的重灾区，一个又一个的确诊病例让村民们紧张、慌乱、不知所措。这时作为合作社和农场总经理的任克莲勇敢地站出来，在了解相关政策和最新疫情情况后，积极筹措物资，安顿闭门不出的村民们。为了保证村民可以正常生活，任克莲筹措了一批生活必需品，牛奶、米、面、油、蔬菜、肉等，按照疫情防控的要求，做好消杀后独立包装，牛奶一家一箱，米面油一家一份，肉分成一斤一包，按照每人一包的量做足了准备，蔬菜分品种采购，一家一包。任克莲做好防护，一家一家地送过去，叮嘱村民要服从疫情防控要求，不要出门，有任何需求主动联系，有任何身体不适及时通报。艰辛的日子，有任克莲这个主心骨在，村民们踏实了。宝坻的疫情得到了有效控制，村民们没有一个被传染。

饮水不忘挖井人。好几次，村民们自发地来到任克莲的办公室，向她郑重致谢。知道大家的来意后，任克莲笑着说："你们不应该谢我，而是我要感谢乡亲们，感谢大家给我莫大信任与支持。感谢党和国家的好政策，感谢土地给予了我们机会，让我们有了新的生活。生活富裕了不是最终的目的，内心富足、精神生活的富足才是真正的幸福。再说了，一花独放不是春，百花盛开才会春满园呢。我们一起努力，把我们的家乡建设得更好。"

玫瑰引来百花开，奋斗创造新时代

玫瑰花的产业发展迅速，销路非常好，任克莲不断扩大生产，玫瑰园由最初的 8 亩地增加到了 300 亩。一个偶然的机会，任克莲在玫瑰园巡视中，发现几只鸡在玫瑰花园里溜达着，吃着落在地上的花瓣、花萼和玫瑰的叶子，她突发奇想："吃了玫瑰花的鸡，是不是下了鸡蛋也有玫瑰花的味道？"想到此她就行动了起来：先是在玫瑰园里散养了 30 只小鸡，小鸡不喂任何饲料，只是吃玫瑰花，没有任何农药的玫瑰花枝热情地欢迎着这些有着蓬勃生命力的小家伙，它们朝夕相处，小鸡帮助玫瑰花枝去掉多余的叶片，掉落在地面上的花瓣、花冠和花萼，玫瑰花枝用它们的身体为小鸡遮风挡雨。小鸡长大了，到了产蛋期，收获了第一批玫瑰鸡蛋。任克莲取了普通鸡蛋和玫瑰鸡蛋做了比较，口感上真的有区别，鸡蛋里面有了丝丝的玫瑰香气。她自己还不敢相信，把玫瑰鸡蛋分给周围的亲朋帮忙品鉴，结果大家都说鸡蛋真的有玫瑰的香气。纯绿色无污染的玫瑰饲料养出了玫瑰鸡，玫瑰鸡又孵出了玫瑰蛋，多么大胆的创意，多么有意思的生活。玫瑰鸡蛋推广和销售态势非常的好。玫瑰鸡蛋已经成为玫瑰园的又一个主打产品，受到消费者的追捧。

习近平总书记在全国劳动模范和先进工作者表彰大会上的讲话中指出："社会主义是干出来的，新时代是奋斗出来的。"食用玫瑰产业给小小的村庄带来了非常大的变化，村民的生活水平有了非常大的提高，任克莲没有满足于现状，她开始了新的探索。食用菊花也是可以发展的产业，而且极具观赏价值。任克莲开始了大胆地探索和研究。2018年，宝坻区举办了第一次菊花展，吸引来众多的游客，也成功销售了食用菊花的各种产品，其中菊花做的鲜花饼颇受欢迎。由食用玫瑰的成功到食用菊花的开拓，坚定了任克莲的信念，只要肯付出，敢想敢做，肯定还会有新的突破。这几年的菊花展已经成为天津地区金秋时节的一大重要景区，也成了宝坻一道亮丽的风景线。

成功的经验激励着任克莲，她深知要想彻底改变家乡的面貌，还需要不断奋斗和进取。除了玫瑰花、菊花还应该让更多的花开在家乡的土地上，于是果木种植的计划在她的脑海里出现了。经过咨询探讨和研究，她主动承包了6000亩地，开展果木种植，桃树、梨树、杏树、李子树、海棠树都适合在北方的气候条件下生存，土壤经过检测也非常适合果木种植。新的奋斗历程开始了。土地检测，优化，选种，学习栽培技术、嫁接技术、病虫害防治、林下养殖考量、销售，培养技术骨干……

看花容易，种花难，同样，果木也是如此。"知己知彼，百战不殆。"任克莲开始对果木知识刻苦钻研。桃树的主要品种有：突围桃树、映霜红桃树、中华福桃树、中华寿桃树、新川中岛桃树等。突围桃适应性很强，除了西北极度干旱及严重的盐碱地不可以种植之外，国内大部分地区均可种植。全果在同期成熟桃中着色最佳，背阳面乳白色，成熟全面乳红。映霜红桃集中在青州地区，是9月成熟、秋天上市的晚熟桃新品种。此桃具有晚熟、耐藏、个大、优质、丰产、效益高六大特点。中华福桃是从中华寿桃植株中出现的一个优良变异品种，平均单果重 500 克，最大可达 735 克，果实近圆形，全果面粉红色。中华寿桃是从中国北方冬桃自然芽变中选育出的新品种。此品种被誉为桃中极品，是发展绿色食品和出口创汇的优良品种，在各地该品种综合性状表现较好。新川中岛桃树是由山东省果树研究所从日本引进的品种，适应性强，可以满足不同种植需求，高产丰产，适合全国大部分地区种植……

桃树的品种就有这么多，平时我们吃桃子的时候估计也想不到原来桃子有这么多的品种。从桃树到杏树、梨树、李子树，一个个品种的功课做下来，任克莲已将自己变成了果木的行家。

有机绿色是她对自己种植一切产品的最基本的要求，也是任克莲发自内心地对土地的承诺。爱护土地，就像爱护她的至亲好友，任克莲舍不得将一点点的伤害和污染带给她深爱的土地。六千亩地承包下来了，广晟玫瑰种植专业合作社、天津怡家家庭农场开始了新的征程。

时不我待，未来可期

习近平总书记在全国劳动模范和先进工作者表彰大会上的讲话中强调："劳动是一切幸福的源泉。"

朴实、肯干、好学、有思想的任克莲始终牢记习总书记的话，用劳动创造幸福。

一分耕耘必有一分收获，艰辛付出一定会收获丰厚回报。任克莲的艰苦创业事迹不仅得到了村民的推崇，也得到了社会的高度认可。2018 年 3 月，她被天津市妇联授予三八红旗手称号，同年参加天津市妇女第十四次代表大会。广晟玫瑰种植基地被天津市妇女联合会、天津市科学技术委员会、天津市农村工作委员会授予示范基地称号。2019 年 12 月，"曼洛怡"玫瑰被评为宝坻区巾帼农产品好品牌。2020 年她又荣获天津市级劳动模范称号。市妇联、宝坻区的领导曾多次视察玫瑰园、菊花展、果木林，给予了任克莲非常大的鼓舞和力量。许多外国友人也来基地参观取经，任克莲忽然觉得，她做的事不仅可以给家乡带来致富的希望，也可以为造福世界奉献出一点微薄之力。

时光荏苒，日月如梭，十几年的奋斗历程成就了任克莲劳动模范的称号。欣喜和开心的同时，任克莲想到了传承，如何将这份热爱土地的精神，劳动创造幸福的理念传递下去？对下一代的培养和教育列入任克莲的规划。她积极利用寒暑假给村里的年轻人讲课，宣传党的政策，告诉他们爱故乡就是爱国，爱土地就是爱人民的道理。年轻人看到家乡的变化，看到他们的父母在家种植鲜花和果木的幸福生活，纷纷表示毕业后要回来为家乡建设得更加美好献计献策，用劳动创造幸福。

任克莲的两个儿子都非常优秀。他们一个在上海工作，另一个在上大学，都是优秀的学生党员。在中国共产党建党100周年之际，任克莲以老党员的身份，利用假期给村里的年轻党员和申请入党的骨干上了一堂非常有意义的党课。任克莲和丈夫王志广商量，作为党的基层干部一定要响应党的号召，带头传承

2020年被评为天津市劳动模范

红色基因，给未来乡村建设的主力军也就是现在的年轻人上党课，一定要紧密结合自己的人生经历，形象生动、言之有物地讲好这一课。任克莲的两个儿子本打算留在大学所在城市打拼，受父母的影响，最后决定回乡加入建设美丽家乡建设中。

任克莲、王志广夫妇非常激动，乡村建设后继有人，可持续发展，他们的梦想实现了。长江后浪推前浪，一代更比一代强，有知识有文化、受过高等教育的新一代农民在任克莲的家乡成长起来了，和谐美好的乡村生活将谱写出辉煌灿烂的新篇章。

天津市劳动模范　王占民

"忠民"之路

　　王占民，男，1974 年 2 月 11 日出生，中共党员，现任天津忠民丰源农作物产销专业合作社理事长、八门城镇二村党支部书记、宝坻区政协委员，曾荣获"十佳青年创业致富带头人""十佳科技兴农带头人"和天津市"农村青年致富带头人"等称号，2020 年荣获天津市劳动模范荣誉称号。

路漫漫其修远兮，吾将上下而求索

　　金秋时节，稻花飘香，被誉为"北国江南"的宝坻大地上稻海荡漾，在阳光的照射下一片金黄。微露的晨曦里，一抹霞染的云在旭日上轻舞，空气格外的清新。几只喜鹊在田埂上欢快地叫个不停，稻穗上的露珠纷纷滑落……

不到六点钟，王占民就匆匆走出家门。村庄内外，粉墙黛瓦、绿树成荫、小桥流水、亭台水榭，王占民顾不上欣赏清晨村里这诗意的美景，他直奔稻田。

他刚走进稻田，区、镇领导和专家一行20多人就到了。大家一起走进稻地，专家们正认真查看稻田长势。王占民主动和专家交流，提出发展生态农业中存在的问题，请专家指导。交流中，专家根据实际情况，给出了很多建设性意见和建议。之后，专家们走进农家，访问村民。整洁的农家，种满蔬菜的小院，金灿灿的万亩示范稻田都给专家们留下了深刻而美好的印象。

"真好！这就是大家向往的美好生活啊！"临走，领导和专家们握着王占民的手称赞道。

此时此刻，王占民心潮似海，久久难以平静。

为了今天的幸福生活，他和村民们已经奋斗了二十多个春秋。

忠心为民，开辟创业路

王占民是土生土长的农村人。他天资聪明，认真好学，但农村的孩子大多在"土里刨食"，初中毕业之后，王占民回家务农。当时村民们都过着拮据的日子，他家的生活条件更困难，一年到头，缸里的粮食也没有多少，一家人节衣缩食，仅仅能够满足基本的温饱。成家生子后，王占民的日子更紧张了，这让他时常感到苦闷。"怎样才能让孩子过上好生活？怎样才能摆脱贫困？"

正所谓穷则思变。1997年，23岁的王占民毅然选择了自主创业，在八门城镇里开了一家五金店。刚开始，他东拼西凑了不足万元，勉强开了个规模特别小的五金店。当时，店面仅有十几平方米。为了能够保证白天正常营业，他早晨天还没亮便动身，开着他的"老伙计"——手扶拖拉机，到玉田县的鸦鸿桥市场进货。手扶拖拉机没有遮挡，清晨凛冽的寒风钻进衣领袖口，冻得他瑟瑟发抖。这刺骨的寒风让他的意识更加清醒，只有扛住创业的艰辛才有希望。

寒来暑往，王占民每天奔波在通往鸦鸿桥的路上，那条路年久失修，坑坑洼洼，乡亲们都说："这条破路能把人骨头颠散了架！"从乡亲们的言语中，他感到大家期待改变现状，可是，就目前自己的状况，很难实现。他将乡亲们的话记在心底，总有一天，他要改变这一切！

实干兴邦。从那时起，他就下定决心一定要闯出一条路！艰苦的生活练就了王占民勤劳、朴实的性格和不屈不挠的精神。面对生活困境，他从未选择过放弃，始终保持积极乐观的人生态度。

越努力越幸运。随着五金店逐渐走向正轨，店面规模也亟待扩大。可是钱从哪儿来？资金紧张是一大难题。面对困难，他不等不靠，积极寻求解决问题的方法。此时，国家出台支持与帮扶政策，他顺利拿到了贷款。有了这笔资金，五金店由原来的十几平方米扩大到五十多平方米。经营规模越来越大，他诚信至上的经营理念越来越坚定。因此，他积累了很多忠实的客户，他的五金店在村里、镇上都逐渐有了名气，受到方圆百里乡亲们的赞誉，树立了良好的口碑。

随着生意越做越好，手扶拖拉机已经无法满足需求。他拿出全部积蓄，又贷了一部分款，买了大货车搞运输，他挣到了人生的第一桶金。随着全镇种植面积逐渐扩大，随之而来对化肥的需求量也越来越大了，王占民在经营五金店的同时开始运输化肥、农药。

万丈高楼平地起。王占民从一袋袋化肥、一瓶瓶农药的小本生意做起，凭借着方圆百里的乡亲们对他的信任，他的生意越来越好。随着销路的打开，他经营的化肥、农药有了很大的市场。在政府的大力扶持和乡亲的帮助下，他在八门城镇创办了忠民商店。"忠民"，不言而喻，就是要提醒自己时刻保持一颗忠心为民的初心。

借助改革开放的春风，白手起家王占民初尝创业果实。可是经营化肥农药并不是易事，农民出身的他没有经验，开始感到困惑、无助和迷茫。在困难面前，他不懈怠，而是积极向身边人请教。在不断学习过程中，他有了创办公司的想法。2002 年 3 月 6 日，王占民的公司正式命名为"天津市忠民农资销售中心"。从选址到拓宽进货渠道，他不知道吃了多少苦，碰了多少次壁，王占民身上不服输的劲头也被困难激发出来。从早到晚，他开着大货车去进货，每天鸡还没叫，他就已经开着大货车进城了。中午到了田间地头，已经是骄阳似火，他还要自己卸货。一袋一袋化肥和一箱箱农药在他肩上压出深深的痕迹，甚至磨出了水泡。在日复一日的奔波中，公司的效益不断提高，他开始招聘员工。为了节省成本，他和工人一起干活。公司的每一件事他都要过问，事无巨细，身体力行，经常是忙得连轴转。从早上四点一直忙到晚上八点，工人下班之后，王占民还要核算一天的收入和支出。高强度的工作让他的身体非常疲惫，晚上有时他边吃饭边打瞌睡。可他明白自己不能有丝毫的松懈。随着公司不断发展壮大，员工数量也不断增加,对高端销售人才的需求更为短缺。除了在乡镇招聘装卸工人,王占民还为创业的大学生提供了就业渠道。有很多大学生来到他的公司,员工达到五六十人。公司的成立不仅有效解决了乡镇部分人口的就业问题,让乡亲们在家门口就能找到工作,还吸引了很多大学生回到家乡就业。

随着公司规模不断扩大,他为乡亲们提供了化肥、农药的销售和运输一条龙服务。他在选择化肥、农药品类时,始终坚持为农民服务的经营理念,将品质放置于最高位置。公司所销售的农资产品均为国家大型企业生产,王占民通过和化肥农药厂家签订区域代理合同,极大地减少了中间的转销环节,有效降低了化肥和农药的成本,真正做到了让利于民,让农民以最优惠的价格买到最高质量的化肥、农药。在这个良性经营的过程中,公司的效益也不断提高。2005年,公司被评为"天津市诚信服务企业"。

2008年10月25日,王占民终生难忘。这一天,他成了一名光荣的共产党员。当他举起右手,在党旗下宣誓的这一刻,他激动的心情久久不能平静。他深知,没有党就不会有自己的今天。"今天的生活来之不易,我要感谢党,要珍惜今天的好日子,更不会忘记今天!"

他凭借着这颗忠诚为民的赤子之心,始终秉承"质量第一,用户第一,服务第一"的宗旨,凭借着尖端的技术人才以及严谨的管理体系,不断地为农业服务、为农民服务、为社会服务。2012年11月26日,公司变更为"天津忠民农资有限公司",注册资金1000万元人民币,占地面积35亩,拥有12000平方米的仓储库房,1600平方米的办公楼及300平方米的营业办公区。在农业产业化经营中,天津忠民农资有限公司集销售、服务、指导为一体,不断扩大服务范围。

2013年,"忠民"商标被天津市工商行政管理局审定为"天津市著名商标";2014年,公司被审定为"区级重点龙头企业";2016年,公司被天津市市场和质量监督管理局、共青团天津市委员会、天津市个体劳动者协会、天津市民营企业协会授予"青年文明号"称号;2017年,公司被市农委认定为"市级农业产业化经营龙头企业";2018年,公司被天津市农业发展服务中心认定为"天津市标准化配方肥站"。

社会在不断发展,农业生产快速走向现代化。王占民响应国家政策,种植了万亩小站稻。为适应现代化植物保护的需要,他倡导农业新技术,推广无人机飞防。2019 年，全球顶尖的高端植保无人飞机在其公司落户，王占民注册了天津丰农植保飞防服务有限公司，并获得民用无人驾驶航空器许可证。通过多年的作业实践，高端植保无人飞机体现了科技植保的优越性，省工、省钱而效益良好，为农业的现代化发展起到积极的推动作用。

一路风雨兼程，王占民用辛勤的汗水走出了一条农业产业化经营的道路。2020 年，为了更加紧密地衔接农资与市场，他又成立了辽宁忠民科技有限公司，并正式投产运营，公司的产业链得到进一步的完善，形成了产销一体化、全方位的服务。目前公司每年销售化肥超亿元，种植 1 万余亩小站稻，上缴利税近百万元。

星星之火，可以燎原。平凡的人生书写非凡的故事，土生土长的农民对于生养自己的土地有着不一样的情怀。他用自身实践证明了普通人也可以有大作为，也能够用自己的光照亮他人。他用普通人对人生

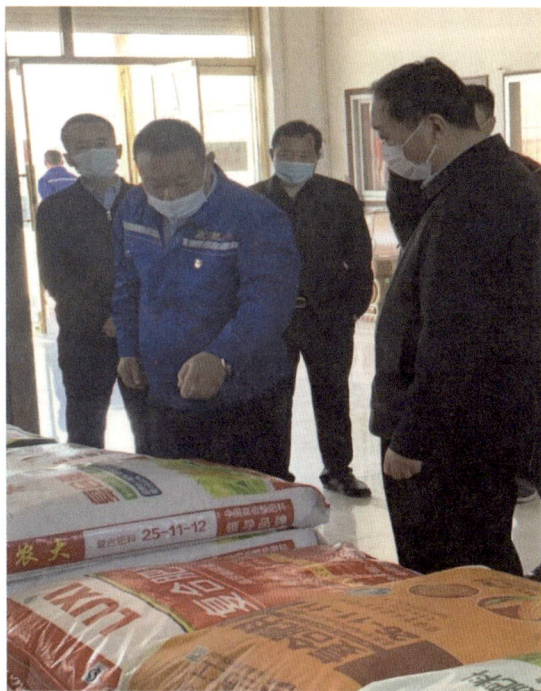

王占民向区领导一行人介绍公司运营情况

价值的追求，用勤劳耕耘换来美好果实，这就是他对那片土地的赤子情怀。

心系村民，勇闯脱贫路

王占民感谢党的好政策，感谢所有人的支持，也感谢自己的坚持不懈。他通过勤劳的双手和肯吃苦的精神让自己的生活越过越好，但是他时刻不忘记带领父老乡亲共同富裕的创业初心。

以前，八门城二村的贫困状况让人堪忧。2009 年，村干部换届选举，老村长找到王占民，语重心长地说："占民，你带着大家干吧，村里需要你这样的人！"

看着老村长期待的目光，王占民思量很久，一夜未眠。他一心想带领大家富起来，可是，一旦接过这个担子，就意味着自己的事业将受到干扰。贫穷的滋味他尝够了，可村民们还不富裕，想到这些，王占民决定同大家一起探索共同致富的路。

说干就干！竞选村支部书记后上任的第一天，他对乡亲们说："一个人富裕不是富裕，只有咱们大家共同富裕才是真正的富裕！"他的声音响彻整个村子，这份承诺不仅印在了村民们的心上，更印在了他的脑子里，成为他推动自己不断向前奋进的强大动力。

要想让村民过上好日子，就要带领村民先脱贫。村子北边有一块200多亩的盐碱地，地势低洼，除了芦苇啥也不长。这里曾是王占民儿时和小伙伴们一起捉鱼、掏鸟蛋的地方，后来曾有村民尝试种庄稼，都没有成功。看着这片儿时的乐园，王占民脑子突然一闪，萌生了改种水稻的想法。能不能成功谁都没有把握，这就更需要第一个"吃螃蟹"的人。王占民二话没说，自掏腰包开始试种这块地。站在地头，他第一件事就是考虑用电的问题。这么大一块地，要想种上水稻，仅靠柴油机是不行的。眼看就到了五月的插秧季节，节令农时不等人。王占民赶紧联系供电部门，此时正好赶上国家的农网改造工程，没想到供电部门当天就派人到现场勘查来了。有了政府做后盾，王占民的干劲更足了。

功夫不负有心人。在政府和供电部门的扶持下，一条低压供电线路架设起来了，王占民的盐碱地种稻也取得了成功。第二年，他带领村里几个贫困户一起扩大种植规模，当年这几户贫困户就一举脱贫，还都成了村里的万元户。成功给村民们带来了极大的信心，加上国家的各项富农政策为农村经济发展提供了坚强有力的保障，促使全体村民下决心，实现"麦改稻"计划。

很快，水稻成了村里最为重要的农作物，种植面积高达2000多亩。但水稻产量不是很稳定，有的年头水稻收成很不好。看到农民辛辛苦苦种植的水稻无法达到预期的收成，他的心里很不是滋味。在此期间，他频频走访水稻种植户，发现村民的水稻年产量平均在800—1000斤之间，而正常状态下水稻种植产量应达到1300—1600斤左右。水稻种植产量无法达标，稻米质量也不是很好，经济效益较差。为了弄清楚水稻种植产量和质量不达标的根本原因，他经常进行实地调查，在调查中得知，种植户的水稻种植技术不够科学，尤其是使用的化肥农药与水稻品种之间不相适应，还有就是没有把握好施肥和喷洒农药的时间，从而影响了水稻的生长。

为了改变现状，他不断地参加水稻生产技术研讨会，积极学习各地方先进的水稻种植技术和宝贵经验，同时，也毫无保留地介绍本村水稻种植的经验及需要注意的事项。为了更好地掌握水稻的生长态势，他只要有空闲时间就会到田间地头走一走，看一看水稻的长势，之后再与村民交流相关情况。为了让村民能够有机会学习和掌握更多的水稻种植技术，他经常自掏腰包复印水稻种植的相关资料，免费送给种植户。同时，为了便于种植户之间交流，他还成立了水稻种植技术组、种植户咨询技术组，带领技术人员第一时间对种植户的问题给予解答。水稻技术组的成立为村民提供了良好的交流平台。后来，王占民还联合市农委搞起了优质小站稻育种。这是一个具有很高技术含量的项目，王占民虽然是农民出身，却有着丰富的水稻种植经验。他主动与天津市农业服务中心的专家们联系，引进特别好的育秧材料机质。这种机质富含多种营养成分，用它育秧又快又好，三周就可育成秧苗。水稻种植户都知道天津小站稻是我国著名优质水稻品种之一，其以色香味俱佳的特点驰名中外，售价比普通的品种高，经济效益好。各级政府对种优质小站稻积极扶持，更让村民们吃了定心丸。

村里越来越多的人承包了稻田，全面改种了小站稻。要想种好小站稻，就需要干净的水。王占民在八门城镇党委、政府的领导下，加强河道及环境治理工作。他严格执行河长制巡查机制。"河长制"是贯彻落实"绿水青山就是金山银山"理念的必然要求，最终受益的是全体村民，因为只有环境好了，才能种出更加优质的小站稻，这也是持续健康发展的重要保障。王占民严格按照上级各项工作安排，强化河长管水治水责任，发现的问题，当场整改或者通知河道保洁员予以整治。他不定期巡查河道，严防偷排漏排生产污水，对所辖河段进行了全面的排查，积极开展各项治理活动，清理岸边淤泥。他带领村民多次对河坡两岸全线进行了护坡整治，清除河道内渔网，清理连片水草。他还对河道周围的排污等情况进行全面摸排，实时跟踪，实行动态管理，坚持水岸同治，全力推进岸上污染源治理。环境好了，村民们种出了优质的小站稻，稻谷颗粒饱满，均匀一致，半透明。

"最近几年，经过政府部门积极治理，周边河道的水逐渐变干净了！改善生态环境是造福农户的有力举措。"王占民笑容满面地说。

天有不测风云。2015年，稻田受灾减产，市场不景气，村民们稻子都没有卖出去。眼看就要过春节了，有的村民连过年买肉的钱都没有了。怎样让村民渡过这个难关呢？王占民夜不能寐，辗转反侧。

有一天，天还没有亮，王占民就起来了，多年的打拼生活，他早已养成了早起的习惯。他怕影响家人睡觉，披件衣服走出村，来到稻田里。眼前土地在祖祖辈辈眼里都是金疙瘩，如今金疙瘩为啥就变成了土疙瘩？这时他看到远处有一点灯光，心想："怎么还有比我起得早的人呢？"他走近一看，原来是一位村民正在捉泥鳅。他脑子里灵光一闪，何不在稻地里进行立体养殖呢？

火车跑得快，全凭车头带。王占民赶紧上网查资料，去外地考察。王占民看到近两年来，政府将"稻虾、蟹、鳅"共作作为产业扶贫、乡村振兴的一个重要手段。乡村产业振兴需要现代农业体系，也需要一个合格的带头人。发展"稻虾、蟹、鳅种养"模式，不但能提升水稻种植效益，还会随着产业链的纵深延伸，形成集"苗种繁育、健康养殖"于一体的新型产业。王占民找到了为农民增收的金钥匙。

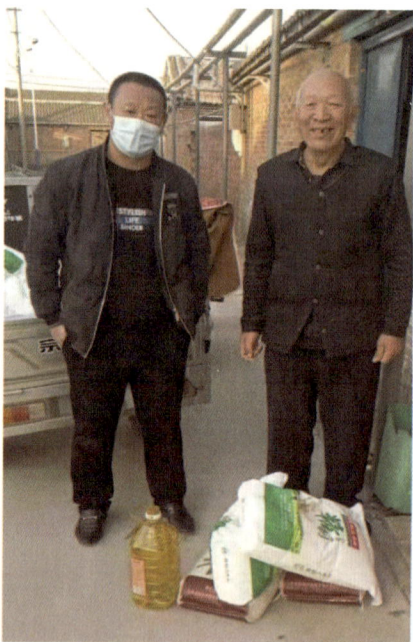

王占民给村民送米送面

很快，"稻虾、蟹、鳅"综合种养产业成了稳定粮食生产、促进农民增收的新亮点。这既符合新时代发展要求，又顺民意，得民心，大大激发了农户特别是贫困户的种养热情。贫困户石大姐是随父母从湖南到八门城落户的。石大姐十三四岁时，父母先后病故，撇下石大姐和年迈的爷爷两人，还留下了八百多元债务。到结婚的年龄，因为身体原因，石大姐一直没有找到合适的对象。王占民想方设法帮她找对象，后来通过他的撮合跟村里的王大哥完婚。结婚后石大姐一家生活很困难，一直住在土坯的房子里。王占民心里很难过："我一定要让他们过上好日子！"这时，王占民自己也住在老房子里，几年下来好不容易积攒了一点钱，准备盖几间新房。王占民果断从中拿出一笔钱，帮石大姐家买砖买瓦，盖起了三间瓦房。看到村民种植水稻都挣了钱，石大姐一家也想种植水稻，可是一直发愁没有资金。王占民就请有关部门帮助她落实了部分资金，自己还赊欠给她化肥、农药。当石大姐正为收割犯愁时，王占民已安排好收割机"轰隆隆"地开到她的稻田里。收割后，连续阴雨，石大姐正为稻谷无处安放着急时，王占民已在村里腾出空地，给她家存放稻谷。近几年，随着年龄增长，石大姐两口子的身体都不是很好，已不能承担过重的体力劳动，王占民就安排王大哥到自己公司做一些打扫卫生的零活，挣一些工资贴补家用。这两年，国家出台农村贫困户建房补助政策，王占民立即给石大姐家申请，石大姐家的房又翻盖一新。提到这些往事，五十多岁的石大姐禁不住热泪盈眶，她喃喃地说："王书记，就是我们的亲人啊！"

是的，王占民就是村民的亲人！村民五保户李大爷78岁那年不幸得了急性阑尾炎，需要紧急就医，路上李大爷得知王占民母亲也生病了，他却没有亲自去送往医院，而第一时间来送自己，李大爷非常感动。当王占民拉着他的手说："大爷，您放心吧，药费不用担心，我会想办法的！"李大爷激动得老泪纵横。没过几天，王占民又到医院看望李大爷，并送去200元钱。李大爷出院那天，王占民又亲自跟车去接他，还再三叮嘱司机："车子不要开得太快，要平稳。"李大爷感动得不知说什么好。

王占民非常关注村里比较困难的家庭，每年都会为需要农资帮扶的种植户无偿提供化肥和农药，这样种植户就不会因缺少化肥、农药而耽误了农耕的时节。他捐赠的化肥和农药价值数万元，为存在生活困难的种植户送去了实实在在的福利和温暖。

王占民常说："村民的日子不好过，我当这个村支书记的心里也不踏实。"王占民对村民们倾注了满腔的热情，对自己的父母却因工作繁忙，不能忠孝两全。母亲生病在床，直到病故，前后几个月，王占民都未能前往照顾。老父亲每年去医院体检，王占民没有陪过一次，即使看望，也都未待满十分钟。然而八门城二村的每家每户都和王占民有着千丝万缕的关联。村民们满怀感慨地说："村里的大事小情儿都装在王书记的心里了！"

鲜红的党旗在村民心目中是崇高的。作为二村的党支部书记，王占民始终保持解放思想、开拓创新的精神状态，克服因循守旧观念，把村民的利益放在心里，敢于正视矛盾，遇到问题不推诿，坚持原则性和灵活性相结合，解决实际问题，推动二村各项工作的发展。村里无论是人居环境治理，还是厕所改造，王占民都深入现场，发现问题共同探讨，听取意见和建议，并及时整改，真正考虑到村的长远发展，切实为村民、为老百姓服务。这几年，村民们和村干部的心越走越近了，村民的小日子越过越美了。

同样美起来的，还有村庄的样貌。王占民将美化村容村貌当作首要任务。他借来机械，先对全村的街道进行数次冲洗，再动手清理垃圾、杂物。不到半年，村容村貌得到明显改善。村里为村民发放垃圾桶600余个，完成全村路面硬化7100多米。趁着"美丽乡村建设"的东风，八门城二村改造提升了健身广场，添置了休闲书屋，实施坑塘整治、道路硬化绿化、集中供热，铺设自来水管网、污水管网，建设村民活动广场……每位村民都能掰着手指头数着村里的变化。村内条条道路宽阔整洁，家家户户的房前屋后都收拾得干净利落。街道两旁随处可见的文化墙色彩亮丽、格调清新，整个村庄充满了浓郁的文化氛围。王占民自豪地说："2017年以来，一系列人居环境提升改造工程让我们村彻底变了样，村容整洁了，基础设施齐全了，空气清新了，村里越来越漂亮了。"村庄美丽了，村民幸福了。

走进八门城二村，宽敞的道路，成行的树木，整洁的环境，环村路上有太阳能路灯，漫步村内，一步一景，彰显着绿色新农村的别样魅力。上午阳光正好，村北头的健身广场上，上了年纪的村民三三两两地坐在一起聊着家常、晒太阳，享受着惬意的阳光。如今的村民，茶余饭后总喜欢和家人们一起出门遛遛弯，荷塘边走一走，看看村里的好景色。

美丽乡村是村民对美好生活的向往，是对幸福最接地气的解读。要想获得幸福，最艰巨的任务是脱贫攻坚。王占民在精准扶贫、精准脱贫政策的指引下，带领全村上下同心协力、顽强奋战，摘穷帽，拔穷根，交出了一份合格的"脱贫答卷"。在王占民的带领下，村民信心十足，大家都坚信脱贫致富的道路一定会越走越宽。

"与其抱怨生活的苦难，倒不如依靠勤劳的双手发家致富！"这是王占民常说的一句话。他用自己的人生经历印证了这句话，他时时刻刻不忘村民，带领一方百姓攻坚克难，用勤劳的双手扮靓了新农村，铺就出一条脱贫致富的大道。

勇挑重担，奔向富裕路

经过几年的摸爬滚打，本村的水稻产量呈现出上涨的趋势，已经能够达到正常的产量标准，种植户的经济收入不断增加，村民的腰包越来越鼓，这是让王占民最开心的事情。

在他精心组织和带领下，村民对于水稻种植有了新的认知，对水稻种植过程中的管理也更加重视，在不断学习的过程中掌握了先进的水稻种植、施肥、喷药等技术，水稻长势喜人。但只有将水稻卖出好价钱才能让广大种植户得到真正的实惠。

如何把"地里刨食"变成"土里掘金"？王占民的面前又摆出了一条惠农富农的道路。王占民说："过去的一家一户小农经济，已不能适应当今社会的发展，只有通过整合所有资源，提质、增效、创优、创品牌，才能有更好的发展。这需要大家凝心聚力，抱团取暖，学技术，掘市场。"

追求没有止境！不甘落后的他带领村里水稻种植户成立了水稻种植合作社，重点打造水稻种植示范基地。他联合周围其他村的种植户，扩大合作社的规模，采用一体化经营、集约化管理的方式。

在区、镇两级政府的帮助下，合作社建立了效益联结，建立起长效机制。王占民整合村内 2000 余亩土地，进行高标准农田改造，辐射周边三个村。村"两委"班子积极对接，一方面主动为项目选址、施工提供场地帮助；另一方面与区农业农村委密切沟通联系，争取上级政策支持。这一项目共涉及 4000 亩土地，绿色环保使土地的种植功能得到了基本保证，同时还可以产生股金、租金、薪金的"三金效益"。自从村里开始土地流转，村民的生活条件就慢慢好了起来。村民李大哥说："我们家每人原先有 4 亩地，土地流转之后，一亩地租金一年就有 1200 块钱，一年每人就有 4800 块钱。我以前赋闲在家，现在村里土地流转了，我也找了一份工作，一年又添了一万八千块钱。有了这两万多块钱，日子也过得红火了。"

党的各项强农惠农富农政策，让土地上发生着翻天覆地的变化。王占民持续探索"新型农业经营主体 + 农户"等新模式，为困难村民着想，特别是困难群体的利益联结机制，让困难村民参与分享产业链利益，不断增加收入。如今，村民生活质量显著改善，乡亲们从靠天吃饭的农民转型成了"股东"和拿工资的"产业工人"。

从 2013 年开始，合作社流转了村里全部土地，其中 1700 多亩地实现了稻、蟹立体种养。然而，种养也有种养的烦恼："家有钱财万贯，带毛的不算！"

村民们都有担忧。"稻田养蟹还不把秧苗祸害光了吗？""养蟹投入大，赔了咋办？"但令村民没想到的是，试验田当年就实现了"开门红"，平均每亩增加效益 1000 元。

眼看能挣钱，村民们开始纷纷加入。合作社还建起了现代化稻米加工厂，并陆续开展了品牌注册、包装设计、有机认证、新品种引进等工作，产品卖到了全国各地。为了找到更好的销路，合作社大范围联系客商，坚持公平交易的原则，既要准确把握价格机遇，也要确保水稻销售的品质。近些年来，合作社联系了水稻客商 200 多个，销售了水稻上千万斤。在大家共同努力下，合作社示范田的经济收入不断跃上新的台阶。村里的人均年收入由原来的几千元增长到近万元，贫困户都变为富裕户，真正让村民从水稻种植中看到了致富的希望。

2013 年 3 月 22 日，合作社正式命名为"天津忠民丰源农作物产销专业合作社"，注册资金 635 万元人民币，成员总数为 160 人，经营以水稻为主的农作物种植与销售。王占民带领合作社成员逐渐走上致富的道路，但是他的思想并没有因此而止步。成立合作社确实很好，可是问题也层出不穷，例如，经营模式不够精细化、抗风险能力较弱等。面对缺技术、增收遇瓶颈的新问题，王占民广泛征求水稻种植户的建议。

机会总是留给有准备的人。2017 年，党的十九大报告提出实施乡村振兴战略。天津启动新一轮结对帮扶困难村工作，天津市农业与农村委员会的帮扶组

王占民带领合作社成员研究水稻的产量

进驻八门城村，给村里带来了更多惊喜。

王占民积极与帮扶组的专家交流沟通。帮扶组全力支持，提供优质小站稻种，并在宝坻等地进行工厂化基质育秧，确保了秧苗质量。农技人员深入稻田进行指导，提前联系好插秧机，抢抓农时插好秧苗。王占民说："过去由于种旱田，村里的耕地承包费较低，承包户收益也不高。现在改为水田种小站稻，承包费提高了，村民们也受益了。"因为有了专业技术人员的专业指导，大面积连片种植小站稻，为机械化生产创造了条件。二村实现了机器插秧、机械化收割，这大大降低了成本。除此之外，稻田放入河蟹苗，秧苗不打农药，形成了"一田两用、一水双收"的绿色生态立体农业。

多元发展，势在必行。发展现代化农业，实施小站稻振兴计划，建设美丽乡村，已经列入了天津市政府工作报告中。市农委支持做强本地品牌，从品种、品质、品牌、产业四个方面助力农业发展。王占民深刻认识到：不仅要做精产品，更要做强产业，以发展现代农业为中心，推动以农业为基础的一二三产业融合发展，努力实现农业强、农村美、农民富的乡村振兴目标。

如今，八门城镇田园综合体已初具规模。如画的稻田，风儿吹过，稻浪滚滚。不光水稻长势好，混养的螃蟹也迎来了大丰收。优质水稻亩产预计达到 650 公斤以上，套养的河蟹品质也非常好。1000 多亩"津稻 919"和"津原 U99"小站稻品种还没到收获期就被预订一空。

秋收时节，艳阳高照，村里郁郁葱葱的稻田里，河蟹三五成群，优哉游哉。

"发展立体种养后，算上村民流转土地收益、股金分红，每亩地每户年纯收入达到 2000 多元。合作社打工的村民每人年收入达 4 万元，村集体也能增加收入！"王占民喜滋滋地说。与此同时，合作社不断延长产业链，为解决稻谷难卖问题，村合作社投资 22 万元，添置小型稻谷加工设备，开展稻米加工销售。

合作社运营七年，王占民一直起早贪黑，和社员骨干们一起搞规划、谋发展，合作社承包的稻田 1200 亩，年终收益盈余 36 万元，当年被市农委审定为市级农民合作社。之后，合作社开始向农业产业化经营方向发展，购置了多台机械、生产资料，承包面积扩大到 2100 亩，总产量达到 252 万斤。对稻谷实行加工后，年终盈余 60 余万元。合作社发展社外成员 150 余户，被市农委评定为市级农民合作社示范社，被农业农村部认定为全国农民合作社加工示范单位。如今，合作社产品销售总值到达 530 万元，实现盈余 75 万元，带动社外农户 200 余户，辐射面积 2500 余亩。村民们竖起大拇指说："所有这一切都离不开党的富民好政策，离不开上级部门的大力支持，更离不开一个优秀的带头人！"王占民言传身教，带领合作社的社员们共同致富，成了勤劳致富的好榜样，带动了全镇现代化农业发展。

王占民说："作为一名共产党员，合作社的带头人，必须带领大家一起增收致富，致富路上不能落下一人！"

王占民从不满足自我已经取得的成绩，为了发展全镇的水稻生产，2019 年他还和其他合作社一起参与天津市宝坻区水稻化肥减量增效示范区的项目，在他的带动下，全镇创建 10000 亩的示范田，万亩示范项目，大大提高经济效益，成功接待了宝坻农业局组织的参观交流活动。

凝心聚力，共筑暖心抗疫路

2020 年的春节因新冠肺炎疫情而变得不同。连日来，宝坻区八门城二村党支部迅速组织人员严防布控，合力抗疫。疫情就是命令，防控就是责任。王占民不惧严寒、危险，始终在卡口、村头坚守。他以时不我待的精神，团结带领全村广大党员干部凝心聚力、勇挑重担，默默坚守在防控疫情的第一线。

疫情在,责任在。王占民作为二村支部书记带领党员干部站在了防疫最前沿，稳步推进防疫工作。成立疫情防控领导小组、制定防控紧急预案，先后多次召开疫情防控专题工作会议，全体村干部形成了"疫情就是命令，防控就是责任"的共识。王占民不分昼夜对本村人员逐户进行了摸底排查,对重点人员重点防控，并为他们送去了口罩、体温计、消毒液、宣传册等。村党支部对人流量大的主村道路设卡，24 小时轮班值守，登记过往车辆，检测体温，做到"不漏一车、不漏一人"。村党支部利用本村微信群，开展疫情防控宣传，利用大队部广播巡回播放防疫知识，让村民对疫情有深刻了解和认识，并做到自觉遵守规定。

"王占民书记跟我们并不沾亲带故，却把我爸照顾得这么好，我打心眼儿里谢谢他！"2 月 19 日，一封洋溢着浓浓谢意的感谢信在八门城二村传扬开来。

原来，家住西青区的刘大哥准备过年回家，看望村里九十多岁的老父亲刘大爷。当时，二村已禁止外人进入。刘大哥虽表示理解，但依旧放心不下年迈的老父亲。王占民得知此事后，主动承担起照看刘大爷的责任。他每天疫情防控工作结束，不论早晚都要到老人家里看看，买菜、收拾家务、陪大爷聊天。1月30日晚，刘大爷发烧了，救护车将其送到区医院。万幸的是刘大爷只是普通感冒，几天就退烧了。刘大爷身边没有亲属，谁接大爷回家？王占民说："我们是共产党员，是大爷的亲人，我去接！"王占民穿上防护服，开车奔赴区医院。

隔离不隔爱，封控不封暖。无论是在卡口还是村里的封控区，都有王占民忙碌的身影，他既是"跑腿儿员"，也是"心理疏导员"，他用一个行动、一句话语、一个微笑温暖着每一个人、每一

王占民为派出所民警送口罩

个家庭，但是他却没时间照顾自己的家人。

防控期间，全国口罩都紧缺，可谓是"千金易得，口罩难求"。王占民得知八门城镇防疫物资匮乏的情况，第一时间与口罩生产厂家取得了联系。经过协商，厂家同意为他们抢制25000只口罩。可是物流无法正常营业，口罩无法派送到天津。王占民向镇领导请示，要自己直接去安徽取货。疫情严峻，要争分夺秒与时间赛跑。他从区政府开具了出行证明，2月2日凌晨赶往安徽。一路上，风雪兼程，人歇车不歇，吃喝都在车上，整整24个小时，王占民终于把首批物资运回送到了八门城镇。王占民无偿捐献的25000只口罩，极大地缓解了八门城镇口罩紧缺的燃眉之急。此外，王占民还为八门城派出所的全体民警送去百余个N95口罩，面对民警们的感谢，他深情地说："你们守护群众平安，我也要为你们的平安出一份力！"

在元宵节到来之际，为了疫情防控，大部分的村民都响应国家号召，减少外出。王占民又带领八门城二村两委班子成员捐款六千元，为全村300户村民购买元宵，每户2袋，一家一户地分，一家一家地送，大家吃着热腾腾的元宵，深深体会到来自党、来自亲人的关爱，也更加明白什么叫"隔离不隔爱，患难见真情"！

风雪中的坚守，奔波忙碌的身影，为群众办事的精神，大家都看在眼里。

朴实的群众自发为卡口值班人员送来食品、水果等。村民还通过网络视频、口述、微信留言等方式为坚守在一线卡口值班人员点赞，除此之外，党员和村民还自愿捐款，献爱心，孩子们也纷纷拿出了自己的压岁钱。更让人感动的是，在外地不能回家的党员群众，通过微信进行捐款，奉献爱心。疫情期间，二村党员和群众自发捐款共计一万八千多元。

2020年的疫情初期也正值春耕期间。春季的农耕生产如何开展好成为社会关注的焦点。习近平总书记强调："越是面对风险挑战，越要稳住农业，越要确保粮食和重要副食品安全。"在习近平总书记的关心和重视下，这个特殊的春天里，中国各地与疫情赛跑，抓紧组织好春播春管等农业生产，既播下抗疫的底气，也播下一年的希望。

面对停工停产及物流问题，化肥、棚膜等农业物资出现了短缺情况，王占民果断将公司库存的农业生产物资投向市场，送到田间地头，同时坚决不涨一分钱。王占民说："公司现在虽然有所损失，但是也正是回报党和政府、回报社会、回报人民的关键时刻！"他从厂家等渠道协调库存货源，安排工作人员在化肥厂蹲点等货，多渠道积极筹措农用物资，并且亲自前往各地安排车辆，协调物流，力争第一时间将急需物资运送到农民手中，为保春耕、保生产贡献了自己的力量。

作为合作社的带头人，王占民主动为承包大户服务，通过实行"土地托管"实现规模经营，全程机械化作业。鉴于疫情形势，村民王大哥为自己的20亩地找了"管家"，当起"甩手掌柜"。他和忠民丰源合作社签订托管协议，每亩地交150多元的托管费，从种到收，所有环节都由合作社负责，王大哥自己等着收粮就行。此时，合作社的个别社员说："现在，疫情特殊时期，我们可以把托管费增加一些，毕竟咱们的服务成本也高了啊！"王占民断然否定了这个建议。他语重心长地说："疫情时期，正是农户需要我们的时候，正是我们贡献力量的时候，也是党和国家考验我们的时候！"王占民不断无偿为种植大户服务，还积极参加"云备耕""云问诊"农业新业态，将自己的经验无偿分享给广大村民，实现了"无接触种地"服务，还进行了网购农资、直播卖货、实时订单种植，逐步开启了"云"上耕田的新模式。

王占民用真情、真心服务村民，村里的治安工作也得到村民的大力支持，村风建设持续向好，王占民多次被评为市级治安保卫工作先进个人，并获得"优秀共产党员"的称号。

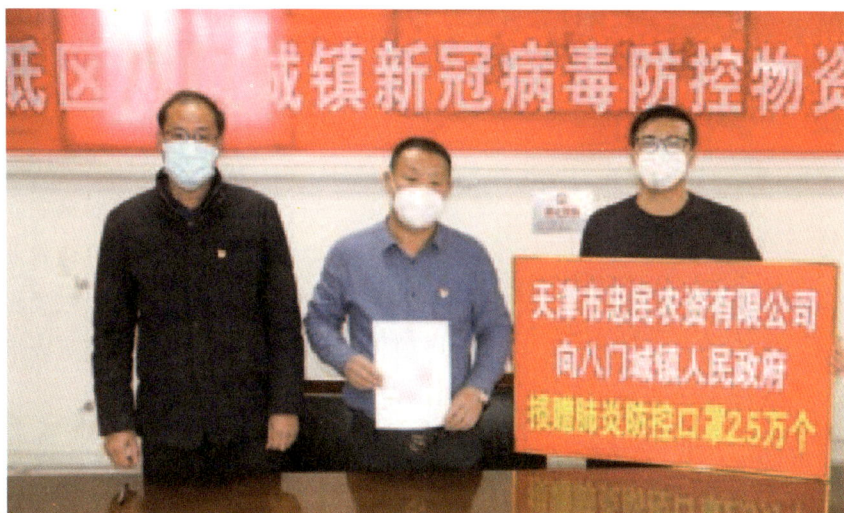

向镇政府捐赠 2.5 万个口罩

永葆初心，奔赴小康路

回报社会，王占民始终在路上。他先后出资十多万余元修补道路、购置农资、外出考察，多次为学校捐款捐物，他向他的母校八门城初级中学捐赠价值三万元的空调机 10 台，捐赠 200 个双肩包。他真心希望孩子们步入知名学府，学成以后为家乡发展和社会贡献力量。

如今，王占民已过不惑之年，而他的脚步从未停歇过，凭着勤劳的双手和聪明的才智，继续艰苦创业。在他身上，农民本色常在，敢于奋斗、敢于拼搏的心常在。凭借着坚定的人生信念，继续实现了自己的人生理想，带领乡亲们迎来了幸福小康的道路。

作为一名政协委员，他在提案《关于宝坻区发展现代农业产业化的思考》中指出农业产业化是现代农业的发展方向，是解决当前"三农"问题的突破口。这几年，依托丰富的农业资源，大力培育发展龙头企业，不断扩展农业产业化基地，积极创新农村经济组织，农业产业化有了长足的发展。但是在现代农业产业化的发展过程中，还存在一些问题，比如：发展措施还需进一步增强，整体发展还要全面均衡；从业农民老龄化，农民素质有待进一步提高，总体创新能力还不是很强，影响现代农业产业化的发展；农业种植规模还有低、小、散的现象；缺乏龙头企业拉动和科技人才的指导以提高农业产业化进程。针对诸多问题。他大胆提议要进一步加大基层农业推广技术，让农民能够接受新的技

王占民参加优秀政协委员的颁奖

术手段，提高农民群体的文化和管理水平，增加广大农民朋友经济收入的各项服务；注重特色农产品转型升级，把传统知名企业做大做强；培育食品加工企业，打造农业生产全产业链模式，就像黄庄洼大米以及稻虾、稻蟹、稻鳅的立体养殖一样，还可以增加一些蔬菜、瓜果等种植品种。

2020 年是宝坻区农村人居环境整治收官之年，王占民带领村民彻底改善农村人居环境，建设美丽乡村。如今的农村主干道道路得到硬化和绿化、煤改电取暖、自来水入户、厕所改造提升、垃圾定点投放等，一切都变得越来越好的同时也存在一些问题。王占民大胆提出了《美丽乡村建设过程中的思考》这一提案。区政协对这个提案特别重视，区农委也给予了实实在在的答复。在这个过程中，他深切感受到政府对改善农村人居环境、建设美丽乡村问题的重视与信心。王占民深刻认识到推进美丽乡村建设对于建设美丽中国，实现"两个一百年"奋斗目标和中华民族伟大复兴的中国梦，具有重要意义。

时间丈量着发展的进度，也标示出攀登的高度。王占民作为一名政协委员，始终保持着一颗初心。他积极响应党的号召，与广大干部群众一道，补短板、强弱项、打基础，一直奋斗在实现小康的路上。王占民调研现代农业产业园创建工作，认清其作为深化农业结构调整、推动乡村产业振兴的重要平台，全力打造，提出了《关于加快我区现代农业产业园区建设的建议》。农产品加工企业以作坊式、分散式为主，粗加工多，精深加工少。农产品种类多、产量大、

品质佳，但知名农产品品牌企业数量还不是很多。农产品流通服务滞后，一旦农民生产的东西多了，就卖不出去。农村物流网络还不完善，物流成本高，这制约了农产品流通。总之，没有形成集种养、加工和销售于一体的现代化健康农业产业体系，现代农业产业园区建设还需进一步完善。王占民认为，要牢固树立"品牌农业"的理念，增强品牌意识，着力培育特色亮点品牌，鼓励和支持种、养、加工行业；围绕打造特色农产品品牌、知名企业品牌，实施现代农业发展工程，大力引进龙头企业，采用统一规划、集中开发、连片建设、规模

接受电视台的采访

化经营的办法，建设现代农业产业园区，以点带面，促进农业产业发展。这需要政府部门的引导和投入，要对部分重点产业园给予财政专项资金支持，建立产品销售一条龙流程。今后要打造现代产业园线上销售，通过网络、媒体加强信息服务，扩大销售圈，帮助农民与客户签订订购合同，推动了产业的快速发展，打造现代化农业产业园区，发挥其辐射引领的作用。

回首过往，无数个奋斗的日子都历历在目，点点滴滴都令人心潮澎湃。王占民的提案每次都获得"优秀提案"，他本人还多次被评为优秀政协委员。他常说："村民都能过上好日子，时时刻刻都要解决好村民的操心事、烦心事、揪心事，就是我的奋斗目标！"

2020年是决胜小康之年。实现全面小康，凝聚着中国共产党为人民利益而奋斗的初心和使命。王占民深刻领悟到，为了村民共同过上富裕幸福的生活，

就要先富帮后富，携手奔向幸福小康路。

长风破浪会有时，直挂云帆济沧海。乡韵悠悠，村风融融，条条小康路，心安即是归处。展望未来，小康梦想即将实现，新征程正式起航！

"落霞与孤鹜齐飞，秋水共长天一色。"稻田上笼罩了一层薄翼般的轻纱，微风吹来，稻浪滚滚。人生多像这金秋的稻田，透着清新，溢着稻香，沐着阳光。只有奋斗过的人能有如此感触。

"明月别枝惊鹊，清风半夜鸣蝉。稻花香里说丰年……"

王占民随口吟诵着，蹲下身托起沉甸甸的稻穗，黝黑的脸庞洋溢着喜悦："不错，今年又是一个丰收年！"

极目远眺，白鹭正安详地在稻田上空展翅翱翔，它们集结成群，在头鹭的带领下，迎着霞光，向着理想的彼岸，越飞越高，越飞越远……

不知何时，月亮已悄悄爬上柳梢。健身广场上又热闹起来了，小伙子们打着篮球，女人们跳起了广场舞，老人们促膝闲聊，孩子们跑着笑着。细听，不远处的稻田里，青蛙正在欢快地歌唱……

"北国水乡"迎来了金灿灿的好日子！

天津市劳动模范　肖云鹏

林德英利的"80后"领头人

"初心易得，始终难守。""不忘初心、牢记使命"是一辈子的事。肖云鹏对林德英利全体党员干部职工说："干事业，要出成绩，就要用上全部的热情，坚守一辈子，才能达到目标。"

肖云鹏，男，出生于1983年，现任林德英利（天津）汽车部件有限公司党支部支部书记、副总经理。他进入林德英利（天津）汽车部件有限公司工作后，6年间，他带领公司全体员工努力拼搏，与一线职工并肩作战，为公司不断发展起到了积极的推动作用。

6年日复一日地早出晚归，肖云鹏早已经将公司当作自己的家。尤其是在他担任公司副总经理后，"严于律己、以身作则"成了他的座右铭。多年来，他以一名优秀共产党员的标准严格要求自己，立足本职、勇于创新，带领公司全体员工开拓进取，全面落实科学发展观，努力践行"团结协作、勤勉奋进、勇于奉献"的企业精神，紧紧抓住经营管理中心工作，强化科技创新和质量管理，把公司的发展推上了一个崭新的高度，2018年，他获得宝坻区五一劳动奖章和宝坻区监察委员会第一届特约监察员等多项荣誉表彰；2019年，他获得宝坻区第八届"十佳青年岗位能手"称号；2020年，他被评为天津市劳动模范。

在困难面前他从没低过头、认过输；在原则面前不讲情、不让步；在工作中敢打敢拼，与林德英利的每一位员工都有着深厚的感情。工作中，肖云鹏坚持以"爱岗敬业、不畏艰难"为准则，为公司尽其所能，倾其全力。肖云鹏在公司树立了很高的威信，赢得了广大群众的普遍好评。

坚持党建引领，从古田再出发

习近平总书记指出："理想信念就是共产党人精神上的'钙'，没有理想信念，理想信念不坚定，精神上就会'缺钙'，就会得'软骨病'。"

身为党支部书记，肖云鹏始终坚定贯彻落实党中央的决策部署，认真履行的党员义务和责任。党的十八大以来，"不忘初心、牢记使命"的主题教育成为党建的主题，这既是党员对习近平新时代中国特色社会主义思想的系统学习过程，也是增强党性修养的重要抓手。肖云鹏深刻地认识到理论学习的重要性，在自身坚持不懈学习的同时，也在公司内部持续开展学习实践活动，不断提升全体党员的党性修养。

在这位"80后"支部书记的眼里，加强党性修养，必须坚定理想信念。受党教育多年的肖云鹏对理想信念有着自己深入的理解和认知，中国共产党党员的理想信念是马克思主义真理信仰，是共产主义远大理想和中国特色社会主义共同理想。这是党安身立命之本，是党章的规定，更是共产党员的思想基石。坚定理想信念，一要认真学习马克思列宁主义，深刻领会习近平新时代中国特色社会主义思想，认真总结党史和国史，才能搞清楚中国特色社会主义从哪里来、今后往哪里去的问题，才能坚守共产党人正确的世界观。要坚定走中国特色社会主义道路的决心和信心，就要从增强"四个自信"着手，这是在党中央改革开放40多年来特别是在党的十八大以来取得的伟大成就的基础上得出的结论，更是中国实现"两个一百年"奋斗目标的强大思想基础。要在工作中体现坚定理想信念的客观标准，在重大政治考验面前有政治定力，就要做到平常时候看得出、关键时刻站得出、危急关头豁得出去的共产党员。

肖云鹏是这样要求全体党员干部的，也是这样严格要求自己的。在他的办公室里，党建书籍应有尽有，很多是他自费购买的。虽然业务上有大量的工作要做，但是，年富力强的肖云鹏从没有放下书本。他说："要加强党性修养，必须掌握思想方法。思维方式的提高对于国家的振兴和强盛将是巨大的推动力。是否掌握正确的思想方法也是党员是否具有党性修养的重要体现。学会用辩证唯物主义和历史唯物主义的立场、观点和方法来分析、解决问题，才能深化对历史规律的认识，才能用更长远的眼光思考党和国家未来发展面临的一系列重大战略问题。同时还要坚持解放思想、实事求是、与时俱进、求真务实原则。这是党在长期革命、建设和改革过程中得出的重要结论。实事求是的思想方法掌握了，就能够解决过河时'桥'和'船'的问题，就能较好完成任务。"

肖云鹏重视党员党性修养的提升。他对党员要求非常严格。他要求党员干部认真学习党的十八大以来党中央陆续出台的一系列重要精神，认真学习《中国共产党章程》《中国共产党廉洁自律准则》《中国共产党纪律处分条例》《中国共产党问责条例》等党纪党规，始终要求大家做到手中有尺、心中有戒。肖云鹏要求大家在学习、生活和工作中还要看齐高线、守住底线。模范遵守党的政治纪律、组织纪律、廉洁纪律、群众纪律、工作纪律、生活纪律，鼓励大家对违反党的纪律的言行要具有斗争的勇气，在加强党的先进性、纯洁性和纪律性等方面发挥好党员的作用。

习近平总书记指出："人民立场是中国共产党的根本政治立场，是马克思主义政党区别于其他政党的显著标志。"在肖云鹏眼里，党员必须要坚持人民利益高于一切的立场。加强党性修养，不忘教育之初心、牢记育人之使命，党员要充分发挥党组织的战斗堡垒作用和共产党员的先锋模范作用。近百年来，中国共产党历史昭示这样一个事实：只有从人民立场出发，以人民为中心，自觉维护发展好广大人民群众的利益，才能赢得民心，才能得到人民的拥护。坚持人民立场，不是喊口号，要准确把握人民群众的利益所在。既要关注人民群众的长远利益和现实问题，也要关注人民群众近期的小事、难事和烦心事；既要立足大多数群体所关心的问题，也不能忽视少数群体的利益诉求。同时，组织和公司所做的一切努力和所有工作的成绩如何，自己说了不能算，要以人民高兴不高兴、满意不满意作为衡量和评判的标准。在企业工作中他经常深入一线，与职工谈心，聊家常，了解一线职工的诉求、愿望、理想，积极为职工搭建展示自我的舞台，帮助职工解决生活、工作中遇到的难题。为了提升公司员工的党性的修养，在肖云鹏的组织以及带领下开展了"不忘初心、牢记使命"——从古田再出发的活动。

那是2019年2月16日上午，肖云鹏组织全体党员干部前往革命圣地——福建省龙岩市上杭县古田镇开展学习教育活动。出发前，他特意安排大家换上了红军的军装，一下子就让大家有了身临其境的感觉，伴着淅淅沥沥的小雨，大家走进了那个战火纷飞的年代。

到达古田后，同志们先后参观了古田会议会址、毛主席纪念园、古田会议纪念馆。大家带着饱满的热情和无限的敬意，重温入党誓词、重访革命旧址、重讲红色故事、重走一段红军路。

肖云鹏带领同志们来到了古田会议会址时，会址墙上悬挂的照片、展板，廊柱上富有鲜明战斗性的标语以及当年会议代表取暖留下的炭火痕迹，深深感染了全体党员。大家循着前辈的足迹，一同探寻他们艰苦奋斗的历程。毛主席纪念园依山而建，庄严肃穆，全体同志沿着151级台阶而上，向毛主席纪念碑敬献花篮，大家一同向毛泽东同志雕像鞠躬，深切缅怀毛泽东同志的丰功伟绩。古田会议纪念馆墙上及展柜中的一件件文物，将大家带回到那峥嵘岁月。肖云鹏从中得到了更深切的体会，唯有不忘历史，才能蓄力前行。

为了能够更好地加深党员们对此行的感悟，促进对团队建设重要性的认知，肖云鹏临时决定开展团队拓展活动。他将所有人分成4支队伍，挑战"雷区取水""勇攀高峰"两个拓展项目，目的为增强团队成员的毅力，激发大家智慧和创造力，充分体现并提升团队成员相互信任的协作精神。同时，他也不忘提醒大家，思想统一，行动统一，这个团队才能更坚固！以创新的方式解决问题，往往能够达到事半功倍的效果！

参观学习结束后，所有人员虽然已经筋疲力尽，但大家的情绪依旧高涨，纷纷表示不虚此行，感触颇深。回到公司，大家依然在谈论探讨本次学习的感触和心得。2019年，恰逢中华人民共和国成立70周年，也是古田会议胜利召开90周年。在这个具有特殊意义的时间段组织本次培训学习，从中深刻体会古田会议精神，在加强思想政治建设，并坚持理论与实际相结合，行动与思想统一，从而做到知行合一等方面起到了积极的推动作用。

"我们高喊口号'不忘初心、牢记使命，从古田再出发'的同时，每一个人都在深思，大家感受到了提升党性修养的重要性。这样的活动非常有必要，也要经常开展。"肖云鹏说。这一路上，他将所有人的表现看在眼里，将自己的感受记在了心里，同时，他也感到教育的重要性，感受到学习实践活动，对更好地传承红色基因有着十分重要的意义。而作为支部书记的他，更要以身作则，主动学习，引导影响周围的群众，带给他们积极的引领。

疫情当前，绝不后退

"没有什么能够阻止我们共产党人前行的脚步！"

2020年初，新冠肺炎疫情突然袭来。疫情存在太多的未知数，这让宝坻群众面临着十分严重的问题——没有经验可循，唯一有的是战胜疫情的信念和决心。在党中央和各级党委政府的正确领导下，工业园区展开了疫情防控大决战。园区内部的企业全部停工，积极做好抗击疫情的规范动作。最关键、最严重的问题是原有的订单任务没有办法按时交付给客户，如果违约，公司将面临巨额的违约赔偿金，甚至失去最重要的客户。为了助力复工复产，挽回公司损失，也为了让更多职工保住工作，肖云鹏下定决心，一定要按质按量按时完成这批订单，给客户一个满意的答复。

1月31日晚，天津市疾病预防控制中心发布通知，宝坻区第一例新冠肺炎感染者被确诊，从那一刻起，宝坻区变成疫情的重灾区，感染人数不断攀升。2月3日，原本应该是年后开工的第一天，但这一天却成了宝坻疫情发展的拐点。当日宝坻区已成为天津市新冠肺炎感染人数最多的区域。上级指示，所有人员居家隔离，社区及村镇限制人员及车辆进出，工人无法正常回到公司，复工的日期也变成了未知数。那段时间，肖云鹏没有休一天假，他吃住在公司，在做好疫情防控工作的前提下，他坚守在岗位上，尽职尽责。很多同事受到肖云鹏影响，也自主放弃了休假，坚守生产一线。就这样，在他的带领下，这个不畏艰难、迎难而上的团体开始为公司复工复产做准备。在全面摸排后，公司对厂区进行全面的规划和调整，严格按照政府指示安排进行作业，不差分毫严格执行防控要求。

与此同时，北京奔驰方面传来消息，2月10日将全面恢复生产，如果届时公司未能复工复产将无法满足客户的需求量。一方面，供应中断将导致客户停线停产，每天可能将面临数百万到上千万元的损失；另一方面，很可能因未能及时供货而严重影响公司信用，也对未来新项目的合作造成难以估量的重大影响。

"好公司，好生活"一直是公司奉行的理念，与公司共进退是全体员工的准则。肖云鹏带领公司领导组成工作组，积极向宝坻区政府领导拨打视频电话，申请紧急汇报，要求在不影响宝坻区疫情防控工作的前提下，恢复部分生产，将公司的经济损失降到最低。区政府领导考虑实际情况后，做出了允许部分开工的批复，前提条件是要确保疫情防控万无一失，要求全体复工职工要按照标准进行核酸检测，保证员工做到十四天隔离和不出厂区的要求。为此，肖云鹏号召所有管理层人员为一线同志捐献防控疫情的必需品，并领着大家为公司的复产复工做准备：如设立体温监测与签到处、设立防疫物资存放区、餐桌加装独立隔离板、改造临时宿舍等，确保疫情防控万无一失。

正月十五是传统元宵节，晚上十点，区政府及管委会领导到公司现场进行了第一轮疫情防控检查，经过多次方案调整及现场改善，公司最终顺利通过了

在林德英利与员工共同抗疫

全部检查。当时，天气异常寒冷，外面还飘着片片雪花，但在厂的所有人都被这个好消息振奋，大家干劲十足，没有人抱怨这些天来的辛苦，没有人为佳节不能陪伴家人而遗憾。那一刻，公司不只是公司，而是所有人的家，属于大家共同的家，每一个人都坚守在各自的岗位上，正因为这样的努力，才使公司成了园区第一家复工复产的制造业企业。这个不平凡的元宵节也成为整个冬季最温暖的一天。事后，肖云鹏说，他被所有干部职工的大局意识和不畏艰险的精神感动，更加坚定了他为公司不懈拼搏、为全体职工做好后勤保障工作的决心。

深入一线，关爱职工

"什么是公司的财富？是人才，是员工。"肖云鹏始终将员工的利益放在第一位。

在不知不觉中，肖云鹏来到林德英利（天津）汽车部件有限公司有六年的时间了。六年在生命中不算很长，可是也不算短。六年间，他和公司一起经历的事件太多了，每一次的经历，都让他对团队的力量有新的认知。

肖云鹏长期深入车间，与一线工人一起工作，在他眼中，不论是公司的经营管理还是抓队伍建设，都必须从基层一线入手。他说："所有的创新和成果一定来自一线，所有的荣誉和成绩也要归功于一线。"为了了解一线同志们所遇到的问题，他亲自体验了一线的工作，解决了一线同志们在工作、生活中遇到的问题。为此他特别强调，职工在工作、生活中遇到困难要及时反馈，公司会不遗余力地为职工解决实际困难。在工作中，要把安全放到第一位，时刻紧绷安全弦，做到不疏忽、不大意，确保人身安全。

肖云鹏上任伊始，公司面临着巨大的挑战，人才缺乏、市场狭小等诸多问题困扰着公司的发展。他不负众望，一手抓科技创新，一手抓人才培养，引进了一批技术高超、素质过硬的人才团队，现公司已汇集了来自美国、德国、马来西亚、中国台湾等国家和地区的优秀人才团队，齐心合力搞研发、搞创新，为公司的发展注入了一股强大的血液。

肖云鹏不断创新改进工作流程，在成本控制管理中做出了大胆尝试，每年可为公司节省近千万元的运营成本。他实施科学管理，强化质量重点。作为副总经理，肖云鹏紧紧把握住经营管理的主线，进一步完善公司的各项管理制度，并加强监督和落实的力度。肖云鹏秉承着"终身学习"的态度及自我价值要求不断努力，2019年下半年，他以优异的成绩被中欧国际工商学院录取，研修EMBA课程。与此同时，他不忘初心、牢记使命。他十分感谢宝坻区政府能为公司的发展提供强大助力及支持，也定将牢牢把握宝坻区发展机遇，制定未来公司发展战略规划，响应时代发展要求，响应国家政策大方向，带领公司向更远的目标前进，争做行业排头兵。在肖云鹏的带领下，公司财务收入连续三年保持持续增长，2018年达到了9.2亿元，人均产值突破301万元，创历史新高，成为宝坻区当之无愧的龙头企业。2016年底，公司获得"国家高新技术企业"荣誉称号，2019年底，通过高新项目复审。作为一家进出口企业，每年进口原材料金额超3亿元，为了能够加快整体通关速度、增强资金周转速度，在2018年，他带领着团队获得宝坻区首家"海关AEO高级认证"荣誉称号。榜样的力量是无穷的，肖云鹏这种奋力拼搏的精神深深鼓舞了周围的员工，大家都纷纷向他学习，在公司里形成了良好的工作氛围。

很多一线的员工都在问："为什么副总经理总是要看看咱们一线的员工，

在林德英利与员工做核酸检测

为咱们解决问题呢？难道他的工作不忙吗？"

身为副总经理的他，时刻关心着一线的同事们处处为一线的同事着想。他经常在工作中的闲暇时间前往一线去慰问生产一线的同事。他深知，是一线员工在为企业创造价值，是他们一直在为实现世界一流的生产制造型企业而奋斗，维护好员工的权益，保障他们的安全，才能打牢企业持续发展的根基。

谈到自己的工作和生活，尤其是对家庭成员的亏欠，肖云鹏深深感到对不起妻儿。肖云鹏的工作排得满满的，而家庭的事情从没有排上他的记事本。他工作忙的时候，妻子会默默承担家里的一切。在妻子的眼里，肖云鹏算不上一位称职的好丈夫，他一忙起来，有时回到家早已到了深夜；在孩子心中，肖云鹏称不上是一名合格的好爸爸，因为他根本没多少时间陪自己，陪着逛公园或是游玩的次数少得可怜。然而，在公司全体同事的眼里，肖云鹏是一位脚踏实地、从不计较个人得失、勤奋负责、关爱下属的好领导；也是一个能够以诚相待、以心相交的知心朋友。他睿智的思维方式、勤奋敬业的工作风格、和善平实的为人态度，时刻影响着身边的每一位人，使他成为同事心中的楷模。

还记得有一次，一名一线员工由于自己的安全意识不够，在工作的时候在手上割了一个伤口，虽然伤口不大，但是依然让肖云鹏倍加关注。他听到了这个消息，放下手头的工作，第一时间去往现场察看那名一线员工的伤口，亲自带他前往医院进行包扎。在回来的路上，肖云鹏一直在和他强调要怎么安全作业，到达公司之后，立刻联系相关同事，增加了许多安全作业的培训工作，把一线员工作业的一些工具进行了更换，更新了手套、头盔等一系列防护用品。那名受伤的同事说："我工作了这么多年，去了很多家公司，也认识了许多的同事，但我从来都没遇到过这么好的领导。其实，我那次受伤的伤口并不是很大，就怪我自己当时工作的时候走神了，手套破了也懒得去换，这样才受的伤。我没有想到领导居然亲自开车把我送往医院。这么好的领导，我怎么会不好好地工作呢？"

出现了这件事情之后，肖云鹏到一线监督检查的次数更多了。他在总结会上说："因为我做得不好，才导致员工受伤，所以我要经常去看看奋斗在一线员工，了解他们所面临的问题，了解员工的需求，无论是在生活中，还是工作中，员工遇到的困难必须要及时处理！"

肖云鹏就是这样，从不因自己是领导而脱离群众，从不因工作忙而影响对职工的关心。他始终秉持脚踏实地、勤恳做事的信念，踏踏实实弯腰做事，认认真真虚心学习。肖云鹏说："这世界上，总有人比你更优秀，比你更踏实、更认真。因此，每个人都要有时不我待的紧迫感和当仁不让的奋斗精神，立足本岗，为建设世界一流生产制造型企业的目标去奋斗！"

成绩控水，树立心碑

肖云鹏经常给大家讲起名人的故事，其中讲得最多的是袁隆平的故事——

杂交水稻之父袁隆平的试验田收割以后，第 5 号田 0.897 亩产稻谷 1172.5 公斤，按通行的"七五折"计算，每亩净产量为 980.4 公斤。对此，袁隆平不为所动，主动说服验收专家组放弃通行的"七五折"，改用更苛刻的标准计算净出率。最终公布的结果是亩产 926.6 公斤。

面对成绩，肖云鹏有自己的观点：渴望成绩，宣传成绩，是人之常情。但面对成绩，不能一味夸大，应站在尊重事实的基础上，客观分析成绩的含金量，最大限度地挤掉成绩中的水分，这才是正确对待成绩的态度。古人云："名不可简而成也，誉不可巧而立也。"现实生活中，有一部分人不能正确对待成绩。有的追求"窗户上挂喇叭——名声在外"，事情没做多少，便"拉长、吹大、垫高"，"精心包装，隆重推出"；有的在试点先行、经验总结时，把自己的做法说得完美无缺，好像放之四海而皆准；还有的甚至把想法说成做法、把估计说成统计、把预期说成结果、把别人的事说成自己的事。殊不知，"浓于功业，生造作病；浓于名誉，生矫激病"，如此对待成绩，等到光环散尽、泡沫吹掉、水分挤干、原形毕露时，丢人的只能是自己，

成绩的美在货真价实。肥皂泡的颜色再鲜艳，也经不起阳光的暴晒；气球吹得再大，也经不起小小针尖的检验。工作成绩连着单位发展实力，关系百姓的幸福指数，来不得半点浮夸和虚假。重大科学决策的实施，取决于试点先行的经验总结；国家整体实力的评估，来源于各单位上报的各种数据。如果探索的经验、上报的数据水分过大、出入太多，就会影响科学决策，贻误国家建设的时机。

当然，有了成绩有一说一、有二说二，没有必要为"打折"而"打折"。但一些成绩的取得，有的是在实验阶段，有的汇集单位精英之力，还有的甚至是借助"外脑"完成的，并不代表单位的实际水平。这种时候给成绩"打打折"才是客观的，才能真正经得起群众、实践和历史的检验。

碑不自立，绩由人传；石碑好立，心碑难立；高风大德，有口皆碑。历史

是最公正的裁判。贪大喜功、梦想美名远扬之人，往往得不到人们认可；而俯首为民、不计得失、淡泊名利的人，反倒容易让群众传颂，留下口碑。党员领导干部面对成绩时，切不可沾沾自喜、忘乎所以、夸大其词，一定要树立正确的政绩观，本着对人民负责、对国家负责、对历史负责的态度，科学评估本单位取得的成绩，该打折的打折，该挤水的挤水，真正能让成绩晒在阳光下，经得起事实的检验。当取得成绩、荣誉的时候，不能沾沾自喜、忘乎所以；当遇到失败、挫折的时候，应鼓起勇气、敢于面对。要以逆境要稳，顺境要定，失意要达，得意要淡的态度，以一颗谦卑的赤子之心面对今后的生活、工作和今后获得的成绩。身为党员干部及公司高层领导的肖云鹏坚持实事求是地看待成绩，他要求所有人不夸大事实，最大限度挤掉水分，保持实事求是的原则。就像袁隆平不用现有标准，坚持给成绩"打折"的做法，折射出的是一名科技工作者求真务实、谦虚谨慎的态度和作风，值得所有人深刻反思和学习。

正是深刻认识、客观看待过去的成绩，肖云鹏才能够在自己的岗位上扎扎实实走好每一步。尤其是作为党员，他清醒地认识到党员不仅仅是荣耀，更是时刻提醒自己认真履行党员职责的标识。每次在个人利益和公司利益产生矛盾时，他坚决以公司、群众、社会和国家利益为首，他不光自己这样做，也在时刻影响着身边人，影响着整个团队。在他的带领下，全公司干部职工凝聚成一个钢铁般的团队，为公司发展提质增效，做出了突出贡献。

回顾自己之前所做的工作，肖云鹏很谦虚，他说自己还有许多的不足之处，有些方面还将有待于进一步提高，但自己能够时刻保持昂扬向上的精神，以高度负责的务实精神，不断转变思想观念，与时俱进，不断开拓。对于自己的不足，肖云鹏列出了条款。如：未能合理安排好时间，加强对党的基础理论知识的深入学习和系统学习；把握全公司所有职员整体工作的能力仍有待于进一步提高；对年轻同志的关心和帮助还有待于进一步深入等。从上面这些问题可以看出，肖云鹏对自己的要求何其严格。为此，他还多次做了剖析查找产生不足的原因，提出了完善和改进的措施。一个"80后"，可以对工作如此认真负责，如此谦虚，不由得令人钦佩。肖云鹏感到主要还是自己平时注意加强学习不够，工作上或多或少地仍然存在畏难情绪。只有克服自身缺点，才能取得更好、更突出的成绩。

2020年，中央提出"十四五"规划和2035年远景目标规划，这是一个立足国情、面向未来的宏大主题，也是一个承接时代、紧贴民生的系统工程。如何融入这宏大的发展蓝图中，成为拉动推动发展的一颗小小的螺丝钉？

为了找到答案，肖云鹏认真学习中央重要会议精神。《中共中央关于制定国民经济和社会发展第十四个五年规划和 2035 年远景目标的建议》指出，我国已转向高质量发展阶段，发展环境面临深刻复杂的变化。新形势下，必须清醒地认识到我国社会主要矛盾变化带来的新特征、新要求，把握机遇的同时也要积极防范风险，准确识变、科学应变、主动求变，在新的奋斗征程中开启御风险和攻难关，战危机和育新机，应变局和开新局的"攻守战"，保持战略定力，继续发展势能。从近景看远景是视角的延伸，从高处看远处是视野的拓展。这份"行动纲领"站在"十三五"的发展台阶上进行远景瞭望，既瞄准问题特征与实践要求，也明晰显著优势与发展短板，对不断提升科学谋划、抵御风险、狠抓落实的能力做出了要求，对持续固根基、扬优势、补短板、强弱项提供了指引，为推动高质量发展、坚定不移深化改革、沉着冷静应对各种风险挑战领航导路，是对发展规律的充分认识与把握，为全面建设社会主义现代化国家积蓄发展势能。

从专家的分析和权威的调研报告中，肖云鹏敏锐地抓住关键词"人民"。这是《中共中央关于制定国民经济和社会发展第十四个五年规划和 2035 年远景目标的建议》起草过程的"关键词"，也是《中共中央关于制定国民经济和社会发展第十四个五年规划和 2035 年远景目标的建议》内容中的"重点词"。迈步"十四五"，要充分发挥集中力量办大事的制度优势，坚持以人民为中心，密切联系群众、紧紧依靠群众，凝聚人民群众的创造智慧和向心力量，发挥人民的"首创精神"，充分激发社会活力，集中人民的力量处理好"人与自然""人与城市""人与经济""人与文化"等关系，办好"自己的事情"，坚决战胜改革创新过程中的各种艰巨挑战和难关险隘，厚植发展的最大优势。

作为"人民"的一分子，同时，也作为服务"人民"的一分子，肖云鹏在心底有了自己的认知，也更加明白了袁隆平院士对成绩的客观态度就是立足为人民服务的根本原则上做出的正确选择。这更加坚定了肖云鹏要以成绩为起点，以服务人民的质量为评价标准的业绩观。

肖云鹏说，只有胸怀"两个大局"，理顺发展脉络、认识发展规律、把握发展节奏中铺石筑路，大家团结一心，朝着共同的目标不断前行，才能再创辉煌。

不忘初心，践行一辈子

"不忘初心、牢记使命，不是一阵子的事，而是一辈子的事。"

习近平总书记的教诲时刻激励着肖云鹏，身为党员支部书记及副总，时刻记得自己的党员身份和自己的责任使命，时刻牢记入党誓词。多年来，他始终将学习党史作为常态化学习的重要内容。通过组织党员干部一起学习，他也在不断提高自身政治理论水平。

学习如逆水行舟，不进则退。肖云鹏为公司党员制订了严格的学习计划，认真开展"三会一课"，积极落实党建目标责任制。他说："党建引领不光是政治工作，更是全盘工作的纲领。"因此，他在严肃组织制度和纪律，强化党性党纪观念，恪守党纪、政纪、国法，严格执行廉洁自律的各项规定，做到令行禁止，依法行政，严格把关，秉公尽责，廉洁自律，不断转变工作作风，提高工作效率，处处服从和服务于地方经济的发展。

不谋万世者，不足谋一时；不谋全局者，不足谋一域。《中共中央关于制定国民经济和社会发展第十四个五年规划和 2035 年远景目标的建议》是今后五年乃至更长时间中国经济社会发展的行动指南。打开指南，舒展逐梦蓝图，迈步新时代新征程，聚力一个新奋斗目标，统筹发展和安全两件大事，将三个"新"贯穿发展全过程，立足"四个全面"新布局和六个发展目标，拉动"发展轴线"，开好局、起好步，吹响全面建设社会主义现代化国家新征程的冲锋号角。

一滴水只有放入大海，才能永不干涸。党的十九届五中全会站在"两个一百年"历史交汇点上，清晰擘画今后五年乃至十五年中国经济社会发展蓝图，系统回答了"中国向何处去""新发展阶段实现什么样的发展、怎样实现发展"等深层次、全局性问题，为国家的发展、个人的工作生活指明了方向、提供了遵循。肖云鹏认为，自己有幸处在奋进的新时代，只有将"小我"融入"大我"，在构建新发展格局中找准人生坐标、奋进目标，自己的人生才能出彩，才能在回头看时无怨无悔。

要胸怀大局，定准自己的定位。俗话说，站得高，看得远。只有胸怀大局，方位才能定得准，人生才能行稳致远。全会立足两个大局，深入分析国际国内深刻复杂环境，对立足新发展阶段、贯彻新发展理念、构建新发展格局进行全面系统谋划，提出了高瞻远瞩的奋斗目标和一系列具有创新性、针对性的重大战略、重大举措，特别是许多目标任务，如全体人民共同富裕取得更为明显的实质性进展，反映了人民对美好生活的新期待，与老百姓的生活息息相关，让人可期可盼、有奔头有干劲。作为年轻干部，身处奋进的新时代、发展的新阶段，要胸怀"两个大局"，站在历史正确的一边，把个人际遇融入时代发展大局，在时代的横纵坐标中找准人生定位与奋斗目标，与时代共奋进，争做"十四五"时期的实干者、奋进者，跑好历史接力赛。

要坚定执着，走稳自己的路子。我国在"十三五"决胜全面建成小康社会决胜阶段取得决定性成就，尤其是今年新冠肺炎疫情防控取得重大战略成果，形成的"中国之治"与"西方之乱"的鲜明对比，充分展示了中国共产党的领导和社会主义制度的政治优势、制度优势、治理优势，充分诠释了以人民为发展中心的理念。事实充分证明，中国特色社会主义制度具有无可比拟的优越性，中国共产党始终是中国人民最可靠的主心骨。当前，大疫情碰上大变局，国际格局深刻调整，面对复杂多变的外部环境，共产党员要保持政治定力，坚定不移地走好自己的路，持续增强"四个意识"、坚定"四个自信"、做到"两个维护"，始终做习近平新时代中国特色社会主义思想的坚定信仰者、忠实实践者，确保永远走在中国特色社会主义道路这条康庄大道上。

要奋进拼搏，办好自己的事情。内因是决定性因素。办好自己的事是抓住机遇、应对挑战、趋利避害、奋勇前进的制胜法宝。蓝图已经绘就，关键在于抓好落实。要紧紧围绕全会提出的2035年远景目标和"十四五"期间主要目标，切实将"发展""创新""人民""改革"等建议中的高频词作为今后工作方向切口，尽最大的努力争取最好的成效。要立足岗位，不忘初心、牢记使命，发扬工匠精神，履职尽责，精益求精，在自己的领域出类拔萃，用奋斗成就人生，当好全面建设社会主义现代化国家的"螺丝钉"。坚持用全会精神指导工作，凝聚人心、凝聚力量，团结一切可以团结的力量，形成推动发展的强大合力。

要"深学细悟"领会全会精神，吹响"新征程新奋斗"号角。全会全面总结了"十三五"期间历史性发展成就擘画"十四五"发展宏伟蓝图。各级各地要提高学习宣传贯彻落实全会精神的政治自觉和行动自觉，把学习贯彻全会精神作为当前和今后一个时期的重要政治任务抓好抓实。要将学习全会精神作为党的理论武装工作的重点任务，加强组织党员重点学习 "三会一课"重要学习内容，作为党支部书记更要以身作则，以上率下，带头学习领会全会精神，持续在学深悟透、融会贯通上下功夫，为广大党员干部群众做好示范表率，不断把学习贯彻全会精神引向深入。

要"练好本领"推动高质量发展，迈出"新征程、新奋斗"步伐深入贯彻落实全会精神，要重点把握规划《中共中央关于制定国民经济和社会发展第十四个五年规划和2035年远景目标的建议》的3个"新"，即把握新发展阶段，贯彻新发展理念，构建新发展格局。各级各地要结合实际，锁定目标，明确任务找准定位，准确把握工作的努力方向和着力点，不断提高贯彻新发展理念、构建新发展格局的能力本领，谋划好贯彻落实的思路举措，切实把学习贯彻全会精神与完成今年工作、谋划今后工作结合起来、统筹推进，不断推动各项工作高质量发展。

要"集中精力"做好自己的事情，谱写"新征程、新奋斗"战绩。时代是出卷人，新时代建设者是答卷人，人民是阅卷人。当前，中国已进入高质量发展阶段，广大党员干部必须深刻认识新情况、新矛盾、新挑战，坚决扛起推动高质量发展时代重任。准确识变、科学应变、主动求变，善于在危机中育先机、于变局中开新局。坚持做好自己的事情，敢于并善于应对各种风险、压力和挑战，切实将新发展理念贯彻到社会主义现代化建设全过程，努力创造经得起历史、实践和人民检验的工作实绩，继续谱写推进社会主义现代化建设的壮丽篇章。

征程万里风正劲，重任千钧再奋蹄。没有任何困难能阻挡奋斗的步伐，把宏伟蓝图变为现实，更有信心、更有底气、更有本领，以新发展、新作为、新跨越迎接新未来，战胜新挑战，夺取新胜利。

全会精神博大精深，学习永无止境，要坚持学习永远在路上，用学习力提升理解力、执行力、操作力，在构建新发展格局中体现担当作为。

习近平总书记指出："不忘初心、牢记使命，不是一阵子的事，而是一辈子的事。"肖云鹏不论是作为一名党员，还是劳动模范，他一直都严于律己，恪尽职守，切实发挥着先锋模范带头作用。他也得到了区领导的一致好评，在业内外享有良好的个人影响力及号召力，成为所有人学习的标杆。

俗话说：荣誉只代表过去，只有将过去的荣誉看成一杯已经倒掉的水，那么才有足够的地方装进新的成功、新的荣誉。今后，肖云鹏将继续在自己的岗位上更加努力工作，为实现伟大复兴的中国梦贡献自己的力量！

天津市劳动模范 杨秋静

奔跑在乡村振兴的大道上

　　杨秋静，女，中共党员，1988年10月5日出生，天津市首批农村专职党务工作者，2020年全国"青马工程"学员，现任宝坻区方家庄镇副镇长。杨秋静先后获得天津市"三八红旗手""天津最美抗疫人物"之"最美奉献者""天津好人"，宝坻区"优秀共产党员""天津市抗击新冠肺炎疫情劳动模范""天津市青年创优能手"、天津市"五一劳动奖章"等荣誉。

　　杨秋静是天津市2018年面向全国招录的首批农村专职党务工作者，这是贯彻落实习近平新时代中国特色社会主义思想和党的十九大精神、推进乡村振兴的一项创举，也是给广大青年党员搭建的一个难得的奋斗舞台。

　　杨秋静能吃苦，爱创新，很快在同一批招录者中脱颖而出。在2019年1月全市基层党建述职评议会上，面对天津市委领导的当场提问，她毫不胆怯，尽管到村任职仅仅百天，她一口气就报出了 7 户村民的详细家庭情况，"一口清"让数百人的会场响起热烈的掌声。对于她和一批优秀农村专职党务工作者带给村庄的新变化，市委领导十分欣慰：这支队伍有希望！

杨秋静因在宝坻区方家庄镇张会庄村任职时表现突出，后被调至曾经是先进、有待光环重现的小杜庄村任职，在天津市首批 1019 名专职党务工作者中，第一个成长为村书记、村主任"一肩挑"的当家人。作为一名"非典型"的基层干部，从进村报到时被村民拦下来，到第一次党员大会后哭着离开村子，杨秋静的履职之路磕磕绊绊，可她用自己的真心真情付出赢得了群众认可，成了村里人有口皆碑的小杨书记，这样一位三十出头的"外来妹"，是如何融入村子、融入村民，进而在乡村振兴路上领跑的呢？

外来的和尚能否念好经

杨秋静是河北黄骅市人，2016 年嫁到了天津宝坻。她到宝坻区农村任职是组织部门"跳出本村选干部"的结果。她刚走进宝坻区方家庄镇张会庄村时，有村民犯嘀咕："一个没在农村待过的大学生，能干啥啊？"面对质疑，杨秋静总是笑笑："日子长了您就知道了，需要帮忙您就来大队部找我！"

2018 年 10 月底，方家庄镇"煤改燃"工作进入攻坚阶段，经过四周"5＋2"的连轴抢工，杨秋静任职的张会庄村具备通气条件的家庭已经达到 95%。但没有燃气卡就用不上气、取不上暖。由于燃气卡办理网点少，流动性大，村民只能追着办卡人员跑。"初生牛犊不怕虎"的杨秋静思来想去，鼓起勇气去找领导，问能不能由自己为本村的居民办理燃气卡。得到允许后，杨秋静背着笔记本电脑追了三个村，终于追到了燃气公司的技术人员，装了专业系统、学了开户流程。半小时后，又急匆匆地带着空磁卡、空白合同和读卡设备骑着电动车回到村里。回忆起那一刻的心境，杨秋静还是难掩兴奋："一路上很冷，但我心里很开心，以后我们的老百姓就不用在这么冷的天、骑这么远的电动车去排队办卡了。"

接下来的五天里，杨秋静成了一个"非专业"的办卡人员。电脑是自备的，打印机是外借的，业务是现学的。但村民们却十分捧场，大家挤破门槛来办卡，场面十分热闹。一些年轻人还张罗着帮老人写合同。大爷们在等待过程中点上烟聊天："这丫头，干的'党务工作者'，是来咱们村指导党建的吧？咋还管开燃气卡？""你不知道吗？党政军民学，党领导一切，啥都得管！"那天回家的路上，杨秋静第一次体会到了农村专职党务工作者这个岗位的价值，满头满身的烟草味儿散发着乡土的朴素和真实，裹挟着奉献的幸福和感动，成了她一段特别难忘的记忆。杨秋静在日记里写了这么一句话："泡在'烟雾缭绕'中开卡的一天，大爷说党政军民学，党是领导一切的。我这个小小的党员啊，更希望能做到，村内大小事，我是服务一切的。"

从那以后，村里就成了杨秋静的第二个家。要干好村里事，首先要当好村里人，不仅要让村民了解自己，也要用心去了解村民。于是，到村工作后，入户走访成了她每天必干的事。杨秋静兜里总会揣满"有困难找小杨，小杨全力帮您忙"连心卡，陪着她的，是一辆风雨无阻的电瓶车和一本记录村情民情的笔记本。一来二去，她摸清了全村每个家庭的情况，听惯了大爷带着烟味儿的老故事，和常在大街上玩耍的小娃娃混熟了，民情日记也翻得褪了色、卷了边，记得满满当当。每天风尘仆仆，洗净了"书生气"，换上了"乡土气"，她和村民的感情也越来越浓，在村民中的称谓也从"大学生"变成了亲切的"小杨"。"这闺女是个实在人，不怕苦、不怕累，有点儿共产党员的劲头。"张会庄村的老党员这样评价杨秋静。

三十岁女书记如何站住脚

时针走到2019年5月，在镇党委的信任和支持下，杨秋静被派往小杜庄村担任党支部副书记，暂时主持村内全面事务。一系列问题有待她去破解。小杜庄一共135户、370人，居住比较集中。村子虽小，但最突出的问题是村里不团结。老书记杨树员办事公允，无私奉献，他在任时，村里人都服

用红色油漆为褪色村标上色

他，人心齐，事好办。2016 年底他患病去世，小杜庄一时没了主心骨，党员群众在缅怀老书记的同时，矛盾也在积攒，中心工作推进缓慢，村民之间的心理裂痕越来越大，一个先进村就这样走到了后进村的边缘。

"当初她来的时候，我就等着看她笑话呢。"小杜庄村党支部委员苗青对杨秋静的到来并不看好，"她一来，我就跟她透过底——我们村开个会都难"。之前，村集体有一块土地要重新发包，村委会曾在一周内三次召集村民代表开会，可来的人太少，达不到法定人数，没一次开得起来。

果不其然，报到后的第五天，第一次操持全村党员大会推荐入党积极分子，杨秋静就碰了钉子。

此前，小杜庄在推荐入党积极分子过程中，流程不规范，并没有产生有效票数的人选。问题反映到镇党委，需要重新推选。但是一些党员不认可，还提出了党员大会出席率低，有些人平时不来开会，一到选举就来了。有的党员情绪激动，推门就要走。

突如其来的场面让杨秋静心下一慌，她知道，一些党员的情绪其实是针对之前党支部工作中的不规范之处，而这次会议正是纠正错误的机会。她一个一个地回应党员提出的问题，温和又掷地有声地说："今天咱们就是一起努力，把正规流程走一遍。党员参会率不高的问题，今后我们也加强管理，还有什么问题，请大家积极地向党支部反映。"她把要走的党员劝了回来，把议程进行完，推选出了有效票数的入党积极分子。会后，一位老党员跟杨秋静说："今天这个会能开下来，你已经赢得了党员一半的心，剩下一半，你还得努力。"

开完这场会，已经到了晚上九点。杨秋静的爱人来接她回家，车子拐出村口她就大哭起来。杨秋静回忆当时的心情时说："当时那种感觉是压力也是委屈，但还是觉得自己也挺棒的，最起码我没有冲着大伙儿哭。"她真切地感觉到自己身份的转变，当"小杨"后面加了个"书记"，压力也不一样了。

接下来，杨秋静走访村里的老干部、老党员，了解村里的情况，得知近两年来，村里的党建工作的确有所松懈，干部队伍心不齐，连值班出勤都成问题，这也让村民颇有微词。作为全村 22 个党员里年龄最小、资历最浅的，她又该如何改变这种局面呢？她先从抓出勤入手。她要求村"两委"干部每周值班三天，必须准时到岗，其中周三全体出勤，以便共同商议村务。但一开始大家并没有太当回事，还是有迟到、早退现象，杨秋静就找人做了一个村干部去向牌，放在村委会值班室外面，谁来、谁没来一目了然，让村民监督着，村干部的责任感也被激发出来了。

"村干部的办事效率真是太高了。"村民于桂茹喜不自禁地说。2019年6月底，眼看女儿婚期快到了，家里要办喜事，可门口坑洼不平的路让她和老伴儿看在眼里、急在心头。于是，她在周三集中办公日这天来到了村委会，跟村干部杨超说出了自己的苦恼，让她没想到的是，自己当天就得到了答复，转天一早，村委会就安排了工人到她家门口平整路面。

杨秋静把自己排进值班表的每一天，每天第一个到，最晚一个走；她带着干部给活动室做大扫除，开放给村民使用；夏天树上长了毛毛虫，杨秋静骑着三轮车驮着药水，带着大伙儿喷药灭虫。一点一滴的工作，老百姓都看在眼里。村党支部委员苗青回忆起有一天晚上，他吃完饭了出来遛弯，发现杨秋静还在一户村民家里，那户是困难户，杨秋静自己掏钱买了点生活用品送去。"通过她做事，我感觉她对我们村挺负责任的。"

逐渐地，小杜庄的干部越来越信服杨秋静，在她的带动下，大家重拾对村集体、对村民的责任感，把村里的事儿当作自家的事儿来忙。2019年秋天，小杜庄需要添置一台电视机，苗青二话没说就从家里拿出一万块钱先垫付上。村班子团结了，大家开始拧成一股绳，为父老乡亲服务。

先理旧账还是先烧"三把火"

杨秋静和村民相处时有个小习惯：不论酷暑还是严冬，每天上班时，车只要开到村口，她都会习惯性地摇下车窗，放慢车速，跟路两边的村民打招呼，一口一个"大娘""伯伯"，一路开一路招呼，200米的路她能开上3分钟。和村民熟络只是第一步，"让党旗在服务群众一线高高飘扬"才是杨秋静的愿望。作为这支队伍的"首发"队员，选择了经风雨、见世面、受考验，也选择了在担当中历练，在尽责中成长。虽然年轻，但杨秋静没有急着"标新立异"，而是扎扎实实走访入户，收集村民们亟须解决的问题。

走访一圈下来，村民的诉求集中在同一件事上：修缮村辅道。原来村里实施自来水管道入户工程时，村干部监督不到位，工程队野蛮施工，对路面破坏严重，突然变更方案，需要破更多的路面，增加了部分村民的自费费用。村民看着家门口好好的路变得高低不平，满是"窟窿"，纷纷抱怨村干部不管事，有村民还到镇上去要说法。

一上任就接到了一个烫手山芋！面对村民的指责，杨秋静没有急着撇清自己的责任，而是想着一定要把这个遗留问题处理好。"路不平，人心就难齐。"经过了解，施工方案是从技术和成本角度考虑最优的方案，杨秋静就到受影响的村民家里去解释。起初，村民并不满意，还提出了施工中的一些细节问题。

"这次咱们一块儿商量，定规矩，一定把路高标准修好，让大伙儿满意。"村民代表大会上，时任村党支部副书记、主持村内全面工作的杨秋静斩钉截铁地说。施工中杨秋静带领村干部在施工现场当起了监工，有问题就去请教村里干过建筑的老同志，边学边看，随时协调解决村民提出的问题，又通过镇里协调工程部，调整了回填修复方案，最大可能地恢复了村里的路面。

"路必须修好，不能让老百姓寒心。你们做得不好，要么返工，要么换人。"面对工程队负责人，杨秋静振振有词。她说，维护老百姓的利益就是她最大的底气。"这回路修得有条不紊、按部就班，速度还快，这活儿干得地道。"村民们连连点赞。短短一个月，家家门口的路平了，村民心里也敞亮了起来。在盛夏天气里，村干部天天扎在工地上，大家对干部的看法有了转变，尤其对新来的杨秋静刮目相看。

有了这次施工的经验，杨秋静成了半个修路的专家。到了接下来的污水管网入户工程，她吸取了上次的教训，从方案设计之初就介入，跟工程负责人走遍每条街，根据具体情况设计方案，把图纸和施工标准拿到村民代表大会和党员大会上汇报。村民全程知情、参与、监督，污水管网施工顺利得多。两大工程完工，小杜庄基础设施完备了，杨秋静在村民中的威望也立住了。

老人叫她小杨，孩子叫她姑姑

"咱们根本想不到的事儿，杨书记就给咱们搁心上，可以解决的都解决了，就跟做自己的事一样。"说这话的是杨树仿，他家是困难户，家里就他一个劳动力。有一年秋天，杨树仿收成了一千多斤白薯，但是他忙着在施工队打工，没有时间拉出去卖，杨秋静看到他地里堆的白薯就找上门来，把卖白薯的事揽下来，通过朋友圈用不到一天时间就把这些白薯都卖出去了。杨秋静对杨树仿上学的女儿杨曈也是关爱有加，不仅辅导她写作业，还带着她做课外活动。杨秋静组织村里的学童们练习快板、朗诵，还办起了童声广播站，孩子们放学后都爱围着杨秋静，喊她"姑姑"。

为村内孩子开展周末课堂

像许多农村一样，"空心化"现象也是小杜庄村的缩影，年轻人外出打工，老人、妇女、儿童成了村里的真正"主人"，寂静的村庄，冷清成为常态。

"人气"怎样热起来？"心气"怎样聚起来？

小杜庄有一个老年人日间照料中心，村民管它叫"幸福大院"，是原来的村党委书记杨树员操持建起来的，不仅为老年人提供休闲活动的场所，还免费供应午餐。杨树员书

宣布村庄趣味运动会规则

记是村民爱戴的好书记，2016年病故时他年仅48岁。在建"幸福大院"时，他已经发病，但拔了针还要去工地监工，可以说，"幸福大院"凝结着杨树员书记的心血。但是近年，"幸福大院"饭菜的质量有所下降，也没有什么娱乐设施，老人们都不爱去了，往往把饭带回去吃，吃得也不顺口。

杨秋静想，不能让"幸福大院"荒废了，要真正发挥"幸福大院"的作用。她一方面抓饭菜质量，保证天天有荤有素、饭菜不重样，另一方面添置娱乐健身设备，包括卡拉OK点唱机、棋牌桌等。她还想出一个办法，印了一个"幸福

指数表"统计出勤，老年人只要每个月天天到"幸福大院"来就餐，月底就可以得到一个小礼物。她这样做，就是为了让老年人走出家门，多活动、多交流、多娱乐，真正做到老有所乐。

为了让资源活起来、阵地火起来，杨秋静没少花心思。端午节前，"两委"会上，杨秋静提出为老人们包粽子，却遭遇"三连问"：

"你会包吗？"

"谁给你包？"

"哪儿来志愿者？"

村干部认为"让人白帮忙，啥事儿都得黄"。杨秋静坚持试，自费买来食材，节前一天打开大喇叭，喊话"大婶大妈"，请大家晚上七点来帮忙包粽子。

没承想，晚上七点不到，村民陆陆续续到了20多位。

"谁为庄里干事，大伙儿就支持谁。"粽子送出去，群众的话久久回响。杨秋静看到了群众的力量，把群众发动起来、组织起来，得释放多大力量？

杨秋静尝到了甜头，开干！将党群服务中心14间屋全开放。紧接着，屋前广场放音箱，晚上亮起灯，广场跳起舞。村民活动也上了墙，一位老人去参观，冷不丁瞧到自己："这不是我在门口扫地吗？啥时给照的？"老人脸上乐开了花。

杨秋静还打起"非遗"主意。

有一年年底，小杜庄评出45个"先进文明户""好婆婆""好儿媳"和"小杜之星"。这天，街上锣鼓喧天，村民张树起推门一瞧，嚯，大鼓队冲自家门敲呢。门旁，村干部在钉光荣牌，小锤锤得人心喜。四邻八舍瞅这阵仗，人人竖起大拇指："你家行，门口有这么多'星星'。"

老张家获得"先进文明户""好儿媳""小杜之星"三项荣誉。"得了'好儿媳'，鼓不仅在婆家敲，还敲到儿媳的娘家。"张树起说。杨秋静靠前行动，小杜庄成为宝坻区非物质文化遗产鼓谱"大河西"的保护单位，敲鼓的是"非遗"鼓手。"这是最高礼遇，也是最好的传承。好儿媳来自十里八乡，鼓就敲到十里八乡，好风气也带到十里八乡。"

文明与礼遇相连，便在庄里扎下根。今年，村民都盼着自家院墙"披星星"，连邻里拌嘴的都少了："可不敢呢，一人管不住嘴，全家没'星光'。"

小杜庄村升腾起"抱团"的烟火，让这里发生了"从一人干'两委'看，'两委'干群众看，到全庄人抢着干"的巨大变化。

杨秋静组织村里的志愿者在端午节包粽子、腊八节泡腊八醋，送给老年人；重阳节不仅办了一场联欢会，还办了一场集体金婚典礼，为15对老夫妇戴上了大红绸缎花。她还领着大伙儿紧锣密鼓地干了几项大事，修整了村中心广场，修建了文化长廊和小亭子，美化了墙面，设置了休闲长椅、石凳，她甚至想到在石凳上装上皮垫子，坐在上面暖暖和和。村民乐享其中，村头村尾都是一幅幅和美的画面。

杨秋静用不到半年时间赢得了全村人的拥护，2019年9月，她被任命为小杜庄村党支部书记，10月，又当选为村委会主任，一肩挑的重任压在她身上，用她自己的话说就是："我和小杜庄的命运绑在了一起。"

小年民星同乐会调整音乐

续接精神，努力奔跑

党建是驱动发展的"红色引擎"。小杜庄村的党群服务中心占地400平方米，当时是老书记杨树员建的，杨秋静来了之后将中心重新粉刷了一下，简单装修后划分功能区：综合服务站、党员活动室、图书室、警务室等。党员活动室的布置有个杨秋静的小巧思——每个座位前面有一个党员的席卡。秋静说："一开始党员开会或者集体学习时，总有几个人爱迟到或者缺席，为了调动大家积极性，我给每个党员做了一张席卡，增强他们的身份感和荣誉感。以后开会谁的位置空着，一望而知，后进的党员面子上过不去，自然而然做到了按时到会，实在来不了也能按规矩请假了。"

榜样的力量是无穷的。小杜庄村已故的老书记杨树员同志是全市典型。为确保榜样的精神不丢，杨秋静和村"两委"以"不忘初心，唯独忘我"为主题设计打造了"初心屋"，将杨树员同志生前工作地布置成党员教育阵地，用一幅幅图片、一段段视频、一件件实物、一句句话语，再现了杨树员同志生前为村庄谋发展、为村民谋福祉的生动场景，全方位、立体化展现了老书记杨树员心系群众、无私奉献的为民情怀。布展以来，先后接待9000余人次党员干部参观学习。"现在进行党员参观活动或红色主题活动，大家都会来'初心屋'。"杨秋静将杨树员书记心系群众、服务人民、无私奉献的情怀讲给了更多人，用实际行动传承了榜样精神，也打响了小杜庄村党建品牌，让全村党员干部收获了一份荣誉感、自豪感。

从农村专职党务工作者到村党支部书记、村委会主任"一肩挑"，虽然职务上发生了变化，但在杨秋静心中，始终不变的是作为一名党员的责任和担当。在各项工作上，她始终坚持大胆创新，用新招法、新思路引领带动村庄各项事业发展。她借助"微型党课"学习载体，形成党支部党员轮流讲、心得共分享的学习新风尚，创新了基层党建工作新模式；她依托老书记杨树员的先进事迹，用心设计展览和村庄学习参观路线，把小杜庄打造成了全区主题教育宣教阵地；她积极争取各方支持，打造正能量文化街和3D"网红"墙，培育优良村风的同时，探索村庄旅游发展路径；她探索建立"小传习员"队伍，利用宣读"平语近人"的童声广播找到了党的声音农村传播的新切入点……

有人形容杨秋静的工作状态像"打了鸡血"，她却说这只是自己对抗压力的方式。"这种压力在我身上表现最明显的，就是停不下来，现在如果停下来会觉得特别慌，感觉心里没底，但只要干着就是很满足，越干越有劲。"压力转成了动力，杨秋静的干劲更足了。在她的笔记本中，有来自焦裕禄的一段话："要像泡桐那样，抓紧时间，迅速成长，尽快为人民贡献出自己的力量。"为了入户沟通大棚承包事宜，杨秋静在夜幕下奔走；为了提升村庄卫生状况，她顶着大太阳走遍每条街道，记录问题、帮助清理，用行动带动党员抓好各责任区卫生；为了消除误会，她主动找到党员大会上当众"批评"自己的老党员张树旺，在虚心请教中促进工作、学习经验。只要有村民反映情况，无论是手机丢失、家庭纠纷、电器故障这样的琐事，还是占地补贴、施工受阻、建设细节方面的难事，杨秋静都是一句话："走，去看看！"这一"走"，就走到了村民们的心里。

闲不下来的杨秋静带着村干部组织了村民趣味运动会，星级文明户、"小杜之星""好婆婆好儿媳"评选。这一忙忙到了农历春节前，她又操持起了村民同乐会，从搭建舞台、租用设备到十几个节目的编排，都由村"两委"的7名干部负责。加上年底前要完成的村务工作，杨秋静每天都要工作到深夜。

临近春节的一天，杨秋静又工作到很晚，她的母亲打来了视频电话，发现她还在办公室，说了句"你忙吧"就挂断了电话。虽然河北黄骅离天津很近，但自从来天津当了农村专职党务工作者，杨秋静就很少回去过。到了小杜庄以来，她休息的日子用手都能够数出来。这个年杨秋静还是不回老家，她的母亲就寄了一些家乡的美食来，让她踏踏实实地忙小杜庄的年。

农历小年那天，"幸福大院"给全村的老年人准备了一顿丰盛的午餐，村"两委"干部自掏腰包，准备了水果、食材，亲手炒了拿手菜，村里的志愿者送来了铁锅炖大鹅、炖鸡、红烧排骨，提前给老年人拜年。午饭过后，全村老少聚到了广场上，小杜庄村同乐会的演出开始了。孩子们的竹板、大姨的歌舞、大爷的京东大鼓，这些都是村民自己表演的节目，唱的、说的也都是小杜庄的生活。

重阳金婚庆典彩排花絮

在全村大合影后，小杜庄同乐会落下帷幕，杨秋静被孩子们拉着上台合影，把己亥年的幸福笑脸定格在了党群服务中心的广场上。

疫情"试金石"，演出"真成色"

2020 年 1 月 24 日，农历除夕，在村里值班的杨秋静接到通知，要求立即开展新冠肺炎防控工作，尽可能减少人员流动。当天下午，杨秋静就和村"两委"干部用走村不入户的方式，宣传疫情防控知识。过年期间让村里人不串门、不聚集很难，她找来一个随身小音箱带在身上，一条街一条街地走，边走边劝说扎堆的人回家。

小杜庄村的大部分人都姓杨。每年春节是村里最热闹的时候，走亲访友是传统，虽然防疫宣传已经通知到每家每户，但在村民心中，疫情是个遥远的事。

"宝坻人讲究老例儿，一家人出来拜年，我上前拦人家，人家逗我说，小书记，天津市区都没多少病例，更别说宝坻区了。大年初一不让拜年，这年过得有啥意思？就这么说着我们，我们还得劝。"杨秋静说。

村民们躲着村支书和村委，绕路串门。杨秋静就带着村干部在村路上反复巡逻。一户居民刚出门准备拜年，看见杨秋静就一路小跑奔进了亲戚家门，本来觉得万事大吉，可回头一看，出乎他意料的一幕出现了。

"当时想赶快进人家屋里把门关上，跟书记别见面就行了。我一看，书记怎么追进屋来了？她进屋就讲不让聚集的要求，大家只能散了，其实当时我们有点不理解。"村民小杨回忆道。

在杨秋静的坚持下，村民们回到家中，本以为过几天就能聚餐。然而，疫情的发展出乎所有人的预料。

1 月 31 日，宝坻区确诊首例新冠肺炎病例。随后，又有多名患者相继确诊。专家判断，这已经构成源于宝坻百货大楼的聚集性传播疫情。宝坻区迅速行动，在全区范围内排查与百货大楼有关的人员。

经过多轮走访和技术手段排查，小杜庄村确定有 15 名村民在年前到过宝坻百货大楼购物，又有 36 名村民和这 15 人有密切接触。小杜庄村是一个只有 370 人的小村，村里有超过七分之一的人员存在感染风险，村民们慌了神，翻箱倒柜也找不到几个口罩，网上的口罩也断了货。

　　杨秋静将一切看在眼里，急在心里，她在向区镇请求防疫物资支持的同时，找遍所有的朋友，和两位村干部垫钱，请人用无人机给全村喷洒消毒剂，给村民买口罩、消毒片，村民看到村干部一天到晚地忙碌，也纷纷捐款，包括上小学的孩子都捐出压岁钱，这些钱又用来购买防疫物资。

　　"疫情来了，口罩没准备，也没处买去。村里心慌的人不少。后来，小书记给发口罩，还有消毒片。当时还有无人机消毒，大伙儿说在家待着也安心了。"小杜庄村村民张树起说。

　　村民的心稳当了。但很少有人知道，这笔为村庄消毒、防疫的5000多元费用，是由杨秋静和两名村委垫付的。其中，杨秋静最先垫的3000多块钱，是公婆给她的"过年钱"。

　　按照防控统一要求，小杜庄要采取封闭式管理，杨秋静自己上手捆绑铁丝，在村子主路口设卡。她提出晚上必须有村干部在村口值守，第一个夜班就由她自己来上。当时还没有活动房子，值班就在露天，时值隆冬，在外面站一会儿，呼出的气就在眼睫毛上结成了冰晶。杨秋静把车开来，让志愿者轮流在车里暖和一会儿。

　　"你们守好小家，剩下的交给我。"这是防疫工作开展之初，杨秋静对全体村民的承诺。杨秋静的家在宝坻城区，小杜庄村距离宝坻城区的车程不足30分钟，但疫情发生以来，杨秋静连续26天没回家。那年的春天来得似乎特别晚，连降三场大雪，卡口的临时活动板房成了大家的阵地，饿了就吃泡面，冷了就缩一缩，杨秋静一住就是一个多月。她的丈夫是社区工作者，整天忙碌在防疫一线，三岁的女儿就交给婆婆一个人带。想孩子的时候，杨秋静就通过视频通话，和女儿见一面。当疫情稳定，她终于能回趟家的时候，小区出入证已经过期了，门口值岗的志愿者一度怀疑她是从外地返回的，不让她进门。对此，杨秋静没有怨言："我在这守着的是我们村的老人，因为很多在外工作的人回不来，他们把老人，把这个家交给我来守护。同样的，我回到小区看到有志愿者值岗，我也是放心的，我的家人也有人守。"

　　在这两个月里，村干部、党员、村民代表、退役军人和志愿者五支队伍实现群防群治，宣传、劝导、消毒、登记、巡逻各负其责，盘活了全村的防疫工作链。杨秋静组织党员干部成立了便民小组，承担了这些隔离观察村民的食品、日用品的采买，将一袋袋的米面蔬菜送到家门口。因为村里没有超市、菜店，全村各家的采买工作便由便民小组全承担下来了。为了便于统计村民的采购需求，杨秋静想出了用手机问卷小程序的办法，村民提交所需物资，便民小组就会通过后台统计的表格，进行集中采购。从滴眼液、羊肉片、纸尿布到复合肥，村民的需求五花八门，便民小组"照单全收"，为此要跑好几个地方才能采买齐。超市老板嫌杨秋静清单上的物品琐碎、烦琐，总打趣她："这书记，干着干着干成勤务员了，啥要求都满足。"杨秋静却笑着说："村书记不就是老百姓的勤务员吗？既然做便民，就不能怕老百姓'占便宜'，只有让大伙在家'宅'得舒服，这疫情才能早点过去。"一位村民大爷患有糖尿病，急需胰岛素，而镇上药店没有卖的，杨秋静去宝坻城区跑了多家医院、药店，终于为大爷买到6支胰岛素。

按照宝坻区疫情防控指挥部的要求，小杜庄村与宝坻百货大楼相关的密切接触者都采取居家隔离观察措施，每天监测体温。

2月7日凌晨1点，杨秋静的电话铃声响起，看到是一名隔离观察村民打来的电话，她立刻从床上起来。经询问得知，这名50多岁的村民肠胃难受，已疼得满身是汗，希望到镇里找医生就诊。随即，杨秋静和镇、区疫情防控指挥部沟通，决定派救护车去村里接患者到宝坻城区的医院诊断。

当120救护车赶来时，杨秋静的电话铃声再次响起。这名村民表示，自己好些了，不想去城区的医院。

"看叫的是宝坻城区的救护车，我就不愿意了，万一把病毒带进家来咋办？"事后，这名村民的妻子道出其中的原因。

救护车已经开到了村民家门口，杨秋静理解这家人的顾虑。但作为隔离观察人员，他身体状况的每一个细节都值得警惕。医疗急救人员和杨秋静说："病人去医院还是不去，这事你得拿个主意。"

一面是村民的恐惧，一面是潜在的疫情风险。救护车闪烁的红色和蓝色灯光照在杨秋静的脸上，现场的医务人员在等她的消息，区防疫指挥部在等她的消息，300多人的小杜庄村在等她做决定。

杨秋静抿了抿嘴，拨通了电话，耐心对患者做工作。"咱们应该去，我怕的是今天你可以扛过去，明天再有更重的症状。你不是医生，我也不是医生。万一出事，咱们怎么扛？真有问题，咱们去没错，如果没有问题，咱们去了更安心。"杨秋静说。

凌晨两点多，救护车最终载着患者驶向了医院。随后，好消息传来，送诊的村民只是普通肠胃疾病。杨秋静松了一口气，为了全村人的健康安全，她认为自己的决定是正确的。

直到春节结束，接触过宝坻百货大楼的村民相继平安渡过了隔离观察期，村子里少有人走动，日常的采买工作由村"两委"班子代办，孩子们通过网络学习，村民的复工复产复耕有序准备着。

经过这场疫情，村民回馈的是越来越多的理解、支持和越来越凝聚的全村抗"疫"之心。有太多时刻让人动容，大雪天志愿者抢着上卡口值岗；80多岁的老人给卡口送来一兜热乎乎的茶叶蛋，说自己"看你们实在辛苦，不知道该咋疼你们"；党员们送上捐款，却不愿拍照留影，摆摆手就离开；为隔离户充燃气，发现隔门拿到的磁卡已被酒精细心消毒；给低保户的女儿送去生字本和练习册，在电话里听到那句哽咽的"谢谢姑姑"……回想起那段艰难的历程，杨秋静说："我不后悔在那样的时刻，成为一个不靠谱的妻子，一个有点狠心的妈妈和一个不恋家的女儿。作为一名新天津人，有幸以"战士"的姿态站到第一线，感受真正的天津频率、天津力量，我无悔入津门！"

打算给村里留下些什么？

在党史学习教育动员大会上，习近平总书记饱含深情地讲道："江山就是人民，人民就是江山。"杨秋静对这句话感触很深："只有我们围着群众转，群众才能围着党组织转。"这是她经常挂在嘴边的一句话。从上任之初被拦在村口的"异乡人"，到村民交口称赞的"家里人"，称呼转变的背后所汇聚的是杨静秋的真情、真心、真作为：她将自己化身"流动办卡点"，用六天的时间完成既定三个月的"燃改煤"办卡工作；多番联系沟通施工单位，解决了困扰村民许久的道路不平问题，将"惠民工程""民心路"真正做到百姓群众的心坎里；建设高龄老人日间照料中心，开设"大手拉小手"乡村课堂，举办"金婚庆典""行为银行"等推进乡村文明建设……"十四五"规划提出，要做好脱贫攻坚和乡村振兴有效衔接，已经调任新岗位的杨秋静对小杜庄村的发展前景依然充满信心。

如今，经过"绣花功夫"的认真打造，这个四面环水、房屋整齐、街道有序的小村子，环境越来越好，还有成片的杨树林、30 亩的共享菜园和闲置的农房，让这种独特优势变成真金白银是杨秋静的心愿。她的心中早有规划：小杜庄村集体经济的短板一定要补齐，闲置的农房一间一个月才租 300 块钱，若是包装成养老项目，对接天津、北京的老年人，效益会非常可观；村里的共享菜园、树林还能供城里的儿童体验…… 凭借"一核多元、合作共治"村级依法治理体系，拓展田地认领、创意孵化等农旅产业发展；常态化的党建志愿服务，实现了庄稼地变共享菜园、杂物间变红色教育"初心屋"、传统节假日变节会活动日、普通砖瓦墙变文化"向心街"的乡村"四变"，成为有特色、有档次、能示范引领的精品村。种下梧桐树，引来金凤凰，把村子的和谐美好变成生产力，一定能走出一条农旅融合的乡村振兴新路。

从"外来妹"到"家里人"，与小杜庄村同行的这段日子里，杨秋静在村里留下了许多：划分了党员网格分区、建立了集中办事制度、拉起了志愿服务队伍、探索了共享盈利模式、提升了"一老一小"服务，捧回了"全国文明村镇"荣誉……人在事上磨，情在事上显。"农村工作的每个日夜带给我无数的挑战和成长，更将老百姓的喜怒哀乐刻进了我的血肉，老百姓的幸福就是党的事业。为群众办实事、办成事、办好事是我最大的工作目标。"杨秋静在思考，也充满了信心："对我个人来说，可能会有新的'超纲题''拔高题'的出现，但我们青年一代生逢其时，就要把小我融入大我，同群众想在一起、干在一起、苦在一起、乐在一起，以恒心守初心，用甘于奉献的精神、立说立行的行动、善作善成的底气，来丰富共产党员的青春答卷！"

天津市劳动模范 杨树功

"神奇"老杨 战"疫"英雄

  杨树功，男，1971年2月出生，中共党员，宝坻区海滨街道西环路网格网格长、街道经济发展服务中心党支部书记、望都楼居委会临时负责人，2020年10月，因在抗击新冠肺炎疫情中事迹突出，被评选为抗击新冠肺炎疫情天津市劳动模范。

  一个平常老成持重、默默无闻的基层工作者，在抗击新冠肺炎疫情宝坻"保卫战"中"一战成名"，津云新闻、北方网、学习强国天津学习平台等融媒体相继报道了他的抗"疫"事迹，称他为"神奇"老杨，他所负责的望都楼社区居民称赞他为"抗疫英雄"，他就是时年已50岁的杨树功。

临危受命 逆疫前行

　　"不以事艰而不为，不以任重而畏缩"。2020年农历春节，宝坻人民正沉浸在欢乐幸福之中时，新冠肺炎疫情袭来，宝坻百货大楼突然爆发聚集性疫情，与百货大楼近在咫尺的宝坻区望都楼社区居民的生命健康受到极大的威胁。望都楼社区居委会管辖着8个小区，其中4个是老旧小区，3个是还迁小区，1个是8个城中村拆迁后的还迁小区，总人口5000多人，当时的居委会主任正在家中养病，不能上岗工作。在这事关群众安危的关键时刻，谁能担当起居委会负责人的重任？街道党工委紧急会议一致推选杨树功，但主要领导考虑他患有几种慢性病，年龄又偏大，怕他不愿承担。当街道党工委书记找到杨树功说明来意后，他只说了一句："我是党员，我来担，请领导放心！"之后，杨树功连家都没有回，连平时常用的药也没有准备就立即赶到社区召开社区全体工作人员会议，按照区新冠肺炎防控工作指挥部统一部署和街道党工委的安排，研究制定防控措施，明确人员分工，紧急筹措物资，建围挡、设卡口，从实施严密管控开始，在全街道各社区率先打响了新冠肺炎疫情防控"阻击战"，义无反顾地投入到了保卫社区居民群众生命健康安全的奋斗之旅中。

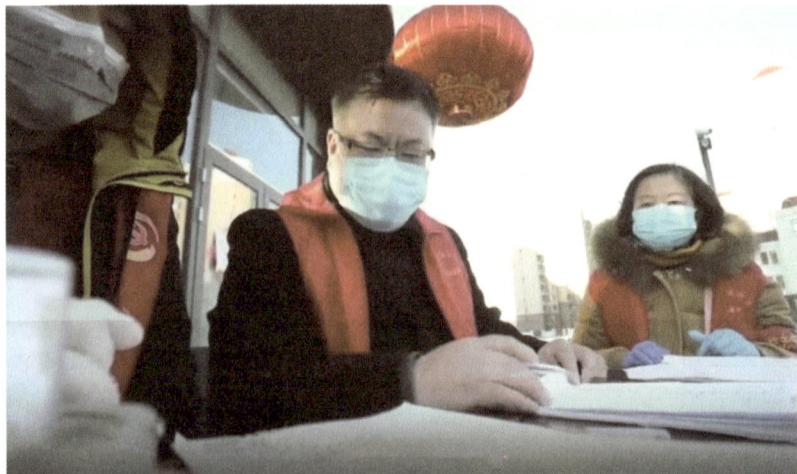

防疫卡口检查登记

冲锋在前，聚力抗疫

"越是艰险越向前"。杨树功是一名老党员，有着所有共产党员的先锋精神。望都楼社区是海滨街道居民小区最分散、老旧小区最多的社区，居住人口多、外来人员多，而且离宝坻百货大楼最近，疫情复杂。社区居委会只有6名工作人员，人手少，防控任务十分艰巨，居委会干部焦急万分，居民群众满怀期盼。杨树功的到来，给所有人带来的希望，居委会干部们终于有了"领头人"，居民群众有了"主心骨"。杨树功到居委会的第一时间说的话就是："街道党工委信任我们，社区群众需要我们，再大的困难也难不住我们。"杨树功所做的第一件事就是给大家鼓气、打气，提振大家勇于担当、攻坚克难的士气。他以最快的速度组建了由居委会干部、社区网格员、街道下沉干部、八个拆迁村的村干部和党员群众志愿者共60余人的抗"疫"工作队伍，经街道党工委批准，组建了以他为书记的临时党支部，以党员干部为骨干的6个工作专班，分头负责辖区人员的全面摸排、社区卡口的值守检测、疫情防控知识的宣传教育、公共区域的消毒杀菌、居家隔离人员的上门服务、居民群众生活保障等各项工作。从那时候起，杨树功和他的同事们就忙

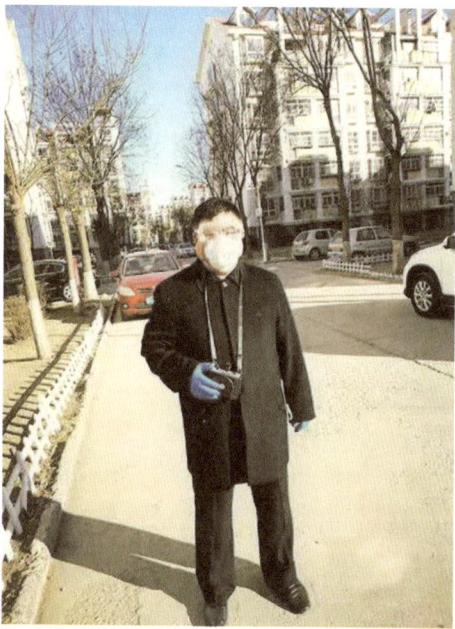
在社区宣传疫情防控政策

得像个不停旋转的陀螺。作为社区居委会临时负责人，每一项工作他都是身先士卒、冲锋在前。与隔离人员近距离接触时，他总是说："这活儿危险，我来干。"作为网格长，他还要收集汇总数据掌握真实情况，他总是带领网格员们挨门挨户地逐人排查登记、整理上报，从早到晚，在不打扰居民休息的前提下，先是在微信群里提醒居民入户排查时间，然后再去入户走访。8个居民小区无处不留下他忙碌的身影，每一座楼都有他来回奔走的足迹。每天当天刚亮时，他已

经把每个小区都勘查了一遍；当华灯初上时，他正在和居委会的干部、各卡口值班人员、各小区物业公司了解情况；当夜深人静时，他还在梳理着当天的工作，谋划着明天要做的事情，整天忙得脚不沾地，有时忙得连口热水都喝不上，甚至到晚上 11 点多才能吃上一碗泡面。每当人们提起这些，他都是平静地说："这是我应该做的，因为这片社区就是我的阵地，我要做到守土有方、守土有责、守土尽责，坚守住我的阵地。"

杨树功的率先垂范，带动和影响着居委会一班人，大家和他一起奋勇担当，主动作为。津云记者称他们是一个"勇士"军团。他们当中既有年龄较大的老同志，也有"80 后""90 后"的年轻人，既有党员，也有群众，既有男同志，又有女同志，但无论是谁，无论什么身份，什么职务，他们都把自己当成一名战士，一名群众的服务员。大家克服体弱多病、有老弱需要照顾等多种困难，仅凭一个口罩、一副护目镜的防护装备，逆行"出征"、迎危而上、聚力前行。他们说："老杨是铁打的，我们也不是泥捏的，有他带头干，我们谁也不会落后。"领导和群众都说："老杨这个勇士带出了一支铁军团。""抗疫英雄"这个光荣称号他们当之无愧。

心系群众，真情服务

"初心如磐，使命如山"。社区干部群众都夸老杨"神奇"，其实这个"神奇"饱含着杨树功执着不变的"初心使命"和纯朴深厚的为民服务情怀。自从他担起居委会临时负责人这副重担走向疫情防控第一线那一刻起，就把社区群众的安危冷暖牢牢记在了心中，把为群众排忧解难的责任扛在了肩上、抓在了手中，为社区群众服务，他不仅做到了精心、精准、精细，而且做到了用心、用情、用力。

2020 年 2 月 1 日，在望都楼社区的一个小区内，宝坻百货大楼的商户王鑫（化名）确诊新冠肺炎后，她的丈夫和女儿作为密切接触者也被送到了留观点进行隔离。得到这个消息后，杨树功立即带领工作团队，在第一时间对该小区进行了最严密的防疫管控和最严格的消毒消杀，并利用大数据和逐户逐人问询相结合等形式，对近期曾经去过宝坻百货大楼的人员和密切接触者进行了"地毯式""拉网式"摸排、核查、登记，把曾经去过百货大楼人员和确诊病例的密切接触者十多人转送至集中留观点隔离观察，并对上述人员居住的楼门、楼

为社区居民配送生活物资

栋实行了封闭管控，带头落实包户包人责任制，和居委会干部及志愿者一起，与辖区医院对接，为被居家隔离的群众送医、送药、送菜、送日常生活用品上楼，提供一对一"零接触"服务，他的民情日记里写满了电话号码，记载着独居老人、慢性病患者的具体情况，小区内住户的情况他都清清楚楚、了然于胸。在隔离管控的那些日子里，他的电话成了"热线"："我家的菜快没了，能帮我们买点吗？""家里人长期要吃药，但是药店我们去不了，可以帮我们去买吗？""我家老人住在你们小区，但是我也被居家隔离了，能帮我们去看看吗？"群众提出的问题一个接着一个，他带领着同志们一件一件去办，大家都说："有老杨在，什么事都能解决。"

杨树功最关心的是那些确诊和隔离留观的人员。他经常打电话挨个询问他们的治疗和健康情况，叮嘱他们放下思想包袱、配合医生治疗、遵守隔离纪律、搞好日常健康监测。有时遇到压力较大、情绪低落的人，电话一打就是半个多小时，他总是不厌其烦地做思想工作。对隔离期满回家的人员，他都及时登门入户、走访慰问，为他们解决实际问题，帮助他们树立好的心态。确诊病例王鑫治愈出院后，和丈夫一起仍在留观点集中留观，她尚未成年的女儿回到家继续进行居家隔离。因为孩子小，他们夫妇二人非常担心。老杨和他的同事们为了消除他们的后顾之忧，和孩子建立了"单线"联系，定时、定点仔细询问孩子想吃什么、需要什么，每天都将热乎可口的饭菜送上楼，还去帮她采买了很多日常生活用品。除此之外，老杨每天都用电话和她聊天，进行心理安慰和疏导，让孩子在家隔离得的安心、舒心。这样周到的服务也使王鑫和她的丈夫能够安心隔离，夫妻在电话里一再向老杨道谢，老杨说："不用谢，这是我们应尽的职责。"王鑫夫妇二人和那些确诊患者、留观隔离人员，都把老杨视为亲人，有心里话都跟他说，有为难事都要找他办，老杨也因此赢得了社区干部群众的真心赞许。

无我忘我，舍小为大

"有德不可敌，大孝行天下"。紧张的疫情防控期间，杨树功忙个不停，每天起早贪黑，一干就是十几个小时，有时甚至"连轴转"，望都楼社区所辖的 4 个老旧小区都是六层楼，而且没有电梯，老杨把年龄较大的同志安排做地面工作，而他却和年轻人一样上楼下楼、挨户排查，为隔离人员送菜、送生活用品、收集垃圾，每天跑上跑下多达 300 次，同事们劝他休息一会儿，他都说不累。其实老杨患有严重的高血压、糖尿病，每天都需要靠药物降压、降糖，开始大家不知道，后来才发现他偷着吃药，而且次数越来越多，走路也不如以前快了，动作也显得慢了，大家才知道他不仅需要服用几种药才能把血压、血糖降下来，而且由于连续的高强度工作，吃饭睡觉又不能定时，本来就不轻的颈椎病、腰椎病越来越重，病痛一直折磨着他。大家看在眼里，疼在心中，而老杨就跟没事一样，天天一如既往地奔波忙碌着。

最让杨树功担心的是他年迈的父母，二老都已年过八旬，父亲患有严重的腿疾，连行走都很困难。没有疫情的时候，杨树功经常利用下班后、星期天、节假日回老家照顾二老，请医、送药、送日用品。2020 年春节之前，他早已和父母约定好春节回老家，全家过个团圆年。岳父在北京医院刚刚做完脑梗手术，他也本打算利用春节后的假期去照顾几天。这一切计划，都因为新冠肺炎疫情被完全打乱了。他的日程安排和承诺都没能按时兑现。春节后那段时间，正是宝坻疫情防控的关键时期，杨树功连续 20 多天吃住在单位，没有回过一次家。大年三十晚上，他用电话给在老家的父母拜了个年，问了个安，又通过在北京医院照顾岳父的亲属转述了对岳父的问候。放下电话，杨树功顾不上多想，立即投入到了疫情防控之中。后来，杨树功自己反思，作为儿子、女婿，他没能兑现到老人身边尽孝的承诺，感到亏欠老人们太多了。但家人们理解他，给了他很大的鼓励和支持。他深知自己肩上担子的分量和责任的重要，保护好群众，照顾好社区居民，是在为所有人尽义务。在特殊时期，忠孝不能两全的情况下，他毫不犹豫地选择了"忠"，因为他有一颗时刻跳动着的对党、对人民绝对忠诚的心。

杨树功的爱人和孩子都在本区工作，疫情发生后，母子俩同时报名当上了志愿者，参加了社区疫情防控，在疫情防控紧张的 60 多天里，一家三口都在防控一线，没有好好在一起吃顿团圆饭，忙起来，三口人几天也难得通一回电话，各自忙得一点空闲时间都没有。家人给杨树功送药、送换洗的衣服时，连面都见不到，只得把东西放在传达室。用老杨自己的话说："因为他们都很忙。"

老杨的儿子小杨才刚刚年满 24 岁，当上志愿者后，主动申请每天晚上在社区卡口值班，负责测量行人体温，排查过往车辆，爷俩儿见不着面，有时只能在微信里给对方留言。小杨说："爸，衣服和药放在传达室了，别忘了拿，一定要按时吃药，多喝水，我去值夜班了。"老杨说："你也注意防护，戴好口罩。"父子之间简短的对话，透露出浓浓的亲情，也彰显出了两代人为国为民的勇毅担当。小杨说："国家有难、召之必来、来之能战、战之必胜。"这是老杨与小杨的共同心声，是激发他们两代人舍生战"疫"的内在动力。

杨树功的爱人多年在乡镇基层工作，曾经先后担任过两个镇的党委书记，是全区干部群众公认的"女强人"之一。宝坻疫情发生时，已经担任区直部门主要领导职务的她，更是担起了处理单位日常工作和区委统一安排的社区防疫两副重担。单位工作很多，防疫任务很重，每天单位、社区两头跑，夫妻二人很难见上一面。妻子既担心老杨不按时吃药，也害怕老杨的颈椎、腰椎受不了

在社区卡口检查疫情防控登记

为社区居家隔离人员进行电话心理疏导

累，但她更了解她的丈夫，干起工作从来都是对自己身体不管不顾，遇有急难险重的任务，更是"无我""忘我"，说多少次也没有用。老杨心中只有群众，只有大家，唯独没有他自己。作为相濡以沫的爱人，她要忙自己的工作，没有时间去看老杨，只能在心底默默地希望他战"疫"顺利，身体无恙。老杨和他的爱人、儿子，舍小家为大家，共同战斗在抗"疫"一线的情况被前来采访的"津云"记者得知后被深深感动，记者深受感动，报道了他们的事迹，送上了"一家三口齐上阵，共同战'疫'为大家"的真诚赞语。

为者常成，行者常至

"参天大树历经风雨沧桑才能长成，高楼大厦必须从坚实的地基垒起"。在战"疫"中成名的"神奇"老杨同样来自良好家风的熏陶、优秀榜样的引领、科学创新理论的武装、自觉经常的党性锤炼和经年历久的实践历练。

"但立直标，终无曲影"。杨树功出生于宝坻区方家庄镇一个靠"土里刨食"以土地为生的农民家庭，祖祖辈辈"面朝黄土，背朝天"，他的父亲勤劳善耕、豁达正义，他的母亲善良贤惠、乐善好施。杨树功从小就受着严格的家庭教育和敦厚的家风滋养，从小就懂得爱党、爱国、爱社会主义，就懂得尊重他人、帮助他人。在学校里，他是个品学兼优的好学生，在学校外，他是个诚实懂事的好孩子。参加工作后，更是懂得向先进看齐、向榜样学习。他的二哥杨树元，从 2009 年担任村党支部书记那天起，就一心扑在党和人民的事业上，呕心沥血，操劳成疾，直到生命最后一刻，仍然想着村里的工作，念念不忘父老乡亲。他为党和人民的事业献出了年仅 49 岁的宝贵生命，被授予"天津市优秀共产党员"。杨树功从小受他二哥潜移默化的影响，参加工作后更是以他二哥为榜样，二哥的模范事迹一直激励着他实干奋斗、负重前行。

杨树功热爱学习，政治信念坚定，他把学习习近平新时代中国特色社会主义思想作为主课、首课、必修课，集体学习他坚持全勤参加，工作再忙每天都要挤出时间自学。他把《习近平谈治国理政》摆在床边、案头，有时间就学，而且坚持写心得、记笔记、自觉用习近平新时代中国特色社会主义思想武装头脑、淬炼思想、指导工作，增强"四个意识"，坚定"四个自信"，坚决做到"两个维护"。他在孜孜不倦的学习中，不断筑牢着理想信念的根基，坚定着政治信仰，校正着前行的坐标，始终在思想上、政治上、行动上与以习近平同志为核心的党中央保持高度一致，始终坚定不移地贯彻执行党在新时代的路线、方针政策。街道党工委书记说："杨树功是一个始终在政治上清醒明白的人。"

杨树功是一个有二十余年党龄的老党员，从 1999 年 7 月入党那天起，他就立志尊崇党章、敬畏党纪，永远保持共产党人的纯洁性、先进性，他是这样想的，也是这样做的。入党二十余年来，他时刻以共产党员的标准严格要求自己、检视自己，以"一日三省吾身"的精神，自觉地、经常地进行党性修养和锤炼，模范履行党章规定的党员义务，自觉严格遵守党的纪律和规矩，严格遵守国家法律法规；自觉严格守住廉洁之心，讲政德、明大德、守公德、严私德；他始终保持政治定力、道德定力、抵腐定力，能在无人之时自律，能在细微之处自醒；他在党纪国法面前，始终心存敬畏、手握戒尺，不放纵、不越轨、不逾矩，绝不抱侥幸心理、绝不越雷池半步；他平时乐于交友，但他交友交往有原则、有界限、有规矩，坚持以德为据，以信为基，分良莠、辨忠奸，坚守着清净的生活圈、纯洁的交往圈，从不以钱财做交易，更不以关系当筹码。担任街道经济发展服务中心党支部书记后，他从没有在辖区企业吃过一顿饭、没有拿过半点好处。因为他知道除了做好服务以外，别无他求。有人想找他办事，他都毫无例外地拒绝，他说："我们都是'公家人'，干的都是'公事'，我有我的原则，谁也不能坏了规矩、毁了原则。"入职二十多年来，他始终保持堂堂正正、一尘不染的工作作风。

"没有等出来的成功，只有干出来的精彩。"作为一名基层干部，杨树功始终牢记习近平总书记关于"干部干部，干是当头的"指示要求，把全部功夫下在了苦干、实干上，把全部精力用在狠抓落实上，他心中总揣着一股"一日无为、三日难安"的紧迫感，天天在忙，时时在干。海滨街道西环路网格辖有八个村，全部都是搬迁村，共有一千多户、四千多口人，组建网格时，还有700多户、两千多口人没有回迁，分散租房居住，管理和服务非常困难，杨树功在担任西环路网格长以后，面对工作多、任务重、强度大的实际，努力做到"脑勤、手勤、腿勤、嘴勤"，以高度的事业心和责任感，带领网格工作人员，对网格内所有居民家庭、流动人口、门店商户、企业学校的情况进行了全面核查登记，建立了动态化管理台账，对网格内的情况了如指掌、如数家珍。作为网格长，他带头当好网格事务"六大员"，即：党建工作辅导员、公共安全巡查员、社区民意搜集员、问题隐患情报员，政策法规宣传员，工作效果监督员。杨树功带头做到"五到位"，一是入户覆盖到位，他和网格员一起，实行错时上下班，面对面服务群众，每户每月走访一次，对每家每户都要脚板走到、关怀送到、情况摸到、责任尽到；二是信息采集到位，他和网格员一起，日复一日地采集网格内人、地、事、物、组织等基础信息，不仅"一网兜清"，动态更新，每月末还要进行全面核查；三是民情掌控到位，他和网格员一样，每日把当天上门入户和网格巡查了解到的群众诉求、问题隐患、矛盾纠纷、社情民意等详细记录在"民情日记"之中，达到了人头清、类别清、问题清、责任清，无盲区、无死角、无漏网、无缺位"四清四无"的标准；四是问题上报到位，作为网格长，他把网格员通过手机App（应用程序）上报给他的群众诉求、矛盾隐患等及时梳理，每天都100%上报给街道二级网格中心，做到了网格事务日排查、日处置、日清零；五是微信群建立到位，作为网格长，他按照网格化管理服务要求，积极指导推动建立楼门栋、村居民小组微信群，以楼门栋长、村居民小组长为群主，覆盖到每家每户，他和网格员全部上线入群，通过微信群跟社区居民拉家常、交朋友、问需求、知民意，实时发布消息，掌控格内动态，提供服务咨询，千方百计为社区居民群众排忧解难，仅2019年就为群众解决难题难事300多件，老杨因此得到了网格内居民群众的信任，成了他们的知心人、主心骨。

"先进源于责任，优秀彰显党性。"作为海滨街道经济发展服务中心党支部书记，杨树功时刻以"党性更强、作风更正、干劲更足"的高标准要求自己，坚持以抓好党建引领经济发展，抓实抓牢支部建设，带头率先垂范，要求党员做到的自己首先做好，要求党员不做的，自己首先不做，带头严格参加组织生活，开展党内斗争；认真组织开展"不忘初心、牢记使命"主题教育活动，带头学习，带头研讨，带头开展批评和自我批评，带头聚焦问题整改，组织支部全体党员开展了"我是党员，我为宝坻经济发展做贡献"主题实践活动，充分发挥党支部战斗堡垒和党员的先锋模范作用；认真贯彻新发展理念，融入新发展格局，积极解放思想，瞄准国际领先、国内一流，利用多种渠道广辟财源、招商引资，促进海滨街道经济高质量发展。2019 年全街道引进注册型企业 70 多家，其中科技创新企业 3 家，注册资本金达到 95731 万元，完成税收 12000 万元。

和同事进行疫情防控会商

杨树功勇挑脱贫攻坚重担，对网格内的 6 户困难家庭实施"点球式"精准帮扶，帮助 3 户找到了租赁场地，帮助 6 户办理了个体经营执照，帮助 1 户办理了小额贷款 3 万元，帮助 5 名失业待业人员找到了就业岗位。在与贫困地区对口帮扶工作中，他积极协助相关部门与甘肃兰州市永登县通远乡的对接帮扶。2019 年在街道党工委的领导下，他组织辖区内企业代表前往该地进行实地考察，根据当地的实际情况，协调企业和社会力量为永登县通远乡捐款 10 万元，订购了 12 万余元产于当地的农副产品，为对口帮扶乡的整体脱贫做出了贡献。

"志不求易者成，事不避难者进。"杨树功练就了一副"铁肩膀"和一口"钢牙利齿"，拥有勇于挑重担、能啃硬骨头的本领。在防控新冠肺炎疫情"阻击战"

大考前,他曾经历过宝坻新城城中村搬迁改造的"大考"。2012年,按照宝坻区委、区政府的决策部署,海滨街道在宝坻区最早实施了城中村搬迁改造工程,那个时候他还是街道一般工作人员,但他以一个共产党员的身份,主动向街道党工委请缨,参加了搬迁改造工作组。当时搬迁改造刚刚启动,大多数人既不理解,也不认同,抵触很大,杨树功迎难而上,起早贪黑地入户做工作,耐心细致地答疑解惑,遇到不开门的就在门外说,遇到冷言冷语时不急不躁,一次不行去二次,两次不通做三次,多数户都去了十几次,有的甚至做了二十多次工作。他坚持用真情感动群众,用政策说服群众。凭着一份真情、一份担当,做通了一个又一个难点户的工作,啃下了一块又一块"硬骨头"。在街道党工委的坚强领导下,经过十来年的艰苦奋斗,全街道20个村顺利完成了整体搬迁,杨树功和大家共同创造了宝坻新城城中村搬迁改造的海滨模式、海滨速度、海滨效率和海滨精神,在宝坻新城建设史上写下了浓墨重彩的一笔。

　　杨树功心中始终坚守着"功成不必在我,功成必须有我"的信念,在各项急难险重的工作中,都有他拼搏奋斗的身影,都刻下了他扎实苦干的实绩。在2017年的蓝天保卫战中,他担起了街道辖区门店、商户清洁取暖改造工作。宝坻老城区几乎全部在海滨街道,数百家门店商户都用小煤炉取暖,每到冬天,烟囱里都冒着黑烟,严重污染着空气,杨树功接到任务后,带领着工作专班,逐门逐店做工作,帮助设计、指导施工,通过近一年的努力,使全街道522家门店和商户全部实现了煤改气,用上了清洁能源。在宝坻区创建全国卫生区和天津市文明城区"双创"活动中,杨树功的足迹遍布西环路网格的各个角落,他指导推动各个基础网格清垃圾、净环境,清理整治乱圈乱点、乱停乱摆、乱堆乱放,依托新时代文明站点和志愿服务组织,推动群众性讲文明、讲卫生活动广泛深入开展,使多年来形成的城市痼疾得到了有效解决,为"全国卫生城区""天津市文明城区"做出了积极贡献。

　　"前进要奋力,干事要努力,担当要用力。"杨树功是这么说的,也是这么做的,在过往的岁月中,杨树功始终以奋斗、担当、实干的精神,践行着共产党人的初心使命,在平凡的工作岗位上创造了不平凡的业绩。面对党和人民给他的荣誉、社区干部群众对他的盛赞有加,他以平常心对待。他说:"我只是做了一个共产党员应该做的事,距离党的要求、群众的期盼,还有很大差距,今后的路还很长,我一定继续努力。"

赤子丹心，大道致远

"共产党员是块砖，哪里需要往哪搬；共产党员是一面旗，党把我插到哪里就在哪里飘扬闪耀。"这是他过往的坚持操守，更是他奋斗的执着追求。由于工作需要，"十四五"开局之年，杨树功被组织安排到区属国企天津联华天安安防技术服务有限公司工作，他无条件服从。公司领导向他征求工作安排意见时，他说："需要干啥就干啥。"经多方征求意见，公司董事会决定让他负责区外业务的开发工作，这是一个新设岗位，面临的任务非常艰巨，他没讲任何条件，毅然赴任，带领市场拓展团队开始了拓展外联渠道、添补业务空白、促进企业向外发展、高质量发展的新征程。

国家和市区"十四五"规划、2035 年目标制定颁布以后，杨树功深受鼓舞，倍感责任重大，使命光荣，认真谋划着自己今后的奋斗人生，他表示："作为一名共产党员，我们一定要坚定担起党和人民的重托，坚持党对国有企业的统一领导，在区国资委和公司党支部的坚强领导下，抓实抓牢公司党建工作，以高质量党建统领企业高质量发展，增强党员身份意识，自觉加强党性修养，永葆共产党员的纯洁性、先进性；坚持旗帜鲜明地讲政治，不断增强政治判断力、政治领悟力、政治执行力；始终胸怀'国之大者'，坚持政治立场不移、政治立场不偏，坚守国企姓'国'、发展为国、至诚报国。"

杨树功深知，做好新时代国企发展工作，需要新发展理念，需要学习新知识、增强新动能、增长新本领。他表示："一定要认真深入学习习近平新时代中国特色社会主义思想，用马克思主义科学理论中国化最新成果武装头脑，认真学习党史、新中国史、改革开放史、社会主义发展史，学史明理、学史增信、学史崇德、学史力行；认真学习党的路线、方针、政策，时刻对标对表，不折不扣贯彻落实；认真学习掌握企业管理知识，不断提升管理技能，真正成为行家里手。"

热爱生活的杨树功，心里充满着对未来的憧憬，他和他的爱人、孩子约定，传承纯朴无华、崇德向善、勤劳节俭、忠孝力行的良好家风，以知交友、以诚守信；以孝敬老、以德扶幼；以俭持家、以勤兴业；以廉修身、以忠报国；把个人小家融入祖国大家，安宁生活、快乐生活、幸福生活。

参加天津市疫情防控表彰大会

跨入新时代，步入新征程，杨树功深深懂得船到中流，唯有奋楫争先，才不惧风高浪急；人到半山唯有激扬精神，才能再攀高峰的道理。他决心谨记习近平总书记的教诲"历史从不等待一切犹豫者、观望者、懈怠者、软弱者。只有与历史同步伐、与时代共命运的人，才能赢得光明的未来。"响应习近平总书记向全国各族人民发出的"继续为中华民族伟大复兴辛勤耕耘、勇往直前，在新时代创造新的历史辉煌"的伟大号召，在习近平新时代中国特色社会主义思想指引下，一以贯之大力发扬"爱岗敬业、争创一流、艰苦奋斗、勇于创新、淡泊名利、甘于奉献"的劳模精神，以梦想为舟、以奋斗作桨，保持和发扬"咬定青山不放松"的韧劲、"不破楼兰终不还"的拼劲和"敢教日月换新天"的干劲，拿出"起跑就是冲刺，开局就是决战"的昂扬姿态，奋斗"十四五"奋进新时代，为加快宝坻"四个之区"建设，实现"十四五"规划和 2035 年远景目标，贡献新一代劳模人的新担当、新作为。

"耕耘更知韶光贵，不用扬鞭自奋蹄。"由一名基层社区干部转向区级国企管理者的杨树功正以马不停蹄的精神奋战在新的岗位上。时间属于奋斗者、历史属于奋斗者，我们相信、时间也会证明，未来的老杨在不懈奋斗中一定会也必然能创造出更多、更新的"神奇"，书写出"老劳模新作为"的壮美人生华章。

天津市劳动模范 于学峰

扎根基层一线 书写人生芳华

于学峰，男，1963 年 7 月 28 日生，中共党员，现任天津市宝坻区市场监督管理局宝平市场监管所所长，2015 年被授予天津市五一劳动奖章，2018 年当选天津市市场监管系统优秀共产党员，2020 年获得天津市抗击疫情劳动模范荣誉称号。

兽医行业打基础

1980 年，17 岁的于学峰以优异的成绩考入宝坻县畜牧局兽医站，成为一名普通职工。当时，国家已建立了五万多个畜牧兽医站，分布在全国各地的农村，担负着防治畜禽疫病、管理畜牧业生产、进行科学研究、推广先进经验等一系列繁重任务。畜牧兽医站的建设，对推动畜牧业的发展，加速农业现代化影响很大。作为一名基层兽医工作者，于学峰深感自豪。但是，兽医站的工作专业性很强，需要对国家有关畜牧业生产的法律、法规和政策有深入的了解。畜禽养殖技术和疫病防治也需要长期经验的累积，才能做好各项服务工作。从未接触过专业畜牧知识的于学峰在工作的初始便遇到了考验。为了加大科技培训力度，更好地为群众服务，兽医站计划在乡镇举行养殖技术培训。渴望进步的于学峰主动向领导提出组织此次培训。在准备过程中，于学峰意识到学校的学习更多地注重学习方法的养成和学习系统的构建，自己对于畜牧业这类专业知识的学习十分匮乏。于是他一头扎进畜牧业专业书籍中，除了日常工作，其余时间都用在了学习相关专业知识上，午休时间、晚上下班后，他都要将厚厚的学习资料背回家继续学习。一开始，许多专业名词十分难记，于学峰拿出钉钉子的精神，将书本中的内容逐条抄录到笔记本上，边记边消化，以快速形成自己的知识体系。不论遇到什么情况，于学峰总是雷打不动地投入学习，即使生病发烧也仍然坚持。于学峰心想，既然选择了这个岗位，就要全身心投入，一定要将自己打造成一颗永不生锈的螺丝钉。由于是新入职的年轻人，领导和同事并不想给于学峰太大的压力，也不认为一个初出茅庐的年轻人能一上来就把需要经验的培训工作开展好。结果出乎大家意料，于学峰凭着骨子里迎难而上的不服输性格，顺利地开展好培训工作，领导、同事和群众都感觉到，这是一个学习能力强、头脑灵活、又肯干的年轻人。也就是通过那一次培训，于学峰和当地群众建立了深厚的感情。

从此，于学峰长年走村串户，进行动物检疫。长期防疫，为畜禽打针，他的右手虎口长出了硬茧。然而，不管酷暑或严寒，只要有养殖户或防疫检疫的工作需要，现场就有他的身影。四年如一日，他在兽医岗位上辛勤耕耘，默默奉献，村庄的弯弯道道，沟沟坎坎，到处都留有他的足迹。养殖户和村民们说："学峰人品好，是个热心肠，不仅给我们提供技术上的帮助，还在经营方面帮着想点子，在销售上提供信息。"

在乡村搞动物防疫检疫工作尤为艰苦，职工们开展检疫不分白天黑夜，经常没有节假日，白天开展产地检疫，凌晨到屠宰场搞屠宰检疫。繁忙的工作留给于学峰的个人生活空间很有限，然而多年工作的日积月累，对畜牧兽医事业的执着和热爱，已经使他与这份事业相互成就，也激发了他的旺盛斗志和开阔胸襟。"我们的担子越来越重了，工作虽然辛苦，但很充实。"他说话时总是带着憨厚的微笑。随着于学峰业务能力的快速成长，承担的责任也越来越重，除了为养殖户提供防疫注射、畜禽诊疗和阉割、技术咨询等服务，还承接上级党委交办的其他工作。在群众眼中，于学峰一天从早到晚忙个不停。在基层兽医站工作四年，他自己也不记得给多少鸡鸭打过药，为群众解疑释惑了多少问题。

随着工作的深入，于学峰对畜牧行业有了很深入的了解，也开始形成自己独特的工作方法。他不满足于延续以往的工作模式，针对过去在服务上存在的问题，采取有效措施予以改进，探索出一套新的工作方法。比如说，积极兑现服务承诺，做到"初诊及时不隔夜，复诊主动不隔天"。比如说，积极为农户提供信息服务，多渠道、多方位搜集致富典型、市场行情等信息，及时将经验与信息提供给农户。再比如说，积极为养殖户提供全程服务，建立专业技术人员和大户挂钩联系制度，实行畜禽养殖的全过程跟踪服务，帮助解决生产中的实际问题。就这样，于学峰从一个青涩的年轻人，成长为一个不再犹豫、彷徨，充满信心、全身心投入到为群众奉献的业务骨干。在工作中，不论对农民还是对老人、孩子，于学峰都是一片爱心，真诚相待。他给乡亲们留下了深刻良好的印象。于学峰在生活上十分俭朴，从不铺张浪费，从不乱花一分钱。可是，如果乡亲们生活遇到困难，他都会力尽所能贡献一分力量。

于学峰对农贸市场内猪肉经营户进行索证、索票检查

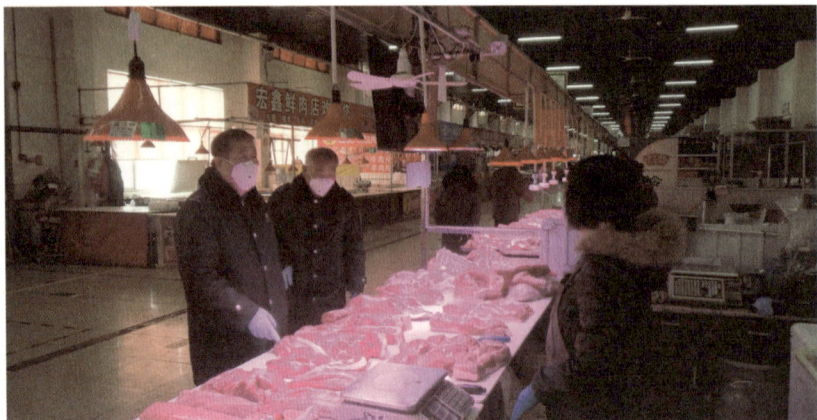

于学峰开展节日期间猪肉市场专项检查

于学峰很珍视自己在兽医站的四年工作经历，始终保持着良好的工作状态和积极性，立足本职工作，认真学习业务技能，在实践中学习，通过实际应用将理论知识转变为工作能力，努力使自己成为一名优秀的人民公仆。

1984 年，21 岁的于学峰工作变动离开了这个奋斗四年的岗位，开始新的工作历程。离职的那一天，在领导同事的不舍与乡亲们的送别中，一向沉稳的于学峰眼中噙着泪，动情地感谢领导和同事们的支持与爱护，告别在工作中早已结下深厚感情的群众。从那一刻起，于学峰下决心要带着对人民群众的深厚感情，带着对理想信念的不懈追求，迎接新的考验，扑下身子、沉下心来，将自己的青春和热血洒在平凡的岗位上，贡献在祖国和人民最需要的地方。

沉心基层服务群众

1984 年，21 岁的于学峰以第一名的好成绩考入宝坻工商行政管理局，成为大白庄工商所的一名办事员，当时的他并不知道后来的三十余年他都在市场监管领域扎根深耕、奉献青春、贡献才干与热情。

刚到工商所的于学峰兢兢业业，延续着一贯的高标准严格要求自己，虽然没有惊天动地的英雄壮举，但他有着扎根基层的执着，为人民服务的情怀，昂扬向上的工作斗志和不轻言放弃的坚守。他将自己最闪光的年华挥洒在市场经济监管第一线，奔波、忙碌，却乐此不疲。由于有一定的基层工作经验，他相对更了解群众的所思所想、所需所盼。于学峰具有平常心，总是用心尊重对待每一位服务对象。

"我要开饭店，你提前帮我看一下，画个图纸。""这位同志，请你帮我看看这药是真是假。"于学峰经常一边接电话，一边忙着招呼办公室里来访办事的人。这是基层工商行政管理局最常遇到的场景。刚到所里时，他对业务不太熟悉，只能边学边耐心解答各种业务咨询，利用下班休息时间补习业务知识。他迫切希望能快速提升自己，在短时间内迅速成长为独当一面的业务骨干，为群众解决更多的难题。通过实践，他体味到真正做好市场管理工作，不仅要有过硬的业务技能，更离不开真诚热情的服务。"把商家当朋友，把业户当亲人。"这是他的座右铭，面对业户时他要求自己要做到"来有迎声，走有送声，一杯热茶解渴，一把椅子请坐"。有时候，服务对象在非工作时间到所里办业务，于学峰总是放弃休息时间，耐心为群众服务。即便有时不属于职责范围，他也不忍心打扰同事休息，主动多承担些，能解决的就尽力帮忙解决。同事们对他好评如潮，说他是一个好同事、好同志、好干部。

在领导眼中，他是一个工作上进的年轻人，从一名"零经验"的新手，短短几年时间成长为独当一面的业务骨干。他刻苦学习，善思考、勤动脑，注重提升自我素养，着力提高工作效率，将监管工作与实际紧密结合，提出了许多建设性意见建议，有效推动了本地区市场监管工作的顺利开展。刚到大白庄工商所时，有一次一位大娘来所里求助，说自己刚买了一箱口服液，能治疗糖尿病，但服用了病情不但没好转，反而出现头晕、肠胃不适等不良反应。到医院看病，大夫建议停止服用。大娘说当时是销售员多次到家中，声泪俱下地诉说自己业绩不达标，大娘才购买的。但大娘找到销售人员时，对方

发放营业执照

却拒绝退款。老人越说越激动，情绪有些不稳。于学峰先将大娘搀扶进调解室，为大娘倒了一杯热茶，耐心细致地将大娘所说的记录下来，并决定尽力为大娘

挽回损失。随后，于学峰与一名老同志立即赶往被诉的商户，与负责人进行沟通，说明大娘的诉求。起先，商户拒绝为大娘退款，按照当时规定，调解的双方如果有一方拒绝，只能终止，但于学峰没有放弃争取，继续动之以情、晓之以理给商家做工作，最终商户终于同意为大娘退货退款。于学峰自感调解顺利与自己在兽医站时积累的基层工作经验有关，既能与群众拉近距离、达到共情，又能讲道理，以理服人，才使得他到所里遇到的第一件消费纠纷就为消费者挽回了损失，顺利解决了棘手问题。

在同事眼中，于学峰是一名业务能手。他主要在基层所从事巡查和办案，从最初单一的跟随性检查到后来成为责任区监管、投诉处理主力，他不断涉及新领域，积累新经验，在一次次专项执法行动中打赢一个又一个漂亮的攻坚战。提高业务能力和自身素质离不开学习，于学峰决定继续进修，他开始利用工作之余的碎片时间读书备考，通过努力学习，一年后成功考上了天津广播电视大学法律专业。通过三年学习，于学峰积累

于学峰调解一起消费纠纷

了丰富的法律专业知识，并灵活运用到工作实际，他逐渐成为同事眼中的办案能手。每次执法办案，他都松弛有度，拿捏准确，悉数一下于学峰历年来办理的案件均超过所里人均案件平均值。有一次所里接到一个新型违法案举报，同事们纷纷表示没有遇到这类案源，不知从何处着手，于学峰主动要求参与办案。开始同事们担心他太年轻，经验不足，但是他没日没夜地查询相关的法律法规，多次前往局里与前辈们交流案情，吃饭的时候还在翻阅陈年的案卷，力求对这个新的案子做出公正客观的定论，最终是顺利办结案件。

在群众眼中，他是工作地的"百晓生"。每一个工作过的辖区，他都熟悉得不能再熟悉。哪个片区有多少家企业，哪个村庄有几家小食杂店，哪条路上有几家餐饮店于学峰都了如指掌。工作地的乡亲们见到他都会热情打招呼，经营户看到他也会习惯地唠家常，哪家最近生意不好，哪户经营遇到了困难，都

在他眼里和心里。到工商所工作后，他还利用前期积累的畜牧业知识，走访辖区内的养殖户，普及畜牧业的相关知识，耐心帮助大家。同时他还热心公益，一些村里年轻人去县城打工，家里有留守老人和儿童，他经常去看望。看到很多老人生病时不方便外出理发于学峰便自备理发工具，主动上门帮老人小孩理发，附近乡亲们有事，只要喊一声，他也会过去帮忙，十几年如一日。于学峰常说自己更像一个"爱管闲事"的基层游击者。他也常说："只要心存善良，整个世界都是美好的。"在他的人生字典里，一名公职人员就意味着无私地奉献。他头脑里想的是，一个人活着不仅仅为自己，要更多地服务他人，尽可能做一些有意义的事情，去帮助、服务群众，让生活更加充实和有价值。于学峰同志就是这样，沉下身子、服务基层，千方百计为服务群体排忧解难。他用实际行动生动诠释了党的先进性和纯洁性的深刻内涵，树立了共产党员的良好形象。

"三心"不辱新使命

"共产党员要做到'热心、尽心、精心'，就像钉子牢牢钉在组织安排的任何岗位上，永不生锈，闪闪发光。"因工作需要，组织安排于学峰到工商宝坻分局市场科工作。科室工作与基层所工作不同，基层所相对系统全面，涉及多个领域，需要很强的综合能力，而科室业务需要专精，更注重在业务领域内向深处钻研，需要很强的专业素养。经过在大白庄工商所的基层历练，于学峰具备了全面的业务能力，到市场科工作为他提供了一个在市场监管领域深耕的宝贵机会。时至今日，他还清晰地记得，所领导将他带到市场科的情形，当时新领导和同事们热情地迎接了他，早早为他准备好了办公桌椅和相关工作设备。在这样充满热情的新环境下，于学峰开启了工作的新篇章。他记得当时领导并没有给他布置具体工作，而是将市场科历年案卷交给他学习。于学峰积极投入到案卷的学习当中，有些同事和朋友说："看这些枯燥的案卷是白费精力，这种笨功夫没用。"于学峰知道朋友没有恶意，但是他坚持认为，不管从事任何领域，都需要扎扎实实地打好基础，一点一滴地磨炼，日复一日的坚持必不可少。他认为做好工作确实需要"巧办法"，但也需要打基础阶段的"笨功夫"。通过对案卷的分析和研究，于学峰对市场监管领域案件有了全面的认知，对于各种类型的案件进行分类，总结出应对不同案件有针对性的处理方式和办案方法。

但当时领导并没有安排于学峰接触案源，而是安排他做内勤。虽然不理解领导的安排，但他欣然接受。内勤工作虽然不难，可要做好也不容易，因为内勤工作往往千头万绪，虽不复杂，却有许多重复机械的工作，考验人的耐心和细心。为了做到工作零失误，于学峰投入百分之百的精力和注意力，在完成工作后仔细检查。不仅如此，各类报表、总结和报告，只要经过于学峰的手，总会变得简洁、清晰、没有疏漏。久而久之，领导对于他的工作越来越放心，一些紧急的工作也经常交给他处理。在那段工作过程中，于学峰意识到，要做好内勤工作需要"三心"，就是需要热心、尽心和精心。

热心，体现在积极向上的工作态度，是干好工作、推进事业的前提。于学峰认为，热心对待工作和事业，就应该增强责任意识和使命意识，满腔热情地投入到工作和事业之中，奋发向上、开拓进取。在实际工作中，他对工作和事业充满热心，有明确的目标，有很强的责任感、使命感，对领导交办的工作他总是认认真真完成。在市场科工作期间，于学峰总会主动承担琐碎的具体工作。在领导和同事眼中，他永远带着热情的笑容，积极主动地投入到工作中。有一次，一位老伯来市场科咨询业务，因交通和身体原因，到这儿时已近午休，马上将要下班的于学峰本来可以让老人下午再来办理，但考虑到老人腿脚不好，来一趟不容易，于学峰决定加班为其解答，看到同事们前往食堂用餐，老伯问："孩子，耽误你吃饭了吧？"于学峰却说："不要紧，先把您的问题解决了我再去。"事后，老伯写感谢信寄到局里，面对领导、同事以及群众的肯定，于学峰更加坚定了热心工作、积极进取的决心。类似这样的事有很多。他的"热心"，就是心怀群众，践行宗旨的具体体现。他常说："公职人员要急群众之所急，想群众之所想，真正把自己当成一名服务者，思考如何为群众把事情办得更好。"

尽心，体现在尽职尽责、爱岗敬业上，是干好工作、推进事业的关键。干事创业，仅有一腔热情不够，必须把热情化为尽职尽责的具体行动。歌德说过："尽力去履行你的职责，那你就会立即知道你的价值。"尽心对待工作和事业，就是持之以恒、坚持不懈，而不是半途而废、一曝十寒；就是摒除私心杂念，做到以大局为重，而不是对自己有利的就干，对自己无利的就不干或者少干。在这方面，于学峰为大家做出了榜样：进入工商局第一天，他就立志要做以人民为中心的人民公仆。虽然工作岗位很平凡，但是他一直在尽自己的力量为市场监管事业添砖加瓦，以一颗赤子之心，恪尽职守，敬业奉献，为党和人民的事业贡献力量和智慧。那时，年轻的于学峰总是很早就到办公室，做好办公室卫生后，将待办的事宜按照紧急程度和重要程度做出当日的工作计划，有条不紊地开展工作。如果有临时的紧急任务，于学峰也总是克服困难，主动赶到单位加班，尽心尽力地完成。工作一段时间后，于学峰意识到面对千头万绪的内勤工作，提升工作效率是关键。提升工作效率，就可以有更多的精力钻研业务，有更多的时间服务群众。于是，他开始思考如何提高工作效率，把大小事情都记录下来，写出工作成效以及不足，结合实际制定工作计划，适时对工作方法进行调整，经过总结分析提高，他处理起工作来得心应手、游刃有余、有条不紊。

精心，体现在一种精益求精的责任意识，是干好工作、推进事业的保证。精心建立在热心和尽心的基础上，是一种更高层次的要求。在市场科期间，于学峰总是精心对待工作和事业，脚踏实地、扎扎实实，把有限的精力投向主要工作，专心致志钻业务，全力以赴求发展，与时俱进谋创新。他坚决服从上级安排，不折不扣去执行，始终以坚持到"最后一分钟"的心态去工作，并且能够主动工作、主动汇报，其本职工作和临时交办的工作按时完成率在95%以上。他深知，党员干部干事创业，必须有精益求精的追求和作风，坚持高标准、严要求，善于从大处着眼、小处着手，不放过任何一个细节，不产生任何一点疏漏，不断提升工作的质量和水平，开创事业发展的新局面。于学峰将本职工作当作毕生的事业去追求，之后的三十年如一日，用实际行动践行了自己的初心。他

于学峰与辖区商户进行亲切交谈，了解企业所需

边工作边学习，边总结边提升。凭着思维敏捷、逻辑严密、心细如发、有条不紊的工作作风，于学峰得到了领导同事和群众的肯定。"志之所趋，无远弗届，穷山距海，不能限也。"他以其踏实细致的工作作风，认真负责的工作态度，良好的职业道德，在自己的人生道路上奉献着自己的青春芳华。

在为人民服务中提升自己

"不积跬步，无以至千里；不积小流，无以成江海。" 加入党组织以来，于学峰始终坚持以共产党员的高标准严格要求自己，坚持以为人民服务为工作着力点，把每一项工作做精做细，尽心尽责，全力以赴，把忠诚、高效、创新作为座右铭，用爱岗敬业、勇于创新、求真务实、无私奉献的精神，拼搏进取，开拓创新，团结协作，认真努力工作，出色地完成了各项工作任务，取得了优异成绩，也展示了一个优秀共产党员的风采。他立足本职，勤奋工作，得到了局党委和基层同事的高度赞扬和认可。由于业绩突出，1998 年于学峰被提拔为城关工商所副所长。作为一名年轻的副所长，面对新形势、新职能、新环境，如何适应新的岗位是当务之急。城关工商所经营户较密集，业务涵盖较广，是全局的中心所，监管任务重，工作压力大。于学峰服从组织安排，抗住压力，接受新的挑战，也在实践中锻炼了自己。

任副所长期间，于学峰迅速转换角色，以崭新的状态投入基层工作。他加强自律，内强素质、外塑形象，不管是在办理案件过程中还是日常执法监管中，都耐心细致地对待当事人，展现出了过人的头脑和智慧，受到群众好评。他凭着对党和人民的无限忠诚，对工商行政管理事业的无限热爱，以忠诚敬业的品格、严于律己的作风、无私奉献的精神，为工商行政管理事业的发展倾注了满腔热血。他常说，工商干部是市场监管的忠诚卫士，不加强市场监管是失职，不查处假冒伪劣商品是不称职。必须把忠诚于党和人民、忠诚于事业始终铭记在心，并作为毕生的追求。他勤勤恳恳地坚守在市场监管前沿阵地，为人民群众站好岗。2004 年我国暴发了高致病性禽流感，引起了中央和地方各级政府的高度重视，当时正值新年伊始，人们都沉浸在节日的气氛当中，于学峰没有休息，春节期间坚守市场值班，积极投入紧张的阻击禽流感战役。他与所长一起带领全所干部们对辖区内农贸市场中的禽类经营户进行检查，耐心地进行宣传，要求停止销售禽类产品。有一些商户不理解，因为每年这个时候都是销售旺季，停止销售不但意味着赚不到钱，而且还会亏本。面对此情此景，于学峰意识到蛮干只会激发矛盾，于是一户一户耐心地做思想工作，讲政策、摆道理，在他夜以继日、晓之以理、动之以情的劝说下，商户们将禽类产品全部下架。

在副所长的岗位上，于学峰更加严于律己，要求同志们做到的，自己首先做到、做好。平时，他注重学习和加强自我修养，坚持从自己做起，从一点一滴做起。作为一名年轻的中层干部，他深知学习在指导实践方面的重要性，为此，他带头坚持学习政治理论知识、业务知识和科学文化知识，与时俱进地更新思想观念，开阔视野。他注重在学用结合、学以致用上下功夫。在提高自身素质的同时，还十分关注所里干部的学习，制订了详细的学习计划，结合市局的学习要求，采取集中学习和自学相结合的方式方法，做到了学习有计划、有内容、有笔记、有心得、有实效，使所里干部的文化业务素质得到了很大提升。他坚持以所为家，每天第一个上班，最后一个下班，节假日和礼拜天很少休息。他坚持做到用心待人，以诚用人，用心帮人，以德服人。他勇于承担责任，不回避矛盾，不推卸责任，对待所里的干部们，在工作上视其为同事、同志，在生活上当其为兄弟。担任副所长以来，他始终坚持做到真正融入群众，带着感情去做工作，始终保持一颗平常心，坚持以普通人的身份深入到人民群众当中，听取监管对象的呼声，解决他们遇到的困难。他坚持从自己生活中的点滴做起，淡泊名利，保持思想的纯洁和行为的廉洁，塑造良好的工商形象和自身形象。身在一线，接触形形色色的市场主体，面临许多诱惑，他洁身自好，两袖清风。他深知"其身正，不令而行，其身不正，虽令不行"的道理。他常说："吃人家的嘴软，拿人家的手短，不吃不占，心里坦然。"他不论亲疏远近，严格按照制度办事，做到一视同仁。有一次，一个违法的经营户为了逃避处罚，托别人拉关系，希望能减轻处罚，于学峰找到这个经营户的负责人，耐心地对其进行劝说教育，最后这个经营户主动接受了工商部门的处罚。

尽管于学峰比较年轻，管好纷繁复杂的市场有很大难度，但他始终冲锋在前，始终牢记维护、发展、实现好各类市场主体和消费者的合法权益，构建规范有序、和谐诚信的市场环境这一工作方向。他摆正位置，当好所长的助手和参谋。首先，他抓好自己分管的各项工作。他考虑问题有前瞻性，安排工作有预见性，将问题和矛盾消灭在萌芽状态，做到矛盾不上交，问题不扩大，将安全稳定贯穿于工作始终。其次，他具有统筹意识，积极配合所长协调好各方面的关系，遇事及时请示汇报，注重调查研究，积极向所长进言献策，以强烈的责任心和使命感当好所长的左膀右臂。

行政执法是工商部门的核心职能，于学峰知道，行政执法关系到群众最直接的利益，关系到群众的生活幸福，他知晓百姓的心声，也致力于解决百姓的难题。担任副所长期间，他狠抓监管执法不放松，集中开展专项执法行动，深入整合规范市场经济秩序。一方面，积极组织开展严厉打击假冒违法行为专项行动，把食品、药品、农资等作为市场巡查和专项整治重点，严厉查处制假售假案件，另一方面，开展严厉打击虚假宣传、不正当竞争违法行为专项行动，查处假冒注册商标仿冒知名商品特有的名称、包装及其他不正当销售行为；同时，组织开展严厉打击无照经营专项行动。他认真清理无照经营行为，特别是对无照经营国家明令禁止的商品、无照从事危及人民群众健康、安全的商品等违法经营活动；在此基础上，组织开展严厉打击商标广告中违法行为的专项行动，严厉查处各种商标、广告违法行为，指导和规范商标使用和广告经营行为。他始终以"五心""五有"来严格要求自己。"五心"，一是超脱之心，即在经济利益上的超脱性，清廉纯洁；二是平等之心，即与同事平等相处，同进同退；三是超越之心，勇往直前，率先垂范，有超越创新意识；四是慎独之心，谨言慎行，实事求是，改善个性缺陷；五是谦虚之心，虚怀若谷，当好公仆，小自己而大集体，工作有危机感。"五有"，一是有心，即有对党的忠心；二是有力，着力提高业务素质；三是有新，创新工作和监管模式；四是有特，干出特色亮点工作；五是有为，履职尽责，确保职能到位。就这样，在年复一年的深耕中，他向人民群众交出一份份满意的答卷。

担重任砥砺前行

2010 年 8 月，于学峰担任天津市工商行政管理局宝坻区分局城东工商所所长，这一年距离于学峰进入工商系统已有 26 年。人生中有几个 26 年？他就这样将青春奉献给工商管理事业，并且自感甘之如饴。被提拔为所长意味着他的事业进入了新的阶段。对他而言，所长不仅仅是一个职务，更是一份信任和责任。从那时起，他积极地承担起组织赋予的重任，在为人民办实事、解决人民群众实际困难的理想信念的指引下，砥砺前行，不断奋进。

后来，于学峰又先后担任天津市工商行政管理局宝坻区分局城东工商所所长、天津市宝坻区市场和质量监督管理局海滨街市场监管所所长和天津市宝坻区市场监督管理局宝平市场监管所所长。每到一个岗位，他都像一团火，点燃干部职工热情，温暖人民群众的心。他凭借着自己在一线多年的工作经验，有条不紊地开展所内的各项工作。要打造了一支支优秀的工商管理队伍，需要先做好内部管理。他重视建立健全管理机制，实行了上岗着装、例会会议学习、廉政勤政和行政执法责任追究等多项管理制度，以制度管理，用制度约束。同时加强所班子建设，从自己做起，认真落实民主集中制，所班子成员带头遵守各项规章制度，开展批评与自我批评，做到议事讲规则，办事讲原则，遇到问题及时分析原因、研究解措施，充分吸收其他干部职工的合理化建议，增强了队伍的凝聚力和战斗力。

此外，他认真抓好食品安全等各类市场专项整治，确保群众消费安全和市场秩序稳定。充分发挥基层工商所的职能作用，克服人员少、监管任务重的困难，把食品安全工作作为重中之重来抓，切实履行流通食品安全监管职能。一方面，明确职责，建立健全食品安全监管责任体系；另一方面，巩固基础，严把食品市场主体准入关，完善经济户口管理和信用分类监管，加强宣传引导，强化索证索票和进销货台账制度，着力抓好市场巡查，认真开展食品的抽样检测工作。同时，积极采取平时监管和专项整治相结合，先后开展了酒类和饮料类、面粉和方便食品、乳制品等食品安全专项行动。在他严格执法，强化监管整治下，治理效果明显。在此基础上，于学峰带领干部们积极开展食品检测工作。为加强流通环节食品安全监管，多次开展对辖区内食品超市和食品经营店的抽样检查，充分发挥食品快速检测箱的作用，提高食品检查的有效性。

2017年6月，于学峰被调到宝平市场监管所担任所长。宝平所辖区是宝坻最繁华的区域，业务量是城区内最大的，共有个体经营户5636户，企业3125户，共计8761户。其中餐饮经营户1020户，食品经营户840户，辖区内责任电梯共1300台，监管责任重大。面对任务重、责任大、人手少的实际，于学峰没有一丝一毫地畏难和退缩，这反而激发了他的昂扬斗志，他下定决心要在市场监管工作上干出一番新天地。

2019年4月17日，宝平街市场监管所2楼的小会议室里挤满了人。大家手里都拿着一张纸，全神贯注地听课。这是宝平街市场监管所组织辖区内"背街里巷"小餐饮店经营者召开的系列食品安全培训的活动现场。参会者手里拿着的叫"明白纸"，主讲人正是于学峰。该所的业务量超过城区业务总量的一半，与其他基层所一样，宝平街市场监管所面临的最大问题是人手少、任务重，对于很多基层所来说，光是处理消费者投诉，尤其是食品安全投诉，都忙不过来，宝平街市场监管所怎么还有时间搞培训？"我们是尝到了培训的甜头。"于学峰自信满满地说。2018年2月，"春节连市"，仅宝平街51家大型餐馆、酒店接待食客就超过10万人次，可宝平街市场监管所没接到一起有关餐饮的投诉。零投诉的背后，正是得益于宝平街市场监管所开展的一系列食品安全培训。2019年1月23日，就在市场监管所2楼的小会议室里，该所召开了针对当年"春节连市"的餐饮经营单位食品安全培训指导会。所里就原料采购索证索票、场所清洁卫生、储存保管、加工制作、餐饮具清洗消毒、从业人员健康检查、食品添加剂使用管理、食品留存样等重点环节，对51家大型餐馆、酒店单位代表进行指导。于学峰说："不外请老师，就是监管者讲，经营者听，通俗易懂。"讲课内容多来自监管执法一线的案例和经验。这次培训会上，于学峰给大家算了一笔账："用大企业的肉，量足、不注水，炒出一碟菜成本比买小摊的肉贵不了两毛钱，却能保障饮食卫生安全。"如今，这些餐馆都用上了放心肉。"春

药品检查

节连市"培训效果明显,宝平街市场监管所趁热打铁,没出正月,就联合街道办事处分批举办了4场食品安全培训,实现了辖区餐饮店、食品店全覆盖,846人次参加培训。3月29日,为规范酱制品市场的经营行为,该所又会同宝坻市场监管局餐饮科对辖区内政远路入驻商户进行食品安全培训。4月12日,为扎实推进国家食品安全示范城市和农产品质量安全区创建活动,该所又组织了"双创"重点单位食品安全培训。每次培训会后,该所都要组织管片监管人员检查落实,但每次都会发现一些反复发生的小问题。就这样,在反复讲、反复查的基础上,于学峰制作出了名为"餐饮单位常见问题及处罚措施明白纸"的简易培训教材。他将监管中常见的诸如食品未离墙离地、从业人员着装不整洁、未取得健康证、超范围经营凉菜和保健食品问题的处理处罚表格化、明晰化。"三小"食品经营一直是社会关注的焦点,在带给群众便利的同时,也存在着"散、小、乱、差"等令人头疼的老问题,亟待加强管理。宝平街市场监管所针对"背街里巷"小餐饮的食品安全培训,就从一张"明白纸"入手,通过细致的讲解,要求经营者从细枝末节入手,落实经营主体责任,开展自查整改,保证经营环境卫生,落实整改意见,培训入脑入心。

于学峰不仅是食品安全的坚强守护者,同时也是维护群众合法权益的践行者。解决消费纠纷任务重、困难多,于学峰永远冲在第一线。他始终坚持群众利益无小事,坚持做到"三快":快速调查、快速处理、快速反馈,实行节假日24小时投诉值班制,对涉及食品安全等重点投诉举报,随叫随到,迅速出击,确保问题在第一时间得到有效解决。与重点企业建立消费维权直通互动机制,针对小额纠纷积极推行经营者现行赔付制度,保证消费者的投诉能够得到及时有效处理。每年处理投诉案件均在几百件,解决率高达100%,得到了群众的好评。

此外,在宝坻区创建食品安全示范城市的过程中,区里一共87个点位,43个点位都在于学峰的辖区,让本来就忙于"食品药品特种设备安全检查""处理投诉举报"等重点工作的所里执法人员忙上加忙。面对人手不足、人员老龄化严重等问题,58岁的于学峰克服身体、工作上的多重压力和困难,在烈日炎炎下带领同事们对43个点位逐户排查,针对检查中发现的问题,手把手地帮助经营户整改、规范,同时多次组织经营户召开培训会,讲解标准。经过大量耐心细致的工作,商户也慢慢扭转了观念,从最初的抵触变成了积极配合。最终所有餐饮、食品经营户都达到了创建食品安全示范城市标准,他也在这次工作

饭店后厨检查

中因为体力透支病倒了。

凡是与于学峰一起工作过的人，无不盛赞他为人的正直和善良。对待同志他没有半点虚假，批评同志使人心悦诚服，关心同志也让人终生难忘。他以真情浇铸了一个坚强的战斗堡垒。每年春节前夕慰问干部家属，干部病假两天以上即上门探访，这是于学峰自定的"规矩"。每年春节期间，于学峰买了水果，与副所长一起挨家挨户上门慰问所里干部及其家属。这并非一种礼节性的点缀，而是一片真情流露。宝平市场监管所承担着很重的监管任务，干部经常晚上加班加点。家属们怕亲人累坏了，都很心疼。于学峰以真情换取了家属们的理解。所里的干部告诉家属："于所长比我们更辛苦！"双休日，他让同志们休息，自己却来到管片值班；每年台风汛期，他牵挂辖区内是否存在安全隐患，深更半夜不管下多大的雨，他都要骑自行车赶到市场四处查看。于学峰的朴实无华也正是他的魅力所在。而在生活中，他有喜悦，也有烦恼。他有一个幸福美满的小家庭，在闲暇时，于学峰最愉悦的时光，就是同妻子、儿子相聚在一起，他喜好烹饪，却很少有时间"露一手"。于学峰也有他的苦衷——父亲早逝，母亲年事已高，自己长年患有痛风，妻子身患慢性病多年，90多岁的岳母跟他们生活在一起，也需要他们照料生活起居。于学峰是一个孝敬父母，笃爱兄弟姐妹的人，然而作为一名共产党员和国家干部，他考虑得更多的是国家社会和集体。他的视野早已越过了自己。

总结于学峰的所长生涯，就是"树一面旗帜，保一方平安"，他鼓舞队伍士气，凝聚队伍精神。狠抓队伍建设、规范建设、效能建设，在"人"字上做文章，在"和"字上做学问，在"能"字上出成果，努力打造一支招之能来、来之能打、打之能胜的执法队伍，开创了内外环境双和谐、监管执法双丰收的良好工作局面。

老骥伏枥敢打硬仗

庚子年的春节是一个不平凡的春节。面对突如其来的新冠肺炎疫情，宝坻区委、区政府审时度势、果断决策，在全区范围内吹响疫情防控阻击战的号角。全区党员干部积极响应、充分发挥先锋模范作用，奋勇向前、共克时艰。在这个群体中，于学峰就是其中的代表人物之一。

"我是书记我先上"，57岁的于学峰总是把这句话挂在嘴边。在这场没有硝烟的战斗中，他同时担任起

食品安全培训会

了"指挥官、战斗员，督察员"，深入一线，发挥支部书记、所长的先锋模范作用。

2020年2月17日晚，区委组织部紧急抽调宝坻区市场监管局96名干部职工，支援"三道防线"卡口值守任务。接到区局下发宝平所工作任务通知后，于学峰第一时间安排部署，并把自己排在了第一班第一岗：唐通线K193+414香河界卡口。早上7点，于学峰准时到达值守岗位，迅速进入工作状态，认真对照通行标准，对离开宝坻的人员、进宝的人员、生产生活物资运输车辆进行登记检查，竭尽全力稳定疫情防控期间社会秩序。每天，他都要在这个岗位上值守12个小时。由于疫情影响，区市场监管部门受理的投诉举报空前增加，分拨到宝平所的口罩涨价等价格相关投诉举报就达106件。这些案件处理不好，就可能引发群众不满，影响防疫大局。而此时，有三名年轻干部因与部分确诊病例活动轨迹有明显交集而居家隔离、暂停工作。这下重担压在了于学峰的身上。他决定亲自带队，前往被举报的药店、商店调查取证。而此时，他的痛风又复发了，上楼时需要抓着扶手一步步挪着走。长时间、高强度的疫情防控工作让他的右

脚肿得像个馒头，严重影响正常行走。白天他忍着剧痛安排工作、指导案件办理、解决投诉举报，晚上利用休息时间去医院输液治疗。在这场疫情防控战中，他从未缺席。他用一名战士的果敢和勇毅负重前行，一往无前。在疫情面前，于学峰首先想到的是责任，是使命，是百姓的安危。他带领监管干部奔走于各个药店，对防疫相关商品的价格进行检查、登记，维护辖区价格市场秩序；他辗转于菜市场、超市，查看生活必需品的市场供应、经营者主体责任履行情况，保障群众生活安定。

新冠肺炎疫情期间，他一直坚守在疫情防控工作岗位上，未休过一天假。处理疫情相关投诉举报时，他亲自带队调解调和、调查取证、指导案件办理，最终完善处置了 156 起投诉举报，其中协调 51 户餐饮店自愿退还因疫情无法就餐的消费者订桌定金达 300 余万元，稳控了市场秩序、平复了公共情绪。他带领干部迎风踏雪辗转于药店、商超、市场，检查防疫商品价格、查看生活必需品的市场供应、监督经营者落实主体责任。为保障辖区内 10 万人口的物资供应，他多次协调 4 家大型商超、2 个便民市场，在保物资供应、保商品质量、促价格稳定上下功夫，维护群众生活安定。疫情期间，他"敢打硬仗，勇挑重担"，始终坚守在防疫一线，做到了守土尽责，他让身边的同事、人民群众看到了市场监管人坚毅的力量和战"疫"必胜的信心。舍小家顾大家，说起来容易，真做起来，多少会让人有些心酸。可他义无反顾、勇往直前，他坚守初心和使命，用自己坚定的信念和忘我的付出，抒写基层市场监管新作为。

饭店检查

"为了万家灯火，付出再多都值得。"正月十五晚上，当别人都在家里沉浸在其乐融融的祥和气氛中看元宵晚会、吃元宵时，于学峰还坚守在疫情监测点位。他是一名优秀的市场监管人，却不是一位合格的丈夫、父亲和儿子。疫情防控以来，他放下家庭，全身心投入到工作岗位上，全面组织开展疫情防控工作。他没时间照顾家庭。他的妻子身患慢性病多年，疫情暴发后，他从未休息一天。为了减轻自己工作风险给家人的安全带来的威胁，他长期吃住在单位。无暇照顾家人，他只能托付妻子一人承担起这些责任。妻子既担心他的腿，又担心他在单位吃住，没人照顾，可又不得不支持体谅他，只能每次打电话时千叮咛万嘱咐，偶尔也会埋怨他太拼。繁重的工作让于学峰无法抽身为自己家庭购买防护用品，相反他却将妻子买来的口罩分送给所里其他同志。妻子知道后没有任何怨言，给予他更多的是宽容、理解和支持。看见他连续十多天都只睡三四个小时，妻子也跟着着急上火，但唯一可做的就是做了一桌可口的饭菜等他回家，经常是这边刚吃一口饭，那边接了一个电话，就放下碗筷离开家门。更多的时候妻子根本见不到于学峰回家，他只打来一个电话——加班。

作为基层所所长，他要时刻关注疫情发展趋势，精准把握、落实上级部署规划，及时调度，积极落实，采取行之有效的工作举措。疫情期间的工作部署都是"闻令而动"，很多工作落实得太过匆忙，根本没有太多的时间思考。于学峰平时认真严谨的工作态度和经年累月磨砺出来的职业素养，在此刻显示出了关键作用，一切紧张繁重的工作才得以有序开展。这就是疫情非常时期于学峰工作的真实情况，他以实际行动把初心写在岗位上、把使命落实在行动中，为坚决打赢这场疫情防控阻击战冲锋陷阵。

"惟其艰难，方显勇毅。"在这场没有硝烟的战场上，于学峰和病魔比拼的是速度、是毅力、是担当。在这次疫情中，于学峰是一名"战斗者"，号角吹响时，他穿上制服奔赴属于自己的战场。他时刻心系群众、铭记责任、扛起使命、勇于担当、履职尽责，用自己的方式同疫情对抗。面对疫情的严峻形势，他没有丝毫退缩，顽强拼搏、日夜奋战，只因为他曾经许下不负人民的承诺，担负着人民交付给他的重任。于学峰同志用不懈奋斗诠释了一名共产党员对党忠诚、心系群众、忘我工作、无私奉献的初心。他坚信，只要有一份不忘初心的坚守、履职尽责的担当、踏实肯干的信念、无私奉献的情怀，撸起袖子加油干，就一定能在平凡的岗位上干出非凡的业绩。抱持着这样的信念，于学峰一直奋战在市场监管一线。自 2013 年至今，于学峰连续 7 年被评为优秀公务员、连续 2 次荣立"三等功"；2015 年获天津市五一劳动奖章；2018 年获得天津市市场监管系统优秀共产党员称号；2020 年获得天津市抗击疫情劳动模范荣誉称号。于学峰所做的一切，虽无惊人的壮举，但平平淡淡皆是真。世界上唯有"真"才能经受得住时间的考验。他把真情奉献给党和人民，用自己的一腔热血铸就了市场监管干部的高大形象。他实干、真情、奉献的高尚品德迸发出不同寻常的力量。这种力量坚韧而温暖，执着而博大，凝聚着昂扬向上的精神。于学峰的故事还在继续，他将在平凡的岗位上，持续抒写着平凡朴实、润物无声的为民服务瑰丽篇章。

天津市劳动模范 张晓杰

大中服装有限公司的"奋斗历程"

张晓杰，男，汉族，1970年2月1日出生于天津市，硕士学历，现任天津大中服装有限公司董事长兼总经理。二十年来，张晓杰扎根乡村，带领濒临破产的天津市大中服装厂（现更名为天津市大中服装有限公司）步入正轨。

张晓杰始终以党的方针、路线为指引，坚持进取向上的工作态度；他勇于克服困难，知难而上，奋力拼搏；他认真履行董事长职责，制定并遵守各项规章制度，深挖工人及管理人员的潜力，保证优质、高效、低耗、安全地实现标准化作业。

扎根基层，情系家乡挑重担

自 1993 年起，张晓杰便开始自主创业，在城区成立了自己的商标公司，经营得非常顺利。1998 年，张晓杰得知家乡的天津市大中服装厂由于多种原因，企业连续亏损，渐渐走上了下坡路。镇党委、政府领导为企业今后该怎么发展、谁能接管这个烂摊子花费了不少心思。最后，镇党委、政府决定并报请上级政府批准，对该企业进行改制。在大家茫然不知所措的情况下，年仅 28 岁的张晓杰毅然放弃自己辛辛苦苦创办起来的商标公司，从繁华热闹的城区来到了地处偏僻的大洼，贷款 350 万元，买断了这个企业，自己任公司董事长兼总经理，挑起了这个沉重的担子。

正值青春的张晓杰对创业充满激情、干劲，但又不缺乏理性的思考。他勇于挑战困难，对未来充满希望，同时，他也懂得进退有度。

在张晓杰接手大中服装厂后，对天津市大中服装厂进行了经营体制改革，企业名称由原来的天津市大中服装厂更名为天津市大中服装有限公司。现实的情况比张晓杰预想的不知要难上多少倍。企业性质变为民营，原来遗留的问题犹如一团乱麻，让人一时难以理出个头绪。厂里的干部情绪不稳，几百双员工的眼睛都盯着他的一举一动。原来的客户对他心里没底，外界的同行们对他更是投以怀疑的目光。他们仿佛都在说，一个不到三十岁的年轻人，连服装厂的大门都没进过，能挑起这么重的担子吗？

张晓杰哪顾得上这些，他凭着闯劲、拼劲和犟劲开始了他的战略规划。当务之急，就是解决多余人员无所事事、管理机构庞大臃肿的问题。企业精简人员，说起来容易，可做起来就难了。张晓杰回忆，谁留谁走都难，这简直是个世界级难题。那几天，他总是吃不香、睡不沉，每天认真考察每一个人的情况。他要有理有据地给所有人一个交代。当时有人劝他："晓杰呀，你可不能伤了乡亲们的和气呀。俗话说得好，亲不亲故乡人嘛，多少年老一辈少一辈的哥儿们爷儿们，都在一个土台儿住着，低头不见抬头见的，多留几个也算不了啥。"还有人说："你年纪轻轻的可要看远点儿，别因为这事伤人，免得往后给自己找麻烦。"

劝告也好，提醒也罢，张晓杰都没往心里去。因为他认准了一个道理，就企业目前的情况，要想生存发展，就不能顾及人情面子，必须快刀斩乱麻。谁留谁走，要根据文化素质、道德素质、技术业务素质的高低以及年龄的大小来决定。

经过一番严格调整，对全厂管理人员和后勤科室人员以及车缝、裁剪和后序工人进行了整合。紧接着，张晓杰又以年轻化、知识化、专业化为标准，组建起有利于企业发展的职能科室和管理部门。他这次企业体制改革、精简人员的目的就是要彻底打破延续多年的企业大锅饭。从中，人们也见识了张晓杰管理企业的魄力和决心，这也为大中服装有限公司的崛起奠定了坚实的基础。

以质为本，打响"第一炮"

改革实施完毕后，天津市大中服装有限公司正式步入正轨，走出了正式面向市场、社会考验的第一步，首先张晓杰召开了各职能科室和管理部门负责人会议，明确了各部门的相关职责，要求各部门团结一致，积极配合，目标一致，将天津市大中服装有限公司重新打入市场，赢回自己的辉煌，不仅要做大，更要做强。张晓杰表示自己将全身心配合各个部门的工作，保障后续工作有序进行，同时在此次会议中总结原工厂经营失利的原因，研究部署公司今后的发展方向和目标。

大中服装厂的兴旺与没落对比很明显，大中服装厂红火兴旺时，名扬业内

大中服装有限公司整体外景

外，不少新老客户都主动上门送订单，谈业务。可花无百日艳，时过境迁，到后来，别说新客户不来了，就是多年的老客户也是所剩无几。即便是想在这做加工的，批量也是不大，两三千件一单的活儿就算是大订单了。张晓杰强调现状反映问题："这些能怨谁呢？就怨当初企业管理不善，人员素质低，产品质量意识差，机器设备老化，技术无保障，缺乏市场竞争实力。说到底，怨天尤人不是办法，今后必须按期交货，保证质量，让保证企业有单，职工有活儿干才是真格的！"

为了企业的生存，为了全厂600名员工的饭碗，为了不让父辈们失望，也为了找到自己的无限潜力，张晓杰可以说是不顾一切、不计代价地向前冲。

由于大中服装厂长期订单萧条，销售部为了拉订单使用了各种办法，每天联系新老客户却一直毫无进展，张晓杰了解到情况后，肯定了销售部的做法，但同时表明困难是可预期的，更是可以被打败的。他鼓励大家要迎难而上，并且表示自己也要和大家一起找订单，和销售部门共进退。张晓杰并不是简单地说说，他与销售部沟通后的当天，就开始对北京、天津、河北的外贸服装进出口公司一一登门拜访，即便是不认识的客户，他也通过各种方法取得联系，深挖市场。功夫不负有心人，张晓杰的诚心实意、坦率热情和较好的沟通能力赢得了外贸部门的好感。最重要的是，他敏捷的思维方式和独特的企业经营理念，都使接触过他的外贸服装公司感到耳目一新。他们看好这个有抱负、有魄力的年轻人，认可他是个能干事能成事的人。于是，客户们先后向他抛出了橄榄枝。在天津外贸服装进出口公司的支持引荐下，一位韩国客商与张晓杰建立了联系，可当客商看了企业的现状后，连连摇头表示不放心，生怕张晓杰完不成订单，误了交货期。张晓杰给客户做了深入分析，对公司的优势做了客观的解释，最后，韩国客商抱着试试看的态度，与张晓杰签了3000件棉雨衣订单，而且交期很紧，加工质量也非常苛刻。无疑，这是韩国客商对大中服装有限公司的一次试探和考验。

张晓杰深知这批加工活儿的意义，如果干漂亮了，企业的路子就趟开了，否则，将会产生难以估量的负面影响。接下订单后，张晓杰立即组织技术人员打板放样，抽调技术过硬的员工，组建了关系到企业生存希望的生产线。从服装打板、放样到裁剪，张晓杰寸步不离。投入正式生产后，他又整整两天两夜没有离开车间。生产期间，免不了会出现一些技术问题，张晓杰及时组织技术人员研究商讨，及时改进，许多困难都被消灭在生产一线，确保加工任务顺利进行。

几天过后，3000件漂亮的棉雨衣摆在了韩国客商的面前，比原计划提前了五天时间。经过严格的三级检验，产品件件合格，每道工序都符合工艺标准。这下，这位韩国客商惊呆了，他根本没想到，一个不起眼的服装加工企业，竟能在短时间内生产出工艺如此复杂的产品，质量也是无可挑剔。由此，他对张晓杰有了重新的认识：这位年轻的老板真不简单！

事实就是最具说服力的证明。京津地区所有外贸进出口公司对张晓杰刮目相看，这极大地增加了天津市大中服装有限公司的市场知名度，同行们对初闯服装界的张晓杰有了新的评价，就连冷眼观望说风凉话的，也不得不承认："嘿！真没想到这小子还真有两把刷子。"一晃几个月过去了，天津市大中服装有限公司的形势越来越好，订单不断添续，产品种类也在不断增加。按说，张晓杰暂时可以松口气了。可是，他的神经依然绷得很紧，他每天坚持抓销售，抓产品质量，抓队伍建设，忙得不亦乐乎。张晓杰作为天津市大中服装有限公司的领头人，以身作则，以厂为家，与人和善，得到了全场员工的支持与信任，更加带动了大家工作的积极性。

为了掌握公司的业务和生产的全部流程，最初的4个月，只要他在公司，就会盯守车间，只要工人在生产，他的身影就在车间里，从车间亮灯到关灯，他像着了魔似的泡在车间里，一边熟悉各道工序，一边进行摸底调研。他三天两头地往返于京津地区外贸服装进出口公司，只为了把所有流程中的问题找出来，掌握第一手资料，不断完善工作。高强度的工作，必定能够做出不俗的成绩，同时，也不可避免忽略了家庭。

张晓杰有着令人羡慕的幸福家庭，妻子贤惠漂亮，孩子活泼可爱，家庭经济条件很好。在别人眼里，他根本没理由从繁华热闹的城区来到这偏僻的大洼自讨苦吃。张晓杰在宝坻城区经营那个虽说不大却很赚钱的商标公司，足可以与一家人过上富足生活。可是，开弓没有回头箭，他的梦想不允许他放弃拼搏。

能力越大，责任越大，张晓杰的能力毋庸置疑，但公司刚起步，正处于较劲爬坡的紧要关头，张晓杰要付出得很多。做完一个订单需要好长时间，张晓杰就会好长时间不回家。妻子理解他，但居家过日子，总会有这样那样的家务需要张晓杰去处理，因此，免不了打电话找他。大多数，张晓杰是软磨硬泡向妻子"请假"，他实在是抽不开身。对此，曾经担任过集团公司老总的父亲深有体会，老父亲劝慰儿媳："企业需要管理，必有老总的艰难，晓杰处在艰难爬坡期，相信晓杰，他必不负众望，能将天津市大中服装有限公司带入发展的新时代。"

知子莫若父。时间证明了张晓杰的能力，当然这是后话。在当时，张晓杰作为拥有 600 名员工且刚刚起步的私营企业的年轻老板，要做的事情很多，要学的东西同样很多。身份、职责、环境、使命，都使他义无反顾地将自己的命运与企业紧紧地捆在了一起。所以，他必须做出选择，摆脱舒适的生活，抛开儿女情长，一门心思地扑在为之奋斗的服装事业上，坚定不移地去实践自己的理想：干大事，创大业，做一名对社会、对国家有贡献的杰出青年。

张晓杰此时处在事业、家庭不能两全的境地，深刻地体会到其中的心酸。所以，他多次开会告诫员工在完成好工作的情况下，尽可能地多照顾家庭。他说得多了，职工听得多了，自然而然形成了风尚。多年的积淀，在公司所有人员心里，已经形成了不成文的规定：下班早回家，多陪家人，多分担家务。

力争上游，勇于开拓创新

随着天津市大中服装有限公司口碑变好，订单量随之增加。因此，公司员工有了安于现状的自足情绪。张晓杰及时发现苗头，他指出："我们要有忧患意识，对比大企业，公司目前管理模式、设备和技术都还存在诸多问题，我们需要不断创新，才能立于不败之地，这也是企业持续发展的唯一办法。"张晓杰明确指出企业要发展、管理模式要提升、质量要提高、设备要更新、生产规模要扩大，发展要有创新规划和行动。

企业要发展，管理是关键；质量要提高，设备是关键。张晓杰着手强化公司全体员工的质量意识和工艺纪律。他通过学习借鉴国内外同行的先进经验和管理模式，采取"走出去、请进来"的方法，对公司的中层干部和质检、供销、财会及保管人员集中进行专业轮训，并侧重微机操作培训，同时，还以岗位技术比武、劳动竞赛以及车间广播、现场示范等形式，对员工们进行质量意识和爱岗敬业等方面的教育。在此基础上，全面推行 ISO9000 系列国际标准，建立健全了质量保证体系和管理体系，进一步完善了公司、车间、班组直至个人的产品检验制度。从原料进厂到产品出厂，形成了上下严格监督，各道工序衔接紧密，确保不合格产品不出厂的良性生产格局。

从这时开始，天津市大中服装有限公司全面实行了微机化生产管理，以班组为单位，定岗、定位、定指标，单人核算，将每道生产工序计算精确后输入电脑，作为质量检验和经济效益核算的依据。

正是由于上述措施的施行，天津市大中服装有限公司的各项工作逐步走向了正轨。尤其是公司常年开展的"敬业爱岗、劳动竞赛"活动，对企业的健康发展起到了积极的推动作用。这个活动最能激发员工的爱岗敬业精神，通过文明生产、劳动纪律、环境卫生、产品质量标准的约束，以及流动红旗的争夺，不仅调动了人们的干劲，而且赛出了友谊、赛出了风格，起到了互相促进的激励作用。

大中服装有限公司车间内景

管理模式改进提升后，全员的质量意识得到了强化，劳动纪律形成了自觉，企业管理规范科学，这些可喜的变化，使张晓杰打心眼儿里感激全体员工。随即，他又将眼光瞄在了专用设备的更新换代上。2001 年，张晓杰通过市场调研，一次投资 40 多万元，引进日本重机公司 80 台高速平缝机和特种缝纫设备。2002年春季，他又投资近 150 万元，引进日本兄弟公司 350 台高速平缝机和一些先进的专用设备。2003 年 6 月，他再次投资 30 多万元，引进日本重机公司 50 台高速平缝机、双针机和粘条热合机。至此，除少数先进设备保留外，过去陈旧落后的机器设备基本上全部淘汰。全公司的所有服装机器设备达到了国内同行业的一流水平。

管理模式提升了，设备更新了，张晓杰又开始在生产规模的扩大和新产品的开发上做起了文章。2001年8月，他又以同样的方式，以400万元的价格买断了本公司对面的另一家大型服装厂，使员工增扩到1200人。为了便于管理，独立核算，张晓杰将原有工厂规划为生产一部，将新买断的工厂规划为生产二部，并分别调整建立了人员精干、一专多能、办事效率高的经营管理部门。

攻坚克难，开拓国内外市场

天津市大中服装有限公司经过整改、生产、质量等多方面的调整，虽然历经了一些困难，但在张晓杰的带领下都顺利闯过难关。公司的生产规模扩大了，订单的需求量也相应增加，国内订单量已经趋于稳定，如果单独依靠国内外贸公司的订单，一是企业"吃不饱"，二是只能挣点儿加工费，利润很低。面对

与国外客人交谈

当时的情况，张晓杰提出：企业要生存必须增加订单数量，提高利润，必须直接接外商订单。于是，企业在2002年申办了进出经营权。从此，原材料可直接进口，产品可直接出口。

在国外找自己的客户可不是一件容易的事，张晓杰又开始了新的思考：怎么和外商接上关系？如何让外商认可？语言不通怎么交流？一系列难题摆在他面前。张晓杰想起了自己在加拿大定居的哥哥。他想，能不能通过哥哥联系一下服装行业的客商？另外，他又专程去外贸公司多次，求助他们联系国外客商来厂考察。在这期间，他通过哥哥和外贸公司的朋友，多次给国外客商发工厂简介，发工厂图片，寄送样品。功夫不负有心人，在他的精心组织策划下，加拿大、德国客商先后来厂考察。

来厂考察的这两个客商，都是在本国较大的公司，每年服装的需求量很大。可是，他们要求必须经过验厂合格了，才能接订单，否则不合作。过去工厂只

是接外贸公司的订单，从未验过厂，更不知道外商验厂都验什么。为了接订单，张晓杰答应了外商验厂的要求。

国外客商委托中国天祥公司验厂，2003年3月4日，三位审核专家进入了工厂，亮出了他们的身份，说明了他们的来意。张晓杰紧急召开了企业代表及各部门负责人会议，通报了验厂的方法和内容，本次验厂时间为两天，方法是查看公司文件（资料）、查看公司现场、进行员工访谈。紧张的验厂工作开始了，公司代表给审核专家拿来了各种文件（资料），包括营业执照、税务登记证、企业代码、进出口经营许可证等。开始，大家很自信，认为公司各种证照齐全。审核专家看完提供的文件后问道："公司有电工吗？""有！""把电工证拿来！""有锅炉吗？""有！""把锅炉证、锅炉使用登记证、锅炉外部检验报告、锅炉内部检验报告、安全阀校验报告、压力表鉴定证书拿来。"房产证、安全生产培训证、员工疏散照片和记录、员工防火培训照片和记录、员工救护照片和记录、防雷检测证、紧急救护培训证、食堂卫生许可证、炊事员健康证、职业健康检查证明、员工花名册、劳动合同、考勤表、工资核算表、工资发放表、社保缴费凭证、销售合同、购料合同、生产报表等，要提供的文件（资料）需一百多种。

到了查看现场环节，专家要求车间的所有大门必须敞开，并有准确醒目的疏散图，门口上面必须有明亮的安全出口警示牌，消火栓、灭火器按平方米计算，一个也不能少，墙壁距离地面一米处必须有明亮的逃生箭头指示，地面必须有标出逃生通道，并有逃生指示箭头，并安装疏散警报器，车间必须有噪声检测报告、粉尘检测报告。整个车间地面和员工机台上下，不能发现一个机针（包括断针）。员工不允许佩戴耳环和首饰，女工的长发和辫子必须在工作帽里面，使用的大小剪刀、锥子等必须用线绳拴在机台上。平均三十人要配备一个医药箱，里面要备齐常用的外用药、酒精、纱布等。班组正在投产的产品的样衣要挂在本组的前面，待验品、合格品、不合格品、残品要分别放在工作筐里，对每天的产量、检验、回修必须有详细的记录等。另外，库房、餐厅、宿舍、厂区等各个角落都有严格详细的标准和要求，就连厕所的蹲位都要按员工人数比例计算。

凡是工厂有的文件都看过了，整个厂区及各个角落都走遍了，审核专家要找员工访谈了。之后工厂才知道审核专家找员工访谈的目的和内容，就是核实企业代表给审核员提供的信息、文件（资料）是否真实。如有不符之处，审核专家认为员工不认可公司。

　　两天的验厂即将结束，结束前，审核专家又把企业代表和各部门负责人召集一起，开了一个总结会。审核专家说："通过我们两天的审核，我们认为，天津市大中服装有限公司是坐落在中国北方的服装企业，能自己做到现在这个水平已经是很不错了，但按我们审核的标准还有一定距离。企业能做到现在也不容易，希望你们今后继续努力，把该做的、能做的尽量都做了，希望下次再来审核，天津市大中服装有限公司有一个较大的改观。"审核马上就要结束了，企业代表问审核专家："我们这次能通过审核吗？"审核员回答说："能不能通过，要国外客户决定，我们回去后，会把这次审核的情况及时传给国外客户，大概七个工作日就能知道审核的结果。我们将在审核期间发现的问题和需要补办、整改的文件（资料）清单留给你们，希望你们按清单的要求去做。"

　　审核专家走了，参加审核会议的人员看了看审核专家留下的清单，都懵了。企业未提供老房屋的消防证明、员工的宿舍有的还不是单间、员工出勤日期与库房发料日期有不相符的现象，以及清单列出的问题和需要补办、整改的文件（资料）近百项，其中有好多项都是比较难办的。

　　在审核结束的第九天，工厂收到天祥审核公司信息："我们收到国外委托方电传，中国天津市大中服装有限公司，本次审核，工厂标准不达标，不能与其合作，如想合作，要抓紧整改，整改完毕后，重新申请审核验厂。"

　　张晓杰得知这个消息后，立即召开各相关部门负责人会议。他说："我们公司费了好大精力，找熟人，托朋友，才使得外商来我们工厂考察、审核，确实来之不易。我们厂要以外商验厂为契机，来一个大幅度改进提升，真正使我们厂达到国际同行业水平。我们要立即安排工厂的提升改造工作，要有明确分工，落实到人。我们要齐头并进，以最好的办法、最快的速度、最佳的效果，争取下次验厂一次通过！"

　　听了总经理的一番话，大家心里有了底，也对验厂成功有了信心。按张晓杰的安排部署，参照审核员留下清单的标准和要求，兵分四路。第一路两人，负责去政府和相关部门办理文件、证书、报告等政策性资料；第二路四人，负责本厂各项规章制度的制订和修改，补齐验厂所需的各种文件、资料、记录等；第三路三人，负责组织安排本厂后勤人员和雇用厂外专业队，新建和改造验厂所需的设施、设备；第四路两人，负责购买验厂所需的各类物品。

经过 28 天的努力，公司投入 40.2 万元资金，将工厂的标准化进行了大幅度提升。按审核专家留下的清单，逐条核实，基本上达到了要求。2003 年 4 月 20 日，天津市大中服装有限公司又一次向国外客商提出了验厂申请。

2003 年 5 月 5 日，工厂接到天祥公司审核专家通知，外国客商委托天祥公司于 5 月 8 日再次对天津市大中服装有限公司进行审核验厂。接到此通知后，大家是又高兴又紧张。高兴的是，外国客商又给了一次验厂的机会，如能通过就能接国外订单了。紧张的是，这次如还是验不过，投入了这么多人力和资金，还接不了订单，那就前功尽弃了。

5 月 8 日上午 9 时，两名审核专家走进了工厂的大门。审核工作很快就开始了，和上次一样，审核一项一项地进行着。但是上次合格、达标的项目，审核专家基本没问也没看，他们所问所看的基本都是上次没有或需要改进的。企业代表和其他工厂部门人员和上次一样，回答着审核专家的各种提问。短短两天的审核验厂很快要结束了，审核专家又通知公司开总结会了。公司代表的心几乎都提到嗓子眼儿了，大家猜不到审核专家又要说什么。审核总结开始了，一位专家说：“两个月之前，我们第一次来贵厂审核，发现了贵公司各个方面都存在一定的问题，按国外客商的标准要求有一定的距离。出乎我们预料的是，你们能在短短两个月内，把工厂改进成现在这样，虽然局部还存在一些问题，但绝大多数的问题都已改进，真的很了不起。我们一定按这次审核的实际情况，及时地电传给国外客商，让他们做出决定，等我们回去后，七个工作日左右，就可以等到外商的消息。”

2003 年 5 月 18 日，审核公司传来了一个振奋人心的消息，天津市大中服装有限公司国外客商审核验厂通过了。这一消息在企业传开了，全厂沸腾了，人们高呼着：“公司验厂通过了，可以直接与国外客商谈业务了。”为了做好进出口业务，公司在天津市内专门设立了办事处，公司派出四名文化程度和技术水平较高的人员，又在市内招聘了五名有服装进出口经验、精通外语的大学毕业生，专门负责服装进出口业务。

2003 年 6 月公司接了加拿大 COSTC 公司儿童滑雪套装 40000 套的订单，8 月又接加拿大 ESTED 公司成人棉服 60000 件、儿童棉服 80000 件的订单。这两个客户的产品全部按期发货，没出现任何质量问题，赢得了客户的好评。之后，又相继有芬兰 REIMA 瑞玛公司，连体棉服、儿童棉上衣、儿童棉裤等订单和加拿大 ORAGE 公司上衣、冲锋衣、滑雪服等订单，瑞士 INTERSPORT 公司户外冲锋衣、棉服等订单。另外，还有日本、韩国、德国、瑞典、美国等客商数量不同的订单。至今，仍有一些老客户将不同数量的订单交给工厂来生产。

天津市大中服装有限公司的业务渠道拓宽了，产品的品种增加了，竞争实力增强了。过去只能生产防寒服、雨衣、夹克、裤子等，现在增加了羽绒服、滑雪服、冲锋衣、摩托服、风衣、连体服、运动套装等系列产品，多达上千个款式，年生产能力达到 160 万件（套），产品畅销美国、日本、德国、加拿大、瑞典、芬兰、韩国等十几个国家和地区。

凝聚力量，共创辉煌

在管理企业方面，公司规章制度严明，不徇私情，但员工在生活、个人困难方面则是能帮则帮。

张晓杰管理企业规范严谨，不徇私情。为这，有人说他不近人情，不顾面子。这些说法，张晓杰从不否认，他觉得，搞企业必须严加管理，执行规章制度必须坚决彻底。如果处处讲人情、顾面子，有章不循，见错不纠，那么，企业将是一盘散沙，生产和质量都是一句空话，就会削弱直至丧失国内外服装市场竞争的能力。

其实，了解张晓杰的都知道，管理企业严谨，只是他强烈的事业心和高度的责任感的一面。而另一面，张晓杰也有着一颗善良火热的心。自担任大中服装有限公司总经理以来，虽然企业实力不断增强，生产规模不断扩大，对国家的贡献不断增多，他本人的公信力和社会地位也逐渐提高了，可他没有丝毫的骄傲和自满，始终将自己置身于公司群体中的普通一员。他真心实意地善待每一位员工，将大家看成是自己的兄弟姐妹。他从内心感激这些与他

职班宿舍

一起共同创业的员工们，觉得没有这些可爱的员工，企业就不会有今天的可喜局面。

正是出于这种认识和感激之情，张晓杰时刻把员工们的冷暖挂在心头。不论哪位员工有困难，他知道后都热情帮助。逢年过节，他都积极张罗着为公司每位员工发放慰问品。夏天给员工发雨衣，冬天给员工发棉服。每月两三次，免费为员工改善生活，炖肉、熬鱼、包肉包子等。全公司多半数的员工来自外省市，最远的离家1000多公里。为了让这些员工安心工作，张晓杰不断改善员工们的生活和住宿条件。近年来，他与后勤管理人员一起对员工食堂进行了改造和调整，新装修餐厅320平方米，新建厨师操作间125平方米，储藏室42平方米；新购置大型电饭箱两个，热水机两台，大型燃气灶一套。洗碗池、洗菜池、洗肉池全部是高级不锈钢材质。墙壁、地面一律是高级瓷砖，大大地提高了员工的饮食卫生和就餐环境。同时，他还将过去的个人承包形式改为企业负责经营管理，使员工的饭菜吃着放心，又节省了开支，员工们都非常满意。

为了让员工们住得舒适，张晓杰又拆除原有破旧宿舍。他投资30多万元，建起了4排76间、面积1400多平方米的平房宿舍。将过去20多人居住的大连铺改成了4人居住的标准间。宿舍全部是铝合金门窗，屋内装有空调、暖气。卫生均由公司安排专人清理打扫，宿舍区逐步进行了绿化、美化。

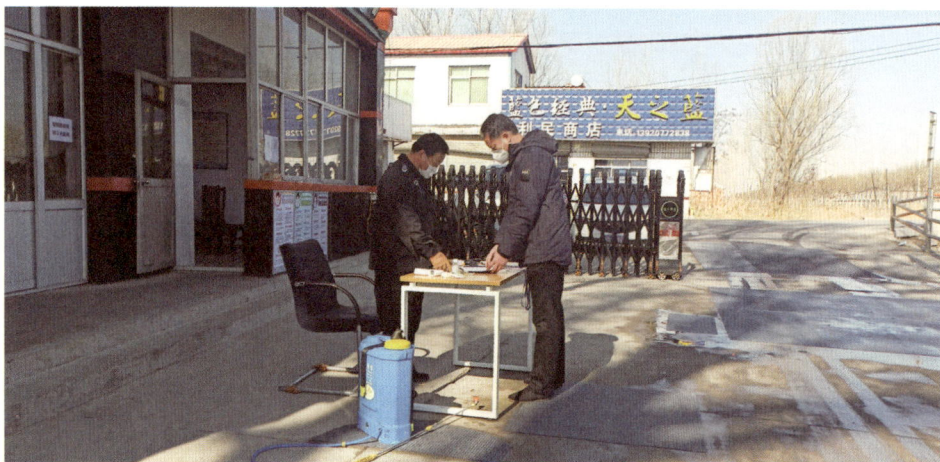

总经理张晓杰检查防疫工作

在张晓杰的操持下，公司还改善了员工的洗浴条件，同时建起了两个各为80平方米的洗漱、洗浴室，并对公司里的卫生间进行了翻新改造，一律改成高级瓷砖贴墙，地板砖铺地，自来水冲洗流畅的卫生间，并全部安装了洗手盆或洗手池。这样一来，不仅一线员工满意、管理人员满意、上级有关部门满意、就连来厂谈生意的客户和外商也是高度赞扬。

突如其来的新冠肺炎疫情，闹得人心惶惶。当时，正是工厂春节放假期间。张晓杰非常关心员工家乡的疫情情况，尤其是外省市员工所在地区的疫情情况。他多次打电话，委托工厂的车间主任、班组长和各科室、各部门负责人向自己所管辖的员工逐个打电话、发微信进行慰问，帮助他们解决实际困难。

张晓杰这一举措，感动了工厂的每一名员工，他们在回电话和发微信时表示："请转告总经理，请总经理放心，只要当地政府允许出门，途中能放行，他们会第一时间回工厂复工。"在这段时间，张晓杰亲自组织带领工厂春节值班人员，对工厂的厂区、车间、库房、餐厅、宿舍等进行了全面检查消杀，并积极采购疫情所需物资，口罩、消毒液、酒精、肥皂、测温枪等全部备足，同时还储备了大米、面粉、食用油、猪肉、鸡蛋、可存放的蔬菜等，为复工复产做了充分准备之后，向上级政府有关部门提交了复工申请。

在此期间，区、镇政府有关部门先后六次来厂检查疫情防控情况。2020年3月4日，区疫情防控指挥部和相关部门批准了公司的复工申请。员工分期、分批进厂复工。公司一丝不苟地按照上级政府相关部门的要求，对所有进厂员

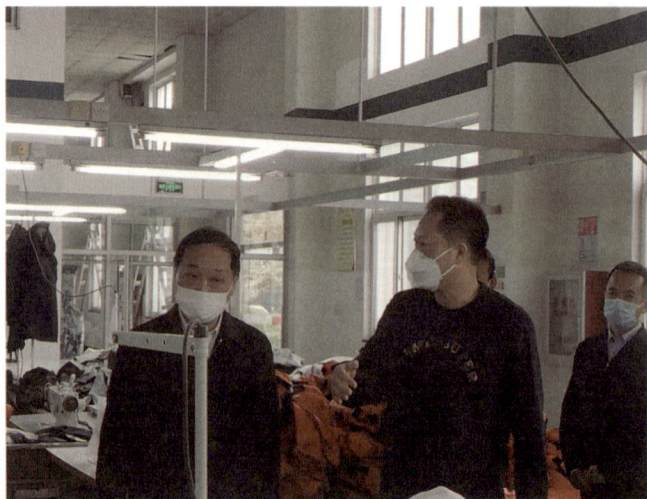

区领导考察车间

工进行严格管控。门卫把好第一关，进厂车辆及人员详细登记，严格消毒测体温。厂区外凡是有人员流动的区域每天消毒不少于一次，车间、库房、宿舍、餐厅、办公室、卫生间等，每天消毒不少于两次。所有复工人员每人一间宿舍，由炊事员免费将饭菜送到每个宿舍门口，且上下午各测体温一次。除此之外，公司定期向所有员工免费发放口罩。员工们感激地说："公司真的是太好了，因为疫情的发生，总经理和各位领导操了不少心，受了不少的累，企业已经受了很大的损失，还这样照顾我们大家，把我们当成自家人。我们啥也不说了，今后我们大家搞好团结、齐心协力、苦干实干、多出活儿、出好活儿，以实际行动，感谢企业和老板对我们的关心。"

收获成果，回馈社会

20 多年的辛勤创业，使天津市大中服装有限公司从小到大，从弱到强，企业各项标准也都得到相应提高。2013 年，企业通过国际 9001 质量管理体系认证；2014 年，通过国际 14001 环境管理体系认证；2015 年，又通过 18001 职业健康安全管理体系认证。2004 至 2005 年度，2010 至 2011 年度，2012 至 2013 年度，被天津市工商行政管理局认定为"守合同重信用"企业。企业的业务量逐步扩大，销售量不断增加。自 2014 年以来，企业年销售收入都在 8000 万元以上。2018 年，销售收入 1.56 亿元，纳税 1900 万元。

20 多年的奋力拼搏，使天津市大中服装有限公司名扬四海，张晓杰也得到了党和政府的众多赞誉以及社会的赞扬。公司被区人民政府授予十大贡献企业称号，区总工会被誉为职工之家，市工商联被评为 2020 年第九届天津市民营企业，健康成长过程促进就业 100 强（70 名）。张晓杰本人也当选为区人大代表、区工商联副主席、镇商会会长等职务，获得了区五一劳动奖章、区劳动模范、市农村青年创业致富带头人、市个协民协系统抗震救灾先进会员、市"十五"立功先进个人、市五一劳动奖章、市劳动模范等荣誉称号。

20 多年的不停探索，使天津市大中服装有限公司注册资金由开始的 50 万元增加到现在的 5000 万元，固定资产由开始的 240 万元增加到现在的 3900 万元。2020 年，公司拆除全部旧车间、库房、宿舍等过去的建筑，投资 1200 多万元，新建一栋两层共 768 平方米职工活动中心，里面配有图书室、健身房、台球、乒乓球、娱乐厅等。公司新建一栋两层、共798平方米口罩生产车间，购买了KN95口罩机4台，一次性医用口罩机6台，以上和其他配套设施均已安装调试完毕，并投入生产。公司另外还新建了一栋一层1008平方米熔喷布生产车间，购买熔喷布机1台及附属配套设备，已安装调试完毕，投入生产。装修万级无菌防护服、手术衣生产车间，两层共1008平方米，生产设备、配套设施全部安装调试完毕，已投入生产。同时，防护服、口罩均在天津市药品监督管理局办理了中华人民共和国医疗器械注册证、医疗器械生产许可证，并通过有资质的检验公司对上述产品进行了检测，均符合国家标准。

今天的天津市大中服装有限公司已发展成为占地36200平方米、建筑面积16000平方米、拥有1200台当今国内一流水平专用设备的大型熔喷布、防护服、医用口罩、服装生产基地。所有产品从选料、制作、检验、包装均是机械化操作，数十名设计师、工程师、经济师、会计师、医药师在这里大显身手。500名高素质员工与企业同呼吸共命运，以强大的团队精神迎接新的洗礼和考验。

随着天津市大中服装有限公司发展壮大，张晓杰并没有忘记回报国家和社会，始终把奉献时刻记在心上。原始的大钟庄镇敬老院距离张晓杰的企业不足百米，张晓杰每年都向敬老院老人捐献棉服和慰问品。镇中小学开运动会，他资助款、物，到了冬天，他亲自到小于庄村给村民送去棉服。2018年1月，他向区慈善协会捐款6000元。2008年，汶川地震，他将新生产的1000套、价值50万元的雨衣及时捐献给灾区人民。新疆的和田地区、甘肃的武山县是宝坻区的帮扶对口地、县，为了给政府减压，他一捐就是几万元。2020年初，突如其来的新冠肺炎疫情，给国家和人民造成了巨大的经济损失。国难当头，张晓杰主动向天津市慈善协会捐款20万元。进入2020年冬季，新冠肺炎疫情有所抬头，张晓杰又分别向大钟庄镇、新安镇、大白街道、八门城镇、王卜庄镇政府等捐献口罩4万个。据不完全统计，自张晓杰任天津市大中服装有限公司总经理以来，向社会捐款、捐物累计达100多万元，得到了党和政府及社会的赞扬。

不忘初心，继续前行

在社会各界人士和本企业干部、职工眼里，天津市大中服装有限公司能做到现在的水平已经是相当不错了。可张晓杰却不满足，他说："企业不仅要做大，更要做强。只有做大做强，才会有竞争力、吸引力，才能站住脚。"他时刻在谋划新的发展，为此，他又设计了三项改革方案：

第一项：改造生产车间和库房，购置先进自动化生产设备。过去的生产车间和库房都是建厂时砖木结构的老车间，矮小黑暗、简陋陈旧，最大车间只能容纳四条线，小车间只能容纳两条线。在老车间里，员工分散，不便于管理，卫生条件也很差。国内外客人来厂时，也多次提出车间环境问题。因此，他带领干部职工腾出了原有的库房等作为临时

车间全景

车间，拆除了原来的所有旧车间，投资 860 多万元，建起一栋长 135 米、宽 32 米、檐高 8.3 米、面积 4320 平方米、可容纳 20 条生产线的车间。车间内，消防设施齐全，水电畅通，灯光明亮，中央空调冬暖夏凉，内有饮水间，外有卫生间。职工一年四季在车间里工作都感到非常舒适。

时隔三年，张晓杰又拆除了原有的旧库房，投资 320 万元，建起一栋长 135 米、宽 27 米，檐高 6.8 米，面积 3645 平方米的钢结构库房及裁剪车间，防火、防爆设施安装齐全。原材料库、成品库全部配齐码放货物用的底盘，使原材料和成品的纸箱长期存放也不会潮湿。辅料库全部配齐金属货架，摆放整齐，方便查找领用。

在原有缝制设备更新的基础上，从 2016 年开始，张晓杰又投资 120 多万元，先后购置了长臂自动电脑模板机 4 台、自动电脑切割机 1 台、自动电脑开兜机 2 台、裁剪用全自动电脑画皮机 1 台、全自动电脑验布机 1 台、全自动电脑铺布机 1 台、全自动电脑打板机 1 台、全自动空气压缩机 2 台。这些先进设备不仅提高了产品质量，节省了生产时间，还节省了人员 23 人，大大降低了成本。

第二项：优化企业环境。张晓杰非常注重企业的环境，他说："环境美不美对企业至关重要，它不仅仅代表企业的容貌，更能代表企业的魂。"近年来，厂区将破旧沥青路面、破旧砖路面、沙土路面全部打筑成20厘米以上厚度的水泥路面。清除了原来的杂土、脏土，重新垫上了肥沃的净土。厂区内留有菜园，种有十几种蔬菜，供伙房食用，其他空地全部设为草坪。

大中服装有限公司厂区外景

过去厂区内只有10棵杨树，4棵玉兰和8棵柏树。其余空地到了夏天长满杂草，看上去十分杂乱。张晓杰与蓟州、玉田园林、果园联系，经过几个春季，先后购买了海棠、玉兰、银杏、樱花、桑树等观赏树40多棵，同时还先后购买了苹果树、樱桃树、山楂树、李子树、石榴树、核桃树、桃树、杏树、枣树等120多棵。工厂后勤人员对厂区所有草坪和树木精心管理，按时浇水、施肥、除草、除虫、修剪等。现在一进入厂区，人们就会看到绿树红花，春天鸟语花香、夏天枝繁叶茂、秋天果实累累、冬天银装素裹，真好似花园一般。

第三项：寻找大客户。公司已经在国外有四五家客商，与在天津、北京、河北等省市的外贸进出口丝绸公司、纺织品公司、服装公司等均建立了密切的业务关系，订单也能够满足工厂的需求。可是，近几年，本地区从事服装行业的工人越来越少，而工人的工资却成倍增长，外商产品的价格提不上去，外贸公司的加工费仍然是几年前的老价格。大多数订单只有微薄的利润，有的订单甚至都赔钱。因此，张晓杰认为，不能只依赖老客户，要多渠道发展新客户、大客户，只有这样，订单才会有选择的余地。于是，他带着业务员，走遍了南方十多个经济发达城市和规模大、效益好的服装生产企业，进行考察调研。

通过这次考察调研张晓杰得知，顺丰速运有限公司在全国各地拥有几十万名员工，且每个员工的工作服就有十多种，包括一线春秋夹克衫、二线春秋夹克衫、春秋裤子、马甲、一线冬装外套、二线冬装外套、长袖棉衣、夏季长裤、夏季短裤、长袖T恤衫、短袖T恤、雨衣、雨裤等。这可是个服装需求的大客户，怎么能打入这个市场，张晓杰可动了不少脑筋。

经过一段时间的探索，张晓杰了解到一家面料供应商和顺丰速运公司的采购人员有业务来往。通过这层关系，张晓杰联系上了顺丰速运公司的采购员。想做顺丰速运公司的工装谈何容易，张晓杰了解到以前给顺丰做工装的是际华集团、红豆集团、蓝天集团等国内知名的大型服装集团，拥有员工几千名，有的员工甚至有上万名，顺丰速运公司很难与小公司合作。而张晓杰并没有灰心，他想，自己如果和几家大型集团相比，只是规模大小存在差距。国外客商的滑雪服、摩托服等，工艺那么复杂，自己公司一样能做得很好，在工艺和质量上不比别人的差。他又几次深入顺丰速运公司，与他们公司的销售人员反复交谈，详细介绍了大中服装有限公司的实力，表明了做好工装的态度和决心，并诚恳地邀请顺丰速运公司派相关人员来公司考察。

在张晓杰的再三邀请下，顺丰速运公司派相关部门一行七人来公司考察。他们首先查看了整个厂区，又详细查看了原料库、辅料库、成品库，走访了制版、样品车间，裁剪车间，缝制车间，锁钉车间、检验车间、烫熨车间，包装车间等。经过顺丰速运公司相关部门人员的考察，他们对大中服装有限公司有了新的认识。

顺丰速运公司人员考察十几天后，回复张晓杰：一家给顺丰做棉服的工厂有18900件棉服不能按期交货，让公司抢做一下，但交期很紧。张晓杰立即回应："没问题，保证按期交货。"他马上召开各有关部门会议，强调这次顺丰给的棉服订单虽然数量不多，但这是第一次和顺丰打交道，是对公司的考验，大家必须从每一道工序开始，要按出口服装的标准严格把关，绝不许出现任何质量问题。在他亲自监督指导下，提前三天保质保量地完成了任务。顺丰公司看了生产的棉服非常满意，他们说："真是和你们说的那样，别看你们工厂规模比其他工厂小，但服装的质量比他们任何一家都好，而且交期也没有耽误。"

2011年，也就是与顺丰打交道的第二年，公司又为顺丰生产棉服40000件，交期和质量仍然令客人十分满意。到了 2012 年，顺丰公司通知天津市大中服装有限公司参与顺丰公司工装竞标，也就是认可大中服装有限公司了。这次竞标，公司顺利拿到顺丰公司 30% 的订单。从此，公司每年都能拿到一部分订单。尤其是 2018 年，公司拿了顺丰公司 55% 的订单，这是顺丰公司的最高标股。这些年不论是交期还是质量，张晓杰从未出现过任何问题，并且连续三年被顺丰公司评为优秀供应商，顺丰速运有限公司总裁王卫亲自会见了张晓杰，并亲自为他颁发了"优秀供应商"奖杯。2019 年，张晓杰又被德邦物流公司评为优秀供应商。

张晓杰有着超前的思维能力。通过顺丰速运公司的合作，他先后在 2013 年与德邦物流股份有限公司合作，2018 年与跨越速运公司、饿了么送餐公司合作，2019 年与达达物流公司、美团送餐公司分别建立了合作关系。以上客户均是国内较大的客户，这样使公司的订单有了充分的选择余地。

身为天津市大中服装有限公司的主心骨，天津市大中服装有限公司的领头羊，张晓杰时刻在发展的路上探索，他秉持着不骄不躁的心态，他坚持着自己的初心，带领着天津市大中服装有限公司变大变强，继续着自己的征程。

天津市劳动模范 郑学臣

米乡新秀

郑学臣，1986年生。2003年，17岁的他当上了服装厂最年轻的车间主任。2004年，18岁的他独闯市场当"葱倒"，带出来一支农民营销队伍。2005年，19岁的他以独特的魄力成了一名带头致富的服装厂老板。2007年，21岁的他加入中国共产党，成为村党支部成立以来最年轻的共产党员。2018年，而立之年的他，任村党支部委员、村民合作经济组织——天津市德润丰水稻种植专业合作社理事长，以开发高端优质食味米产业为抓手，带领村民闯出一条共同致富路。2020年，他被评选为天津市劳动模范。

郑学臣是大米庄村一个农家娃，为了协助父母分担家庭经济负担，初中毕业后，只有16岁的他便融入社会劳动大军的洪流之中。如此的命运安排，没有让懂事的小学臣抱怨，他默默接受家庭的责任，甚至以"少年壮志不言愁"的豪气面对命运的安排。从 16 岁到而立之年，郑学臣走过了风华正茂的青春年代，15 年的奋斗历程，没有惊天动地的壮举，却有奋发进取的骄人业绩；没有轰轰烈烈的事业，却留有一串坚定的脚印。

最年轻的车间主任

郑学臣出生在大钟庄镇大米庄村一个农民家庭。2002 年初中毕业后，他进服装厂当了一名工人。

刚进服装厂，老板看他年轻、岁数小，就安排他和一群中年妇女一起在后段当辅工。整天装绒灌袋、摘杂绞线、叠衣粘绊、拴牌贴签，这些活既枯燥又无技术含量，一般年轻人根本就不愿意干，特别是半大小子，坐都坐不住，更不要说塌下心来干活。但郑学臣却是不声不响地跟大婶、大姨们学着干，坐得稳、耐得住。他凭着年轻、眼神好，手脚麻溜，干活利索，很快后段这些活就熟记于心，分配给他的活总是第一个完成。自己的活干完了，他就主动帮这个大婶叠衣，帮那个大姨装袋，替大伙儿交活、领活，忙个不停，后段组的大婶、大姨们对这个干活踏实、有眼力见的年轻小伙子赞不绝口，入厂不到两个月，小学臣当上了后段组长。

因工作需要，厂里调他到库房，主要工作是装卸车、扛布片，装箱打包发货件、收发原料填卡片。他凭着年轻力壮，扛布包上垛，搬衣箱装车，有时还要加班加点，但他从不叫苦喊累，认真干好自己的每一项工作。经他收料、入库，收、发原材料，发货、填单、开票等项工作，从未发生过一次差错，库房被他整理得井井有条。老板看中了这个干活不挑不拣，让干啥干啥，踏实认真的年轻人，有意对他进行培养，让他去干技术工种。

他先后干过锁扣打眼、裁剪打板、熨衣烫片，不管干啥活，都干得有板有眼。调他到缝纫车间学车工，不到一个月他就成了一名熟练工，而且还学会了机器维修，当了一名义务保全工，老板打心眼里喜欢上了这个心灵手巧、干活踏实的年轻小伙子，说他是天生干服装的料。为了培养他，老板让他到技术组搞服装设计，开发新产品；派他到合作加工厂家跟单验活，学习管理经验。

郑学臣入服装厂不到一年，服装厂各种生产工作，各道工序，被他学个遍、干个全。他先后当了几个不同工种的班组长。2003 年 8 月，17 岁的郑学臣被老板提拔为抓生产的车间主任。

令乡亲们刮目相看的"葱倒"

2004年，宝坻三辣（大葱、大蒜、天鹰椒）在宝坻大地如火如荼地发展起来，成了广大农民的一条致富路，种一亩大葱收入可达3000多元，这在当时可算是高效农业了。

郑学臣看到很多农民种葱致了富，在服装厂待不住了，产生了包地种大葱的念头。他谢绝了服装厂老板的再三挽留，辞去车间主任的职务，承包了村集体70亩地，种了40亩大葱。这在当时一家一户经营责任田的年代，他是村里承包土地最多、种葱面积最大的年轻人。

这一年，这个18岁的年轻人整天劳动在田间，精心管理着大葱。这一年风调雨顺，小虫子也不来捣乱，他家的40亩大葱与全村1500多亩大葱一样获得大丰收，亩产鲜葱达万斤。

那个年代的农民思想还不灵活，理念还很保守，秉承着工人做工、农民种地、商人做买卖的传统观念，生产出的大葱全部靠葱贩子（农民称其为"葱倒"）进村入户收购，农民遵循"有一货必有一主"的理念，在家坐等别人来买葱。

可如今全区大葱生产面积激增，仅大米庄村种植大葱就达1500多亩，人均一亩多大葱。收获季节，村里村外、田头路边到处是葱，在家坐等别人来买葱难的问题凸显出来了。

大葱收获后的农民抱着只想把产品卖出去、钱装在口袋里心里才踏实的心态，天天在村头巴望着贩葱客的到来。每逢葱客进村，村里人把老客围得水泄不通，你拉我拽，大家都想争先把葱卖出去。这种急于抛售的举动，给葱贩子们带来了商机，他们制定了挑剔苛刻的收葱标准，提质压价，最好的葱收购价每斤三毛钱，去土去杂不算，卖主还得雇人装车，买谁家的葱，老客在谁家用餐，用农民的话说，这叫"劁猪外带割耳朵"。但对于苦于卖葱难的农民来说，大家也只有忍气吞声，无可奈何地忍痛割爱，别无他策，这种坐等卖葱方法形成了种葱增产不增收的局面。

面对卖葱难、葱价低的现实，面对自家堆放的40多万斤大葱，郑学臣没有上街争拉葱客，也拒绝了年轻伙伴们约他骑摩托车到几十里外县界交通要道上截车（买葱的车）的卖葱建议。18岁的他做出了一个让人意想不到的举动，他买回了一辆农用汽车，要当"葱倒"，到大城市闯农贸市场。

父亲为这个涉世不深的儿子担心，对他说："儿子，进京下卫登市头，这可不是闹着玩的。古往今来，农民种地，商人做买卖，有人种葱有人倒葱，各有分工，天经地义。再说干倒葱的活也不易，起早贪黑，天冷不说，单就是市场上那些欺行霸市的刁徒你就搪塞不了。俗话说，在家千般好，出门事事难，在家坐等卖葱，虽说少卖俩钱，可是心里踏实。"郑学臣说："爸，您放心吧，路是人走出来的，老客们能倒葱进城上市场挣钱，我不比他们缺胳膊少腿，一样能行。"郑学臣开着汽车拉着自家产的大葱，开始闯入城市农贸市场，赴京下卫上唐山，父亲捏着一把汗，乡亲们拭目以待。

在闯市场的过程中，年轻的小伙子了解了市场交易的各种知识，学会了与各种人等打交道的本领，交了朋友、长了见识、积累了经验，掌握了市场行情涨落的规律。郑学臣饱受了闯市场的艰辛，尝到了闯市场的甜头，增强了闯市场的阅历和信心。

村里贩葱客收葱三毛钱一斤，而他把葱拉到城市农贸市场，批发价是五毛钱一斤，他只用了十天的功夫就把自家的40万斤大葱全部销售一空。扣除运输成本，比在家坐等多卖了6万多元。有了闯市场的经验，郑学臣看到"倒葱"是个挣钱的道。想到村里乡亲们还在为大葱卖不出去而发愁的情景，他决定当"葱倒"，帮大家把葱卖出去，自己还能多挣钱，一举两得，他的做法得到了乡亲们的支持。

他以高出葱贩子每斤五分钱的价格收葱，逼得葱贩子们也不得不把价格提高到三毛五分钱。一个葱贩子找到郑学臣说："三毛钱一斤可以收葱，你为啥非三毛五一斤收葱呢？你和钱有仇哇。"学臣回答说："农民种葱不容易，三毛五收葱，倒葱的利润也不小，做买卖别太黑了，有利大家赚嘛。"他的这一举动，深受乡亲们的赞扬，大家争相把自家的葱预定给他往外卖。

村里几个年轻伙伴看到学臣倒葱跑市场挣了钱，都有些心动，纷纷找到他询问跑市场卖葱的经验。郑学臣毫无保留地给他们讲跑城市市场的各种技巧和经验，在他的支持下，六个年轻人买了农用汽车，跟郑学臣一起组织了一支大葱营销车队，干起了"葱倒"，这支营销车队跑遍周边几个大城市农贸市场，有的还跑到河南、内蒙古等地去卖葱。

六辆农用汽车，一天外运大葱 30 多万斤，未出正月，大米庄村民的大葱和周边村庄的大葱让他们销售一空，农民们一年的劳动成果，实实在在地变成了钞票，揣进了口袋之中。解决了农民卖葱难的问题，坚定了农民种葱致富的信心和积极性。郑学臣和他的六个倒葱伙伴一个冬春仅靠倒葱一项，每人都收入十几万元，这彻底改变了农民种葱不敢跑市场的僵化理念。郑学臣这个大米庄村的第一个"葱倒"成了村民刮目相看的能人。

郑学臣这个年轻人的所作所为，引起了大米庄村党支部书记张志国的关注。他慧眼识人，看到这个年轻人干事脚踏实地，不浮不躁。在服装厂当工人，他好学上进、工作踏实，入厂一年就当了车间主任。有胆有识有干劲，在村里他第一个承包 70 亩土地，种了 40 亩地，有闯劲、有智谋，在村里第一个买车干"葱倒"，把农民引入市场，带出了一支销售队伍。郑学臣为人忠厚，心地善良，倒葱为葱农让利。张志国觉得郑学臣是个有朝气、有创新精神的年轻人。2005年底，经党支部讨论研究决定，吸收他为入党积极分子进行培养，2007 年，21岁的郑学臣加入中国共产党，他是大米庄党支部自成立以来最年轻的共产党员。

带头致富的服装厂小老板

2007 年，服装行业走红，各地服装加工厂如雨后春笋般涌现出来，仅大钟庄镇干服装的厂家就不下百个，干服装挣钱，但缺乏的是懂技术、会管理的人才。这些新建服装厂的大小老板们，求贤若渴，四处聘请有才能的管理人员。听说大米庄有个精通服装生产技术、懂企业管理的年轻车间主任，很多老板都争相到郑学臣家登门相聘。有人出高薪聘请他当车间主任，有人请他当抓生产的副厂长，除了高薪外，还承诺给他配备专车，为他上下班提供方便。有一位老板甚至开出"月挣高工资、年终利润二成作为奖金"的高价请他当厂长。面对众多服装厂老板们的高薪聘请，郑学臣除了热茶待客外，一律婉言谢绝。谁也不知道他心里想的是什么。

郑学臣是一个勇立潮头、敢于中流击水的年轻人，依他的性格，不会放过任何一个发展的机遇，他要办一家服装厂，自己当老板，自己当厂长。他对抱着疑虑的父母重复着他常说的一句话："路是人走出来的，别人能干的事，我也能干。"

2007 年 7 月，郑学臣办起了"信诚通辉服装厂"自己当厂长。

虽说他曾当过服装厂车间主任，但毕竟不是老板。就在企业成立之初，工人们看他太年轻，在大人眼里他还只是个"娃娃"。大家怕服装厂搞不好，拿不到工资，不愿到他的厂里上班。他登门入户，挨家去请，只有十二名工人来上班，其中还有四个"二把刀"。服装上线客户们看到他太年轻，唯恐他年轻浮躁、干活不踏实，不敢把大单和挣钱的高档服装交给他干。

面对重重困难，郑学臣没有灰心丧气，而是自强自立，用自己的方式进行生产和人性化管理。企业开工以后，只有简单的扎裤衩之类的简单活，工人们嫌不挣钱，都不乐意干。郑学臣对大伙儿说："你们该咋干咋干，只要大伙尽心尽力了，厂子宁可不挣钱，也不让大伙儿少挣钱。"看到四名"二把刀"工人技术不熟练，郑学臣就耐心地指导他们，使他们尽快成为熟练技工，而这期间他们的工资仍按技工标准开。

中秋节到了，上线客户的加工费一直没有返回，为了兑现自己的承诺，他用家庭房产做抵押，从银行贷款，节前给工人们发了工资和丰厚的节日福利补贴。那年月客户拖欠企业加工费、企业拖欠工人工资是司空见惯的事，而他却并没有因为客户拖欠加工费而拖欠工人工资。他的诚信感动了工人，很多工人纷纷找上门来，要求进厂上班，一线工人扩大到 60 人。

郑学臣的服装厂接的是扎裤衩的活，虽然加工费低、利润小，但是他要求工人一定要保证质量，不允许一件带有瑕疵的产品出厂，每批产品必须在规定的工期内完成，定期发货，一天都不拖欠。

2008 年元旦，上线客户老板来厂，名曰慰问，实则是检查。上线老板一进厂，就有一种豁然开朗的感觉，厂子不大，但车间却干净漂亮，井井有条，工人干活精神集中，原材料、半成品的摆放井然有序。午餐时上线老板问郑学臣："郑厂长，咱们双方业务往来有半年了，你一直给我们扎裤衩，为什么不提出换点其他利润高的活呢？"学臣说："我们厂刚干，老兄对我们不了解、不放心，这我能理解，再说扎裤衩是你们要做的活，我不做，你还得找别人做，都挑肥拣瘦，这批活谁来做呢？只要老板知道我们不挣钱就行了。"客户老板又问："快半年了，你为什么不向我们催要加工费呀？"学臣说："老兄不及时给我们打款，一定是有你们的困难，你们手里没钱，我天天催要，有什么用呢？再说既然是合作伙伴遇到困难，大伙儿就应该互相理解、互相担待、共渡难关，合作的基础是互相信任，我没催款，您这不也给带过来了吗？"客户老板端起酒杯说："就冲你这几句话，你这个朋友我交定了！"

从那以后，郑学臣的服装厂各种高档产品订单源源不断，即使是服装行业萧条的时期，他的服装厂也总是有干不完的活。郑学臣的服装厂从始建时的一个小作坊，发展成有上百名工人、具有一定规模的服装厂，年生产利润从十几万元上升到百万元，生产利润成了周边同行业的佼佼者。郑学臣办服装厂成了村里致富带头人。

办厂致富的郑学臣，没有忘了乡亲，没有忘了社会。企业守法经营，年上缴税额 70 万元，为村里业余文艺队捐款捐物，为他们提供物质援助，先后为认领四名贫困青少年学生提供所需各种学习文具，为他们购买四辆山地车，供他们上学往返需要。在工作实践中，追求上进的郑学臣深知自己知识的匮乏，好学上进的他，在 2015 年报名中央广播电视大学，2018 年获得中央广播电视大学大专学历，后继续攻读中央广播电视大学本科学历。

攀　登

当了村干部的郑学臣暗下决心，一定要当一个村民满意的村干部。村"两委"会确立了任内的奋斗目标是：用发展高端优质米，提高水稻种植附加值的办法，帮助村民增收致富。"两委"同时决定，由郑学臣负责主抓并推进相关工作。

大米庄要想生产出被世人认可的高端优质米谈何容易，其难度是可想而知的。面对这项艰巨的任务，郑学臣想到的是，只有生产高端优质米才能卖出高价钱；只有获得高效益，才能实现帮助村民增收致富的目标。这是一项有益村民的大好事，也是一件很难做到的事，更是对自己践行初心和责任担当的一种检验。

世上无难事，只要肯攀登。郑学臣面对全体村民的期望，"两委"会的重托，以"壮士断腕"的豪情与决心向大米庄生产好大米这座高峰开始了努力的攀登。

2018 年 8 月，大米庄村"两委"班子换届，郑学臣被选为村党支部委员。"两委"新班子建立后，连续五届任村党支部书记、村委会主任的德高望重的老书记张志国组织召开"两委"上任后的第一个学习研讨会，学习习近平总书记关于农村振兴发展的一系列讲话精神，研讨、制定新班子任内的奋斗目标。

　　会上，张志国结合村里的工作，讲了一番话。他说："新一届'两委'会的诞生，是大米庄村全体党员、全体村民对我们的信任和支持，我们就应该按照习近平总书记的要求，不忘初心、牢记使命，为大米庄村民谋利益，为大米庄的振兴发展做贡献。这就是我们的使命和职责。我们大米庄在历届'两委'会的不懈努力下，全村的各项工作都有了长足的发展，现在我们是区级乡村旅游村、市级美丽农村、国家级精神文明村，我们村在振兴发展中取得了很大成绩，但是我们还有短板，这个短板就是我们村民的腰包还没有鼓起来。我们大米庄1300口人，5700亩地，水稻种植面积4000多亩，听起来热热闹闹，但细分析，村民的年收入却令人脸上发烧。大米庄村人均土地4.07亩，村民把责任田流转出去，一亩地承包费1000元，一个村民一年的农业固定收入只有4070元。而种水稻的承包大户，好年景一亩水稻纯效益只有300—400元，种水稻、卖稻谷其实是一种低效农业，尽管有的水稻种植户年收入几十万元，也不过是以多为胜而已。土地产出效益低，村民农业收入少，这就是我们的短板。我们有土地资源，又有水稻生产升值的空间，这个短板就是我们发展的机遇。我们新的'两委'班子就是要以大胆创新、敢于担当的使命感、责任感，发挥村集体经济合作组织的作用，解决一家一户解决不了的问题和困难，发展水稻生产产业化，变卖稻谷为卖稻米，变生产普通米为生产高端米，提高水稻生产附加值，让全体村民受益，这就是我们'两委'会任内的奋斗目标。"

　　张志国掷地有声、振奋人心的讲话得到"两委"成员的一致认可和赞同，经"两委"研究，书记拍板，决定由郑学臣牵头主抓水稻种植产业化这项工作。为了使这项工作顺利实施，大米庄村注册成立了以村民土地入股的方式的村民集体合作经济组织——德润丰水稻种植专业合作社，郑学臣任理事长。大米庄村实现水稻种植产业化，帮助村民增收、增效的重任压在了郑学臣的肩上。

　　积极配合书记的工作，尽职尽责地完成上支下派的各项工作，恪尽职守地完成分管的本职工作，尽心尽力地为村民办实事、办好事，公开透明地组织好村民最关心的责任田定期调整流转工作，让不想种地的村民足额、及时地拿到土地流转费，为土地承包水稻种植大户们提供水、电、路、渠生产设施配套服务工作，作为支委，做好这些工作责无旁贷，这也是农村干部履政理念的一种常理定式。但是张志国为什么要自加压力，把帮助村民增收致富作为本届"两委"班子的奋斗目标呢？特别是利用村集体经济组织的力量完成水稻种植产业化，可借鉴的经验不多，至少周边村队还没有先例。接受水稻项目的重任后，郑学臣思绪万千，想了很多很多。

郑学臣回味着张志国在"两委"会上的讲话。眼下的大米庄村各项工作都取得了显著成绩，各级政府的表彰奖牌和荣誉挂满了荣誉室。但张志国在讲话中对所得的成绩不谈，创造性地提出"发挥集体经济组织作用，利用土地资源优势，走水稻种植产业化之路，提高水稻生产效益，帮助村民增收致富"的奋斗目标。

郑学臣深切体会到张志国的讲话和他提出"两委"班子任内的奋斗目标，就是以实际行动践行习近平总书记提出的共产党员不忘初心、牢记使命的具体体现和诠释，是一种自加压力、敢于担当的创新精神；是一种一切以人民为中心，一切为了人民的高尚情怀。他深感能在张志国这样高瞻远瞩、远见卓识的党支部书记领导下工作是一种幸运和机遇，自己一定要以张志国为榜样，不负全体村民的企盼和期望，不负张志国的重托和厚望。他暗下决心，一定要积极配合张志国把大米庄生产好大米、好大米变成高效益这篇大文章做大、做强，创出一条具有大米庄特色的创新发展之路。

为了实现这一宏伟目标，郑学臣以壮士断腕的决心，毅然决定关闭自己年收入近百万元的服装厂，全身心地投入大米庄生产好大米，提质增效，帮助全体村民增收致富这项事业之中。

三请博士

郑学臣深知要想让水稻生产增值，绝不是简单地把卖稻谷变成卖稻米就能实现的。水稻生产产业化是一项系统工程，其中最重要的环节是要有优良优质的水稻品种，要有特殊的配套生产管理技术，才能生产出高端优质米、卖出高价钱，先进的科学技术是生产高端优质米的基础和保障。

在遍访水稻专家的过程中，区科委向郑学臣推荐了天津农学院食味稻研究专家崔晶博士。

崔晶博士是日本东京大学食味稻博士，回国后为天津农学院教授、博士生导师和科教处处长，是中日水稻品质食味研究中心暨天津市食味水稻国际联合研究中心首席专家，同时是中国作物学会栽培专业委员会委员，中国水稻品质、食味研究会会长，日本水稻品质、食味研究会会员、理事。崔博士主要研究方向是水稻品质，生产高端优质食味米为国人提供美味健康米。

得知崔博士的信息，郑学臣如获至宝，赶紧向张志国做了汇报并提出要亲自拜访崔博士的想法。得到张志国的支持后，他立刻与崔博士通了话，提出要前去拜访的意愿，崔博士同意在家中会面。不久，郑学臣和张志国二人来到崔博士家中，请教拜访。

郑学臣和张志国向崔博士表达了敬慕之情后，张志国向崔博士介绍了大米庄的基本情况，表达了想请崔博士帮助大米庄发展高端优质米的意愿。崔博士为张志国和郑学臣为了帮助村民致富前来请教的诚意所感动，主动向他们介绍了食味米的相关知识。

食味米实际上就是一种食之味美、食之健康的高端米。袁隆平教授发展杂交水稻，提高水稻产量，就是让国人吃饱。崔晶博士发展美味、健康的食味米就是为了让人们吃好。崔博士说："借振兴发展天津小站稻之机，是个难得的发展机遇，我支持你们的想法。"但当郑学臣提出请崔博士到大米庄做技术顾问帮助大米庄发展食味米时，崔博士说自己现正在宁河、静海几处水稻生产基地指导天津小站稻优良品种推广工作，率领博士团队开展优良食味稻新品种研发，只答应给予必要帮助的意向。但崔博士提出的发展食味米的建议，使郑学臣增强了生产高端优质米的信心。

回村后，郑学臣把发展高端食味米的设想、计划进行了规划，得到张志国的支持。2019年5月28日，他再次请崔博士对食味米发展规划设计进行指导。

崔博士一看，这个出自一个农村干部编制的食味米生产发展规划，深感大米庄发展优质食味米的决心，他很受感动，说："发展食味米生产是一项系统工程，要以培育优良食味稻新品种、建立原种生产体系，在生产中还要有多项配套技术推广应用。"崔博士表示自己一定会竭尽全力帮助、支持大米庄发展食味米生产。看到崔博士的表态，张志国和郑学臣诚恳地邀请崔博士到大米庄进行实地验查，这一次，崔博士愉快地接受了邀请。

2019年7月，崔博士如约到大米庄进行实地验查和调研，受到热情的接待。在验查中，崔博士看到环境优美的大米庄村容村貌；看到水清、土肥、地净的水稻生产环境；看到5000亩茁壮成长、绿波起伏的稻田；看到大米庄为他来大米庄进行技术指导准备的各种设施和提供的办公、生活条件；特别是看到大米庄"两委"会干部发展食味米的决心，这一切深深打动了他的心。崔博士验查完后当场表态："大米庄就是我研究发展食味稻的基地。"他请张志国和郑学臣到天津农学院来一趟，专门研究双方合作的问题。

2019年8月，张志国、郑学臣二人来到天津农学院水稻研究专家工作室，第三次请崔博士。

经过双方坦诚、友好的协商，经院领导批准，崔博士带领水稻研究博士团队入驻大米庄，把食味稻研究中心建在大米庄，大米庄成为天津农学院食味稻研究实验示范推广基地。崔博士率领博士团队带着多项科研成果，长年驻扎大米庄，专门进行食味稻的研究、试验、示范、推广工作。

2019年9月，大米庄德润丰水稻种植专业合作社与崔晶博士团队签订了《助力大米庄优质食味米产业园区建设》协议，合作期十年。

中国食味米博士团队的加盟，使大米庄发展高端优质米的规划有了可靠的技术保障，在郑学臣的提议下，博士团队所有成员被大米庄授予"荣誉村民"称号。在崔博士的参与指导下，郑学臣制定了"产、学、研、销一体化"食味米产业化发展规划。

米乡新米

2020年初春，在崔晶博士团队的参与下，高端优质食味米发展规划全面启动，落地实施。郑学臣与博士团队共同制定了三项实施目标，一是崔晶博士团队的加盟，是大米庄发展高端米的保障。依靠博士团队的科技力量，培育全国最佳的高端优质稻新品种，利用独有的优良品种优势，带动合作社优质稻种业发展。二是运用博士团队的科技成果开展食味稻示范生产，让世人尝一尝大米庄食味米的味道，为规模发展造势。以产、学、研、销一体化的方式实现食味米生产产业化。三是打造国内唯一的大米庄高端优质食味米品牌，把发展大米庄独具特色的高端优质食味米产业，作为实现富裕村民、振兴发展大米庄的载体。

2020年，博士团队对食味稻试验示范生产进行了实施的安排。建立高标准高端优质食味米试验、示范、生产基地500亩，其中：优质食味米优良品种选育园区30亩，在博士团队现有研究成果的基础上，进行新品种选育，由赵飞博士负责；建立小站稻系列，优良稻种"津川1号"原种生产园区100亩，由"津川1号"品种发明人原天津市种子站站长、博士团队谷守贤研究员负责；建立"津川1号"食味米示范生产园区370亩，由博士团队刘博士负责。崔晶博士任三个试验、示范、生产园区总技术指导。

为了把大米庄食味米打造成国内名牌，郑学臣马不停蹄地完成了下列工作：大米庄申报并列入国家第四批一村一品水稻生产专业村；注册了大米庄食味米商标；办妥了"津川1号"优质稻原种销售授权书；申报并获得了国家有关部门颁发的"有机食品产地"认证书；博士团队共同申报了优质水稻新品种选育科技攻关项目。这个中央广播电视大学本科学历的农民，这位年轻的共产党员，不忘初心、牢记使命、敢于担当、勇于创新的村干部，下决心要蹚出一条产、学、研、销一体化的食味米发展之路。

开展稻田认领活动

高端优质食味米发展规划落地实施，各项工作有序开展，需要大量资金的投入，而合作社刚刚成立不久，拿不出那么多资金支持项目的实施，这该怎么办呢？

大米庄村是个乡村旅游村，张志国是宝坻区人大常委、市人大代表、市劳动模范，是一个很有影响力的"名人"，每天来大米庄旅游观光、互访交流的客人很多，头脑灵活的郑学臣看到了商机和机遇，他想，大米庄这么大的人流不正是人脉资源优势吗？如果动员客人们在大米庄认领一块稻田，既可以让城里人吃到新鲜、安全、美味、健康的高端米，又可以使合作社未种地、先收钱，解决生产资金短缺的困境。他的这一想法得到张志国的赞扬和支持，于是郑学臣起草拟定了"大米庄稻田认领实施细则"，其主要内容是：城市居民每认领一亩稻田，合作社向认领人提供优质食味米600斤，认领面积由二分地起步，合作社负责稻谷保存、稻米加工包装，根据认领人需要数量随时加工，保障认领人随时吃上当年新鲜米、美味米、健康米、安全米，产品随时由快递发送。

除此之外，大米庄向稻田认领人颁发"荣誉村民"证书，荣誉村民享受来大米庄旅游度假提供的住宿、交通工具、导游服务、品尝当地土特产、参加村里重大活动的优惠待遇。

稻田认领信息一发布，很多城市居民纷纷前来大米庄进行稻田认领。著名相声演员魏文亮、女高音歌唱家关牧村等都带头来大米庄认领稻田，助力大米庄食味米产业发展。

随着稻田认领活动的宣传开展，很多大企业为了让职工在单位食堂吃上安全、新鲜的高端优质食味米，到大米庄进行了"稻田规模认领"，拓宽了稻田认领的范围。

稻田认领活动解决了合作社发展食味米产业资金不足的问题，一位领导到大米庄查验了开展稻田认领活动后说："大米庄开展的城市居民来农村进行稻田认领活动，是一项新形势下，城乡结合、工农结合的好形式，是吸收、利用社会资金助力农村振兴发展的一个创举。"领导的讲话使郑学臣吃了定心丸，坚定了信心。

特色营销

津川1号食味米试验、示范、生产在专家的指导下，有条不紊地进行着。而郑学臣却是未雨绸缪，他在思考如何把高端优质食味米推向市场，让消费者认识食味米、了解食味米、选购食味米，把高端米卖出好价钱。这个有头脑、有智慧、有谋略的青年，创出四项别具特色的营销方式。

一是挖掘历史文化。郑学臣想，要想让消费者认识、了解、认购大米庄食味米，首先要有吸引消费者关注的亮点，给消费者一种难忘的深刻印象。如何做到这一点，他想到了大米庄村"大米"二字，他要在大米庄村"大米"二字上做文章。他组织人员挖掘、收集大米庄村与"大米"两字的渊源和典故，多次组织80岁以上的老人讲述大米庄村名的来历，登门拜请行动不便的老人讲述大米庄与"大米"二字的历史典故。从老人们的聊天中获悉，明朝万历年间，大米庄产的大米曾经是"贡米"，这引起了郑学臣极大的兴趣，请人查史料翻典籍，竟然追溯出一件与大米庄"大米"二字有关联的史案，即稻米为什么被称为大米的由来。

明万历年间进士袁黄任宝坻县令期间，来大米庄巡查，看到大米庄水源充裕、土肥地广，很适合种植水稻，于是从南方引进稻种，亲自指导大米庄农民种植水稻，大获成功。

由于大米庄水清土肥、生产出的稻米青、亮、粘、香、甜，口感味美诱人，品质极佳，袁知县便把大米庄生产的优质米贡奉朝廷。贡札上书"贡奉宝坻县大米庄稻米为吾皇御享"字样。

万历皇帝御览后龙颜大悦，面对群臣说："袁爱卿忠心可嘉，朕今日与众爱卿共品袁爱卿所献'大米饭'。"不知万历皇帝是因为大米庄稻米连音重叠，还是有意为之，既未说大米庄，亦未提稻米二字，只说了袁爱卿所献"大米饭"一语。皇帝金口玉言，御膳房管事敬奉午膳跪曰："请万岁御享大米饭。"自此御膳房将"稻米"称之为"大米"，此称传遍京城，流传民间。这就是"稻米"被称为"大米"的由来。

大米庄生产的大米成为御用贡米，是大米庄出好米的历史佐证，这一历史典故让郑学臣如获至宝，他借用这一历史典故打造大米庄食味米品牌的历史文化，创造出让人们再食大米庄"皇家贡米"的感觉，引人注目、令人难忘，如今大米庄生产的高端食味米配上厚重历史文化典故，给消费者增添再尝"贡米"的兴趣。这是郑学臣挖掘历史文化推销食味米的第一招。

名人效应宣传

食味米是一种味美、好吃、健康型的高端米，要想让食味米占有市场，首先要让人们了解、认识食味米，要做到这一点，仅凭广告宣传达不到预期效果。

崔晶博士是留日归国食味稻博士，回国后任天津农学院教授，是中国食味稻研究第一人，被誉为"中国食味稻之父"。崔晶博士团队有15名在食味稻研究方面各有建树的专家，其中5名著名日本食味稻专家为国际食味稻研究中心重量级的成员，崔晶博士团队是有国际影响的科研团队。

郑学臣从大米庄水稻种植合作社与崔晶博士团队签订共同开发优质食味米协议之日起，就在头脑中设想出了利用名人效应宣传食味米的战略构想。

郑学臣本着尊重知识、尊重人才的态度，为崔晶博士团队提供了一所环境优美、整洁舒适，生活、工作设施齐备的四合院作为专家工作室。四合院大门口挂着天津市国际食味稻研究中心、天津农学院大米庄食味稻研究所两块醒目的牌子，院内设有崔晶博士团队食味稻研究工作室、办公室、化验室，专门设置了一个200平方米的食味米图解展览室，室内展出五方面内容：一是博士团队成员简介；二是食味米为什么是高端米；三是食味米是怎么来的；四是食味米生产的独特技术；五是食味米焖饭技巧。

大米庄是乡村旅游村，每天来大米庄旅游、访问，做客的朋友很多，郑学臣与张志国、崔博士商量后，决定把专家工作室和专家食味稻田试验示范生产基地列为稻田旅游景点，对外开放、供来客参观，由崔博士亲自回答参观人员提出的问题，并特许游客与崔博士合影留念。

科学、详细的食味米展览和博士的亲自介绍，使前来参观的客人对食味米有了了解和认知，很多客人参观后当场与合作社签了食味米稻田认领协议，这些参观实景发到网上，收到了良好的宣传效果。

独特形式的名人效应使大米庄食味米扩大了社会影响，如今大米庄食味米作为高端米打入了高消费人群市场。

背锅宣传

为了宣传大米庄食味米，郑学臣可谓是绞尽脑汁。2020年食味稻喜获丰收，新米上市，他突发奇想，琢磨出一个"背锅宣传"的奇招。

他的汽车后备厢中长期带着大米庄食味米、电饭煲及盘叉之类的小餐具和大米庄食味米宣传册，每逢他外出会客、访友、联系业务，他都会跟对方说："今天我请客，请大家尝尝我们大米庄产的食味米焖的饭。"每次他都亲自动手焖饭，吃饭时询问对方对大米庄食味米口感、味觉的评价，然后给人家留下一份大米庄食味米宣传册，有人称郑学臣的这一做法是"背锅"宣传。有人问他："你一个合作社的经理，到哪里都给人家焖饭吃，你不觉得脸红吗？你这种'背锅'宣传是一种'一根筋'的行为。"郑学臣则淡定地说："宣传我们自己产的高端米，我不但不觉得脸红，反而觉得自豪，这是别人想做却做不来的事，没有什么难为情的，有人说我是'一根筋'，我这根筋是要'拧'下去了。"他不为所动地继续他的"背锅"宣传。

在崔晶博士团队的指导下，在郑学臣的不懈努力下，大米庄100亩原种繁种田、370亩示范生产田，亩平均获纯效益1万元，是农户种植普通稻卖稻谷效益的近3倍。优质食味米的销售效益支付了开展食味稻试验示范所需的全部基础建设投资外，还存有2021年大面积发展所需的投资资金，为下一年度发展奠定了经济基础。2020年春节，合作社为全村1400口人每人发放了十斤优质食味米过年，东西不多，却让广大村民得到了实惠，看到了依靠集体力量，发展食味米产业帮助全体村民增收致富的美好前景。

郑学臣闯出了一条产、学、研、销一体化发展大米庄食味米产业之路，使大米庄优质食味米发展逐步实现产业化探索出一条独具特色的大米庄村振兴发展之路，2020 年，他被评选为天津市劳动模范。

征　程

2021 年初，上级规定提前换届选举，有人问郑学臣："你为大米庄发展优质食味米事业做了那么大的牺牲和贡献，如果这届落选，你后悔不？"郑学臣说："习近平总书记说过，'功成不必在我'，为大米庄乡亲们增收致富蹚出一条路来，为村里振兴发展做出自己应尽的努力，我无愧于心，大米庄人会记住我的，换届选举有没有我都不重要。"2021 年 3 月底，在村党支部换届选举中，郑学臣以绝对多数赞成票当选为新一届村党支部委员，继续主抓食味米产业发展。郑学臣以担当使命的责任感、以时不待我的紧迫感、以壮士断腕的豪情，义无反顾地披甲挂帅，继续奋进在做大做强大米庄食味米产业、实现村民增收致富、大米庄振兴发展的征程中。